Horchem · Kinder im Krieg

Den Jungen der Sexta 1937, Emil-Fischer-Gymnasium
in Euskirchen, die im Zweiten Weltkrieg als
Luftwaffenhelfer und als Soldat eingesetzt waren.

Hans Josef Horchem

KINDER IM KRIEG

Kindheit und Jugend
im Dritten Reich

E. S. Mittler & Sohn
Hamburg · Berlin · Bonn

Ein Gesamtverzeichnis der lieferbaren Titel schicken wir Ihnen gerne zu.
Bitte senden Sie eine E-Mail mit Ihrer Adresse an:
vertrieb@mittler-books.de
Sie finden uns auch im Internet unter: www.mittler-books.de

Bibliografische Information der Deutschen Nationalbibliothek
Die Deutsche Nationalbibliothek verzeichnet diese Publikation
in der Deutschen Nationalbibliografie; detaillierte bibliografische
Daten sind im Internet über http://dnb.d-nb.de abrufbar.

ISBN 978-3-8132-0955-6

Sonderausgabe
Verlag E. S. Mittler & Sohn Hamburg, Berlin, Bonn

Umschlaggestaltung: Hans-Peter Herfs-George, unter
Verwendung zweier Abbildungen vom Ullstein Bilderdienst, Berlin
Herstellung: Nicole Laka
Druck und Weiterverarbeitung: DZS Grafik, Slowenien

Inhaltsverzeichnis

Vorwort

Dieses Buch schildert deutsche Geschichte in Form von Geschichten, den Geschichten, wie sie ein junger Mensch, der 1927 geboren und in das Mahlwerk des Dritten Reiches geraten, erlebte und das Glück hatte, lebend dem Desaster zu entkommen. Einfache Geschichten aus jener Zeit. Weder geschönt, noch verlogen. Bis auf die im Falle des Autors vorgegebenen Bindungen an die katholische Kirche unreflektiert und selbst, was diese Bindungen angeht, ohne ein nachträglich erfundenes nachdenkliches Ergebnis. Was also, könnte man fragen, soll dieses Buch? Was macht seinen Sinn aus? Das Interessante ist, daß es tatsächlich Sinn macht, weil die Darstellung jener Zeit eindrucksvoll von den üblicherweise gültigen Schemata abweicht, sich die eigene Geschichte schön zu lügen und die historische Geschichte nach der Bewußtseinslage der Gegenwart zu beurteilen und zu bewerten, statt aus der Bewußtseinslage der Zeit, da sie Gestalt annahm. Insofern durchbricht das Buch ein Klischee, das uns heute den Blick auf die Vergangenheit so wirkungsvoll verstellt.

Das heute zu Ende gehende Zeitalter der Ideologien sucht allzu oft in der Betrachtung der Geschichte nur noch einmal eine Selbstbestätigung. Alles, was diese Ideologien so lange Zeit als unumstößliche Wahrheit postuliert hatten, soll nun noch einmal in die Historie zurückgeblendet werden. Dabei entsteht dann ein Bild etwa der deutschen Geschichte, nach der es von Luther bis zu Hitler eine wie mit dem Lineal gezogene fortlaufende Entwicklungslinie gibt, die in dem Dritten Reich der Nationalsozialisten endet und noch heute als die Gefahr des Faschismus bekämpft werden muß. So wird gelebte Geschichte vom Leben getrennt, Akten werden zum Symbol der Wahrheit, Überzeugungen erhalten den Vorrang vor sachlicher Forschung, und Verallgemeinerungen ersetzen Differenzierungen. Das Berufsmerkmal deutscher Historiker ist, zu klischieren oder zu schweigen.

Nicht daß das Buch nun etwa seinerseits die Wahrheit verkündete oder die Geschichte der Zeit adäquat schilderte. Dazu fehlen ihm nun seinerseits die Akten, die Kenntnisse von Zusammenhängen, Personen und Motiven oder die Gerätschaften einer durchgreifenden Analyse zur prinzipiellen Wertung des Geschehens. Was an uns vorbeizieht, ist eine Kette von Bildern, von Vorkommnissen, Ereignissen, an Dokumenten nicht festgemacht, als Erlebnisse einfach nur zeitlich orientiert, und sie bringen dann plötzlich vieles an den Tag, was selbst ein nicht ideologisch verbogener Historiker nur allzu leicht übersieht: zum Beispiel – und das ist vielleicht das Wichtigste – die unüberwindliche Lust einer Generation junger Menschen, in die Katastrophen ihrer Zeit geworfen, einfach nur zu leben, jung zu sein, lachen zu können, lieben zu wollen, den Krieg zu überleben. Darum geht es, nicht um das, was »die da oben« machen ...

Ja, ja, »die da oben« – Heil Hitler. Und Fähnleinführer zu sein, ist ja auch ganz schön und das Gemeinschaftsgefühl einer Gruppe auch und so ein bißchen Krieg zu spielen, hat junge Leute ja schon immer gereizt. Also, solange es mit dem Krieg nicht ernst wurde, war das doch alles gar nicht so schlimm.

Was wissen Historiker schon von der Kraft, Lebenslust auszuleben? Und wenn es ernst wird zu überleben. Was wissen Historiker schon, was in solchen Lagen noch zählt, und was wissen Historiker schon, was es für junge Leute bedeutet, von objektiven Informationen unausweichlich ausgeschlossen und dafür zugleich in ununterbrochener Folge jeder Art von Propaganda ausgesetzt zu sein. Was verstehen Historiker schon von der Wirkung eines Zeitgeistes, den die Politik der Alliierten nach dem Ersten Weltkrieg durch den Versailler Vertrag schuf – durch eine rücksichtslos erzwungene Wiedergutmachung und eine Reparationspolitik, die Deutschland zum Krüppel Europas machte. Was begreifen Historiker schon davon, wie die dadurch ganz und gar verstörten Eltern ihre Kinder in einem geistigen Umfeld aufwachsen ließen, das es dieser Generation praktisch unmöglich machte, sich ein eigenes von ihrem Umfeld womöglich abweichendes Bild dessen zu bilden, was in dieser Welt richtig oder falsch ist. Der Zeitgeist war nationalistisch, aber der Zeitgeist der Franzosen und Briten auch. Versailles war das beste Beispiel dafür. Deutschland war nicht viel anders als die anderen. Die Historiker des Zeitgeistes unserer Zeit können sich das nicht vorstellen und wollen es auch nicht. Dazu ist ihre intellektuelle Sensibilität durch den dogmatischen Rigorismus allzu beschädigt.

Auch dieses Buch kann ihnen nicht helfen. Der seriösen, der klassischen historischen Wissenschaft dagegen schon. Es kann ihr zeigen, wie wirkungslos der Nationalsozialismus an einer Generation vorbeigegangen ist, die, ohne »Mein Kampf« gelesen zu haben, mit dem Hitlergruß grüßte, aber in erster Linie nur leben wollte und schließlich überleben. Ihre Welt reichte nicht dazu aus, Revolutionäre zu sein und Nazis im ideologischen Sinn auch nicht. Sie paßten sich ihren Eltern an und diese paßten sich dem Machtgefüge an. Und wie viele der Historiker, die mit dem Pfund der zu spät Geborenen heute so überzeugend wuchern, hätten sich den damals herrschenden Bedingungen nicht auch angepaßt. Alle? Alle! Sie werden diesem Satz aufgeregt widersprechen, und es wird auch Ausnahmen gegeben haben. Aber der Rest wäre einfach nur nicht ehrlich. Es ist die Ehrlichkeit dieses Buches, das ihnen das voraus hat.

Und was die Zehnjährigen dann selbst erlebt haben, mußte sie ja auch nicht abstoßen. Im Gegenteil. In der »neuen Zeit« wurde ihr Vaterland »endlich wieder wer«. Die Arbeitslosigkeit, die ihr Elternhaus bedrängt hatte, war verschwunden. Für sie ging es nicht um das Warum, sondern um das Das. Und noch eins: hatten nicht selbst ihre sozialdemokratischen Väter, wie auch der sozialdemokratische Vater des Autors, immer wieder von der Überwindung des Klassengegensatzes gesprochen? Nun kommandierte der Sturmführer der SA als Arbeiter den 1933 schnell noch in die Partei eingetretenen Chef seines eigenen Betriebes. Keine Klassen mehr also. Statt dessen Volksgemeinschaft. Wer genau hinsehen konnte, sah, wie man sie benutzte. Aber die gerade aufwachsende Generation konnte das eben nicht. Und noch einmal, wie sollte sie auch? Ohne irgendeinen ununterbrochenen neutralen Informationsfluß, ohne Zeitungen, ohne Rundfunk, ohne Fernsehen, den Medien, die heute jeden Tag jeden zumindest alles jenseits der »political correctness« wissen lassen. Das ist, weiß Gott nicht alles, aber es ist eben doch sehr viel. Ohne Bücher, in denen sie von der Welt der Freiheit etwas erfahren konnten, und mit dem Tod im KZ bedroht, wenn sie es versuchen würden. Wie sollten sie auch? Wie sollten sie unter diesen Umständen darauf kommen, es zu versuchen –, sie, die in ihrer Zeit keinen höheren Wert anzuerkennen gelernt hatten als den Wert zu überleben. Den Aufstand gegen Hitler am 20. Juli 1944 haben sie weder begrüßt noch verurteilt. Sie haben ihn überhaupt nicht gemerkt. Auch das steht in diesem Buch. Und das ist seine erschütterndste Stelle. Was es erzählt, will nicht politisch sein und ist nicht politisch. Aber es ist ganz ungewollt ein Dokument gegen jeden Versuch, dem deutschen Volk eine Kollektivschuld aufzudrängen.

Rüdiger Proske

Frühe Formierungen

Am Sonntag, dem 13. Januar 1935, stimmte die Bevölkerung des Saarlandes darüber ab, ob das Saargebiet zu Deutschland zurückkehren, ob es weiter – wie seit 1920 – unter der Verwaltung des Völkerbundes bleiben, oder ob es an Frankreich fallen sollte. Das war im Versailler Vertrag so verordnet worden. Bis dahin hielt Frankreich das Mandatsgebiet besetzt und beutete die saarländischen Kohlengruben und Hüttenwerke aus.

Meine Eltern und ich wohnten damals in Mechernich, einem Bergarbeiterstädtchen in der Nordeifel, das an der Eisenbahnstrecke Köln-Trier liegt. Es gehörte zur preußischen Rheinprovinz, die sich von Kleve bis zum südlichen Hunsrück erstreckte und an die sich das Saargebiet anschloß.

Lehrer Baur hatte uns in der Volksschule wochenlang auf die Abstimmung vorbereitet. Er verband das immer wieder mit Erläuterungen des Versailler Vertrages und seiner Knebelungsparagraphen. So nannte er das. Den Vertrag selbst bezeichnete er als »Versailler Diktat«.

Weiteres Wissen über die Weimarer Zeit floß mir zu aus den Erzählungen meines Vaters und aus den Schilderungen der Brüder und Schwäger meiner Mutter.

Meine Kenntnisse über geographische Gegebenheiten orientierten sich damals nach Ländern, Regionen und Städten, die man dem Reich nach dem Ersten Weltkrieg genommen hatte. Das fing an mit den früheren deutschen Kolonien und ging bis zu Danzig, Nordschleswig, dem Memelland, dem Saarland und dem Hultschiner Ländchen.

Den Ausdruck »Reich« oder »Deutsches Reich« gebrauchte man noch völlig unbefangen und selbstverständlich. Anders als 1806, als Kaiser Franz II. auf ein Ultimatum Napoleons hin die römisch-deutsche Kaiserwürde niederlegte und damit das Ende des Heiligen Römischen Reichs Deutscher Nation besiegelte, war das neue deutsche Reich, die Gründung Bismarcks, mit der Niederlage nach dem Ersten Weltkrieg nicht untergegangen.

Die Weimarer Republik blieb nach Verfassung und Sprachgebrauch »Deutsches Reich«. Diese Einstellung galt nicht nur für die Nationalsozialisten, sondern für alle Parteien einschließlich der Kommunisten. Für viele Deutsche bedeutete die häufige Verwendung des Begriffs auch den Rückzug auf ein geistiges Reduit, von dem man glaubte, den Belastungen und Demütigungen, die der Versailler Friedensvertrag mit sich gebracht hatte, besser begegnen zu können. Erst die mystische Überhöhung des Reichsbegriffs, die von den Nationalsozialisten betrieben wurde, führte zu Unbehagen und hielt konservative und liberale Bürger zurück, die eigene natürliche Vaterlandsliebe mit dem aus der nationalsozialistischen Rassenideologie bezogenen Vormachtanspruch gleichzusetzen.

Die skeptische Distanz war angebracht. Das »Dritte Reich«, das einen Bestand von tausend Jahren haben wollte, brachte es nur auf zwölf. Einige Zeit nach seinem Zusammenbruch wurde der Reichsbegriff von Rechtsradikalen besetzt und bis heute mißbraucht.

Die Erläuterungen zu Versailles, die man mir im Schulunterricht vermittelte, wurden unterstrichen und erhärtet durch Bemerkungen meines Vaters und durch Diskussionen, die er mit Verwandten und Freunden führte und denen ich zuhören konnte. Während der Vorbereitungen auf die Wahl im Saargebiet erzählten mir mein Vater und ein Onkel, der in Berlin wohnte, daß die meisten Deut-schen tatsächlich einen Schock bekommen hätten, als die Friedensbedingungen bekannt gemacht worden seien. Nach der Veröffentlichung des Vertragstextes am 7. Mai 1919 sei ein Sturm der Entrüstung durch Deutschland gegangen. Unsere Regierenden hätten den vierzehn Punkten vertraut, die der amerikanische Präsident Woodrow Wilson im Januar 1918 verkündet habe. Statt zum »Gerechtigkeitsfrieden« von Wilson sei es aber zum Diktat des französischen Ministerpräsidenten George Clemenceau gekommen.

Das Deutsche Reich verlor seine Kolonien. Elsaß-Lothringen wurde an Frankreich, Eupen-Malmedy an Belgien, Nordschleswig an Dänemark und das Hultschiner Ländchen an die neugegründete Tschechoslowakei abgetreten. Das Memelland fiel an Litauen. Ostoberschlesien, Westpreußen und Posen wurden dem wiedergegründeten polnischen Staat zugesprochen. Das Saarland wurde dem Völkerbund unterstellt und der Ausbeutung durch Frankreich überlassen.

Die deutsche Volkswirtschaft büßte dadurch 75 Prozent der Eisenerzvorkommen, 68 Prozent der Zinkerze und 26 Prozent der Kohlenreserven ein. Die Roheisenproduktion ging um 44 Prozent, die Stahlproduktion ging um 38 Prozent zurück.

Das deutsche Reich verlor zehn Prozent seiner Bevölkerung (3,2 Prozent im Westen, 6,8 Prozent im Osten) und dreizehn Prozent seiner Territorien (3,6 Prozent im Westen, 9,4 Prozent im Osten).

Das linke Rheingebiet wurde von alliierten Truppen besetzt, mit drei Brückenköpfen auf dem rechtsrheinischen Ufer (Mainz, Koblenz und Köln). Nach fünf bis zehn Jahren sollten die besetzten Gebiete wieder geräumt werden.

Das Reich hatte den Krieg 1918 mit einem Schuldenberg von 157 Milliarden Goldmark beendet. (Zum Vergleich: das Jahresbudget des Reichs belief sich 1913 auf fünf Milliarden Goldmark). Anfang 1921 setzten die Alliierten die Kriegsentschädigung, die Deutschland zu zahlen hatte, auf 269 Milliarden Goldmark fest, zahlbar in 42 Jahresraten. Außerdem sollte das Reich 42 Jahre lang eine Abgabe von zwölf Prozent des Wertes der deutschen Exporte an die Alliierten abführen. Das waren jährlich ein bis zwei Milliarden Mark.

Im Jahre 1924 ermäßigten die Alliierten die deutschen Reparationsverpflichtungen. Sie folgten damit den Vorschlägen des amerikanischen Finanzmannes Charles Dawes. Bis 1928 sollte Deutschland jährlich 1,75 Milliarden Mark zahlen und danach jährlich 2,5 Milliarden. Die endgültige Höhe der Entschädigung und die Dauer der Zahlungsverpflichtungen blieben offen.

Im Juni 1929 revidierten die Alliierten das Dawes-Abkommen. An seine Stelle trat der Young-Plan, benannt nach dem amerikanischen Vorsitzenden der Revisionskommission Owen Young. Die deutsche Reparationsschuld wurde für die ersten 37 Jahre auf 30,95 Milliarden Mark festgesetzt und für die Gesamtzeit des Young-Plans (59 Jahre, bis 1988) auf 34,5 Milliarden Mark.

Die Bestimmungen des Versailler Vertrages, die sich mit dem militärischen Sektor befaßten, dienten dazu, den Militärapparat Deutschlands zu zerschlagen. Der Große Generalstab wurde aufgelöst, die allgemeine Wehrpflicht aufgehoben. Die bewaffneten Streitkräfte wurden auf ein Berufsheer von 100 000 Mann und auf eine Berufsmarine von 15 000 Mann begrenzt.

Deutschland mußte darüber hinaus die Unabhängigkeit des Rumpfstaates Österreich als »unabänderlich« anerkennen.

Die Österreicher, die Südtirol mit 250 000 deutschsprachigen Einwohnern an Italien verloren hatten, durften ihren neuen Bundesstaat nicht »Deutsch-Österreich« nennen. Der Anschluß an das Deutsche Reich, 1919 von der Wiener Nationalversammlung beschlossen, wurde verboten.

Mit Gebietsverlusten hatten die Deutschen nach dem verlorenen Krieg gerechnet. Auch die Reduzierung der Streitkräfte wurde von der Bevölkerung zunächst akzeptiert. Die unangemessen hohen Reparationszahlungen belasteten die Weimarer Republik während der gesamten Jahre ihrer Existenz. Empörung aber brach aus über Artikel 231, der Deutschland allein die Schuld am Krieg gab.

Dieser Artikel leitete Teil VIII des Versailler Vertrages ein, in dem die Wiedergutmachung behandelt wurde. Danach war Deutschland »der Urheber aller Verluste und aller Schäden ..., welche die alliierten und assoziierten Regierungen und ihre Angehörigen infolge des ihnen durch den Angriff Deutschlands und seiner Verbündeten aufgezwungenen Krieges erlitten« hatten.

Die neue Reichsregierung unter Philipp Scheidemann, der am 9. November 1918 die Republik ausgerufen hatte, erklärte dazu, der Vertrag verfolge den Zweck, »dem deutschen Volk die Ehre zu nehmen«. Am 12. Mai 1919 bezeichnete die Weimarer Nationalversammlung den Vertrag als unannehmbar. Scheidemann sprach von einem »Schandvertrag«. Er lehnte die Unterzeichnung ab und trat im Juni 1919 zurück.

Nach Abschluß der Friedenskonferenzen der Alliierten mit Deutschland, mit Österreich-Ungarn, mit Bulgarien und der Türkei brachen in mehreren deutschen und deutschsprachigen Grenzgebieten Konflikte aus.

Serbische Freischaren drangen in die Steiermark und nach Kärnten ein. Österreichische Heimwehren konnten die Angreifer nach erbitterten Kämpfen zurückwerfen. Nach einer Volksabstimmung am 10. Oktober 1920 verblieben die von Jugoslawien beanspruchten Gebiete bei Österreich.

In Oberschlesien stimmten bei einem Plebiszit am 20. März 1921 60 Prozent der Wahlberechtigten für ein Verbleiben beim Deutschen Reich. Dennoch sprachen die Alliierten im Oktober 1921 die wertvollsten Teile des Industriegebiets (Lublinitz, Rybnik, Kattowitz, Königshütte und Tarnowitz) den Polen zu. Danach kam es zu langen und blutigen Auseinandersetzungen zwischen polnischen Freischaren und deutschen Freikorpskämpfern.

Das Memelland wurde im Januar 1923 von litauischen Freischaren besetzt. Die Alliierten akzeptierten die illegale Okkupation.

Ein pittoresker Akt von Aggression entwickelte sich im kroatischen Istrien. Die Alliierten hatten in den Friedensverhandlungen die Stadt Fiume (Rijeka), die Teil von Ungarn gewesen und überwiegend von Kroaten bewohnt war, nicht Italien, sondern Jugoslawien zugesprochen. Daraufhin besetzte am 12. September 1919 Gabriele d'Annunzio – berühmter Poet und Romancier und ein Freund von Benito Mussolini – mit einem Haufen unausgebildeter Freiwilliger und meuternder Soldaten handstreichartig die Stadt. Er residierte wie ein Renaissance-Fürst und forderte in pathetischen Ansprachen, Fiume dem italienischen »Imperium« anzugliedern. Die Horden von Marodeuren, die er befehligte, nannte er theatralisch »Römische Legion«. Er verkörperte wie kaum ein anderer die operettenhafte Seite des Faschismus, eine Facette, die auch dem Nationalsozialismus nicht fremd blieb. Immerhin erreichte er, daß die Alliierten Fiume zur »Freien Stadt« erklärten. Nach fünfzehn Monaten gab er die Stadt auf. Am 27. Januar 1924 verzichtete Jugoslawien endgültig auf Fiume zugunsten Italiens.

Onkel Albert, vom Rheinland nach Berlin verzogen und bis 1933 mit Funktionen in der SPD, war von Gabriele d'Annunzio fasziniert. Er erzählte mir aus seinen Romanen »Die tote Stadt« und »Feuer«. Die Darstellung der Besetzung von Fiume würzte er mit Anekdoten.

Unter dem Postulat des Wilsonschen »Selbstbestimmungsrechts der Völker« gewannen die Tschechen, die Slowaken, die Ungarn und die Polen Unabhängigkeit. Jugoslawien wurde auf Druck Clemenceaus zu einem Vielvölkerstaat, der unter dem Kommando der Serben und als Bündnispartner Frankreichs deutsche Einflußmöglichkeiten auf dem Balkan neutralisieren sollte.

Für die Deutschen galt das Selbstbestimmungsrecht nicht. Elsaß-Lothringen, Posen und Westpreußen, das Memelgebiet und das Hultschiner Ländchen mußten ohne Abstimmung abgetreten werden oder gingen durch illegale Besetzung verloren. Selbst dort, wo abgestimmt wurde (wie in Oberschlesien), korrigierten die Alliierten das Ergebnis zum Nachteil Deutschlands.

Die Entwicklung im nahegelegenen Eupen-Malmedy, kaum fünfzig Kilometer von unserer Heimat entfernt, demonstrierte für uns besonders deutlich die Rechtlosigkeit der Besiegten.

Die preußischen Landkreise Eupen und Malmedy waren – mit Ausnahme der Stadt Malmedy – ausschließlich deutschsprachig. Dennoch wurde der

Bevölkerung das Recht vorenthalten, über ihre Zugehörigkeit zum Reich abzustimmen. Den rund 63 000 Einwohnern wurde lediglich zugestanden, sich binnen sechs Monaten in Listen einzutragen, falls sie Deutsche bleiben wollten. Wer solcherart für Deutschland votierte, mußte innerhalb eines weiteren Jahres seinen Wohnsitz in das »Reich« verlegen.

Der damalige Kölner Erzbischof, Kardinal von Hartmann, zu dessen Jurisdiktion die Dekanate Eupen, Malmedy und St. Vith gehörten, protestierte in einem scharfen Schreiben an den Vorsitzenden der deutschen Waffenstillstandskommission und in einem nachdrücklichen Appell an den Vatikan gegen die Abtrennung der Kreise von Deutschland. Er forderte eine allgemeine und geheime Volksabstimmung. Er erreichte damit genau so wenig wie das deutsche Reich mit seinen entsprechenden Einsprüchen an die Alliierten. Am 10. Januar 1920 besetzte Belgien die Grenzkreise.

Das einzige Zugeständnis des Vatikans war die Ernennung eines Apostolischen Administrators, der bis zum Ablauf der Frist zur Eintragung in die Optionslisten darauf achten sollte, daß die Interessen der (deutschen) Katholiken in den Kreisen Eupen und Malmedy gewahrt wurden.

Kurz danach besuchte der Administrator, Nuntius Erzbischof Nicotra, die Grenzgebiete. Der Generalvikar der Diözese Lüttich begleitete ihn. Bei einer Ansprache in Malmedy kündigte der Generalvikar an, daß die drei ehemals deutschen Dekanate bald in die Diözese Lüttich aufgenommen würden.

Der neue Kölner Erzbischof, Kardinal Karl Joseph Schulte, beschwerte sich wegen dieses Vorgehens bei Papst Benedikt XV.

Am 23. Juli 1920 wurden die Listen, auf denen die Einwohner der Grenzkreise für Deutschland optieren konnten, eingezogen. Die Scheinabstimmung war von den belgischen Behörden massiv beeinflußt und zum Teil mit Waffengewalt behindert worden. Von den 34 000 Wahlberechtigten hatten sich 271 für das Deutsche Reich und damit gleichzeitig dafür entschieden, ihre alte Heimat zu verlassen.

Der Völkerbund wertete dieses Ergebnis, das auf Erpressung und Betrug beruhte, als eindeutiges Votum für Belgien. Er stimmte zu, daß die Kreise Eupen und Malmedy endgültig dem belgischen Staat einzugliedern seien.

Kardinal Schulte reiste im Oktober 1920 nach Rom, um in einem persönlichen Gespräch mit dem Papst zu erreichen, daß die Dekanate Eupen, Malmedy und St. Vith wenigstens kirchenrechtlich bei der Erzdiözese Köln verbleiben konnten. Der Vatikan zögerte. Die belgische Regierung hatte Rom ein Memorandum übermittelt, das die Errichtung einer neuen Diözese Eupen-Malmedy vorsah, die dem Bischof von Lüttich unterstellt werden sollte. Nach mehreren Monaten entschied sich der Vatikan für den belgischen Vorschlag.

Am 11. Oktober 1921 wurde die Pfarrkirche von Malmedy zur Kathedrale erhoben und der Bischof von Lüttich, Martin Hubertus Rutten, feierlich in das

Episkopat der neuen Diözese eingewiesen. Der vatikanische Nuntius Nicotra leitete die Zeremonie. Als Bischof Rutten in die Stadt einzog, marschierten je 50 belgische Soldaten mit aufgepflanztem Bajonett vor und hinter dem Baldachin des Bischofs.

Die Abtretung der Grenzkreise hatte Familien, die seit Generationen verwandt und verschwägert waren, getrennt und fruchtbare Verbindungen in Handel und Gewerbe zerschnitten. Bis zum Ersten Weltkrieg hatten viele Bauern der Grenzregion des Kreises Schleiden ihr Vieh in Eupen verkauft. Das war nun nicht mehr möglich. Hinzu kamen die Belastungen durch die Besatzung. Das waren zuerst britische Truppen und später (bis zum 1. Dezember 1929) belgische und französische Soldaten.

Das Mechernicher Bleibergwerk und die kleineren Industriebetriebe in Mechernich und Kall lagen danieder. Viele Bürger resignierten.

In einigen Dörfern an der Grenze des Kreises Schleiden taten sich ehemalige Soldaten zusammen, die aus dem Krieg zurückgekehrt waren, um in den früheren preußischen Staatsforsten des Kreises Malmedy zu wildern. Sie hatten aus dem Krieg Karabiner und genügend Munition mit nach Hause gebracht. Nachts gingen sie über die Grenze, um Rotwild oder Wildsauen zu schießen. Das war nicht sehr gefährlich, weil die belgische Forstverwaltung für die neuen Wälder nur sehr langsam aufgebaut wurde. In mehreren Fällen veranstalteten die jungen Männer sogar Treibjagden. Es ging nicht um Trophäen, sondern um Fleisch. Alle waren sich aber einig, daß auch die Geweihe der Hirsche und Rehböcke, die man erlegt hatte, mit nach Hause genommen werden mußten. Man durfte den belgischen Behörden keine Hinweise auf die illegalen Jagden hinterlassen.

Das Jahr 1923 brachte für das Reich, vor allem für das Rheinland, erneut schwere Belastungen. Der französische Ministerpräsident Raymond Poincaré behauptete, Deutschland sei vorsätzlich seinen Reparationsverpflichtungen für Kohlelieferungen an Frankreich nicht nachgekommen. Er setzte durch, daß sich die Reparationskommission am 9. Januar 1923 diesem Votum anschloß. Großbritannien stimmte dagegen. Die Feststellung der Kommission genügte Poincaré, den Einmarsch starker französischer Truppenverbände in das Ruhrgebiet zu befehlen. Am 11. Januar besetzten die Franzosen Essen und innerhalb weniger Tage die anderen Städte des Reviers. Belgische Truppen begleiteten die Operation.

Am 13. Januar verkündete Reichskanzler Cuno im Parlament den »passiven Widerstand« gegen die Okkupation. Die Kohlelieferungen wurden eingestellt und die Zechen stillgelegt. Die Reichsbahner in den französisch besetzten Gebieten verließen ihre Arbeitsplätze. Löhne und Gehälter liefen weiter. Mein Vater, der schon bei der Reichsbahn arbeitete, sagte später, er habe damals sieben Monate »bezahlten Urlaub« gehabt.

Die verbliebenen Löhne reichten aber nicht aus, den Lebensunterhalt der Arbeiter und Angestellten zu decken. Im Herbst 1923 hatte die Inflation in

Deutschland ihren Höhepunkt. Für eine Milliarde Mark konnte man noch nicht einmal eine Schachtel Streichhölzer kaufen. Ein Liter Milch kostete 360 Milliarden Mark.

Am 31. März 1923 versuchten französische Soldaten bei Krupp in Essen Automobile zu requirieren. Arbeiter wollten das verhindern. Die Franzosen erschossen dreizehn Männer, 41 wurden verletzt. Insgesamt starben beim Ruhrkampf 140 Menschen.

Die Eisenbahner aus Euskirchen, Mechernich und Kall, die ihre Arbeitsplätze auf Weisung der Reichsregierung verlassen hatten, glaubten, daß »die Fremden« mit den deutschen Lokomotiven und Eisenbahnwaggons nicht fertig werden würden. Den Belgiern und Franzosen gelang es aber, mit eigenen Kräften zunächst die vorhandenen Halden abzuräumen und dann die Kohle mit der Eisenbahn über Köln, Trier und Ehrang nach Frankreich zu bringen. Schon einige Wochen nach der Ruhrbesetzung dampfte Zug um Zug mit Kohle und Koks nach Südwesten.

Die Kohlezufuhren für das Bleibergwerk in Mechernich wurden von den Franzosen gesperrt. Auch die anderen Industriebetriebe, einschließlich der für die industrielle Infrastruktur notwendigen Gasfabrik, erhielten weder Kohle noch Koks. Vom 13. Mai bis zum 10. Juni mußte die Grube – mit mehr als 1000 Arbeitern – stillgelegt werden. Die Bergwerksverwaltung versuchte, Briketts aus den nahen Braunkohlegruben bei Liblar mit Lastkraftwagen heranbringen zu lassen, um wenigstens die Dampfkessel für die Fördermaschinen beheizen zu können. Das wurde von der Besatzungsmacht verboten. Danach mußte das Bleibergwerk erneut geschlossen werden. Das dauerte vom 15. September 1923 bis zum 7. Februar 1924.

Die Waggonfabrik mit 450 Arbeitern stand still vom 28. April 1923 bis zum 20. Oktober 1924. In dieser Zeit wurden die bis zum April angelaufenen Aufträge von Unternehmen im unbesetzten Teil Deutschlands übernommen. Der Mechernicher Waggonfabrik gelang es weder nach dem Ende der Ruhrbesetzung noch nach dem Abzug der französischen Besatzungstruppen Ende 1929, die alte Position wiederzugewinnen. Im Jahre 1932 arbeiteten nur noch 45 Mann in dem Betrieb.

Nach Beginn des »passiven Widerstands« drohten die Franzosen, 150 Güterwaggons, die fertiggestellt und zum Abtransport in den unbesetzten Teil des Reichs bereitgestellt waren, zu beschlagnahmen. Einige Arbeiter fuhren die Waggons daraufhin auf abseitig gelegene Geleise, die von hohen Kiefern verdeckt waren. Sie entfernten die Kupplungen, um den Weitertransport zu verhindern. Die Güterwagen blieben länger als ein Jahr im Wald versteckt.

Während der Regie-Zeit – so nannte man die Periode der Ruhrbesetzung – versuchten die Franzosen, auch den Personenverkehr zwischen Trier und Liblar aufrechtzuerhalten. In Liblar begann die britische Verwaltungszone.

Die Eifelbewohner sabotierten die französischen Bemühungen. Wer in Köln zu tun hatte, ging zu Fuß nach Liblar oder ließ sich mit Pferdefuhrwerken bis in das britische Gebiet bringen.

Die Fahrschüler aus der Eifel, die das Gymnasium in Euskirchen besuchten, weigerten sich ebenfalls, die französische Regiebahn zu benutzen. Sie versuchten, bei Freunden in der Stadt unterzukommen. Nur wenigen gelang das. Die meisten blieben in ihren Dörfern. In Mechernich stellten sich drei Volksschullehrer zur Verfügung, um die Gymnasiasten des Ortes und der nahegelegenen Dörfer zu unterrichten.

Im April 1923 verübten Unbekannte mehrere Sprengstoffanschläge gegen Unterkünfte belgischer und französischer Soldaten. Militärfahrzeuge wurden zerstört.

Organisator dieser Sabotageakte war Albert Leo Schlageter, der mit Heinz Oskar Hauenstein das »Sturmregiment« aufgebaut hatte, das 1921 den Annaberg in Oberschlesien eroberte. Durch den »Sturm auf den Annaberg« konnte verhindert werden, daß ganz Oberschlesien an Polen fiel. Jetzt war Hauensteins Organisation das Kernstück des »passiven Widerstands« an der Ruhr.

Nach den ersten Anschlägen in der Eifel verordneten die Franzosen, daß sich die Bewohner dem »Bahnkörper«, d.h. den Gleisen, innerhalb von geschlossenen Ortschaften höchstens bis auf einen Abstand von einem Meter nähern durften; außerhalb der Ortschaften durfte man den Schienen nicht näher als hundert Meter kommen. Zuwiderhandlungen wurden mit Erschießen bedroht.

In Mechernich konnte man die Bahnübergänge an der Weierstraße, an der Turmhofstraße, in Burgfey und in Roggendorf-Strempt nur zwischen fünf Uhr morgens und zwanzig Uhr abends überschreiten. Die kleineren Bahnübergänge »Im Höfchen« und in Katzvey wurden vollständig gesperrt. Der Übergang an der Friedrich-Wilhelm-Straße war von fünf Uhr bis dreiundzwanzig Uhr offen.

Zur Überwachung und zum Schutz der Bahnanlagen setzten die Franzosen mehrere Bataillone farbiger Soldaten aus ihren Kolonien ein. Dennoch gelang es der Gruppe Schlageter Anfang Mai 1923, die Eisenbahnbrücke bei Burgfey in die Luft zu sprengen. Der Transport von Kohle und Koks nach Frankreich wurde für mehrere Tage unterbunden.

Ein junger Mann aus Kommern und ein Schüler der Oberstufe des Gymnasiums in Euskirchen hatten sich an dem Attentat beteiligt. Sie konnten untertauchen. Albert Leo Schlageter wurde kurze Zeit später von den Franzosen gefangen. Ein Standgericht verurteilte ihn wegen Sabotage zum Tode. Am Samstag, dem 26. Mai 1923, wurde er in der Golzheimer Heide bei Düsseldorf füsiliert.

Karl Radek, maßgebendes Mitglied des Präsidiums der »Kommunistischen Internationale«, würdigte Schlageter als »guten Soldaten der Konterrovolution«.

Adolf Hitler hatte sich schon kurze Zeit nach der Parlamentsrede von Reichskanzler Cuno gegen den »passiven Widerstand« ausgesprochen. Er wollte verhindern, daß die Weimarer Regierung mit dieser Aktion ein nationales Thema besetzen konnte. Die Nationalsozialisten erklärten Schlageter auch erst nach 1933 zu einem ihrer Helden. Die Kriegsmarine benannte am 30. Oktober 1937 eines ihrer Segelschulschiffe nach ihm.

Die Ruhrbesetzung hatte für Frankreich mehr Nachteile als Profite gebracht. Nachdem die Vorratshalden abgeräumt waren, konnten die Franzosen im ersten Halbjahr 1923 mit eigenen Kräften nur so viel Kohle fördern, wie die deutschen Bergleute sonst in zwei Wochen gefördert hatten. Während dieser Zeit flossen nur zehn Prozent der früheren Fördermenge nach Frankreich. Schon im März mußte die lothringische Stahlindustrie einige Hochöfen stillegen, weil Brennstoff fehlte. Die Ruhroperation hatte den Franc – nach mehreren vorhergegangenen inflatorischen Schüben – noch weiter entwertet.

Für Deutschland waren die Konsequenzen der Ruhrbesetzung noch schlimmer. Die Kosten des »passiven Widerstands« stürzten die deutsche Wirtschaft in die finanzielle Katastrophe. Zahlreiche Betriebe brachen zusammen, die Bürger verloren alle Ersparnisse, der Mittelstand war für die nächsten Jahre zerstört. Am 26. September 1923 mußte der »passive Widerstand« abgebrochen werden. Damals war Gustav Stresemann Reichskanzler. Die belgischen und französischen Truppen verließen das Ruhrgebiet erst Ende Juli 1925.

Die unmittelbaren ökonomischen Belastungen, die der »passive Widerstand« gegen die Ruhrbesetzung gebracht hatte, beschleunigten die Bemühungen um eine Währungsreform. Deren Erfolg war aber davon abhängig, daß die exorbitanten Unterstützungszahlungen in das französisch besetzte Gebiet gestoppt werden konnten. Es gab Erwägungen, die Subventionen sofort einzustellen und Ruhrgebiet und Rheinland sich selbst zu überlassen. Dies stieß auf Widerspruch im Kabinett.

Konrad Adenauer, zu dieser Zeit Oberbürgermeister von Köln und Präsident des preußischen Staatsrats, erklärte, daß die Rheinlande dem Reich notfalls eine zweite und dritte Währungskrise wert sein sollten.

Am 11. November 1923 wurde mit der Rentenmark eine neue Währungsordnung eingeführt. Eine Billion Papiermark war jetzt eine Rentenmark.

Mit der Reform gingen rigorose Sparmaßnahmen Hand in Hand. Das Personal des Reichs wurde drastisch abgebaut. Mehr als 300 000 öffentliche Bedienstete wurden entlassen. Die Gehälter der Beamten und Angestellten wurden auf sechzig Prozent der Vorkriegssätze festgelegt.

Im besetzten Rheinland waren die Probleme mit dem Ende des »passiven Widerstands« noch nicht vorbei. Hier hatte sich seit 1919 eine Bewegung entwickelt, die sich pazifistisch nannte und die eine rheinische »Friedensrepublik«, eine neutrale Zone zwischen Frankreich und Deutschland, errichten wollte. Sie stand unter dem Schutz von Belgien und Frankreich und wurde von den Regierungen dieser beiden Länder gefördert.

Bis zur Ruhrbesetzung hatte die Bewegung nur geringe Bedeutung. Zulauf erhielt sie erst, als mit Ruhrkampf, Belastung der Wirtschaft durch Reparationszahlungen und galoppierender Inflation immer mehr Bürger in Existenznot gerieten.

Die meisten Separatisten kamen aus dem Zentrum und aus den bäuerlichen Bereichen der Eifel und der Zülpicher und Euskirchener Börde. Die Leute aus den Arbeitergebieten in Kall und in Mechernich waren gegen den Separatismus.

Vor allem der preußische Landrat des Kreises Schleiden, Josef Graf Spee, wandte sich gegen die Rheinische Republik. Er machte das auch öffentlich deutlich. Er bezeichnete den Bürgermeister von Hergarten, der überzeugter Pazifist war, in einer Rede als »unzurechnungsfähig«. Einen Bauern aus Hostel, der sich ebenfalls aktiv für die neue Republik einsetzte, nannte er »Dieb und Betrüger«.

Am Sonntag, dem 21. Oktober 1923, riefen die Separatisten die Rheinische Republik aus. Regierungssitz war Koblenz, Ministerpräsident wurde ein Journalist namens Matthes. Auf dem Rathaus in Aachen wurde die grün-weiß-rote Fahne der Separatisten gehißt. Düren und Schleiden wurden einen Tag später »republikanisch«, Euskirchen am 24. Oktober.

Am 22. Oktober verhafteten die Separatisten den Landrat. Sie brachten ihn zunächst nach Daun und dann nach Koblenz. Dort verlangten sie von ihm, daß er die Rheinische Republik mit seiner Unterschrift anerkennen müsse. Graf Spee weigerte sich. Die Separatisten ließen ihn frei und schickten ihn nach Berlin.

Ein Onkel aus der Familie meiner späteren Frau Maria hatte sich am 21. Mai 1921 mit Albert Leo Schlageter am Sturm auf den Annaberg in Oberschlesien beteiligt. Anfang 1923 war er Polizeioffizier in Aachen geworden. Am 26. Oktober 1923 wollte er heiraten. Am Nachmittag des 25. Oktobers traf er sich mit einigen Kameraden, um das Ende seines Junggesellendaseins zu feiern. Auf dem Heimweg kam er am Rathaus vorbei. Er sah die Separatistenfahne vom Turme wehen und kletterte hoch, um sie abzunehmen. Als er das Fahnentuch in seinem Jackett verstauen wollte, traf ihn die Kugel eines Separatisten. Er war sofort tot.

Die preußische Regierung veranlaßte, daß er in einem Ehrengrab auf dem Friedhof seiner Heimatpfarre in Gemünd/Eifel beigesetzt wurde. Der Stadt Aachen wurde aufgegeben, für die Grabpflege zu sorgen.

Im Sterberegister der Pfarre ist – erstaunlicherweise in lateinischer Sprache – vermerkt, daß er »Anno Domini MCMXXIII, die 25. mensis Octobris (am 25. Tag des Monats Oktober), aetatus vero 32« (erst im 32. Lebensjahr) in »Aquisgranum« (Aachen) dahingeschieden sei, und zwar »necatus a rebellibus« (ermordet von Rebellen).

Die Bergarbeiter in Mechernich waren auf die Abwehr eines möglichen Angriffs der Separatisten vorbereitet. Abgesehen von einigen Jagdflinten, die ihnen vom Förster des Bergwerks zur Verfügung gestellt worden waren, hatten sie keine Waffen. Sie hatten aber vor dem Rathaus und einigen Schulen (auch das waren Objekte, die in Nachbargemeinden von den Separatisten besetzt worden waren) zentnerweise scharfkantige Hüttenschlacke angehäuft, um sie als Wurfgeschosse gegen die Angreifer benutzen zu können. Die Kämpfer für die Rheinische Republik hatten aber offensichtlich keine Neigung, einen so großen Ort wie Mechernich (damals 5000 Einwohner) anzugreifen, der von mehr als tausend kräftigen Bergleuten verteidigt werden konnte.

Als den Mechernichern klar wurde, daß man nicht mehr mit einem Angriff zu rechnen brauchte, organisierte Bürgermeister Hüsgen mehrere Kraftwagen und bemannte sie mit Bergarbeitern. Die Männer hatten sich mit Knüppeln und Äxten bewaffnet. Am 25. Oktober fuhr Hüsgen mit den Bergleuten nach Gemünd und Schleiden und machte die dortigen Rathäuser wieder »separatistenfrei«. Von Mechernich ging die Initiative zur Säuberung des Kreises Schleiden aus. Und dieser Erfolg war dann das Signal für eine große Säuberungsaktion im ganzen Rheinland. Mechernicher Arbeiter kämpften in erster Reihe auch bei ähnlichen Aktionen in den Nachbarkreisen. Mitte November war der Separatistenspuk in der Eifel zu Ende.

Zahlreiche Versprengte hatten sich auf das rechte Rheinufer zurückgezogen. Sie sammelten sich im Siebengebirge. Rund 2000 Leute waren immer noch bereit, sich für eine Rheinische Republik zu schlagen. Die Bauern und Bürger des Siebengebirges, verstärkt durch Arbeiter aus Köln, formierten sich ebenfalls. Sie waren besser bewaffnet als die Leute aus der Eifel. Am Ägidienberg kam es zur Entscheidungsschlacht. Die Separatisten wurden völlig besiegt. Die einheimische Bevölkerung erschoß mehrere Dutzend Republikaner. Andere wurden mit Äxten und Knüppeln erschlagen. Der französische Versuch, die Bedingungen von Versailles mit Hilfe einer Marionettenregierung nachzubessern, war gescheitert.

In dieses Umfeld wurde ich hineingeboren, mit diesen Geschichten bin ich aufgewachsen. Wenn uns an langen Winterabenden Nachbarn besuchten, dann führten die Gespräche der Männer sehr bald in diese Zeit, darüber hinaus zum Weltkrieg und zu den Materialschlachten an der Westfront.

Neben den Nachbarn hatten wir häufig Gäste aus der Familie. Meine Mutter hatte neun Geschwister, mein Vater zwei. Wir besuchten uns oft. Die Schwester und der Bruder meines Vaters, die in Erp wohnten, kamen im Sommer an vielen Sonntagen mit dem Fahrrad in die Eifel. Das waren 26 Kilometer. Die Verwandten aus der Familie meiner Mutter kamen von Brühl, aus Köln und von Neuss, manchmal mit der Eisenbahn, manchmal mit Fahrrädern. Die Entfernung zwischen Neuss und Mechernich beträgt ungefähr 80 Kilometer.

Ende der zwanziger und in den dreißiger Jahren war in der Familie jedes Jahr mindestens eine Kindtaufe oder eine Kinderkommunion. Bei diesen Festen kam fast der gesamte Clan zusammen. Es wurde gut und viel gegessen und mäßig getrunken. Gastzimmer für die jeweils etwa dreißig Besucher gab es nicht. Niemand hatte auch genug Geld, in einem Hotel oder in einer Pension zu übernachten. Die jeweiligen Gastgeber richteten deshalb auf den Böden der Schlafzimmer und auf den Speichern Matratzenlager ein, möglichst getrennt nach Männern, Frauen und Kindern. Für uns war das eine Gelegenheit, abends mit Vettern und Cousinen herumzutollen, bis das Machtwort eines Vaters oder Onkels uns zur Ruhe brachte.

Sowohl bei den Verwandtenbesuchen als auch bei den Familienfeiern kam die Unterhaltung immer wieder auf den Ruhrkampf, auf die Separatistenzeit und auf die Jahre der Inflation. Wir Kinder hörten stumm und interessiert zu, vor allem, wenn es zu Kontroversen über die Frage kam, was und wieviel das Rheinland Preußen zu verdanken hatte. War es richtig gewesen, von Mechernich aus die Separatisten mit Waffengewalt zu bekämpfen? Diese Frage stellten die jungen Männer, die nicht im Krieg gewesen waren. Die Kriegsteilnehmer, die durch ihre Zeit an der Front ein neues Gemeinschaftserlebnis erfahren hatten, das nicht durch landsmannschaftliche Bindungen begrenzt war, betrachteten den »Aufstand« der Separatisten als eine Fortsetzung des Krieges, den Frankreich im August 1914 begonnen hatte. Zu ihnen gehörten mein Vater, den die Briten im August 1918 bei Arras schwerverwundet gefangengenommen hatten, und mein Patenonkel Josef, der als Feldwebel, ausgezeichnet mit dem EK I, 1919 aus dem Krieg nach Hause gekommen war. Engagement in diese Richtung zeigten auch Onkel Toni, der nur kurze Zeit am Kriege teilgenommen hatte, sowie Onkel Johannes und Onkel Albert, die als Schwäger in die Familie aufgenommen worden waren. In den Diskussionen wurde aber immer wieder deutlich, daß die Zuordnung der Kriegsveteranen nicht Preußen galt, sondern dem Reich.

Große Erzähler waren Onkel Josef und – wenn er gut gelaunt war – auch Onkel Toni. Tante Maria, die Schwester meines Vaters, wußte sehr viele Geschichten über den rheinischen Separatismus. Onkel Albert verstand es von den Erwachsenen am besten, sich auf die Neugier von Kindern einzustellen.

In unserer Straße wohnte ein Ingenieur des Bleibergwerks Mechernich, dessen Vetter als Ingenieur an einer Kohlengrube im Saarland beschäftigt war. Im Sommer 1934 besuchte der Saarländer seine Verwandten in Mechernich. Mein Vater wurde eingeladen, den Bericht des Mannes, den dieser seinem Vetter und einigen interessierten Zuhörern geben wollte, anzuhören. Ich durfte meinen Vater begleiten. Der Ingenieur erzählte, daß die Franzosen die Saargruben und die saarländischen Hüttenwerke rücksichtslos ausbeuten würden, ohne an notwendige Reserven zu denken, zum Teil unter Mißachtung der erforderlichen Sicherheitsmaßnahmen. In Sorge um eine Niederlage in der kommenden Abstimmung hätten die Franzosen von der lothringischen Seite des Abbaugebietes her Schächte und Stollen unter der Grenze in das Saargebiet vorgetrieben, um auch nach einer Wiedervereinigung der Saar mit dem Reich die saarländische Kohle weiter abbauen zu können.

Schon anderthalb Jahre vor der Abstimmung hatten sich die politischen Kräfte im Saarland polarisiert. Die Parteien der Mitte und der Rechten hatten sich –

beginnend mit Juli 1933 – aufgelöst und mit der Saar-NSDAP zur »Deutschen Front« verbunden. Die »Deutsche Front« wollte den Anschluß an Deutschland. Die NSDAP aus dem Reich unterstützte das mit Geld und Propaganda.

Die Sozialdemokratische Partei der Saar und die Kommunisten bildeten eine Einheitsfront. Zu ihr stießen einige kleinere Gruppen bürgerlicher und katholischer Nazi-Gegner. Diese Verbindung nannte sich »Freiheitsfront«. Sie trat dafür ein, das Völkerbundsmandat beizubehalten.

Die katholische Amtskirche unterstützte die Bestrebungen, die Saar wieder mit Deutschland zu vereinigen. Am 12. November 1934 ermahnten die Bischöfe von Speyer und Trier, die für das Saargebiet zuständig waren, die katholischen Gläubigen in einem Sendschreiben, bei der kommenden Abstimmung ihre »Pflicht zum angestammten Volkstum« zu erfüllen. Der Erlaß wurde am darauffolgenden Sonntag, dem 17. November, von allen Kanzeln des Saarlandes verlesen.

Am 13. Januar 1935 stimmten 477 119 Wahlberechtigte für den Anschluß an Deutschland und 46 513 für die Beibehaltung des Status quo. Nur 2124 Wähler waren für die Abtretung der Saar an Frankreich.

Das Reich, dessen diktatorischer Charakter damals für die meisten Deutschen noch nicht erkennbar war, hatte also die Abstimmung an der Saar mit überwältigenden 90,5 Prozent der Wähler gewonnen.

Am Tag nach der Wahl veranstalteten fast alle Schulen eine Feierstunde. Lehrer Baur wies uns noch einmal eindrücklich auf die Bedeutung des Tages hin. Ein Teil des Reiches, der uns verbrecherisch geraubt worden war, konnte mit einer überzeugenden Manifestation der Liebe zum Vaterland zurückgeholt werden. Damit sei die Hoffnung gelegt, daß auch andere Gebiete, die uns unrechtmäßig weggenommen worden seien, durch den Willen des Volkes zu Deutschland zur zurückfinden könnten.

Nach der Feierstunde gab es schulfrei. Bernd Michels und Hans Peter Pellmann, meine Mitschüler, wohnten in der Nähe des Bahnhofs. Auf dem Weg zur Schule mußten sie durch die Arenbergstraße, in der ich wohnte. Sie holten mich jeden Morgen ab. Jetzt gingen wir, in einer Reihe nebeneinander, gemeinsam nach Hause. Wir hatten uns die Arme um die Schultern gelegt und sangen laut das Lied: »Deutsch ist die Saar, deutsch immerdar«.

Es war trübes Wetter, und es nieselte. Kalt war es nicht. Meine Augen waren feucht. Ich war mir nicht klar, ob das vom Regen kam, oder ob mir Rührung Tränen in die Augen gebracht hatte.

Die Frage, ob ich in diesen Minuten nicht zu viel Schwäche gezeigt haben könnte, beschäftigte mich noch lange. Mehr als ein Jahr später, während der Olympischen Spiele in Berlin, sprach ich darüber mit Onkel Albert. Ich sagte ihm auch, daß ich von der Rückkehr der Saar ins Reich – nach dem Unrecht, das das »Versailler Diktat« uns zugefügt hätte – sehr berührt worden sei. Er schaute mich an und legte seine Hand auf meine Schulter. Dann sagte er: »Weißt du, das was du damals empfunden hast, das war kein Ausdruck von Schwäche, sondern Patriotismus. Wer das nicht fühlt, der hat kein Herz. Und im übrigen: Den Ausdruck vom ›Versailler Diktat‹ hat nicht euer Hitler erfunden; unser Philipp Scheidemann war der erste, der vom ›Schandvertrag von Versailles‹ gesprochen hat«.

Auszug aus der Rede Philipp Scheidemanns am 12. Mai 1919 vor der Deutschen Nationalversammlung:

»*Meine Damen und Herren! Die deutsche Nationalversammlung ist heute zusammengetreten, um am Wendepunkte im Dasein unseres Volkes gemeinsam mit der Reichsregierung Stellung zu nehmen zu dem, was unsere Gegner ›Friedensbedingungen‹ nennen. In fremden Räumen, in einem Notquartier, hat sich die Vertretung der Nation zusammengefunden, wie eine letzte Schar Getreuer sich zusammenschließt, wenn das Vaterland in höchster Gefahr ist. Alle sind erschienen, bis auf die Elsaß-Lothringer, denen man das Recht, hier vertreten zu sein, jetzt schon abgenommen hat, wie ihnen das Recht genommen werden soll, in freier Abstimmung ihr Selbstbestimmungsrecht auszuüben, und wenn ich in ihren Reihen Kopf an Kopf die Vertreter aller deutscher Stämme und Länder sehe, die Erwählten vom Rheinland, vom Saargebiet, von Ost- und Westpreußen, Posen, Schlesien, von Danzig und von der Memel, neben den Abgeordneten der unbedrohten die Männer aus den bedrohten Ländern und Provinzen, die – wenn der Wille unserer Gegner zum Gesetz wird – zum letzten Male als Deutsche unter Deutschen tagen sollen, dann weiß ich mich von Herzen eins mit Ihnen, in der Schwere und Weihe dieser Stunde, über der nur ein Gebot stehen darf: Wir gehören zusammen, wir müssen beieinander bleiben, wir sind ein Fleisch und ein Blut, und wer uns zu trennen versucht, der schneidet mit mörderischem Messer in den lebendigen Leib des deutschen Volkes!*

Lassen Sie mich ganz ohne taktische Erwägungen reden. Was unseren Beratungen zugrunde liegt, dies dicke Buch, in dem hundert Absätze beginnen: Deutschland verzichtet, verzichtet, verzichtet – dieser schauerlichste und mörderische Hexenhammer, mit dem einem großen Volk das Bekenntnis der eigenen Unwürdigkeit, die Zustimmung zur erbarmungslosen Zerstückelung, das Einverständnis mit Versklavung und Helotentum abgepreßt und erpreßt werden soll, dies Buch darf nicht zum Gesetzbuch der Zukunft werden.

Lassen Sie mich außerhalb unserer Grenzen beginnen: Deutschland wird, wenn diese Bedingungen angenommen würden, nichts mehr sein eigen nennen, was außerhalb dieser verengten Grenzen liegt. Die Kolonien verschwinden, alle Rechte aus staatlichen oder privaten Verträgen, alle Konzessionen oder Kapitulationen, alle Abkommen über Konsulargerichtsbarkeit oder ähnliches, alles, alles verschwindet! Deutschland hat im Ausland aufgehört zu existieren! Das genügt noch nicht: Deutschland hat Kabel – sie werden ihm weggenommen.

Deutschland hat Funkenstationen – drei Monate nach Inkrafttreten des Friedensvertrages dürfen diese Stationen nur noch Handelstelegramme versenden und nur unter der Kontrolle der Alliierten! Also Herauswurf aus der Außenwelt und Abschneidung von der Außenwelt, denn was für Geschäfte zu machen sind unter Kontrolle des Konkurrenten oder Vertragsgegners, das braucht nicht ausgemalt zu werden.

Ich frage sie, wer kann als ehrlicher Mann – ich will gar nicht sagen als Deutscher – nur als ehrlicher, vertragstreuer Mann solche Bedingungen eingehen? Welche Hand müßte nicht verdorren, die sich und uns in diese Fessel legt? Und dabei sollen wir die Hände regen, sollen arbeiten, die Sklavenschichten für das internationale Kapital schieben, Frondienste für die ganze Welt leisten! Den Handel im Ausland, die einstige Quelle unseres Wohlstandes zerschlägt man und macht man uns unmöglich! Und im Inland? Die lothringischen Erze, die oberschlesische Kohle, das elsässische Kali, die Saargruben, die billigen Nahrungsmittel Polens und Westpreußens, alles soll außerhalb unserer Grenzen liegen.

Was soll ein Volk machen, dem das Gebot auferlegt wird:

›Deutschland ist für alle Verluste, alle Schäden, die die alliierten und assoziierten Regierungen und ihre Nationalen infolge des Krieges erlitten, verantwortlich!‹

Meine Damen und Herren! Wir haben Gegenvorschläge gemacht. Wir werden noch weitere machen. Wir sehen mit Ihrem Einverständnis unsere heilige Aufgabe darin, zu Verhandlungen zu kommen. Dieser Vertrag ist nach Auffassung der Reichsregierung unannehmbar, so unannehmbar, daß ich noch nicht zu glauben vermag, die Erde könne solch ein Buch ertragen, ohne daß aus Millionen und Abermillionen Kehlen, aus allen Ländern ohne Unterschied der Partei der Ruf erschallt: Weg mit diesem Mordplan!

Wird dieser Vertrag wirklich unterschrieben, so ist es nicht Deutschlands Leiche allein, die auf dem Schlachtfeld von Versailles liegen bleibt. Daneben werden als ebenso edle Leichen liegen das Selbstbestimmungsrecht der Völker, die Unabhängigkeit freier Nationen, der Glaube an all die schönen Ideale, unter deren Banner die Entente zu fechten vorgab, und vor allem der Glaube an die Vertragstreue! Eine Verwilderung der sittlichen und moralischen Begriffe ohnegleichen, das wäre die Folge eines solchen Vertrages von Versailles. Das Signal für den Ausbruch einer Zeit, in der wieder, wie vier Jahre lang, nur heimtückischer, grausamer, feiger, die Nation das mörderische Opfer der Nation, der Mensch des Menschen Wolf wäre!«

(39. Sitzung der Nationalversammlung am 12. Mai 1919 in der neuen Aula der Universität Berlin, »Kundgebung gegen den Gewaltfrieden«, zitiert in »Deutsche Nationalversammlung im Jahre 1919 in ihrer Arbeit für den Aufbau des neuen deutschen Volksstaates«, hrsg. von dem Geheimen Justizrat Prof. Dr. Eduard Heilfron, 4. Bd, S. 2644–2650, Berlin 1919/1920).

Hakenkreuz und Kruzifix

Im Gebiet von Mechernich hatte man schon zur Römerzeit nach Blei geschürft. Seinen industriellen Höhepunkt erreichte Mechernich um 1880. Damals waren 4500 Bergarbeiter in der Mine beschäftigt. Während der Ruhrbesetzung und in der Separatistenzeit arbeiteten noch 1200 bis 1500 Bergleute am Bleiberg. Die »Gewerkschaft Mechernicher Werke« – so hieß der Zusammenschluß der verschiedenen Schürfkonzessionen – blieb für die Einwohner der preußischen Landkreise Euskirchen und Schleiden der größte Arbeitgeber.

Die politischen Ansichten der Mechernicher Bergleute waren für die öffentliche Meinung in den beiden Kreisen maßgebend. Bis zum Ende der zwanziger Jahre waren die Bergarbeiter immer noch stolz darauf, daß letztlich sie es gewesen waren, die dem Separatistenspuk im Rheinland ein Ende gesetzt hatten.

Die nationalgesinnten Bergmänner hatten die Zeit der Besatzung durch französische Soldaten und die Ausbeutung der Kohlegruben an der Ruhr nicht vergessen. Sie waren sich mit der Mehrheit der Bevölkerung einig im Widerstand gegen die Besatzungstruppen und in der störrischen Ablehnung französischer Politik. Die meisten von ihnen hatten bei den Wahlen im Jahre 1932 dem Zentrum ihre Stimme gegeben. Als Hitler die Macht übernommen hatte, erwarteten sie von der neuen Regierung gleichwohl eine baldige Lösung der anstehenden sozialen Fragen und bei den nationalen Belangen eine festere Haltung gegenüber dem Ausland.

Anfang der dreißiger Jahre gab es in der Turmhofstraße in Mechernich eine kleine Sattlerei. In dem schmalen und hohen Schaufenster waren meistens nur ein Schulranzen, eine lederne Einkaufstasche und einige Ledergürtel ausgestellt. Für weitere Stücke reichte der Platz nicht. Am 31. Januar 1933, einen Tag nach der Ernennung Hitlers zum Reichskanzler, hatte sich die Dekoration geändert. Auf braunem Samt stand jetzt ein Paar glänzender Schaftstiefel, neben dem zwei braune Schulterriemen und ein SA-Koppel drapiert waren.

Auch dem Handel und dem Handwerk war bewußt geworden, daß eine neue Zeit begonnen hatte.

Die Mitgliederzahlen der SA verdoppelten sich innerhalb von wenigen Wochen. Die meisten Neuzugänge kamen aus der KPD.

Nach dem Reichstagsbrand am 27. Februar 1933 und der darauf folgenden Zerschlagung der KPD erhöhte sich der Schub der Kommunisten, die in die SA eintreten wollten.

An der Ecke Bahnstraße/Arenbergstraße lag die Gaststätte Brendt-Mahlberg. Die SA hatte ein Nebengebäude des Restaurants, das schräg gegenüber von meinem Elternhaus in der Arenbergstraße stand, als »Heim« angemietet. Neben der Tür war ein Schilderhaus aufgebaut, angemalt mit schwarz-weiß-roten

Streifen, vor dem ein SA-Mann, den Sturmriemen seiner Kappe unter dem Kinn und den Karabiner geschultert, Wache stand.

Die Gaststätte war von dem SA-Heim durch einen schmalen Gang getrennt, der zu einer Durchreiche führte, an der man Bier kaufen konnte. Mein Vater schickte mich an warmen Sommerabenden und manchmal sonntagsmittags mit einem Siphon dorthin, um ein frisch gezapftes Bier zu holen. Ich nutzte ein- oder zweimal die Gelegenheit, in das SA-Heim hineinzuschlüpfen. Der SA-Mann, der Wache stand, tat so, als ob er mich nicht bemerken würde. Er blickte streng geradeaus. Sein martialisches Gehabe beeindruckte mich.

Im Aufenthaltsraum lümmelten sich einige junge Männer in brauner Uniform auf den Stühlen, die Beine auf dem Tisch. Die Aschenbecher quollen über von Zigarettenkippen. Auf dem Boden lagen leere Bierflaschen. Einige davon waren nicht ganz ausgetrunken. Pfützen hatten sich gebildet. Gläser sah man nicht. In einer Ecke des Raumes lagen acht oder zehn Karabiner unordentlich auf einem Haufen. Es roch nach Leder und Schweiß, nach kaltem Tabaksqualm und nach schalem Bier. Von dem Durcheinander und dem Schmutz hoben sich die auf Hochglanz polierten braunen Stiefel der SA-Männer erschreckend deutlich ab.

Mitte Januar 1933 hing neben der Eingangstür der »Deutschen Buchhandlung« in der Bahnstraße ein Schild mit der Aufforderung: »Kauft nicht bei Juden!« Der Buchladen gehörte der NSDAP. Bürgermeister Dr. Felix Gerhardus fragte daraufhin in einem Brief bei dem katholischen Pfarrer Johannes Harff an, welche Auffassung der dazu habe und wie man die Situation eventuell »regeln« könnte. Zwar handele es sich »zweifellos in erster Linie um eine parteipolitische Angelegenheit«, das Ganze habe aber sicher auch »einen Beigeschmack konfessioneller Art«. Deshalb sei die jüdische Gemeinde an die Amtsverwaltung herangetreten. Wenn man eine derartige Verletzung des konfessionellen Friedens zulasse, schaffe man möglicherweise einen Präzendenzfall.

Ein gleiches Schreiben richtete der Bürgermeister an den Pfarrer der evangelischen Gemeinde in Mechernich-Roggendorf.

Pfarrer Harff antwortete Dr. Gerhardus, er stimme mit dem »sehr geehrten Herrn Doktor« überein, daß »derartige Schilder« geeignet seien, den konfessionellen Frieden zu gefährden. Er fügte hinzu: »Und gerade heute ist es doch mehr als sonst nötig, zu sorgen, daß wir in Eintracht und gegenseitiger Rücksichtnahme mit Andersdenkenden fertig werden. Auf meine ganze Unterstützung können Sie in dieser Sache rechnen«. Dann regte er an, die Vorsitzenden der maßgebenden Vereine von Mechernich in die Protestaktion einzubinden.

Der Kollege aus Roggendorf schrieb dem Bürgermeister, daß er »als evangelischer Pfarrer« nicht in der Lage sei, »öffentlich gegen Parteimaßnahmen Stellung zu nehmen«. Dies gelte um so mehr, als ihm nicht bekannt sei, ob die Buchhandlung einen evangelischen Besitzer oder Verwalter habe. »Persönlich« sei er selbstverständlich »für den konfessionellen Frieden«.

Pfarrer Harff gelang es, seinen ökumenischen Amtsbruder davon zu überzeugen, daß auch seine Unterschrift notwendig sei.

So kam es zu folgender Anzeige, die Anfang Februar 1933 in der Mechernicher Volkszeitung veröffentlicht wurde:

»Die unterzeichneten Körperschaften und Vereine legen bei Abgabe nachfolgender Erklärung Wert auf die Feststellung, daß diese fern jeglicher Parteipolitik abgegeben wird.

Angesichts der Tatsache, daß in einem hiesigen Buchladen in großer aufreizender Schrift aufgefordert wird, nicht bei jüdischen Geschäftsleuten zu kaufen, erklären wir hiermit, daß wir derartige Schriften bzw. Bekanntmachungen mißbilligen, da sie geeignet sind, den konfessionellen Frieden in unserer Gemeinde zu gefährden. In einer Zeit wirtschaftlicher Not und großer Spannungen sollte alles vermieden werden, was Zwietracht in unserem deutschen Vaterland hervorrufen kann. Nachdem in Mechernich bisher stets ein harmonisches Verhältnis zwischen den Konfessionen und innerhalb der Bürgerschaft überhaupt geherrscht hat, sollen auch in Zukunft Eintracht und gegenseitige Rücksichtnahme auf andersdenkende Konfessionen den Bürgerfrieden gewährleisten.

Wir richten daher an alle Mechernicher die dringende und herzliche Bitte, derartige unfriedliche Aufschriften in Zukunft zu unterlassen«.

Dieser Aufruf war unterzeichnet von Pfarrer Harff für die katholische Pfarrgemeinde Mechernich, von Pfarrer Rocholl für die evangelische Pfarrgemeinde von Mechernich-Roggendorf, von Bürgermeister Dr. Gerhardus als Vorsitzender des Eifelvereins, von Heinrich Virnich als Vorsitzender des Vereinskartells, von Dr. Lenze als Vorsitzender des Volksvereins und von Anton Müller als Vorsitzender des Bundes für Handel und Gewerbe.

Der Bürgermeister wurde am 13. März 1933 vorübergehend in »Schutzhaft« genommen, dann unter Hausarrest gestellt. Am 16. März erhielt er – wie es in der Verfügung hieß – seine »volle Bewegungsfreiheit zurück«. Zu dieser Entscheidung mag beigetragen haben, daß Dr. Gerhardus im Ersten Weltkrieg als Frontoffizier schwer verwundet und mit mehreren Tapferkeitsorden ausgezeichnet worden war.

Im August 1933 beschwerte sich der jüdische Metzger Karl Baruch bei der Amtsverwaltung, daß vor seinem Geschäft ein SA-Mann stehe, der die Passanten notiere, die in der Metzgerei einkaufen wollten. Eine Nachprüfung, die der Bürgermeister anordnete, ergab, daß tatsächlich einige SA-Leute auf Befehl des örtlichen SA-Sturmführers vor drei jüdischen Metzgereien entsprechende Kontrollen durchführten. Angeblich wurden aber nur die Namen von solchen Käufern festgehalten, die Mitglied der NSDAP oder der SA waren. Dr. Gerhardus meldete die Vorfälle dem Landrat in Schleiden.

Am 6. September 1933, morgens um 3.00 Uhr, als die Kirmes zu Ende gegangen war, betraten der Landjägermeister Siegmund (Gendarmerie) und der

Polizeihauptwachtmeister Kramp die Gaststätte Klein in der Bergstraße, um darauf hinzuweisen, daß die Polizeisperrstunde schon längst überschritten sei. Als die Kellnerin daraufhin den einzigen verbliebenen Gast, der noch an der Theke stand, aufforderte, das Lokal zu verlassen, kam ein Gruppe von uniformierten SA-Leuten in das Restaurant. Kurz danach folgten zwei SA-Truppführer, der eine aus Mechernich, der andere aus Blankenheim. Die Männer forderten lauthals, daß man ihnen Bier ausschenken solle. Von dem Geschrei angelockt kamen noch mehrere Zivilisten, von denen einige angetrunken waren, und ein Obertruppführer des Deutschen Arbeitsdienstes in die Gaststätte. Der Obertruppführer war in Uniform.

Die Kellnerin erklärte, es sei Feierabend, und Getränke würden nicht mehr ausgegeben. Der Mechernicher SA-Truppführer fragte daraufhin den Landjägermeister Siegmund, ob dieser »verantworten« könne, daß die SA-Leute kein Bier mehr bekämen. Der Blankenheimer brüllte, daß die Polizei nichts mehr zu bestimmen hätte, jetzt wäre die SA die Polizei. Während dieser Auseinandersetzung kam es zwischen einigen Zivilisten zu einer Rangelei; SA-Männer beteiligten sich, so daß aus Rempeln und Geschubse eine handfeste Keilerei wurde. Landjägermeister Siegmund und Polizeihauptwachtmeister Kramp wollten die Streithähne trennen. Daraufhin schrie ein SA-Mann: »Die Polizei will SA-Leute schlagen«. Die anderen SA-Männer lösten sich von den Zivilisten, fielen über die Polizeibeamten her und prügelten auf sie ein. Der Arbeitsdienstführer nahm seinen Schulterriemen ab und schlug Siegmund damit mehrfach ins Gesicht. Der Gendarmeriebeamte zog seine Pistole und schrie, daß alle Gäste das Lokal zu verlassen hätten.

Die Zivilisten drängten als erste durch die Tür. Dann folgten, laut schimpfend, die SA-Leute. Zuletzt kam der Obertruppführer des Arbeitsdienstes. Landjägermeister Siegmund sagte der Kellnerin, sie solle die Tür der Gaststätte hinter ihm und Polizeihauptwachtmeister Kramp verschließen. Als die beiden Polizisten dann auf die Straße traten, sprang der Arbeitsdienstmann erneut auf Siegmund zu, stieß ihn vor die Brust und rief: »Du SPD-Lump – wir kriegen dich doch noch!«

Der SA-Führer aus Mechernich hatte seine Leute inzwischen zu Dreierreihen formiert. Er befahl: »Im Gleichschritt, Marsch«. Die SA-Männer marschierten los. Sie sangen das Horst-Wessel-Lied.

Die Polizeibeamten meldeten den Vorfall sofort Dr. Gerhardus. Sie stellten Strafantrag wegen »Beleidigung, Widerstandes gegen die Staatsgewalt und tätlichen Angriff«. Der Bürgermeister als Chef der Polizeibehörde befahl, die drei Rädelsführer »wegen Verdunkelungsgefahr« vorläufig festzunehmen. Um 4.00 Uhr morgens brachten die Polizisten den Obertruppführer des Deutschen Arbeitsdienstes und die beiden Truppführer der SA ins Gefängnis.

Am 17. Oktober 1933 wurde Bürgermeister Dr. Felix Gerhardus in den Ruhestand versetzt. Rechtsgrundlage war Paragraph 6 des »Gesetzes zur Wiederherstellung des Berufsbeamtentums vom 7. April 1933« (RG Bl. I S. 175).

Die NSADP war nicht daran interessiert, daß man diese und ähnliche Vorfälle in der Bevölkerung diskutierte. Die Übergriffe der SA wurden natürlich dennoch bekannt, und man sprach auch darüber; sie hatten aber zunächst keine prägende Wirkung. Die örtlichen Entwicklungen wurden überdeckt von den Ereignissen der großen Politik.

Nach dem 30. Januar 1933 trat die Regierung fast jeden Monat mit mehreren politischen Entscheidungen oder Absichtserklärungen an die Öffentlichkeit. Das vermittelte den Eindruck großer Aktivität. Mein Vater meinte: »Mein Gott – die machen jede Woche etwas Neues!«

Schon einen Tag nach dem Reichstagsbrand, am 28. Februar 1933, verkündete die Regierung die »Verordnung zum Schutze von Volk und Staat«. Sie hob damit die Grundrechte auf. Die Verordnung blieb bis zum Ende des Krieges in Kraft. Bei der Reichstagswahl vom 5. März gewann die NSDAP 44 Prozent der abgegebenen Stimmen. Am 13. März wurde Goebbels zum Propagandaminister ernannt. Am 21. März veranstalteten die Nazis den »Tag von Potsdam«, bei dem sich Reichspräsident von Hindenburg und Reichskanzler Hitler (»der Feldmarschall und der Gefreite«) die Hand reichten. Am 23. März beschloß der Reichstag – gegen die Stimmen der SPD – das Ermächtigungsgesetz. Die Trennung von gesetzgebender und ausführender Gewalt wurde aufgehoben, die Diktatur Hitlers war zementiert. Ende März/Anfang April folgte die Gleichschaltung der Länder. Der Föderalismus, durch den man den zentralisierenden Machtanspruch des Reiches hätte ausbalancieren können, war ausgelöscht. Am 7. April erließ die Regierung das Berufsbeamtengesetz, auf dessen Grundlage alle jüdischen Beamten und zahlreiche Beamte, die der SPD angehört hatten, entlassen wurden. Der 1. Mai wurde zum »Tag der nationalen Arbeit« erhoben und zum Feiertag gemacht. Am 2. Mai löste die Regierung die Gewerkschaften auf. An ihre Stelle trat die Deutsche Arbeitsfront. Am 10. Mai inszenierte Goebbels in Berlin die Verbrennung von Büchern, die sich nach Meinung der NSDAP-Führung gegen die »nationalsozialistische Idee« richteten. Am 17. Mai hielt Hitler im Parlament eine »Rede für den Frieden«, die von allen noch im Reichstag vertretenen Parteien gebilligt wurde. Am 1. Juni trat die Regierung mit einem großangelegten Arbeitsbeschaffungsprogramm an die Öffentlichkeit. Am 22. Juni wurde die SPD verboten. Die übrigen Nicht-Nazi-Parteien lösten sich auf. Am 6. Juli erklärte Hitler, daß die nationalsozialistische Revolution beendet sei. Am 14. Juli wurde die Neubildung von Parteien verboten. Am gleichen Tage erließ die Regierung das Gesetz gegen erbkranken Nachwuchs, mit dem das Euthanasieprogramm, die Vorstufe zum Holocaust, eingeleitet wurde. Am 20. Juli wurde das Konkordat zwischen dem Reich und dem Vatikan unterzeichnet. Für die Katholiken war Kernpunkt der Vereinbarung die Garantie für katholische Bekenntnisschulen. Am 13. September erließ die Regierung das Reichsnährstandsgesetz. Am selben Tag wurde das Winterhilfswerk ins Leben gerufen. Am 22. September errichtete Goebbels die Reichskulturkammer. Am 29. September verkündete die Regierung das Reichserbhofgesetz, am 4. Oktober das Schriftleitergesetz. Am 14. Oktober verließ die deutsche Delegation die ständige internationale Abrüstungskonferenz. Am 19. Oktober trat die deutsche Regierung aus dem Völkerbund aus. Am 12. November fand eine neue Reichstagswahl statt. Der Austritt aus dem Völkerbund wurde durch eine Volbsabstimmung bestätigt. Am 27. November rief die Partei die Organisation »Kraft durch Freude« ins Leben. Am 1. Dezember erließ die Regierung das »Gesetz zur Sicherung der Einheit von Partei und Staat«. Die NSDAP war damit Staatspartei geworden.

Der Staatsrundfunk und die gleichgeschaltete Presse verkündeten die einzelnen Ereignisse wie die Bulletins von gewonnenen Schlachten. Für die Bevölkerung stellte sich der Beginn der neuen Herrschaft als eine Zeit des permanenten Ausnahmezustandes dar.

Die Hoffnungen, die der deutsche Katholizismus auf das Konkordat vom 20. Juli 1933 gesetzt hatte, erwiesen sich bald als trügerisch. Die Regierung kam den Verpflichtungen des Vertragswerks entweder überhaupt nicht nach, oder sie höhlte einzelne Bestimmungen einfach aus. Anträge auf Neuzulassung von katholischen Bekenntnisschulen, wie im Konkordat zugesagt, wurden nicht genehmigt. Die katholischen Jugendverbände wurden aufgelöst, Priesterseminare geschlossen. Die Jesuiten mußten wieder, wie zu Zeiten des Kulturkampfes, in niederländischen Instituten in der Nähe der deutsch-niederländischen Grenze studieren. Die NSDAP richtete sich sowieso nicht nach dem Konkordat.

Einige Bürger – meist junge Leute, die Karriere machen wollten – traten aus der Kirche aus. Aspiranten von Adolf-Hitler-Schulen mußten ohnehin aus den christlichen Glaubensgemeinschaften austreten. Bei Personalangaben wurde in diesen Fällen in der Rubrik »Religionszugehörigkeit« das Wort »gottgläubig« eingetragen.

Zwischen den Behörden und der katholischen Kirche begann ein diplomatisch-politischer Kleinkrieg, dessen Scharmützel wechselnde Sieger und Verlierer sahen. Die Gestapo munitionierte den Staat und die Partei mit den notwendigen Informationen.

Am 30. Oktober 1936 schrieb die Gestapo-Leitstelle Aachen beispielsweise an die Landräte des Regierungsbezirks folgenden Brief: »Es ist festgestellt worden, daß bei vielen katholischen Pfarreien die Zahl der Meßdiener in einem auffallenden Mißverhältnis zu dem erforderlichen Bedarf steht. Diese Entwicklung ist der Staatsjugend abträglich. Ersuche deshalb um Mitteilung, wieviel Meßdiener die einzelnen Pfarreien zu den Stichtagen 1.1.1933, 1.7.1935, 1.10.1936 hatten«.

Die Bürgermeister und Landräte berichteten.

Am 23. März 1937 verfaßte die Gestapo-Leitstelle Aachen ein Rundschreiben an die Gemeinden des Regierungsbezirks mit der Bitte um Mitteilung, wieviel Kinder in den betreffenden Pfarreien zur Ersten Kommunion gehen würden. Die Gestapo sah in dem Bemühen der Pfarrer, die Kinder mit einheitlicher Kleidung zu versehen (die Jungen sollten die gleichen Mützen, Sweater und Hosen tragen), eine oppositionelle Operation gegen den NS-Staat. Sie fragte auch, ob Anhaltspunkte dafür vorhanden seien, daß Lehrpersonen das Vorgehen der Pfarrgeistlichkeit unterstützen würden.

Als die Kirchenaustritte zunahmen, gingen einige Pfarrer und Kapläne dazu über, die Namen der Personen, die die Kirchengemeinschaft verlassen hatten, von der Kanzel zu verlesen. Das minderte die Zahl der Kirchenaustritte nur vorübergehend. Dennoch wurden die entsprechenden Aktionen der Pfarrämter durch Runderlaß des Reichsinnenministers vom 18. Februar 1937 verboten. Zuwiderhandlungen wurden mit Gefängnis nicht unter einem Monat oder mit Geldstrafe bis zu 15 000,– RM geahndet.

Im Januar 1938 hatten Denunzianten die Polizei von Mechernich darauf hingewiesen, daß Kaplan Johannes Steffens montags und donnerstags von 20.00 bis 22.00 Uhr jeweils zehn bis fünfzehn junge Männer in der Sakristei zu Lichtbildervorträgen und gemeinsamen Gesängen zusammenkommen lasse. Die Lieder, die man höre, seien Stücke aus dem »Singeschiff«, dem Liederbuch der – inzwischen verbotenen – ehemaligen katholischen Jugendverbände. Kaplan Josef Dreissen, der für die Ausbildung der Meßdiener verantwortlich sei, unterrichte die Knaben nicht nur über die Rituale der Messe, sondern auch über »weltliche Dinge«, die mit den Aufgaben der Ministranten nichts zu tun hätten.

Die Mechernicher Polizei berichtete das an die Kreispolizeibehörde in Schleiden. Der Landrat wies Anfang Februar die Mechernicher Polizei an, die Sakristei der Pfarrkirche und die Wohnungen der Kapläne Steffens und Dreissen zu durchsuchen. Die Polizisten beschlagnahmten bei Steffens einen Filmvorführapparat, ein Vervielfältigungsgerät und ein Grammophon. Sie konfiszierten ein Sparkassenbuch, das ein Guthaben von 156,13 RM auswies. Dieses Geld war für »Jugendarbeit« vorgesehen.

Kaplan Dreissen bestritt entschieden, daß sich die Unterrichtung der Meßdiener über die Ministrantenausbildung hinaus auch mit »weltlichen« Dingen beschäftigt habe.

In dem Schlußbericht der Polizeibeamten hieß es dennoch, es unterliege keinem Zweifel, »daß die Zusammenziehung der Jugend nur zu dem Zwecke erfolgte, um sie den Einflüssen der Hitler-Jugend zu entziehen«.

Am 23. Februar 1942 verfügte die Gestapo-Stelle Aachen die Schließung aller Pfarrbüchereien (»Borromäusbibliotheken«) im Regierungsbezirk Aachen und die Sicherstellung der vorhandenen Bücher. Am 20. Dezember 1940 hatte das Reichssicherheitshauptamt einen Erlaß herausgegeben, wonach die Pfarrbüchereien nur »rein katholisches konfessionelles Schrifttum« ausleihen durften. Die Tatsache, daß sich in den Bibliotheken »in erheblichem Maße« auch Unterhaltungsliteratur befand, wurde dann zum Anlaß für die Beschlagnahme-Aktion genommen.

Die Mechernicher Pfarrbücherei hatte ihre Bücher schon vor diesen Maßnahmen an die Bibliothek des Mechernicher Bleibergwerks »verschenkt«. Ich mußte danach die Karl-May-Bände, die ich zu lesen wünschte, in der Werksbücherei ausleihen. Das war allenfalls unbequem. Ich empfand die Veränderung dennoch als überflüssigen staatlichen Eingriff in meinen unmittelbaren Lebensbereich.

Ähnliche Einwirkungen, die mich zum Teil nur mittelbar betrafen, waren schon vorher deutlich geworden.

Mein Vater hatte vor 1933 der SPD angehört. Er war im Februar 1933 noch nicht »festangestellt«, d.h. noch kein Beamter, sondern konnte mit einer Fristsetzung von sechs Wochen zum Quartalsende jederzeit seine Arbeit bei der Reichsbahn verlieren.

Im Februar 1933 wies der Reichsinnenminister die Regierungspräsidenten, die Landräte und die Bürgermeister der Gemeinden an, »Amtsleiter der Partei und SA-Führer, die sich nach ihrer Vorbildung oder ihrer im politischen Kampf erwiesenen Befähigung für Stellen mit höherer Verantwortung und besserer Entlohnung eignen« würden, bevorzugt einzustellen. Eine ähnliche Verfügung erging vom Verkehrsminister an die Reichsbahndirektionen. Es zeigte sich aber bald, daß für die zahlreichen NS-Bewerber nicht genügend Stellen vorhanden waren. Einige Kommunen schafften freie Stellen durch die Entlassung von Bediensteten, die der SPD oder dem Zentrum angehört hatten.

Um die Macht, die ihm durch seine Berufung zum Reichskanzler übergeben worden war, zu festigen, brauchte Hitler die Bestätigung durch eine Reichstagswahl. Die fand am 5. März 1933 statt und war die letzte Mehrparteienwahl bis nach dem Krieg. Die Wahlbeteiligung war die höchste seit 1919: 88 Prozent der Wahlberechtigten gingen zur Urne.

Die NSDAP erreichte im Reich 43,9 Prozent der abgegebenen Stimmen und ihr Koalitionspartner DNVP acht Prozent. Bei insgesamt 51,9 Prozent verfügten NSDAP und DNVP damit über eine sichere Reichstagsmehrheit mit 340 von insgesamt 647 Mandaten. Erstaunlich war, daß die KPD, die neben der SPD die stärksten Verfolgungsmaßnahmen erlitten hatte, 4,85 Millionen Stimmen (das waren 81 Mandate) erringen konnte, obwohl der Bevölkerung klar war, daß die gewählten Vertreter dieser Partei, die noch in Freiheit waren, ihr Mandat nicht würden ausüben können.

Im Wahlkreis Köln-Aachen hatte die NSDAP das schlechteste Wahlergebnis im ganzen Reich. Sie erreichte nur 30,1 Prozent der abgegebenen Stimmen, während das Zentrum 35,9 Prozent gewinnen konnte.

Für meinen Vater glich das Ergebnis im Reich einem Erdrutsch. Er war überzeugt, daß sich staatliche Maßnahmen jetzt endgültig den Interessen der NSDAP unterordnen müßten, und er fürchtete, daß er in diesem Prozeß seine Arbeit verlieren würde. Noch im März 1933 trat er in die NSDAP ein. Er wurde dennoch erst 1938 zum Beamten ernannt. Als Onkel Albert das später hörte, sagte er zu ihm: »Also bist Du auch ein Märzgefallener«.

Meine Mutter war eine strenge und gottesfürchtige Frau, die sich nur selten zu politischen Fragen äußerte. Sie besuchte jeden Morgen die Messe, meistens in der Kapelle des Kreiskrankenhauses, das nur 300 m von unserem Haus entfernt lag.

Im Winter, wenn es zur Zeit der Messe noch dunkel war, zog sie Schuhe und Strümpfe aus und ging barfuß durch die benachbarten Gärten und über den Schnee zur Kapelle. Sie tat das, um sich »abzuhärten«.

Mit diesen Methoden versuchte sie, auch meine Gesundheit zu stärken. Sie wartete damit allerdings, bis ich neun Jahre alt war und nach Euskirchen zum Gymnasium ging. Sie holte mich dann jeden Morgen um sechs Uhr aus dem Bett, stellte mich in die Badewanne und duschte mich mit kaltem Wasser ab. Dann rieb sie mich mit einem Tuch aus Sackleinen trocken und steckte mich wieder ins Bett. Ich durfte noch eine halbe Stunde liegen bleiben. Nach dem Frühstück ging es zum Bahnhof. Der Zug nach Euskirchen fuhr um 7 Uhr 10.

Als ich zwölf wurde, mußte ich die Kneipp-Güsse selbst machen. Meine Mutter kontrollierte manchmal, ob das Wasser auch kalt genug war.

Im April 1937 wurden meine Klassenkameraden aus der Volksschule und ich in das Deutsche Jungvolk aufgenommen. Nach einigen Monaten war die überwiegende Meinung: »Heimatabende, Appelle und Marschieren sind langweilig; Geländespiele und Sport sind gut«.

Einige von uns brauchten auch für Geländespiele und Sport kein Jungvolk. Schon mehrere Jahre vorher hatte sich im Norden Mechernichs eine Gruppe von sechs bis zehn Jungen zusammengefunden, um ein großes Waldgebiet zu erkunden, das von Elisabethhütte über die Marienau bis zum Sportplatz reichte und von dort bis Kommern und von Kommern aus über die Reichsstraße 266 ging, also auch den Kommener und Eickser Busch umfaßte. Das ganze Areal hatte rund 450 Hektar oder 1800 Morgen und konnte von uns als Operationsgebiet genutzt werden.

Beim Jungvolk war jeden Mittwoch- und Samstagnachmittag Appell. Wir mußten auf dem Sportplatz – dem sogenannten Eifelstadion – in Dreierreihen antreten, und zwar in Jungzügen. Jeder Jungzug hatte drei bis vier Jungenschaften mit je zehn bis fünfzehn Jungen. Drei bis vier Jungzüge bildeten ein Fähnlein. Das waren einhundertzwanzig bis einhundertfünfzig Jungen.

Wir übten Marschieren und Exerzieren. Am Anfang hatten nur wenige Kinder Uniform. Später trugen fast alle das braune Hemd mit der Siegrune auf dem linken Arm, das schwarze Halstuch mit Lederknoten und eine schwarze Kniehose.

Die Jungen, die von der Marienau bis nach Kommern operierten, hielten nicht viel vom Jungvolk-Drill. An einem Mittwochnachmittag im Spätsommer 1937 hatten sie sich zum Spielen am Grießberg verabredet, einem Sandberggebiet, das aus den Verhüttungsrückständen eines Teils des Bergwerkes stammte, der Anfang des Jahrhunderts stillgelegt worden war. Das war weit attraktiver als auf dem Sportplatz Kehrtwendungen zu üben.

Johannes Virnich hatte sich im Sand aus Feldsteinen eine Feuerstelle gebaut, auf der er versuchte, eine Erbsensuppe für uns zu kochen. Erbswurst, einen Kessel mit Wasser sowie einige Blechteller und Löffel hatte er von zu Hause mitgebracht.

Wir kletterten inzwischen auf die Bäume des nahegelegenen Waldes, imitierten Tarzan und warteten darauf, daß unser Essen fertig wurde. Als wir dann am Feuer saßen und die ersten Löffel der Suppe, die gut gelungen war, zum Munde führten, stand plötzlich meine Mutter vor uns. Sie schaute mich mit strengem Blick an und sagte: »Du hast schon wieder den Appell geschwänzt. Dein Fähnleinführer hat jemand zu uns geschickt. Komm, ich bringe dich zum Sportplatz«.

Sie faßte mich bei der Hand und ging mit mir über die Marienau und den Johannesweg bis zum Stadion. Unterwegs sagte sie: »Du weißt, daß Vater noch kein Beamter ist. Wenn du weiter den Jungvolkdienst schwänzt, wird er wahrscheinlich nie festangestellt oder vielleicht sogar entlassen«. Am Stadion wartete sie, bis ich mich in meinen Jungzug eingereiht hatte. Erst dann drehte sie sich um und ging nach Hause.

Das Gebiet nördlich der Marienau war das ideale Revier für Spiele und Jungenabenteuer.

Wenn ich um halbzwei mittags vom Gymnasium in Euskirchen und vom Bahnhof nach Hause kam, brauchte ich eine Stunde, bis ich mit dem Mittagessen und den Hausaufgaben für die Schule fertig war. Spätestens um drei Uhr trafen wir uns auf der Marienau oder in der Bärenschweiz, um zu überlegen, was wir an dem betreffenden Tag tun konnten. Wir bewegten uns meistens im Laufschritt, manchmal im Indianertrab, d.h. hundert Meter laufen, fünfzig Meter gehen.

»Bärenschweiz« war der Name, den der Volksmund der Elisabethhütte gegeben hatte, weil dort seit hundert Jahren häufig Zigeuner mit ihren Tanzbären kampierten. Hinter dem Zeltplatz, verdeckt durch Laubwald, befand sich ein Teich, dessen Ränder mit Schilf bewachsen waren. Wir schnitten das Schilfrohr ab und machten daraus Pfeile für unsere Bögen, die wir aus dünnen Birkenstämmen gefertigt hatten. Die Pfeile beschwerten wir an der Spitze mit vier Zentimeter langen Stücken von Holunderästen, damit wir zielsicher schießen konnten. Die Aststücke, die mit weichem Mark gefüllt waren, ließen sich leicht auf die Schilfrohre aufschieben.

In dem riesigen Gebiet, das nach Norden kein Ende zu nehmen schien, gab es Buchenschläge, Eichenwälder, hohe Kiefern und dichte Tannenschonungen.

Im Zentrum lag der Grießberg, etwa ein Quadratkilometer groß, mit feinstem weißen Sand. Weiter nach Norden gab es eine Steppenlandschaft, besetzt mit niedrigem Buschwerk und mit Heide und Gras. Daran schloß sich eine sechzig Meter tiefe, 800 Meter lange und 200 Meter breite Senke an, die im vorigen Jahrhundert Teil des Bergwerks gewesen war. Die Sohle dieser Schlucht war von Birken und dichtem Farn bedeckt. Dort hatte man früher Blei im Tagebau geschürft, aber auch einige Stollen in die benachbarten Sandsteinfelsen getrieben. Nach diesen Arbeiten war auf dem Grunde der Senke ein riesiger Block aus Sandstein stehen geblieben, etwa vierzig Meter hoch, der die Form eines Elefantenkopfs hatte. Auf der Schädeldecke des Elefanten standen mehrere Krüppelkiefern und zwei Eichenbäume. Durch die Augen des Elefanten und unter dem Rüssel konnte man große Hallen betreten, von deren Decke die Bleiknotten im Licht der Fackeln funkelten.

Einige Monate nach unseren ersten Erkundungen entdeckten wir hinter einem Felsblock in der letzten Halle eine Röhre, deren Öffnung einen Durchmesser von etwa fünfzig Zentimetern hatte. Ich versuchte, mit einer Pechfackel die Öffnung auszuleuchten, konnte aber nur wenige Meter weit sehen. Reidenbachs Johannes machte mich darauf aufmerksam, daß die Flamme der Fackel in die Röhre hineinflackerte. Ich sagte: »Mensch, hier geht es weiter in das Bergwerk hinein!«

Ich kroch, die brennende Pechfackel vor mich herschiebend, in die Öffnung und begann bald zu robben. Oben kratzte der Sandsteinfelsen an meinem Buckel, unten schoben sich meine Ellbogen, mein Bauch und meine Beine durch Sand. Das ging nur langsam. Nach zwanzig Metern weitete sich die Röhre, und nach weiteren fünf Metern konnte ich mich wieder aufrichten. Ich rief den anderen zu, nachzukommen und Fackeln und Karbidlampen mitzubringen.

Wir waren an diesem Tag nur zu vier Freunden. Ich hielt meine Fackel an die Öffnung, die ich soeben verlassen hatte, damit die anderen Jungen das Licht sehen konnten. Als die Freunde ohne Blessuren durchgekommen waren, zündeten wir alle Pechfackeln und Karbidlampen an, die wir dabei hatten.

Unsere Herzen blieben fast stehen. Wir waren in einem Dom: eine Riesenhalle, vierzig Meter hoch und tief in den Berg geschlagen, von deren Wänden ganze Bleikristalle funkelten und in der die Knotten von der Deckenwölbung herunter wie Sterne glitzerten. An mehreren Stellen der Wände reflektierte grüner Stein, der von Kupferrückständen stammte, unser Licht. Wir glaubten, mit Aladins Wunderlampe die Höhle von Ali Baba und den vierzig Räubern gefunden zu haben.

Als wir die Halle wieder verlassen hatten, verdeckten wir den Eingang der Röhre mit zwei Sandsteinbrocken. Der »Dom« blieb danach für mehrere Jahre unser Geheimnis. Niemand von den anderen Jungen fand ihn.

Einen Kilometer weiter nördlich gab es ein weiteres Areal, in dem sowohl im Tagebau als auch unter Tage Blei gewonnen worden war. Es wurde im Verzeichnis

Der Elefantenkopf
Quelle: Privat-Archiv

der Bergbaukonzessionen unter dem Namen »Gottessegen« geführt. Dieser Talkessel war mindestens siebzig Meter tief und noch größer als die Senke am Elefantenkopf.

Die Talsohle war von lockerem Mischwald bedeckt. In mittlerer Höhe des südlichen Abhangs fanden wir einen Stollen, der in den Berg hineinführte. Der Eingang war hinter Ginsterbüschen und einigen niedrigen Kiefern verborgen. Der Stollen endete nach sechzig Metern an einem Schacht. Vorher gab es drei Abzweigungen, die in weitem Bogen bergabwärts führten und zehn, zwanzig und fünfundvierzig Meter tiefer wieder zu dem Schacht zurückkamen. Der Schacht war etwa fünfzig Meter tief. Die letzten fünf Meter hatten keinen Zugang von außen.

Am Schacht, über dem Stück, das zunächst unzugänglich schien, war ein Haken einzementiert, der ein Seil und einen Jungen halten konnte. Wir befestigten den Strick an dem verrosteten Eisen, und ich seilte mich in das Dunkel ab. Ich konnte keine Fackel oder Karbidlampe mitnehmen, weil ich beide Hände zum Klettern brauchte. Unten blieb ich in der Finsternis bewegungslos stehen. Bernd Michels zog das Seil wieder hoch, band eine brennende Karbidlampe an das Seilende und ließ die Lampe zu mir herunter. Ich sah, daß das Schachtende nach Süden eine Öffnung hatte, etwa zwei Meter hoch und drei Meter breit. Meine Füße standen auf Sand. Ich leuchtete in den Bereich hinter der Öffnung und hielt die Karbidlampe möglichst tief, um die Unebenheiten des Bodens besser erkennen zu können. Etwa zehn Meter von meinem Standort entfernt konnte ich eine glatte Fläche wahrnehmen, die das Licht der Lampe zurückwarf. Ich dachte, daß das Lehm wäre. Ich nahm einen Stein vom Boden und warf ihn auf die Fläche. Der Stein schlug nicht auf und blieb liegen, sondern versank mit sattem Platschen; von der Einschlagstelle zogen sich kreisrunde Ringe nach außen. Das war kein Lehm, sondern Wasser!

Ich rief den Schacht hinauf: »Hier unten ist ein See. Kommt runter!«

Wir waren diesmal zu sechs Jungen. Weitere vier seilten sich ab. Bernd zog den Strick hoch, band vier Karbidlampen an und ließ sie runter. Er blieb oben, um unseren Rückzug über das Seil zu sichern. Wir anderen fünf gingen vorsichtig, Schritt für Schritt, durch den Sand bis zum Ufer des unterirdischen Sees, und wir sahen im Schein der Lampen, daß wir kristallklares Grundwasser vor uns hatten, mindestens zwei Meter tief.

Wir standen in einer Halle, größer als der »Dom« im Elefantenkopf, aber nicht ganz so hoch. Im Hintergrund, ungefähr fünfzig Meter entfernt, konnten wir mehrere massive Sandsteinsäulen erkennen, die aus dem Wasser emporstiegen und bis zur Decke der Halle gingen. Im unsicheren Licht der Lampen blieb verborgen, ob der See hinter diesen Pfeilern noch weiter in den Berg hineinführte.

Nach einigen Tagen kamen wir wieder. Jetzt waren wir besser ausgerüstet. Wir hatten von einer Müllkippe eine Matratze mitgebracht und von einem nahegelegenen Stapel zwei Holzstämme konfisziert. Wir schleppten alles durch den Stollen bis zur Mündung des Schachts und legten es – ängstlich bemüht, das Gleichgewicht auszubalancieren – vorsichtig auf den Schachtrand. Dann gingen wir, bis auf Reidenbachs Johannes, zum Eingang des Stollens zurück. Hannes kippte Matratze und Holzstämme in den Schach und rannte uns nach. Wir fürchteten, daß die herunterpolternden Dinge sowohl Stollen als auch Schacht zum Einsturz bringen würden. Nichts passierte. Der Sandstein war solide und stabil.

Unten banden wir Matratze und Stämme mit Kordeln zusammen. Wir hatten uns außerdem vier Meter lange Birkenstämme geschnitten, mit denen wir unser Floß manövrieren wollten. Dann zogen wir uns aus. Nackt stiegen wir auf das Floß. Drei Jungen hatten brennende Pechfackeln in den Händen, zwei trugen die Manövrierstangen. Bernd war zur Sicherheit am Ufer geblieben. Er hatte auch eine brennende Fackel, die er hoch über seinen Kopf hielt.

Wir stakten langsam in die Finsternis hinein. Das Floß glitt fast geräuschlos durch das spiegelglatte Wasser. Wenn die Manövrierstangen auf den Boden stießen, bildeten sich auf dem Grund des Sees kleine Sandwolken. Der Schein der Fackeln warf gespenstische Schatten an die Wände der Höhle. Hinter den Pfeilern, die wir vom Ufer aus gesehen hatten, meinten wir erkennen zu können, daß der See noch sehr weit in den Berg hineinging. Das wollten wir erkunden.

Die Schnüre, mit denen wir Stämme und Matratze verbunden hatten, waren – kriegsbedingt 1941 – aus Papier. Sie waren inzwischen im Wasser aufgeweicht. Während wir noch angestrengt in die Dunkelheit starrten, die Fackeln in den gestreckten Händen, lösten sich plötzlich die Holzstämme von der Matratze, die Matratze kippte um, und Fackelträger und Steuerleute fielen ins Wasser. Die Fackeln verlöschten.

Jetzt machte es sich bezahlt, daß Bernd mit seiner Pechfackel am Ufer geblieben war. Wir sahen das Licht und wußten, in welche Richtung wir schwimmen mußten.

Es dauerte sechs Wochen, bis wir ein Knäuel Hanfkordel aufgetrieben hatten. Wir machten ein größeres Floß und starteten eine neue Expedition. Der See führte tatsächlich noch mehrere hundert Meter in den Berg hinein.

Unsere Spiele beschränkten sich nicht auf die Abenteuer in den alten Bergwerken. Für Kriegsspiele bauten wir »über Tage« Unterstände, die wir mit Soden abdeckten und deren Eingänge wir mit Strauchwerk verstellten. Am Rande des Reviers bauten wir Hochsitze, um rechtzeitig sehen zu können, wenn ein »Feind« sich näherte. Manchmal teilten wir uns in zwei Gruppen und übten, uns gegenseitig zu beschleichen. Ich erinnere mich noch heute an den Duft der Heideblüten und an den Geruch von Sand, wenn wir Zentimeter um Zentimeter – wie Winnetou und Old Shatterhand – durch Heidekraut und Gras aufeinander zukrochen, um dann, wenn wir uns gesehen hatten, laut schreiend aufzuspringen und den Kampf zu beginnen.

Ende Mai, wenn die jungen Buchen und Eichen wieder im Saft standen, spielten wir Fangen auf den Bäumen. Der Fänger mußte auf der Erde warten, bis die anderen Jungen zwei bis drei Meter aufgestiegen waren. Dann kletterte er nach. Wenn er jemanden packen konnte, wurde der andere zum Fänger. Wer den Boden mit den Füßen oder einer Hand berührte, mußte ausscheiden. Um dem Fänger zu entkommen, kletterten die anderen Jungen bis in die Kronen der Bäume, wippten hin und her und sprangen dann – den Schwung ausnutzend – in die Krone des benachbarten Baumes. Der Fänger mußte hinterher.

Einige Jungen, die auf der Marienau wohnten, aber drei bis vier Jahre älter waren als wir, hatten uns beobachtet. Sie fragten uns, ob wir ihnen helfen würden, Eichhörnchen zu fangen. Hinter dem Haus, in dem Johannes Reidenbach und Johannes Virnich wohnten, hatten sie einen Käfig gezimmert und an der Hauswand angebracht. Der Kasten war etwa drei Meter hoch, zwei Meter breit und anderthalb Meter tief. An den Seiten hatte er Holzwände, und vorne war er mit engmaschigem Draht abgedeckt. In dem Käfig stand ein Baum, der vom Boden bis zur Decke reichte und auf dem die Eichhörnchen klettern sollten. In den Ecken hatten die Jungen kleinere Holzkästchen angenagelt mit einer Öffnung, in die die Eichhörnchen hineinkriechen konnten. Der Boden des Käfigs war mit Laub und Heu gepolstert.

Wir Jüngeren waren die Treiber. Wenn wir ein Eichhörnchen auf einem der Bäume sahen, auf denen wir sonst Fangen spielten, versuchten wir, es auf eine Buche oder eine Eiche zu treiben, die am Rande einer Lichtung stand. Von dort konnte es nicht mehr in andere Baumkronen springen. Wir kletterten ihm nach und wippten so lange an dem Ast, auf den es geflüchtet war, bis es sich nicht mehr halten konnte und herunter fiel. Auf der Erde warteten die älteren Jungen, um sich mit ausgebreiteten Jacken auf das Tierchen zu werfen. Sie wickelten es in die Jacke ein, damit es nicht beißen und kratzen konnte. Dann liefen wir alle von der Waldlichtung zu den Häusern der Marienau und brachten das Eichhörnchen in den Käfig.

Wir fingen schon in den ersten zwei Tagen drei Eichhörnchen. Danach waren wir ausgiebig damit beschäftigt, den Tieren Tannenzapfen und Eicheln zu bringen. Wir schauten durch den Maschendraht zu, wie die Eichhörnchen aus den Tannenzapfen den Samen herausklaubten und mit ihren Pfötchen zum Munde führten.

Der Käfig mit den Tieren wurde zu einer Attraktion. Zahlreiche kleinere Kinder kamen aus Mechernich zur Marienau, um sich die Eichhörnchen anzusehen.

In den acht Jahren zwischen unserem sechsten und vierzehnten Lebensjahr waren wir sicher, im Paradies zu leben. Ich kann mir heute noch nicht vorstellen, daß andere Jungen eine schönere Kindheit hatten.

Die Spiele, die wir machten, und die Abenteuer, die wir erlebten, konnten Jungvolk und Hitlerjugend uns nicht bringen. Deshalb besuchte auch niemand von den sechs Jungen, die fast täglich das riesige Revier nördlich der Marienau durchstreiften, ein HJ-Zeltlager, und keiner nahm an einem Wehrertüchtigungslager teil.

Unsere Erfahrungen vermittelten ein frühes Elitebewußtsein. Das half auch, die ideologischen Einflußversuche der Hitler-Jugend zu neutralisieren. Gestützt wurde das durch die geschickte Politik einiger junger Kapläne, die es mit Jugendmessen, packenden Predigten und der barocken Pracht der katholischen Liturgie verstanden, die Jungen und Mädchen von Mechernich weiter an die Kirche zu binden. Diese Bemühungen halfen vielen Kindern und deren Eltern, dem Zeitdruck zu widerstehen und dem Schmettern der Fanfaren, dem Dröhnen der Landsknechtstrommeln mit Distanz, wenn nicht sogar mit Skepsis, zu begegnen.

Indoktrinierungsversuche entsprachen dem System. Die meisten Führer von Jungvolk und Hitlerjugend bemühten sich, ihre Pimpfe und Hitler-Jungen im Sinne der NS-Ideologie zu beeinflussen. Das gehörte zu ihren Aufgaben, war aber im Rheinland notwendigerweise mit einer Frontstellung gegen die katholische Kirche verbunden. Ähnliches ergab sich bei der Führerschaft des Bundes Deutscher Mädel (BDM) und der Jungmädel. Den größten Eifer in der Propaganda gegen den Katholizismus entwickelten diejenigen von den jungen Leuten, die die Glaubensgemeinschaft verlassen hatten. Hier zeigte sich die Energie der Renegaten.

Von den fünf Fähnleinführern, die ich während meiner Zeit im Jungvolk hatte, zwischen meinem zehnten und vierzehnten Lebensjahr, waren vier aus der Kirche ausgetreten. Der fünfte brauchte nicht auszutreten; seine Eltern hatten ihn nicht taufen lassen.

Mit Beginn des Krieges, bis Ende 1942, nahm die Zahl der Kirchenaustritte zu. Ein solcher Schritt war oft ausgelöst durch den Rat von Freunden oder vom Vorbild von Vorgesetzten. Der Wunsch nach Anpassung und Karrieredenken spielten eine Rolle. Dabei kam es auch zu skurrilen Situationen. In Mechernich gab es einen Amtsboten der Verwaltung, damals etwa 54 Jahre alt, der erst 1942 oder 1943 aus der Kirche austrat.

Er besprach sich oft mit einer jungen BDM-Führerin, die mit zwanzig die katholische Kirche verlassen hatte, und die ebenfalls in der Amtsverwaltung arbeitete. Nachdem er dem Standesbeamten gegenüber seinen Austritt erklärt hatte, erzählte er der jungen Frau von seiner Entscheidung. Er sagte: »Ich bin jetzt auch ausgetreten. Aber glaube mir: ich habe drei Tage zum lieben Gott um Erleuchtung gebetet, ob ich es auch richtig mache«.

Meine Fähnleinführer waren sechzehn, siebzehn und achtzehn, als sie die Glaubensgemeinschaft verließen. Bei den Heimabenden nutzten sie das Informationsmaterial der NS-Schulungsbriefe, die von der Parteizentrale an die Nomenklatura und die Kader der NSDAP und ihre Untergliederungen verschickt wurden. Dort stand drin, welche Laster die Renaissancepäpste gehabt hatten, und welche Verbrechen von der Inquisition begangen worden waren. Das beteten die jungen Leute dann nach. Nur mein erster Fähnleinführer war fähig, selbständig zu formulieren und eigene Argumente zu gebrauchen.

Die Botschaft war: die Amtskirche war immer schon korrupt; katholische Jungen sind schlapp und feige; nur Pimpfe sind kernig. Und dann verkündete der Fähnleinführer mit strahlender Stimme, wie ein germanischer Herold, die »Schwertworte des Deutschen Jungvolks«:

Pimpfe sind hart, schweigsam und treu;
Pimpfe sind Kameraden;
Der Pimpfe Höchstes ist die Ehre.

Mein Onkel Hubert zitierte das auch, aber mit dröhnendem Gelächter. Dann erzählte er einen Witz: Ein Pimpf, gerade elf Jahre alt, stand in Köln weinend an einer Straßenecke. Er trug die rotweiße Schnur eines Jungenschaftsführers. Ein älterer Herr beugte sich zu ihm nieder und fragte: »Warum weinst Du?« Der Junge antwortete: »Ich finde nicht mehr nach Hause.« »Wo wohnst Du denn?« »Das hab ich vergessen.« »Wie heißt Du denn?« »Das weiß ich auch nicht mehr.« »Wo kommst Du denn her?« »Von der Führerbesprechung.«

Onkel Hubert war Lehrer in Brühl. Im Jahre 1936, als ich noch nicht im Jungvolk war, stand er mit mir auf der Treppe seines Hauses. Eine Gefolgschaft von Hitler-Jungen marschierte vorbei. Vorne flatterte die HJ-Fahne. Die Jungen sangen das Lied: »Es zittern die morschen Knochen«. Mein Onkel, diesmal ungewöhnlich ernst, sagte: »Die meisten dieser Kinder werden im nächsten Krieg fallen.« Die Hitler-Jungen, die singend vorbeimarschierten, waren damals vierzehn und fünfzehn Jahre alt.

Die gebetsmühlenhaften Belehrungen unserer Jungvolkführer blieben nicht ohne Einfluß. Ich hatte zur Ersten Kommunion ein Schott-Gebetbuch geschenkt bekommen, in das man auf den einzelnen Seiten in der äußeren Spalte den deutschen Text und im inneren Teil die lateinische Fassung der Messe gedruckt hatte. Die Außenkante der Seiten war mit Goldschnitt verarbeitet. Mehrere bunte Bänder schmückten die Einbindung und dienten als Lesezeichen, damit man den Introitus, das Offertorium oder das Evangelium des Tages schneller finden konnte.

Es gab dann eine Zeit, in der ich überlegte, ob es nicht weibisch sei, mit einem solchen Meßbuch unter dem Arm zur Kirche zu gehen. Erst Gespräche mit zwei Jesuitenpatern, die in unserer Straße wohnten, stabilisierten mich wieder.

Der eine war Josef Roggendorf, Jahrgang 1908, und ältestes von acht Kindern. Er wurde später Professor für Englische Literatur an der Sophia-Universität in Tokio. Ich durfte an seiner Primiz im Jahre 1934 teilnehmen. Er strahlte Ruhe und Gelassenheit aus und beeindruckte durch seine hohe Intelligenz.

Der andere war Hans Mahlberg, Jahrgang 1910, ebenfalls von scharfsinnigem Geist und darüber hinaus ein begnadeter Redner. Er wurde 1939 zum Priester geweiht. Als ich ihm von meinen Überlegungen erzählte, fragte er: »Wo liegt das Problem? Willst Du verbergen, daß Du katholisch bist? Und im übrigen: wer von Deinen Führern kann schon Latein?« Nun, einige konnten es schon. Sie waren älter als ich und hatten auf dem Gymnasium mit Latein angefangen.

Der Kampf der NSDAP gegen die katholische Kirche, zunächst verdeckt geführt, war inzwischen zu offenen Angriffen übergegangen. Das konnten auch wir Kinder erkennen. Die ersten Operationen begannen schon 1934 und richteten sich gegen die Bekenntnisschulen und das Elternrecht, beides Positionen, deren Gültigkeit das Reich 1933 im Konkordat garantiert hatte. Die Eltern wurden unter Druck gesetzt, ihre Kinder aus den katholischen Schulen abzumelden und in die nationalsozialistischen Gemeinschaftsschulen zu schicken. In vielen Fällen wurden den Vätern berufliche Nachteile angedroht, wenn sie solchen »Empfehlungen« nicht nachkämen. Die Bischöfe ermahnten die Gläubigen zur Beharrlichkeit. Die Kirche stand den ständigen staatlichen Pressionen dennoch auf die Dauer machtlos gegenüber, selbst in Bayern. Nur im Rheinland gelang es, die Bekenntnisschulen noch für einige Jahre zu halten.

Das war in erster Linie das Verdienst von Kardinal Karl Joseph Schulte, Erzbischof von Köln. Er organisierte – trotz Verbots – eine »Probeabstimmung« in seiner Erzdiözese und in den ihm unterstellten Suffraganbistümern Aachen, Limburg, Münster, Osnabrück und Trier. In der Abstimmung votierten 90 Prozent der erwachsenen Gläubigen für die Beibehaltung der katholischen Konfessionsschulen. Danach sah der Staat zunächst davon ab, die Schulen auch im Rheinland in Gemeinschaftsschulen umzuwandeln.

Am 1. März 1934 veröffentlichte Kardinal Schulte im »Kirchlichen Anzeiger für die Erzdiözese Köln« einen Artikel, in dem er die Gläubigen zur Wachsamkeit aufrief gegen Lehren, die besonders die Jugend gefährdeten. In dem Aufsatz hieß es, »eine neue alleinige arteigene Religion des deutschen Volkes, eine Religion des Blutes und der Rasse« stehe »mit den Grundwahrheiten des Christentums in unüberbrückbarem Widerspruch«. Denn dies sei »Heidentum und Abfall von Christus und Christentum, wenn man heute verkündet, daß Blut und Ehre allein den Sinn unseres sterblichen Lebens ausmachen sollen«. Am 11. März wurde der Artikel von den Kanzeln verlesen.

Hermann Göring warnte die Gestapoleitstellen in Köln und Aachen am 13. März in einem Funkspruch davor, dem Hirtenbrief Kardinal Schultes »mit staatlichen Maßnahmen« zu begegnen.

Die Partei verlagerte danach ihre Angriffe gegen Schulte auf eine andere Ebene. Am 24. Oktober 1934 behauptete der NSDAP-Schulungsleiter Weber, ein Apotheker, in einer Parteiversammlung in Wuppertal, Kardinal Schulte habe einer Jüdin ein Buch mit erotischem Inhalt geschenkt; die Jüdin sei eine Mätresse des Kardinals.

Daraufhin wandte sich das Kölner Metropolitankapitel in einem fünfseitigen Schreiben »an den Führer und Reichskanzler Adolf Hitler« und forderte ihn auf, »Maßnahmen gegen den Verleumder« zu ergreifen. Die Petition war von allen zwölf Domkapitularen unterschrieben.

Am 11. Januar 1935 nahm der Apotheker seine Behauptungen über Kardinal Schulte »vollinhaltlich« zurück. Er zahlte 600,– RM für wohltätige Zwecke als Buße.

Ab Juli 1935 begann dann der Staat, »die ganze Härte der bestehenden gesetzlichen Strafvorschriften« gegen den »politischen Katholizismus« anzuwenden (Erlaß des preußischen Ministerpräsidenten Hermann Göring vom 16. Juli 1935). In mehr als 1300 Fällen wurden Ermittlungsverfahren gegen Ordensgeistliche und Weltpriester eingeleitet wegen Devisenvergehen und Sittlichkeitsverbrechen. Dies beruhte in vielen Fällen auf tatsächlichen Verfehlungen.

Das Regime verwandelte das durch massive Propagandakampagnen über »Unzucht und Homosexualität in Pfarrhäusern und Klöstern« in eine Serie von Schauprozessen.

Das gebildete katholische Bürgertum verglich die Kampagne mit dem Kulturkampf unter Bismarck. Im Rheinland hatte man nicht vergessen, daß die »Preußen« den Kölner Erzbischof Clemens August von Droste zu Vischering während des Konfliktes um »Mischehen« zwischen Katholiken und Protestanten im November 1837 verhaftet, suspendiert und gezwungen hatten, das Gebiet der Erzdiözese zu verlassen. Joseph Görres, Gründer des ersten »Rheinischen Merkurs« und Publizist der Freiheitskriege, hatte das zum Anlaß genommen, in seiner Streitschrift »Athanasius« den preußischen Staat scharf zu attackieren.

Der Kirchenlehrer Athanasius war 335 von Kaiser Konstantin aus Alexandrien nach Trier verbannt worden.

Die Mehrheit der liberalen und auch der konservativen Protestanten stellten sich in dieser Auseinandersetzung auf die Seite des Staates. Damit war die katholisch-protestantische Gemeinsamkeit der Konservativen zerfallen. Der Katholizismus begann sich als Partei zu formieren. Deren Politik war antipreußisch.

Fünfunddreißig Jahre später, mit dem Kulturkampf, ging es zunächst nicht um die Frage, ob und inwieweit der Staat kirchliche Einrichtungen kontrollieren durfte. Bismarck wollte in erster Linie den Einfluß des Zentrums zurückdrängen und die Unterstützung der – antikirchlichen – Liberalen gewinnen.

Für die folgenden erbitterten politischen Gefechte blieb die Frage der Trennung von Kirche und Staat letztlich ohne Bedeutung. Wichtiger wurden die »gemischten Angelegenheiten«: Eherecht, Elternrecht und Volksschule. Die Auseinandersetzungen darüber eskalierten zu einem Existenzkampf zwischen der katholischen Kirche einerseits und dem Staat sowie dem protestantischen Liberalismus andererseits.

Die Waffen des Staates waren neue Gesetze: Staatsaufsicht über die Priesterseminare, ein obligatorisches »Kulturexamen« unter staatlicher Aufsicht für kommende Priester, die »Anzeigepflicht« der Kirche bei der Besetzung von Kirchenämtern und ein Vetorecht des Staates gegen die Besetzungen.

Im Jahre 1875 wurden fast alle katholischen Orden – mit Ausnahme der Organisationen für Krankenpflege und für den Unterricht an Mädchenschulen – verboten.

In den ersten vier Monaten des gleichen Jahres wurden 241 Priester, 136 katholische Redakteure, 210 Laien-Katholiken zu Geld- oder Haftstrafen verurteilt.

Im Jahre 1877 waren von zwölf preußischen Diözesen acht vakant. Der Erzbischof von Köln, Kardinal Paulus Melchers, war 1875 vom preußischen Staat verhaftet und im Gefängnis Klingelpütz eingesperrt worden. Danach schoben ihn die Behörden ins niederländische Exil ab. Im Jahre 1885 trat Melchers von seinen kirchlichen Ämtern zurück und ging von den Niederlanden nach Rom.

Im Jahre 1880 war ein Viertel der katholischen Gemeinden in Preußen, das waren tausend Pfarreien, ohne Priester.

Der Kulturkampf endete, als Bismarck die Allianz mit den Nationalliberalen nicht mehr brauchte. Der Liberalismus spaltete sich und verlor an Kraft und Einfluß. In Rom war 1878 ein neuer Papst gewählt worden, Leo XIII., ein Diplomat mit der Gabe, fruchtbare Kompromisse zu schließen. Ihm gelang der Ausgleich. Das zeigte sich auch in symbolischen Gesten. Bei seinem goldenen Priesterjubiläum 1888 trug er eine Mitra, die ihm Kaiser Wilhelm I. geschenkt hatte.

Für die katholische Kirche in Deutschland wurde der Kulturkampf zum Katalysator, der die Gläubigen zu längerfristiger Loyalität mit der Kirchenhierarchie führte. Dieser Schulterschluß zwischen Amtskirche und Kirchenvolk verdeckte die Verwerfungen, die der Vatikan unter Pius IX. mit dem Dogma von der Unfehlbarkeit des Papstes bei der Verkündung von Lehrmeinungen hervorgerufen hatte.

Für die Katholiken brachte der Kulturkampf aber auch die Erfahrung mit sich, daß sie – als Minderheit – von der Mehrheit des protestantischen und liberalen preußischen Bürgertums ausgegrenzt wurden und – aus dessen Sicht – nicht mehr zur »Nation« gehörten. In dieses Ghetto mauerten sie sich dann ein. Trotzig akzeptierten sie, »anders« zu sein. Daraus erwuchs die elitäre Arroganz, als Mitglied der »alleinseligmachenden Kirche« unmittelbaren Zugang zur gültigen Wahrheit zu haben.

Diese Einstellung überdauerte das Kaiserreich und blieb unter der Weimarer Republik. Sie war nicht nur anti-preußisch, sondern auch anti-protestantisch.

Unter der Herrschaft Hitlers wurde der Affekt wieder virulent, als sich die Hoffnungen, der neue Staat werde der Kirche die notwendigen und garantierten Freiheiten belassen, zerschlugen. Jetzt richtete er sich nicht gegen Preußen und seine Beamten, sondern gegen die NSDAP und ihre Funktionäre, die in den maßgebenden Positionen ebenfalls aus den nichtrheinischen und protestantischen Bezirken Preußens stammten oder, als Rheinländer, aus der Kirche ausgetreten waren.

Im Jahre 1937 hatten deutsche Gerichte von rund 90 000 Ordensleuten und 19 000 Weltgeistlichen insgesamt 242 wegen Devisenvergehen und Sittlichkeitsverfehlungen verurteilt und 188 freigesprochen. In 955 Fällen waren die Ermittlungsverfahren eingestellt worden.

Klarsichtigen Katholiken war bewußt, daß es der Partei und den von ihr beherrschten Behörden nicht nur – wie im Kulturkampf – darum ging, den politischen Einfluß des Katholizismus zurückzudrängen und zu beschneiden, sondern daß der neue Staat einen Vernichtungskampf gegen die katholische Kirche in Deutschland begonnen hatte.

Am 14. Juni 1936 hatte Kardinal Schulte in einem Hirtenbrief zu den schwebenden Sittlichkeitsprozessen Stellung genommen. Er hatte ausgeführt, daß die Verfahren »nicht zur Schadenfreude, sondern nur zum Schmerz« berechtigten.

Bedauern müßte man die Form der Berichterstattung, die zum »Ärgernis« geworden sei und »zur Kränkung aller schuldlosen Ordensangehörigen« geführt habe. Der Papst habe besondere Visitationen in allen Ordenshäusern angeordnet, um die Schuldigen zu ermitteln.

Diese und ähnliche Bekundungen der Bischöfe in Bayern, im Rheinland und in Westfalen halfen, die staatliche Berichterstattung über die Prozesse als Propagandakampagne zu entlarven. Dem Nationalsozialismus gelang es nicht, einen Keil zwischen die Gläubigen und die katholische Geistlichkeit zu treiben. Letztlich erwiesen sich die überzogenen Angriffe gegen Kirche, Klerus und Klöster als kontraproduktiv. Sie bewirkten eine unerwartete Solidarisierung des Kirchenvolkes mit der Amtskirche. Das Jahr 1937 wurde im Rheinland zum Jahr der meisten kirchentreuen Kundgebungen mit zahlreichen Prozessionen und Wallfahrten, bei denen Zehntausende Gläubige zu den Heiligtümern und Reliquien von Aachen, Köln und Trier pilgerten.

Der Vatikan hatte von 1934 bis 1937 insgesamt 34 Protestnoten an die Reichsregierung übermittelt, in denen er Verletzungen des Konkordats vom 20. Juli 1933 beklagte. Die Regierung erwiderte die Vorwürfe mit Ausflüchten; mehrere Noten wurden überhaupt nicht beantwortet. Daraufhin bat Kardinalstaatssekretär Eugenio Pacelli fünf deutsche Oberhirten, mit der dringenden Bitte um strikte Geheimhaltung, zu sich nach Rom.

Pacelli war von 1917 bis 1929 päpstlicher Nuntius in München und in Berlin gewesen. Am 2. März 1939 wurde er zum Papst gewählt; er nahm den Namen Pius XII. an.

Die Bischöfe, die er Anfang 1937 nach Rom eingeladen hatte, waren die Erzbischöfe Bertram von Breslau, Faulhaber von München, Schulte von Köln, und die Bischöfe Graf von Galen von Münster und Graf von Preysing von Berlin. Ihre Reise zum Vatikan wurde erst bekannt, als sie in Rom eingetroffen waren. Offiziell waren sie zu einem Besuch am Krankenlager von Papst Pius XI. angereist. Tatsächlich diente die Zusammenkunft anderen Zwecken.

Nach einem ersten Gespräch mit Pius XI. folgten Tage mit intensiven Besprechungen zwischen Pacelli und den Bischöfen. Die Protestnoten, die der Vatikan in den letzten drei Jahren nach Berlin geschickt hatte, waren – diplomatischen Gepflogenheiten folgend – nicht veröffentlicht worden. Die Reichsregierung hatte den Beschwerden, die der Vatikan vorgetragen hatte, nicht abgeholfen. Nun sollten die Gläubigen durch ein päpstliches Sendschreiben offen über die ständigen Rechtsverletzungen unterrichtet werden, deren sich das »Dritte Reich« gegenüber der Kirche schuldig gemacht hatte. Gleichzeitig wollte der Vatikan das deutsche Kirchenvolk ermahnen, den ständigen Pressionen der NSDAP und den Versuchungen der neuheidnischen Ideologie des Nationalsozialismus zu widerstehen. Beide Ziele konnten nur erreicht werden, wenn es gelang, den deutschen Episkopat in diesem Abwehrkampf zu einer gemeinsamen Front zu formieren.

Pacelli beauftragte Kardinal Faulhaber, eine erste Fassung des geplanten Rundschreibens zu fertigen. Der Kardinal arbeitete drei Tage lang bis spät in der Nacht, in einem Raum, der für niemanden sonst zugänglich war. Aus Gründen der Geheimhaltung verzichtete er sogar auf die Unterstützung eines Sekretärs und schrieb den Entwurf mit der Hand. Die Botschaft, die der Papst danach verkünden sollte, war dogmatisch und pastoral; sie belehrte, ermahnte und ermutigte die Gläubigen, »trotz aller Anfeindungen treu zur christlichen Lehre« zu stehen.

Unter der redaktionellen Hand Pacellis, der die Fassung Faulhabers in den nächsten sieben Wochen mehrfach überarbeitete, verwandelte sich das Schriftstück von einer seelsorgerischen Ermahnung zu einer hochpolitischen Enzyklika, mit der Papst und Vatikan unerschrocken den neuen deutschen Staat der Vertragsverletzung anklagten und der Kirchenfeindlichkeit bezichtigten. Eine Einleitung, die der Kardinalstaatssekretär der Enzyklika voransetzte, verstärkte den kirchenpolitischen Charakter des Dokuments und erweiterte seine Zielsetzung: nicht nur Deutschland, sondern die Weltöffentlichkeit sollte über die wahren Hintergründe des Kirchenkampfes aufgeklärt werden.

Am Passionssonntag, dem 14. März 1937, unterzeichnete Papst Pius XI. die Enzyklika. Die Kurienkardinäle waren nicht unterrichtet. Dann wurde das Dokument in einer Auflage von je einem Stück für jedes Ordinariat durch Kurier zur päpstlichen Nuntiatur nach Berlin gebracht. Von dort wurde es durch andere Kuriere in die einzelnen Bistümer versandt. Erst am 19. und 20. März wurden in den Vertragsdruckereien der Ordinariate die Exemplare für die Pfarreien gedruckt und verteilt. Die Geheimhaltung konnte bis zur Verkündung des Textes gewahrt werden.

Am Palmsonntag, dem 21. März 1937, wurde die Enzyklika »Mit brennender Sorge« von allen Kanzeln der katholischen Kirchen in Deutschland verlesen. Sie blieb bis heute das einzige Dokument dieser Art, daß im Original nicht in lateinischer, sondern in deutscher Sprache verfaßt war. Auch der »Osservatore Romano« druckte die Enzyklika in deutsch. Das unterstrich ihre besondere Bedeutung und wies darauf hin, wie ernst der Vatikan die NS-Aktionen gegen die Kirche bewertete.

Die Botschaft schlug wie eine Bombe ein. Ohne diplomatische Umschreibung sagte der Vatikan, die Handhabung des Konkordats durch das Reich hätte »Machenschaften enthüllt, die von Anfang an kein anderes Ziel kannten als den Vernichtungskampf«. Der Nationalsozialismus säe »Unkrautkeime des Mißtrauens, des Unfriedens, des Hasses, der Verunglimpfung« und verbreite »mit allen Mitteln« die »grundsätzliche Feindschaft gegen Christus und seine Kirche«. Er vergötze Rasse, Volk, Staat und Führer, bekämpfe die Bekenntnisschule und schüre Gegensätze zwischen religiöser Erziehung und »Verwirklichung wahrer Volksgemeinschaft«. Er leugne die »sittliche Befehlsmacht« des Naturrechts. Er dränge auf Kirchenaustritte.

Zur nationalsozialistischen Ideologie hieß es wörtlich: »Wer die Rasse, oder das Volk, oder den Staat, oder die Staatsform, die Träger der Staatsgewalt oder andere Grundwerte menschlicher Gemeinschaftsgestaltung – die innerhalb der irdischen Ordnung einen wesentlichen und ehrengebietenden Platz behaupten – aus dieser irdischen Wertskala herauslöst, sie zur höchsten Norm aller, auch der religiösen Werte macht und sie mit Götzenkult vergöttert, der verkehrt und fälscht die gottgeschaffene und gottbefohlene Ordnung der Dinge«.

Das sogenannte Führerprinzip und den daraus erwachsenen Hitler-Kult bewertete der Vatikan wie folgt: »Wer in sakrilegischer Verkennung der zwischen Gott und Geschöpf, zwischen dem Gottmenschen und den Menschenkindern klaffenden Wesensunterschiede irgend einen Sterblichen, und wäre er der Größte aller Zeiten, neben Christus zu stellen wagt, oder gar über Ihn und gegen Ihn, der muß sich sagen lassen, daß er ein Wahnprophet ist, auf den das Schriftwort erschütternde Anwendung findet: ›Der im Himmel wohnt, lachet ihrer‹ (Ps. 2.4)«.

Mein Vater war mit mir in die Sonntagsmesse um halb zehn gegangen. Kaplan Steffens las die Enzyklika im vollen Wortlaut vor. Nach den ersten einleitenden Sätzen erstarben die sonst bei Predigten üblichen Nebengeräusche. Niemand raschelte in den Seiten des Gebetbuchs, niemand schneuzte sich, und Räuspern wurde unterdrückt. Es herrschte eine fast atemlose Stille. Als die Gläubigen nach der Messe die Kirche verließen, waren viele sehr nachdenklich. Nur wenige sprachen miteinander.

Zu Hause zündete sich mein Vater eine Zigarre an und begann, im Wohnzimmer auf und ab zu gehen. Er schaute mich von der Seite an. Offensichtlich zweifelte er, ob ich den Ernst der Lage erfaßt hatte. Dann sagte er: »Rom hat Stellung bezogen. Es ist eine Sensation, daß die Geistlichen den Text dieser Enzyklika von den Kanzeln verkündet haben. Das wird Hitler nicht schlucken. Die Kirche wird zu leiden haben.«

Text und Veröffentlichung der päpstlichen Botschaft hatten Regierung und Partei völlig unvorbereitet getroffen. Goebbels schäumte. Gleichwohl empfahl er Reinhard Heydrich, damals Chef des Reichssicherheitshauptamts: »Tot stellen und ignorieren. So erledigt man das am besten. Und dann wirtschaftlichen Druck statt Verhaftungen. Beschlagnahme und Verbot der Kirchenblätter, die diese Frechheit bringen. Im übrigen Nerven behalten und abwarten, bis die Stunde kommt, um diese Provokateure abzuschütteln«. So steht es unter dem 21. März 1937 in seinem Tagebuch.

Größeren Ärger und Besorgnis für das Regime brachte die Resonanz, die die Enzyklika in der Weltöffentlichkeit gefunden hatte. Unter dem 31. März 1937 schrieb Joseph Goebbels in sein Tagebuch: »Die Vatikan-Frechheit immer noch großes Thema in der Weltpresse. Hier arbeiten sie Hand in Hand: Kirche, Freimaurerei, Marxismus, Demokratie und Judentum. Gegen die verfluchten Nazis. Eine edle Kumpanei!«

Schon einen Tag nach der Verkündung der Enzyklika berichteten die Bürgermeister den Kreispolizeibehörden darüber, welche Geistlichen in welcher Kirche und bei welchen Messen das Dokument verlesen hatten. Kirchenblätter, die die Enzyklika später nachgedruckt hatten, wurden beschlagnahmt. Einige Kirchenzeitungen wurden verboten.

In Mechernich meldete die Amtsverwaltung am 22. März dem Landrat in Schleiden, daß die Enzyklika in neun Gottesdiensten in der Pfarrkirche von Mechernich, in der Kapelle vom Kreuzerstift (einem Waisenhaus) und in den Kirchen von Roggendorf, Strempt, Breitenbenden und Vussem vorgetragen worden sei. Der Bericht nannte die Namen der Geistlichen, die die Botschaft verlesen hatten. Die Zusammenstellung der Meldungen aus den Pfarreien des Kreises Schleiden ging an die Gestapo in Aachen.

Damals hatte Mechernich einen Pfarrer und zwei Kapläne sowie je einen Rektor im Kreuzerstift und in der Kirche in Strempt; die Kirche in Roggendorf wurde von einem Kaplan aus Mechernich betreut; die Kirchen in Breitenbenden und Vussem wurden von Patres eines Klosters verwaltet, das in Vussem war. Heute hat die Pfarre in Mechernich nur einen Kaplan und keinen Pfarrer mehr. Das Kloster in Vussem ist aufgelöst.

Trotz Goebbels' Mahnung zur Zurückhaltung reagierte das Regime auf die Verkündung der Enzyklika zunächst mit der Fortführung der Priesterprozesse. Das dauerte bis Anfang 1938. Dann ebbten die Verfahren ab. Neue Verfehlungen von Geistlichen konnten nicht aufgedeckt werden. Möglicherweise gab die Regierung diesen Kriegsschauplatz aber auch deshalb auf, weil sie sich den Rücken für größere außenpolitische Operationen freihalten wollte.

Im Morgengrauen des 12. März 1938 marschierte die Wehrmacht in Österreich ein. Sie wurde von der Bevölkerung mit brausendem Jubel begrüßt. Der »Anschluß« sollte durch eine Volksabstimmung legitimiert werden. Am 10. April 1938 stimmten in Österreich 99,73 Prozent der Wahlberechtigten für die »Wiedervereinigung« und im »Altreich« 99,02 Prozent.

Die Mechernicher NSDAP vermutete von zwei Wählern, daß sie mit Nein stimmen würden. Das waren der Pfarrer Johannes Harff und der Kaufmann Gustav Wulschner. Als die beiden sich dem Wahllokal näherten, legten die Wahlhelfer einen Papierbogen über die Kuverts in der Wahlbox, die die bis dahin abgegebenen Stimmzettel enthielten. So konnten sie die Stimmabgabe kontrollieren, nachdem Harff und Wulschner wieder aus dem Wahllokal hinausgegangen waren.

Beide hatten tatsächlich mit Nein gestimmt.

In der Nacht zum 11. April warfen Unbekannte das Schaufenster des Bekleidungsgeschäfts Wulschner ein. Auf die braunen Ziegelsteine der Mauer, die den Vorgarten des Pfarrhauses begrenzte, schrieben sie mit großen weißen Lettern »Nein-Wähler«. Auf dem Eisentor zum Garten des Pfarrhauses hieß es: »Nein-Wähler. Feind Nr. I«.

Als ich nachmittags an der Pfarrei vorbeikam, stand Pastor Harff in seiner langen schwarzen Soutane an der Mauer des Pfarrhauses und versuchte gebückt, mit Wasser, Kernseife und einer Wurzelbürste die Buchstaben wegzuschrubben. Ich fragte ihn, ob ich helfen könne. Er richtete sich auf und sagte nur: »Geh weiter Josef, sonst kriegst du noch Schwierigkeiten.«

Gustav Wulschner war Anhänger des Heil- und Vorbeugeverfahrens gegen Krankheiten, das Pfarrer Sebastian Kneipp ins Leben gerufen hatte. Er trug häufig offene Sandalen ohne Strümpfe. Einige HJ-Führer verspotteten ihn deswegen als »Gustav mit den Jesus-Latschen«.

Als im Juli 1938 ein vierzehn- oder fünfzehnjähriger Junge in HJ-Uniform längere Zeit vor seinem Laden stand und in das Geschäft hineinstarrte, raunzte er diesen an und sagte: »Warum lungerst Du hier in dieser blöden Uniform herum? Geh lieber zu deinem Lehrmeister und versuche etwas Vernünftiges zu lernen«. Die Eltern meldeten das der Partei, die Partei berichtete der Gestapo in Aachen. Die Gestapoleitstelle schrieb am 29. Juli 1938 »an den Herrn Amtsbürgermeister als Ortspolizeibehörde«, daß seit »der Tatzeit« zuviel Zeit verstrichen sei, um eine »an sich gerechtfertigte kurzfristige Schutzhaft« anzuordnen. Dem »Beschuldigten Wulschner« sei aber eine »staatspolizeiliche Warnung« zu erteilen.

Pfarrhaus Mechernich nach der Volksabstimmung am 10.4.1938

Quelle: Archiv Bergbaumuseum

Gartentor des Pfarrhauses

Quelle: Archiv Bergbaumuseum

Gustav Wulschner

Quelle: Privat-Archiv

Gustav Wulschner wurde am 12. August 1938 zur Amtsverwaltung vorgeladen und mußte dort folgende Erklärung unterschreiben: »Wegen meines Verhaltens gegenüber der H.J. und der gegen diese ausgesprochenen Beleidigungen wurde ich heute im Auftrage der Geheimen Staatspolizeileitstelle in Aachen ernstlich verwarnt mit dem Hinweis, daß ich im Wiederholungsfalle mit scharfen staatspolizeilichen Maßnahmen und gegebenenfalls mit der Anordnung von Schutzhaft zu rechnen haben werde.«

Johannes Harff kam aus einer großbürgerlichen Familie in Köln. Er war ein stattlicher Mann, den guten Dingen des Lebens zugetan, und hatte einen bemerkenswerten Embonpoint.

In den dreißiger Jahren gingen in Mechernich jedes Jahr etwa achtzig Kinder zur Ersten Kommunion. Die häuslichen Kommunionfeiern, wahre Familienfeste, dauerten immer zwei Tage (sonntags und montags), manchmal auch drei. Pfarrer Harff hatte es sich zur Aufgabe gemacht, an diesen zwei oder drei Tagen alle Familien zu besuchen, die ein Kind zur Ersten Kommunion geschickt hatten. Das tat er nachmittags. Bei den ersten zehn Besuchen aß er ein Stück Kuchen. Danach nahm er nur noch Kaffee. Das brachte ihm den Namen »Kaffee-Johannes«.

Er hatte die bei uns übliche ripuarische Sprachfärbung so sehr kultiviert, daß seine Predigten selbst für urkölnische Ohren erheiternd wirkten. In seinen Gesten war er sparsam. Seine Botschaften unterstrich er mit plastischen Beispielen aus

Pfarrer Harff 1947 Ecke Arenbergstraße/Bahnstraße Quelle: Archiv Koenen

dem Alltag. Wenn er auf den Predigtstuhl stieg und den Bauch über die Brüstung hob, um mehr Platz zu haben, fürchtete man, die Kanzel könnte kippen. Seine Stimme war voll und kräftig und konnte in der ganzen Kirche gehört werden. Sobald er Fehler und Sünden beklagte oder vor Versuchungen warnte, hob er sie zum Falsett.

Der Name des Heiligen Johannes Baptist, sein Namenspatron und auch Schutzpatron der Pfarrgemeinde, verwässerte bei ihm zu »Jewannes«. Seine Schwester Elisabeth, die ihm den Haushalt führte, hieß »et Liß«.

Im Eifer, belehren zu wollen, fand er manchmal zu Formulierungen, die bei den Gläubigen offenes Gelächter hervorriefen. Anfang der vierziger Jahre hatte die Kirche eine Heizung bekommen, die mit Koks betrieben wurde. Die Ascherückstände brachte man bis zum endgültigen Abtransport in einem Container unter, der hinter der Kirche stand. Häufig spielten dort Kinder und beschmutzten dabei die Kirchenfassade mit Asche. Um dem abzuhelfen, sagte Pfarrer Harff von der Kanzel aus: »Die Eltern mögen ihren Kindern sagen, daß sie hinter der Kirche nicht soviel am Aschloch herumspielen sollen.«

Der allgemeine Sittenverfall, den er häufig beklagte, manifestierte sich in seinen Augen vor allem darin, daß viele Gläubige angeblich Keuschheit nicht mehr als Tugend betrachteten. In einer Predigt im sonntäglichen Hochamt brachte er ein Beispiel. Er sagte: »Neulich kam mir auf dem Neuen Weg ein junger Mann auf einem Fahrrad entgegen. Der hatte vorne auf der Stange ein Mädchen sitzen. Die eine Hand hatte er an der Lenkstange und die andere Gott weiß nicht wo! Ja, Geliebte im Herren, wo sind wir denn? So hat es in Sodom und Gomorrha auch angefangen.«

Im Herbst und Winter 1944 häuften sich die Tieffliegerangriffe, die amerikanische und britische Jagdbomber in der Nordeifel flogen. Der Bahnhof Mechernich war die letzte Eisenbahnstation, in der Waffen und Munition, die für die Front im Hürtgenwald und in den Ardennen bestimmt waren, ausgeladen werden konnten. Die weiterführende Strecke war unterbrochen, weil die Jabos den Eisenbahntunnel bei Kall zerstört hatten.

Im Hinblick auf die Tiefflieger hatte der Pfarrgemeinderat empfohlen, daß die Geistlichen ihre Predigten erst nach der Meßfeier und nicht – wie üblich – schon nach Verlesung des Evangeliums geben sollten. In mehreren Fällen hatte man die Messe wegen der Luftangriffe abbrechen müssen, ohne daß der Priester – nach längerer Predigt – die Wandlungsworte sprechen und die Kommunion austeilen konnte. Die Geistlichen richteten sich nach dieser Empfehlung, auch Pastor Harff. Gerade bei ihm aber verließen die meisten Gläubigen die Kirche, wenn er mit der Predigt ansetzen wollte.

Er mußte Abhilfe schaffen. Deshalb befahl er dem Küster und Organisten schon vor dem Kirchgang, die Kirchenportale unmittelbar nach dem Ende der Messe und vor der Predigt abzusperren.

Als dann die ersten Besucher die Kirche wieder verlassen wollten und an den verschlossenen Portalen rüttelten, rief er mit lauter Stimme vom Altar aus, die betreffenden Gläubigen mit ihren Namen adressierend: »Hiergeblieben Frau Schmitz, hiergeblieben Frau Müller! Sie können rappeln so viel sie wollen. Ich hab dem Herrn Braun (so hieß der Küster) gesagt, er soll die Türen abschließen. Jetzt müssen Sie mich anhören, ob Sie wollen oder nicht. Wer mit kegelt muß auch mit aufsetzen.«

Johannes Harff war ein unerschrockener Mann. Er verband die barocke Handhabung seiner Seelsorge mit pragmatischer Weltsicht. Er vermied die offene Konfrontation mit den NS-Machthabern, konnte seine Position und die der katholischen Kirche aber weitgehend wahren.

Mein künftiger Schwiegervater, Tillmann Verbrüggen, war Zellenleiter der NSDAP. Er war auch aus der Kirche ausgetreten. Neben Verbrüggens wohnte Fräulein Maria Heitzer, Klavierlehrerin meiner späteren Frau Maria. Pastor Harff besuchte manchmal Fräulein Heitzer und mußte dann an der Mauer des Gartengrundstücks Verbrüggen vorbeigehen, das erhöht über dem Grundstück Heitzer lag. Als er an einem Sommerabend 1940 an dieser Mauer vorbeikam, sagte Tillmann Verbrüggen zu seiner Tochter: »Grüß den Pfarrer mal mit ›Heil Hitler‹.« Maria, zehn Jahre alt, stellte sich an die Mauer, hob den rechten Arm und rief: »Heil Hitler, Herr Pastor!« Pfarrer Harff guckte nach oben, lächelte Maria an und sagte: »In Ewigkeit, Amen.«

Im Sommer 1938 waren die Kreuze aus den Volksschulen entfernt und das morgendliche Schulgebet abgeschafft worden. Im Sommer 1939 hatte man den Religionsunterricht in den Volksschulen verboten. Die Geistlichen unterwiesen danach die Kinder mittwochnachmittags in der Kirche in Bibelkunde und Katechismus. Das kollidierte manchmal mit den Appellen von Jungvolk und Hitler-Jugend.

Von 1938 bis 1943 amtierte Kaplan Josef Holzmann in Mechernich als Jugendseelsorger. Er war ein großer, schlanker Mann mit schwarzen, gelockten Haaren und brennenden dunklen Augen. Er liebte die großen Gesten. Wenn er nach den Wandlungsworten die Hostie und den Kelch, mit geschlossenen Füßen vor dem Altar stehend, hoch über seinen Kopf emporhob, wirkte er wie eine der frühen Jünglingsstatuen aus Attika.

Sein Bariton füllte die Kirche. Er predigte nie weniger als eine halbe Stunde. Seine Rhetorik war mitreißend. Sie schlug auch uns Kinder in ihren Bann.

Die sonntägliche Jugendmesse war ursprünglich um zehn Uhr. Sie wurde von mehreren Hundert Kindern besucht, Jungen und Mädchen. Alle sangen begeistert die Lieder mit, die Kaplan Holzmann ansagte. Er hatte die Meßdiener ermutigt, mit dem Weihrauch verschwenderisch umzugehen. An warmen Sonntagen ließ er die Kirchentüren grundsätzlich offen. Schlußgesang jeder Jugendmesse war das Lied »Großer Gott wir loben dich«, begleitet vom Organisten Braun, der dann alle Register der Orgel gezogen hatte.

Bleihütte Mechernich mit den Schornsteinen »Langer Emil« und »Kurzer Karl«

Quelle: Archiv Bergbaumuseum

Der Choral, den wir mit voller Brust sangen, die Orgelklänge und die Weihrauchwolken, die aus den offenen Portalen ins Freie wehten und sich draußen auflösten: das war jedesmal ein Schub von Gefühlen, die den Verbund der Gläubigen festigten und ihre enge Zuordnung zur Kirche erneuerten.

Der Jungvolkführung war nicht entgangen, daß die Pimpfe und Hitler-Jungen durch die Jugendmessen der nationalsozialistischen Bewegung entfremdet werden konnten. Sie versuchte, dieser Gefahr durch offene Konkurrenz mit der Kirche zu begegnen. Triebfeder war Franz Schumacher, Lehrer an der Volksschule in Mechernich und gleichzeitig Jungstammführer, d.h. ihm unterstanden mehrere Jungvolkfähnlein. Er ordnete an, daß das Fähnlein Mechernich jeden Sonntag um 10 Uhr 30 im Eifelstadion zum Appell anzutreten habe.

In dem Bemühen, Jugendmesse und Jungvolkappell unter einen Hut zu bringen, gingen wir danach schon in Uniform in die Kirche. Wir wollten die Zeit sparen, die wir sonst benötigten, wenn wir uns nach der Messe zu Hause von Zivil in Uniform umzogen.

Das Ergebnis war, daß nun fast alle Jungen, die älter als zehn Jahre alt waren, in HJ-Kleidung in der Kirche knieten und auch zur Kommunion gingen. Und das konnte der Partei dann auch nicht recht sein.

Kaplan Holzmann wußte wohl, daß er eine Konfrontation mit der Partei auf die Dauer nicht gewinnen konnte. Er versuchte einen Kompromiß und verlegte die Jugendmesse auf neun Uhr. Franz Schumacher zog nicht nach. Die Sonntagsappelle des Jungvolks wurden eingestellt.

Im Sommer 1940, nach unserer Versetzung in die Obertertia (Klasse 5), wurde der Religionsunterricht auch an der Oberschule eingestellt. Das Euskirchener Gymnasium war inzwischen in »Oberschule für Jungen« umbenannt worden. Wir wurden danach nicht mehr in Euskirchen, sondern in Mechernich in Religionsfragen unterrichtet, und zwar von Kaplan Josef Hillmann. Das geschah auf freiwilliger Basis. Wir waren acht Jungen, von der Obertertia bis zur Prima (Klasse 8), und trafen uns jeden Mittwochnachmittag um fünf Uhr in der Kaplanei. Ich war der Jüngste.

Damals hing der Übergang von der Volksschule in die Oberschule davon ab, daß man eine strenge Eignungsprüfung bestand. Im Gegensatz zu heute schafften höchstens zehn Prozent der Volksschüler den Wechsel in die nächsthöheren Schulkategorien.

Kaplan Hillmann mußte versuchen, den Religionsstoff so darzustellen, daß er von den Jungs der Obertertia und von Sekundanern verstanden wurde, daß er aber auch die Primaner motivieren konnte. Das gelang ihm. Der Unterricht dauerte jeweils zwei Stunden.

Magdalenenhütte mit »Langem Emil«

Quelle: Archiv Bergbaumuseum

Josef Hillmann stellte seine Dienste auch während der Ferien zur Verfügung. Wer nicht verreist war, kam zum Unterricht.

In den Herbstferien 1941 nahm ich mir vor, den »Langen Emil« zu besteigen. So hieß der Schornstein der Verhüttungsanlage des Mechernicher Bleibergwerks. Er diente der Entsorgung der bei der Bleischmelze freigesetzten schwefelhaltigen Säuren, die vergast und mit Flugstaub angereichert in die Atmosphäre freigesetzt wurden.

Mit 134,6 Metern Höhe war der »Lange Emil« nach seiner Fertigstellung im September 1885 für einige Jahre der höchste Schornstein Europas. 1888 wurde er von dem Halsbrücker Kamin bei Freiberg in Sachsen mit 140 Metern auf den zweiten Rang gesetzt.

Seinen Namen hatte er von Bergrat Emil Kreuser, der 1894 die Werksleitung übernahm, und der sich durch seine enorme Körpergröße von seinen Mitmenschen

Wilfred Simon auf dem »Langen Emil«
Quelle: Privat-Archiv

abhob. Ein kleinerer Schornstein, 86 Meter hoch, der in geringer Entfernung vom »Langen Emil« errichtet worden war, erhielt – nach Carl Kreuser, Mitglied des Verwaltungsrats des Bleibergwerks – vom Volksmund den Namen »Kurzer Karl«.

Der »Lange Emil« war das Wahrzeichen Mechernichs. Gleichgültig von welcher Richtung man sich dem Ort näherte: schon von fünfundzwanzig Kilometern Entfernung aus konnte man den Riesenschornstein erblicken.

Das quadratische Fundament war aus Bruchsteinen gebaut. Es hatte eine Seitenlänge von zwölf Metern und war 3,5 Meter hoch. Auf ihm stand ein Sockel von zehn Metern im Quadrat, der aus dem Quadrat in ein Achteck überging und eine Höhe von zehn Metern hatte. Sockel und Schornstein waren aus Ringofen-Ziegelsteinen gemauert. Die Belastung pro Quadratmeter Grundfläche betrug 38 000 Kilogramm.

Der äußere Durchmesser des Schornsteinschafts betrug unten 7,50 Meter und am Ende des Kamins 3,50 Meter. Der Innendurchmesser war unten 3,50 Meter weit und oben drei Meter. Die Spitze des Schornsteins schwankte im Wind bis zu acht Zentimetern aus der Senkrechten.

Am Fuße des Fundaments, an der Einführung des Rauchkanals in den Schornstein, gab es noch zwei Pfeiler, die etwa zwei Meter hoch waren. An der Ostseite des Kamins hatte man in die Ziegel im Abstand von etwa fünfundvierzig Zentimetern Eisensprossen eingemauert, die bis zur Spitze führten. Die Eisensprossen waren sechzig Zentimeter lang und genauso breit, so daß man im Innern dieser Eisengestänge hochklettern konnte. Die erste Sprosse war zwei Meter über dem Fuß des Sockels angebracht.

An einem Mittwochvormittag erkundete ich das Gelände in der näheren Umgebung des »Langen Emils«. Ich mußte etwas finden, womit ich den Höhenunterschied zwischen den Pfeilern am Sockel und den ersten Sprossen überwinden konnte. Im Garten eines nahestehenden Hauses sah ich eine Holzleiter, etwa drei Meter hoch und an einen Obstbaum gestellt. Ich »lieh« sie aus – ohne die Eigentümer zu fragen – und schleppte sie zum Kamin. Ich kletterte auf einen der Pfeiler und zog dann die Leiter nach, um die unterste Eisensprosse zu erreichen. Das gelang mir nach einigen Mühen, ohne das die Leiter umkippte. Ich hangelte mich ein paar Sprossen empor und begann mit dem Aufstieg.

Nach hundert Metern, das war nach ungefähr einer halben Stunde, wurden die Sprossen dünner. Sie waren von Regen und Frost und von den Bleidämpfen, die aus dem Kamin kamen, korrodiert. Unten maßen die Sprossen fünf Zentimeter, die letzten zwanzig Meter nach oben waren sie nur zwei Zentimeter dick. Wenn man sich zu hastig hochzog, wippten sie in den Fugen zwischen den Ziegeln und drohten auszubrechen.

Oben angekommen, setzte ich mich rittlings auf den Rand des Schornsteins, ein Bein in der Kaminöffnung, das andere nach außen. Das war sicherer als in den oberen Sprossen zu stehen.

Der Blick nach unten war überwältigend. Man sah den Hauptförderturm, die Aufbereitung, die Seilbahn aus dem Tagebau und die Gleisanlagen, die zu den riesigen Abraumhalden führten. Im Westen, hinter den Dünen und Sandfeldern des Schafbergs, lag der Fischweiher, eingerahmt von dichtem Tannenwald. Hier gingen war manchmal schwimmen. Unter dem Schornstein im Wald nach Süden lag der Baltesbendener Weiher. Im Südwesten verschwammen im flimmernden Licht des Herbstmittags die Berge der Hocheifel mit der Hohen Acht und der Ruine der Nürburg.

Während ich noch Ausblick hielt, spuckte der Schornstein plötzlich Wolken von Bleioxyd aus. Mir wurde übel. Ich unterdrückte zunächst den Brechreiz, weil ich zu stürzen fürchtete. Als ich erkannte, daß ich das nicht durchhalten würde, kletterte ich vorsichtig etwa zwanzig Sprossen nach unten. Dann lehnte ich mich nach außen und kotzte wie ein Reiher, die Fäuste fest um die Sprossen geklammert. Danach war der Abstieg leichter.

Zu Hause mußte ich mich säubern. Mein Hemd, meine Hose, meine Knie und meine Hände waren blauschwarz von Blei, Rost und Ruß. Zum Religionsunterricht bei Kaplan Hillmann kam ich zu spät. In der Hochstimmung nach dem erlebten Abenteuer sagte ich, daß ich die Zeit nicht eingehalten hätte, weil ich auf dem »Langen Emil« gewesen wäre.

An der Mittwochsrunde bei Josef Hillmann nahm auch ein Junge aus meiner unmittelbaren Nachbarschaft teil. Er war zwei Jahre älter als ich und eine Klasse über mir. Als wir gemeinsam nach Hause gingen, sagte er: »Das war eine gute Ausrede, um das Zuspätkommen zu entschuldigen – das mit dem ›Langen Emil‹.« Ich blieb stehen und fragte: »Meinst du, ich hätte gelogen? Ich war tatsächlich oben.« Er meinte: »Na, na.« Ich sagte darauf: »Wenn du willst, dann machen wir das am kommenden Samstag gemeinsam.«

Als wir dann drei Tage später vor dem »Langen Emil« standen und nach oben blickten, räusperte er sich und fragte: »Und da oben willst Du gewesen sein?« Ich sagte: »Ja, natürlich.« Dann meinte er: »Dann mußt du das auch jetzt alleine machen. Da geh ich nicht rauf.« Er half mir mit der Leiter und wartete eine gute Stunde lang, bis ich wieder unten war.

Das dritte und letzte Mal bin ich mit Wilfred Simon auf dem »Langen Emil« gewesen. Wir sind Schulfreunde und waren 1943 und 1944 als Luftwaffenhelfer bei einer Scheinwerferbatterie im Raum Liblar und bei der 3,7-cm-Flak am Flugplatz Hangelar bei Bonn eingesetzt.

An einem Urlaubstag im Sommer 1943 stiegen wir auf. Beim Abstieg wurden wir von einem Hilfspolizisten des Werkschutzes, einem ehemaligen Bergmann, festgenommen. Er hielt ein Jagdgewehr im Anschlag, beschlagnahmte den Fotoapparat von Wilfred und führte uns in das Büro eines nahen Verwaltungsgebäudes. Dort wurden wir zunächst von einem Beamten des Bergwerks vernommen. Man hielt uns für Spione. Das war etwas erheiternd – nicht nur

Aufstieg zum »Langen Emil«
Quelle: Privat-Archiv

deshalb, weil wir kurze Hosen trugen. Den Fotoapparat brachte man mit Kurier zur Zentralverwaltung nach Mechernich in der Friedrich-Wilhelm-Straße. Wir wurden eine halbe Stunde später von dem Hilfspolizisten, der immer hinter uns ging, das entsicherte Gewehr im Anschlag, zum Verwaltungsgebäude begleitet. Dort schickte man uns, verdreckt wie wir waren, zum Bergwerksdirektor. Bergassessor Ehring fragte uns nach unseren Namen. Wilfred war der erste, der antwortete. Assessor Ehring fragte nach: »Sind sie der Sohn von der Eisengießerei Simon-Ullrich auf der Marienau?« Wilfred bejahte. Als ich meinen Namen sagte, fragte Ehring: »Sind sie der Sohn des Fahrdienstleiters vom Bahnhof Mechernich?« Als ich das mit »Ja« beantwortet hatte, sagte er: »Ich muß den Film aus dem Fotoapparat entwickeln lassen. Wenn keine kriegswichtigen Objekte auf den Bildern sind, erhalten sie Fotoapparat und Negative zurück und bekommen die Abzüge dazu.« Damit waren wir entlassen.

Der »Lange Emil« nach der Sprengung am 28.10.1961 Quelle: Archiv Bergbaumuseum

Am 31. Dezember 1957 wurde das Bleibergwerk Mechernich stillgelegt. Am 27. und 28. Oktober 1961 wurden der »Kurze Karl« und der »Lange Emil« von einer Pioniereinheit des Bundesgrenzschutzes gesprengt.

Auszug aus der Enzyklika »Über die Lage der katholischen Kirche im Deutschen Reich«, Papst Pius XI., 14. März 1937:

Mit brennender Sorge und steigendem Befremden beobachten Wir seit geraumer Zeit den Leidensweg der Kirche … inmitten des Landes, dem St. Bonifatius einst die Licht- und Frohbotschaft von Christus und dem Reiche Gottes gebracht hat …

Als Wir … im Sommer 1933 die Uns von der Reichsregierung … angetragenen Konkordatsverhandlungen aufnehmen und … abschließen ließen, leitete Uns die pflichtgemäße Sorge um die Freiheit der christlichen Heilsmission in Deutschland …

Wenn der von Uns … in die deutsche Erde gesenkte Friedensbaum nicht die Früchte gezeigt hat, die Wir im Interesse Eures Volkes ersehnten, dann wird niemand … sagen können, die Schuld liege auf Seiten der Kirche und ihres Oberhauptes. Der Anschauungsunterricht der vergangenen Jahre klärt die Verantwortlichkeiten. Er enthüllt Machenschaften, die von Anfang an kein anderes Ziel kannten als den Vernichtungskampf …

Habet acht, … daß vor allem der Gottesglaube … in deutschen Landen rein und unverfälscht erhalten bleibe. Gottgläubig ist nicht, wer das Wort Gott rednerisch gebraucht, sondern nur, wer mit diesem hehren Wort den wahren und würdigen Gottesbegriff verbindet. Wer in pantheistischer Verschwommenheit Gott mit dem Weltall gleichsetzt, … gehört nicht zu den Gottgläubigen. Wer nach angeblich altgermanisch-vorchristlicher Vorstellung das düstere unpersönliche Schicksal an die Stelle der persönlichen Gottes rückt, leugnet Gottes Weisheit und Vorsehung …

Wer die Rasse, oder das Volk, oder den Staat, oder die Staatsform, die Träger der Staatsgewalt oder andere Grundwerte menschlicher Gemeinschaftsgestaltung – die innerhalb der irdischen Ordnung einen wesentlichen … Platz behaupten – aus dieser ihrer irdischen Wertskala herauslöst, sie zur höchsten Norm aller, auch der religiösen Werte macht und sie mit Götzenkult vergöttert, der verkehrt und fälscht die gottgeschaffene und gottbefohlene Ordnung der Dinge …

Nur oberflächliche Geister können der Irrlehre verfallen, von einem nationalen Gott, von einer nationalen Religion zu sprechen, können den Wahnversuch unternehmen, Gott, den Schöpfer aller Welt, den König und Gesetzgeber aller Völker … in die Grenzen eines einzelnen Volkes, in die blutmäßige Enge einer einzelnen Rasse einkerkern zu wollen …

Der im Evangelium Jesu Christi erreichte Höhepunkt der Offenbarung ist endgültig … Diese Offenbarung kennt keine Nachträge durch Menschenhand, kennt erst recht keinen Ersatz und keine Ablösung durch die willkürlichen »Offenbarungen«, die gewisse Wortführer der Gegenwart aus dem sogenannten Mythus von Blut und Rasse herleiten wollen …

Wer in sakrilegischer Verkennung der zwischen Gott und Geschöpf, zwischen dem Gottmenschen und den Menschenkindern klaffenden Wesensunterschiede irgendeinen Sterblichen, und wäre er der Größte aller Zeiten, neben Christus zu stellen wagt, oder gar über Ihn und gegen Ihn, der muß sich sagen lassen, daß er ein Wahnprophet ist, auf den das Schriftwort erschütternde Antwort findet: Der im Himmel wohnt, lachet ihrer (Ps. 2,4) …

Mit verhüllten und sichtbaren Zwangsmaßnahmen, Einschüchterungen, Inaussichtstellung wirtschaftlicher, beruflicher, bürgerlicher und sonstiger Nachteile wird die Glaubenstreue der Katholiken und insbesondere gewisser Klassen katholischer Beamten unter einen Druck gesetzt, der ebenso rechtswidrig wie menschlich unwürdig ist …

Im verhängnisvollen Zug der Zeit liegt es … die Grundlegung des Rechtslebens und der Rechtspflege vom wahren Gottesglauben und von den geoffenbarten Gottesgeboten mehr und mehr abzulösen. Wir denken hier besonders an das sogenannte Naturrecht, das vom Finger des Schöpfers selbst in die Tafeln des Menschenherzens geschrieben wurde (Röm. 2,14 f.) und von der gesunden

... Vernunft von diesen Tafeln abgelesen werden kann. An den Geboten dieses Naturrechts kann jedes positive Recht, von welchem Gesetzgeber es auch kommen mag, auf seinen sittlichen Gehalt, damit auf seine sittliche Befehlsmacht und Gewissensverpflichtung nachgeprüft werden. Menschliche Gesetze, die mit dem Naturrecht in unlösbarem Widerspruch stehen, kranken an einem Geburtsfehler, den kein Zwangsmittel, keine äußere Machtentfaltung sanieren kann. Mit diesem Maßstab muß auch der Grundsatz: ›Recht ist, was dem Volke nützt‹, gemessen werden ...

Indes hat schon das alte Heidentum erkannt, daß der Satz, um völlig richtig zu sein, eigentlich umgekehrt werden und lauten muß: ›Nie ist etwas nützlich, wenn es nicht gleichzeitig sittlich gut ist. Und nicht weil nützlich, ist es sittlich gut, sondern weil sittlich gut, ist es auch nützlich‹ (Cicero, De officiis 3,30).

Wenn der Staat eine Staatsjugend gründet, die Pflichtorganisation für alle sein soll, dann ist es ... selbstverständlicher und unveräußerlicher Rechtsanspruch des Jungmannen selbst und ihrer für sie vor Gott verantwortlichen Eltern, zu fordern, daß diese Pflichtorganisation von all den Betätigungen christentums- und kirchenfeindlichen Geistes gesäubert werde, die bis in die Gegenwart hinein die gläubigen Eltern in unlösbare Gewissenskonflikte zwingen, da sie dem Staat nicht geben können, was im Namen des Staates verlangt wird, ohne Gott zu rauben, was Gottes ist ...

Man redet zu euch viel von sportlichen Übungen. Mit Maß und Ziel betrieben, bedeutet die körperliche Ertüchtigung eine Wohltat für die Jugend. Ihrem Betätigungsraum wird jetzt aber vielfach ein Umfang gegeben, der weder der harmonischen Gesamtausbildung von Körper und Geist, noch der gebührenden Pflege des Familienlebens, noch dem Gebot der Sonntagsheiligung Rechnung trägt ...

Die formelle Aufrechterhaltung eines zudem von Unberufenen kontrollierten und gefesselten Religionsunterrichts im Rahmen einer Schule, die in andern Gesinnungsfächern planmäßig und gehässig derselben Religion entgegenarbeitet, kann niemals einen Rechtfertigungsgrund abgeben, um einer solchen, religiös zersetzenden Schulart die freiwillige Billigung eines gläubigen Christen einzutragen.

Wir erteilen als Unterpfand göttlicher Hilfe, als Beistand in Euren schweren und verantwortungsvollen Entschließungen, als Stärkung im Kampf, als Trost im Leid Euch, den bischöflichen Hirten Eures treuen Volkes, den Priestern und Ordensleuten, den Laienaposteln der Katholischen Aktion und allen, allen Euren Diözesanen – nicht zuletzt den Kranken und Gefangenen – in väterlicher Liebe den Apostolischen Segen.

Gegeben im Vatikan, am Passionssonntag, den 14. März 1937.

(Papst Pius XI., Mit brennender Sorge – Mit einer Einführung von Ulrich Wagener, 2. Auflage, Paderborn 1989).

Klasse und Rasse

In den Materialschlachten des Ersten Weltkrieges hatten Millionen Soldaten erfahren, daß angesichts des täglich drohenden Todes Klassengegensätze ihre Bedeutung verloren hatten und die durch sie gesetzten Schranken weggefallen waren.

Das zweite Urerlebnis der jungen Männer war der Patriotismus. In den ersten Jahren des Krieges war er beflügelt von den siegreichen Schlachten und Feldzügen im Osten und im Westen, im letzten Jahr geprägt vom Trotz, die erkennbare Niederlage nicht anerkennen zu können. Die erdrückenden Friedensbedingungen, die das Versailler Diktat Deutschland aufgezwungen hatte, verstärkten die Bindungen an das Vaterland. Die deutsche Sozialdemokratie, bis 1914 die stärkste Kraft in der internationalen Politik der Arbeiterklasse, erfüllte nach 1918 mit Ernst und Nachdruck ihre nationale Pflicht. Ohne die SPD wäre die Weimarer Republik schon in ihren ersten Jahren, die von Aufständen von links und Putschversuchen von rechts begleitet waren, im Chaos versunken.

Der Versuch einer bürgerlichen Restauration nach 1924 verdeckte nur vorübergehend die Tatsache, daß mit dem Ausbruch des Ersten Weltkrieges eine Ära zu Ende gegangen war, die nicht wiederbelebt werden konnte. Mit der Weltwirtschaftskrise, in deren Folge mehr als sechs Millionen Menschen in Deutschland arbeitslos wurden, verdichtete sich der Eindruck, daß nur neue konsequente politische Maßnahmen – eine »Politik der harten Hand« – die Zukunft Deutschlands sichern und den sozialen Frieden gewährleisten könnten.

Ernst Jünger, der sich selbst als »Anarch« sah, versuchte diese erst in Umrissen erkennbare neue Welt zu definieren. In seinem großen Essay »Der Arbeiter«, der im Herbst 1932 erschien, sprach er vom Ende der bürgerlichen Welt und der individuellen bürgerlichen Freiheiten. Die Zukunft gehöre dem »Arbeiter«, dem Nachfolger des Soldaten aus den durch Technik geprägten modernen Kriegen. Die wesentliche Gegenüberstellung laute nicht »Einzelner oder Gemeinschaft, sie lautet: Typus oder Individuum«. Und der Typus der neuen Zeit sei – so Ernst Jünger – der Arbeiter.

Jünger prognostizierte einen Kollektivismus, der vom Kommunismus verwirklicht, vom Nationalsozialismus Hitlers aber nicht erreicht werden konnte.

In diesem Spannungsfeld einer Gesellschaft, die die Aufhebung der Klassenschranken während des Krieges und die Not des Vaterlandes nach dem Kriege erlebt hatte, mußte ein Programm, das den Arbeiter mit dem Nationalstaat aussöhnen wollte – die Grundidee des nationalen Sozialismus –, auf fruchtbaren Boden fallen, zumindest auf respektvolle Anerkennung stoßen.

Die Jüngersche Vision von einer neuen technisierten Welt, in der auf Individualität verzichtet werden müsse und in der das Individuum nur als Masse, als

»zählbare Menge« von Personen zu begreifen sei, war in Deutschland nicht umzusetzen. Für Hitler war der Nationalstaat keine politische Einheit, die es auszubauen und zu bewahren galt, sondern Basis für seinen rassistischen Imperialismus. Die Arbeiterschaft konnte dabei nur politische Verfügungsmasse sein.

Den revolutionär-sozialistischen Elan, der in Ansätzen in der SA und bei wenigen Vordenkern der nationalsozialistischen Bewegung vorhanden war, merzte er mit rücksichtsloser Härte aus.

Ernst Röhm, Stabschef der SA, hatte mit dem Gedanken gespielt, aus Reichswehr und SA ein Volksheer zu bilden, das – unter Ausschaltung der »reaktionären Generalität« – seiner Führung unterstehen sollte. Hitler hatte demgegenüber schon am 9. Juli 1933 erklärt, daß die »nationalsozialistische Revolution« beendet sei. Im Juni 1934 befahl er die SA-Führung zu einer Besprechung nach Bad Wiessee. Am frühen Morgen des 30. Junis erschien er dort überraschend mit seiner SS-Leibstandarde und verhaftete Röhm und eine Reihe führender SA-Funktionäre aus ihren Betten heraus, ließ sie nach München in das Gefängnis Stadelheim transportieren und dort erschießen. Röhm bot man an, er könne Selbstmord begehen. Er lehnte ab. Darauf wurde er am 1. Juli erschossen.

Hitler nutzte die Gelegenheit, sich auch eines Teils der konservativen und christlichen Opposition zu entledigen. Zu den Mordopfern zählten General von Schleicher und dessen Frau, sein Mitarbeiter General von Bredow, Edgar Jung, Vertrauter von Vizekanzler Franz von Papen, sowie der Leiter der Katholischen Aktion, Ministerialdirektor Erich Klausener.

Hitler ließ auch Gregor Strasser ermorden. Strasser war Reichsorganisationsleiter der NSDAP gewesen. Er hatte die Partei geführt, als Hitler nach dem Münchener Putschversuch in Landsberg in Festungshaft saß. Seine nationalbolschewistischen Theorien stießen bei Hitler auf Ablehnung. Deshalb war Strasser im Dezember 1932 demonstrativ aus der Partei ausgeschieden.

Zur Rechtfertigung der Mordserie, der 150 bis 200 Menschen zum Opfer fielen, behauptete Hitler, Röhm und die SA-Führung (»eine Clique von Homosexuellen«) hätten einen bewaffneten Aufstand vorbereitet. Dem hätte er zuvorkommen müssen. Dem juristischen Problem, daß hier ohne Verfahren und Urteil gerichtet worden war, begegnete er mit dem »Gesetz über Maßnahmen der Staatsnotwehr«, das er am 3. Juli 1934 durch die Reichsregierung verkünden ließ. Der einzige Artikel dieser Proklamation lautete: »Die zur Niederschlagung hoch- und landesverräterischer Angriffe am 30. Juni, 1. und 2. Juli 1934 vollzogenen Maßnahmen sind als Staatsnotwehr rechtens«. In seiner Rede vor dem Reichstag am 13. Juli sagte er: »Wenn mir jemand den Vorwurf entgegenhält, weshalb wir nicht die ordentlichen Gerichte zur Aburteilung herangezogen hätten, dann kann ich ihm nur sagen: In dieser Stunde war ich verantwortlich für das Schicksal der deutschen Nation und damit des deutschen Volkes Oberster Gerichtsherr.«

Wie reagierte die Justiz auf diese Verbrechen?

Zu Ermittlungsverfahren kam es nicht, geschweige denn zu Anklagen. Einer der bedeutendsten deutschen Juristen der damaligen Zeit, Professor Dr. Carl Schmitt, der auch über die Grenzen Deutschlands hinaus Anerkennung gefunden hatte, verklärte die Taten in einem Aufsatz in der Deutschen Juristen Zeitung vom 1. August 1934 – in Stabreimen schwärmend – als »höchste(n) Grad richterlich rächender Verwirklichung des Rechts«, einer Rechtsquelle, der auch das »Richtertum des Führers« entsprungen sei.

Ein unbekannt gebliebener bayrischer Richter forderte seinen Landgerichtspräsidenten auf, die Junimorde in einem öffentlichen Gerichtsbeschluß zu verurteilen. Das Petitum blieb ohne Ergebnis.

Alle anderen Juristen – Richter, Staatsanwälte, Rechtsanwälte und Rechtsprofessoren – schwiegen.

Die deutsche Oberklasse war ihrem Anspruch, Elite zu sein, nicht gerecht geworden. Sie hatte sich mit dem neuen Staat arrangiert. Viele ihrer Mitglieder hatten sich, in einem Prozeß des überholenden Gehorsams, in die Ränge der NSDAP und ihrer Untergliederungen eingereiht. Sie hatten erkannt, daß die Machtergreifung der Nazis – schon seit Juli 1933 – nicht mehr umkehrbar war.

Mussolini hatte vier Jahre benötigt, sein System zu stabilisieren; Hitler brauchte nur fünf Monate.

Die Geschehnisse um Röhm hatten in Mechernich keine Wellen geschlagen. Vielleicht war die Erinnerung an die Saal- und Straßenschlachten zwischen dem kommunistischen Rotfrontkämpferbund und der SA zwischen 1930 und 1932 noch zu jung, um die Zerschlagung der SA-Spitze als eine neue politische Kategorie begreifen zu können. In der Weimarer Republik waren die politischen Täter, denen schwere Körperverletzungen und Tötungen zur Last gelegt wurden, vor Gericht gebracht worden; nach 1933 fand politisch sanktionierter Mord keine Ahndung mehr.

Onkel Hubert, der uns im Juli 1934 mit seiner Frau und seinen Kindern besuchte, bemerkte nebenbei: »Jetzt bringen sie sich gegenseitig um.« Das ging aber am Kern des Problems vorbei.

Hitler und die NSDAP waren die eindeutigen Sieger der Röhm-Affäre. Die SS wurde aus der Unterstellung unter die SA herausgenommen und verselbständigt. Sie entwickelte sich – als neue Elite – zur Prätorianergarde der Diktatur. Die SA hatte ihre politische Substanz verloren. Sie wurde zum Schaufenster, hinter dem sich die angebliche Verschmelzung der Klassen darstellte.

Akademiker, Kaufleute und Wirtschaftsmanager, die die unmittelbare Identifizierung mit der Partei scheuten, traten jetzt in die SA – in späteren Jahren in die SS – ein. Sie konnten dadurch dokumentieren, daß sie sich vorbehaltlos in die »Volksgemeinschaft« einordneten und bereit waren, aktiv in ihr mitzuwirken.

Tagebau im Bleibergwerk Mechernich im 19. Jahrhundert

Quelle: Archiv Bergbaumuseum

Den wenigsten blieb bewußt, daß sich das neue Regime nie mehr an Recht und Gesetz halten würde.

Als die Preussag 1937 das Mechernicher Bleibergwerk übernommen hatte, schickten die neuen Eigentümer Bergassessor Franz Ehring als Direktor nach Mechernich. Auch Ehring war in der SA. Meinen Vater beeindruckte sehr, daß der Chef von – damals – mehr als eintausend Bergleuten bei Appellen und Aufmärschen als einfacher SA-Mann im Glied seines SA-Trupps stand und den Kommandos folgte, die ihm ein SA-Sturmführer zubrüllte, der ihm – Ehring – im Arbeitsleben unterstellt war. Auch ich bewertete das damals als Beweis dafür, daß wir in einer klassenlosen Gesellschaft, in einer wahren Volksgemeinschaft lebten.

Die Geschicke Mechernichs waren jahrhundertelang vom Bleibergwerk bestimmt. Nach Phasen der Stagnation hatte Mitte des 19. Jahrhunderts ein neuer Aufschwung begonnen. Im Jahre 1852 kauften die vier Gebrüder Kreuser – gescheite Kaufleute und Fuhrunternehmer aus Glehn, das heute zu Mechernich gehört – das Bleibergwerk auf.

Erz wurde unter Tage und im Tagebau gefördert. Auf der Peterheide hatten die Bergleute Mitte des 19. Jahrhunderts einen riesigen Trichter ausgehoben, der sich – wie die Sitzreihen in einem griechischen Theater – nach oben öffnete.

Die einzelnen Stufen waren 80 bis 90 cm hoch. Auf jeder Stufe standen sich, in acht bis zehn Doppelreihen zu je hundertzwanzig Personen, jeweils zwei Bergleute gegenüber, die im gleichen Takt von ihrem Standort aus Erz auf die nächsthöhere Stufe schaufelten. Das nannte man »Tempeln«. In dem Tagebaukessel arbeiteten bis zu 1500 Männer.

Der Steiger, die in mittlerer Höhe der Stufenreihe auf einem großen Sandsteinblock stand, gab den Takt an, indem er im Abstand von wenigen Sekunden mit einem Hammer auf ein Eisenblech schlug.

Ein Bergarbeiter verdiente damals etwa drei Mark am Tage. Das war – bei der im Tagebau üblichen Zwölf-Stundenschicht – ein Stundenlohn von 25 Pfennig.

Als eine Delegation der preußischen Regierung später den Tagebau besuchte, entfuhr es einem der Gäste: »Mein Gott, das ist ja schlimmer als in Spandau.« Damit meinte er die Zustände im Gefängnis Spandau bei Berlin. Seither sagten die Bergleute, wenn sie von ihrer Arbeit sprachen: »Ich john op Spandau.«

Nach Jahren rücksichtsloser Ausbeutung menschlicher Arbeitskraft folgte die soziale Phase. Ab 1871 bauten die Gebrüder Kreuser in Mechernich ein Krankenhaus und ein Waisenhaus (das »Kreuserstift«) sowie eine katholische Kirche in Mechernich-Roggendorf. Die Bergbaufirma Pierath und Jung, die im Bereich

Die Bergstraße in Mechernich Anfang des vorigen Jahrhunderts

Quelle: Archiv Bergbaumuseum

»Gottessegen« in der Gemeinde Kommern schürfte, baute in Roggendorf eine protestantische Kirche und Schule. Die Familie Kreuser errichtete für die Bergleute in der Bergstraße etwa 250 Arbeiterwohnungen, die in gleichaussehenden Zweifamilienhäusern eingeordnet waren.

Im Erdgeschoß jeder Wohnung gab es eine Küche und ein Wohnzimmer. Eine schmale Treppe führte nach oben, wo zwei Schlafzimmer lagen. Der Speicher, nur zwei Meter hoch, war zu einem oder zwei Mansardenzimmern ausgebaut.

Unter der Küche gab es einen Keller, der zwölf Quadratmeter groß und 1,80 m hoch war. Die Grundfläche der einzelnen Zimmer war sieben bis vierzehn Quadratmeter, die Gesamtwohnfläche betrug ungefähr 50 Quadratmeter.

In diesen Wohnungen lebten durchschnittlich fünf, manchmal bis zu zehn Menschen. In einigen Familien schliefen drei Kinder in einem Bett. Diese Verhältnisse dauerten bis zum Ende des Zweiten Weltkrieges.

Hinter dem Haus gab es für jede Wohnung einen 200 Quadratmeter großen Garten, in dem die Bergleute Kartoffeln und Gemüse zogen. In fast jedem Garten stand ein Schuppen, zum Teil gemauert, in dem man die Gartengeräte aufbewahrte und wo Platz war für eine Ziege (die »Bergmannskuh«) oder ein Schwein. An der Außenwand des Schuppens war eine Reihe von Kästen aufgebaut, verschlossen mit Türchen, die mit Drahtgeflecht abgedeckt waren. Darin fütterten die Bergleute ihre Hauskaninchen, vorgesehen als Festtagsbraten für Ostern, Weihnachten und Familienfeiern. Separat davon stand ein »Plumpsklo«, d.h. eine Toilette, die nicht mit Wasser gespült werden konnte. WC und Bad gab es nicht.

Die Mehrzahl der »auf Spandau« beschäftigten Bergleute stammte nicht aus dem Kernort Mechernich, sondern wohnte in den umliegenden Dörfern. Diese Bergleute hatten fast alle einen kleinen landwirtschaftlichen Betrieb, der als Nebenerwerbsquelle diente. Sie blickten auf die Mechernicher Bergleute, die nur von ihrem Lohn leben mußten, mitleidig herab und betrachteten sie als »arme Schlucker« oder als »Hungerleider«.

Der Durchschnittslohn eines Bergmanns, nach Schichtlohn bemessen, belief sich 1932 auf 120,– RM im Monat. Zum Vergleich: mein Vater bekam damals von der Reichsbahn 150,– RM im Monat; Bürgermeister Dr. Gerhardus bezog bis zu seiner Entlassung im Oktober 1933 470,– RM monatlich.

Die Bergleute, die in den werkseigenen Häusern wohnten, mußten monatlich 6,– RM Miete bezahlen. Das wurde ihnen vom Lohn einbehalten.

Mitte der dreißiger Jahre kosteten je ein Kilogramm Roggenbrot 36 Pfennig, Kartoffeln neun Pfennig, Schweinebauch 1,60 RM, Butter drei RM; ein Liter Vollmilch kostete 23 Pfennig und ein Ei zehn Pfennig.

Im Jahre 1873 gründeten die Arbeiter und Angestellten des Bergwerks mit Unterstützung der Werksleitung einen Consumverein. Diese Einkaufszentrale bestand bis zum Ende des Zweiten Weltkriegs und wirkte auf die freien Einzelhandelsgeschäfte preisregulierend. Die Frauen der Bergleute ließen in den Kaufläden regelmäßig »anschreiben«, d.h. sie bezahlten die gekauften Waren erst am Lohntag Ende der Woche und borgten dann erneut.

Die Bergleute aus den Dörfern hatten als Brotaufstrich Butter und Quark, die Mechernicher Bergleute in der Regel nur Rübenkraut und selbstgemachte Marmelade. Viele Frauen backten das Brot für die Familie selbst. Werktags hatte man als Fleisch allenfalls Speck. Sehr oft gab es Eintopf. Nur sonntags kam Wurst oder gekochtes oder gebratenes Fleisch auf den Tisch.

Werktags konnte man auf den Küchenherden in den Bergmannswohnungen zwei Kessel stehen sehen. In dem kleineren Kessel wurde der Eintopf zubereitet; in dem größeren Behältnis, das sonst zum Einmachen von Obst und Marmelade benutzt wurde, kochte die Frau die Arbeitskleidung ihres Mannes.

Durch den Einfluß der Werksleitung war die Eisenbahnlinie Köln–Trier über Mechernich gelegt und nicht, wie ursprünglich geplant, über Kommern geführt worden. Das Teilstück von Euskirchen bis Mechernich wurde 1865 fertiggestellt, die Weiterführung nach Kall, Jünkerath und Gerolstein wurde 1867 bzw. 1870

Bergleute vor Ort, zwanziger Jahre des vorigen Jahrhunderts
Quelle: Archiv Bergbaumuseum

abgeschlossen. Durch die Trassierung der Bahn hatte sich der Ort, der ursprünglich als Straßendorf in Nord-Süd-Richtung angelegt war, nach Westen ausgedehnt.

Mechernich erhielt erst im Jahre 1908 eine Wasserleitung. Bis dahin hatten die Bewohner ihr Trink- und Brauchwasser aus Brunnen und Quellen schöpfen müssen. Elektrischer Strom wurde erst 1924 eingeführt.

Die im Kernort Mechernich wohnenden Bergleute waren durch den landwirtschaftlichen Charakter ihrer Umgebung eingegrenzt und geformt. Sie hatten ihre Verhaltensweisen eher kleinbäuerlich als proletarisch ausgerichtet. Sozialdemokratische Gewerkschaften hatten am Bleiberg niemals eine Chance, auch nicht in der Zeit der Hochkonjunktur, die im Jahre 1880 mit 4500 Beschäftigten begonnen hatte. Sozialistisch-proletarische Traditionen konnten sich nicht entwickeln.

In der Weimarer Zeit wurde das gesellige Leben der Bergleute durch die »Katholische Arbeiterbewegung« (KAB) bestimmt. Bei den Landtags- und Reichstagswahlen 1928 und 1930 votierten im Amtsbezirk Mechernich 72,4 Prozent bzw. 66,35 Prozent der Wahlberechtigten für das Zentrum.

Die besondere katholisch-religiöse Bindung der Mechernicher Bergleute zeigte sich auch darin, daß selbst nach 1933 noch das Schichtgebet gesprochen wurde, bevor die Männer in das Bergwerk einfuhren.

Nach der »Arbeitsordnung des Mechernicher Bergwerks-Actien-Vereins« von 1905 und der »Gewerkschaft Mechernicher Werke« von 1922 waren alle Arbeiter verpflichtet, sich persönlich vor Beginn der Schicht und nach der Schicht an- bzw. abzumelden. Der Steiger verlas ihre Namen und hakte sie ab. Diese »Verlesung« hieß bei den Bergleuten »Der Verleß«. Danach traten die Männer, die ihre Schicht begannen, vor eine Statue der heiligen Barbara in der Nähe des Förderkorbs, um zu beten. Vorbeter war der Oberhauer.

Seit dem 18. Jahrhundert lautete das Schichtgebet wie folgt:

Heilige Barbara, Du edle Braut,
mein Leib und Seel' sei Dir vertraut,
sowohl im Leben als im Tod.
Ach steh' mir bei in letzter Not,
daß ich es mir bei Gott erwerbe,
daß ich in keiner Todsünd' sterbe,
wenn sich mein' Seel' vom Leibe trennt,
so nimm sie auf in Deine Händ'
und führ' sie in den Himmel ein
in meinem letzten Stündelein.

Der Vorbeter beendete die Verse, die im Dialekt gesprochen wurden mit »Gott behüte Euch!« Die Männer antworteten ihm: »Gott bewahre Sie!«

Im Jahre 1937 wurde das Schichtgebet verboten. Die Bergleute sprachen es danach nicht mehr am Förderkorb, sondern unten vor Ort, allerdings ohne einen Oberhauer, der vorbetete.

Bergleute vor Ort, zwanziger Jahre des vorigen Jahrhunderts

Quelle: Archiv Bergbaumuseum

Anfang 1945, nach dem Scheitern der Ardennenoffensive, sprengten Pioniere der Wehrmacht Teile der Staumauern an den Eifeltalsperren. Dadurch kam es im Mechernicher Bergwerk zu Stromausfällen. Es konnte kein Bleierz mehr abgebaut werden.

Als das Bergwerk 1948 die Förderung und Verhüttung von Bleierz wieder aufnahm, wurde auch das Schichtgebet wieder eingeführt.

Mit Beginn des Koreakrieges erhöhten sich die Bleipreise weltweit. In den Jahren 1952/1953 zählte die Belegschaft des Bergwerks wieder – wie Mitte der dreißiger Jahre – 1400 Beschäftigte. Danach kam es zu einer Weltüberproduktion von Blei; die amerikanische Vorratshaltung änderte sich; die Bleipreise fielen um 40 Prozent. Probebohrungen zur Erschließung neuer Erzvorkommen am Mechernicher Bleiberg brachten kein Ergebnis. Am 31. Dezember 1957 mußte das Bergwerk stillgelegt werden. Alle noch verbliebenen 1250 Bergleute verloren ihren Arbeitsplatz.

Bei 1400 Bergarbeitern waren in den dreißiger Jahren rund 4000 Menschen unmittelbar vom Bergwerk abhängig. Darüber hinaus gab es noch Arbeiter in einigen kleineren und mittleren Industriebetrieben (zwei Eisengießereien, ein Betrieb der stahlverarbeitenden Industrie, ein Maschinenbauunternehmen und

Bergarbeiter bei der Parade zum 1. Mai 1934 Quelle: Archiv Koenen

ein Betrieb für Textilverarbeitung). Neben den Unternehmern dieser Betriebe und dem Management der Bergwerksverwaltung stellten den Rest der arbeitenden Bevölkerung die Ärzte und das Krankenhauspersonal, die Lehrer, die Angestellten und Beamten von Bahn und Post, die Kaufleute und Handwerker und deren Angehörige und Mitarbeiter. Es gab vier Großbauern, deren Gehöfte – damals noch – im Ortskern lagen.

Die Einwohner der benachbarten Dörfer waren überwiegend Bergleute mit landwirtschaftlichem Nebenerwerb oder Kleinbauern.

Im Amtsbezirk Mechernich waren also etwa 90 Prozent der Einwohner abhängig beschäftigt. Rund 85 Prozent waren – um es in der Terminologie der NSDAP auszudrücken – »Arbeiter der Faust«.

Im katholischen Rheinland wurden die gesellschaftlichen Unterschiede einmal im Jahr für wenige Tage aufgehoben. Das war im Karneval. Das gehobene Bürgertum beteiligte sich fast überall an diesen Vergnügungen. Das galt vor allem für einen Ort wie Mechernich, der überwiegend von Arbeitern bewohnt und dadurch freigeblieben war von den spießigen Strukturen anderer Kleinstädte.

In der neuen Ära, nach 1933, in der der Sozialismus mit nationalem Pathos überdeckt wurde, hatte man Gleichheit von oben verordnet. Sie wurde in der Regel nur praktiziert bei Veranstaltungen des Staates und der Partei, bei Aufmärschen und Feiern zum 1. Mai und zum Erntedank.

Nach Gründung des Winterhilfswerks (WHW) im September 1933 bis zum Beginn der Krieges veranstaltete die NSDAP in den Sommermonaten an mehreren Sonntagen Gemeinschaftsessen. Auf dem Rathausplatz, der in Adolf-Hitler-Platz umbenannt worden war, hatte man lange Tischreihen mit Bänken aufgestellt, an denen Pimpfe und Jungmädel, Rot-Kreuz-Schwestern und Männer der Deutschen Arbeitsfront ein Eintopfessen servierten. Ein Teller kostete einige Groschen. Der Gewinn, den die Partei aus der Aktion machte, kam dem WHW zugute für die Unterstützung von Hilfsbedürftigen. In der Hauptsache dienten die Veranstaltungen aber dazu, den »Gedanken der Volksgemeinschaft« zu fördern. Der Bergwerksdirektor, Assessor Ehring, saß neben einem Bergmann, und der Chefarzt des Krankenhauses löffelte seine Erbsensuppe mit einem Rottenarbeiter von der Reichsbahn. Fast alle Männer und Frauen aus der früheren Oberschicht beteiligten sich an diesen Volksessen. Einige von ihnen konnten die erwarteten Solidarbekundungen aber offensichtlich nur mühsam bewältigen.

Bei den Paraden zum 1. Mai und zum Erntedankfest hatte die Deutsche Arbeitsfront die einzelnen Berufsgruppen in separate Marschblöcke aufgeteilt, die sich dann in die Kolonnen von Partei, NS-Frauenschaft und Hitler-Jugend einreihen mußten. Die Bäcker, Metzger und Schuster trugen ihre Berufskleidung, sauber gewaschen und gebügelt, und hatten das für sie typische Handwerkszeug dabei. Besonders beeindruckten uns damals die großen Beile der Metzger. Die

SA-Aufmarsch zum 1. Mai 1934 Quelle: Archiv Koenen

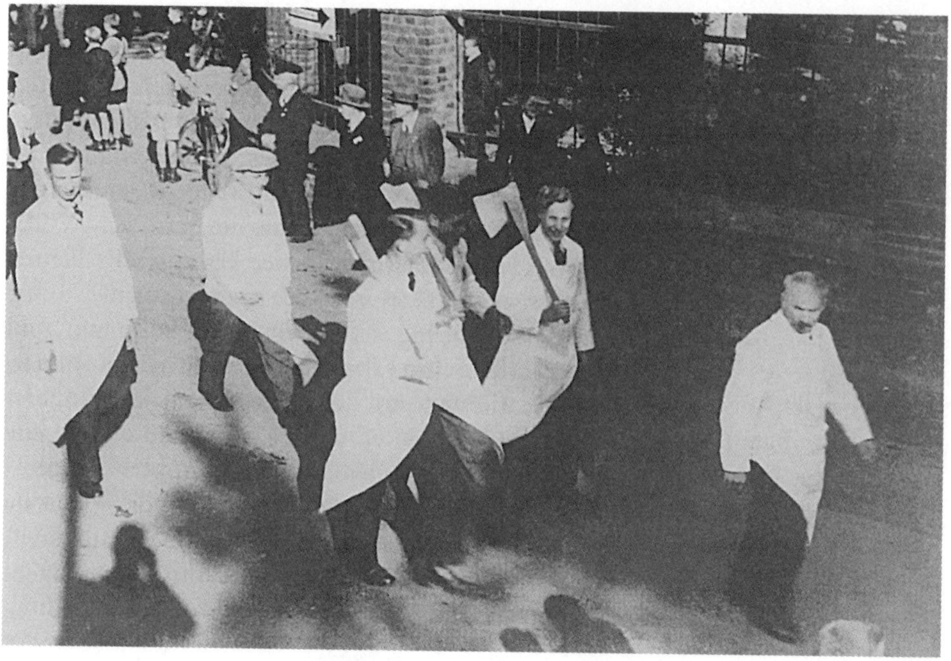

Mechernichs Metzger bei der Parade zum 1. Mai 1934 Quelle: Archiv Koenen

Bergleute hatten nicht ihre schwarzen Knappenuniformen an, sondern trugen Arbeitskleidung.

Bei den Umzügen zum Erntedankfest führten die Bauern hohe Leiterwagen mit sich, die bis oben mit Getreide beladen waren. Die Fahrzeuge wurden meistens von Kühen oder Ochsen gezogen. Nur die größeren Bauern hatten Pferde.

Auf den Getreidewagen saßen junge Mädchen, winkend und mit Blumenkränzen im Haar. Sie trugen keine BDM-Uniformen, sondern hatten Trachtenkleider an. Das sollte an deutsches Brauchtum erinnern. Die Propagandaworte, die in diesem Bereich benutzt wurden, waren »Blut und Boden, Brauchtum und Sitte«. Wir verspotteten das mit der Abkürzung »Blu-Bo-Brau-Si«.

Die Feiern vermittelten tatsächlich den Eindruck, als ob die Deutschen jetzt in einer klassenlosen Gesellschaft leben würden. Unterschiede stellten sich offensichtlich nur noch insoweit dar, als die einzelnen Berufsgruppen und Parteigliederungen in separaten Kolonnen marschierten. Die Bürger, die sich früher durch Bildung, Erziehung und Einkommen von der Mehrheit der anderen Bürger abgehoben hatten, mußten sich jetzt als »Volksgenossen« oder »Parteigenossen« sehen.

Es gab eine Ausnahme. Einige Damen – Ehefrauen von Ärzten und Bergwerksfunktionären – hatten sich zusammengefunden, um sowohl ihre Zugehörigkeit

Erntedankfest 1935 — Quelle: Archiv Koenen

Gruppe der Ärzte bei der Parade zum 1. Mai 1934 — Quelle: Archiv Koenen

zur Volksgemeinschaft als auch ihre Eigenart zu demonstrieren. Sie zogen, außerhalb des Blocks der NS-Frauenschaft, in einer auffälligen Einzelgruppe in den Umzügen mit. Sie trugen Leinenkleider, die leuchtende, regenbogenfarbene Querstreifen hatten. Das war der Entwurf einer Dame aus Norddeutschland, die glaubte, daß germanische Frauen in solchen Farben und Stoffen einhergeschritten wären. Sie bezeichnete ihre Kreation als »Eifeltracht«, in völliger Verkennung örtlicher Traditionen.

Auf dem Gymnasium wurde ebenfalls Gleichheit postuliert. Als ich 1937 in die Sexta aufgenommen wurde, trugen nur noch wenige Jungen die bunten Schülermützen.

In den Jahren zwischen 1937 bis zum Beginn des Krieges hatten wir bei 350 Schülern 25 bis 30 Lehrer. Davon gehörten sechs Studienräte der Stehkragengeneration an, d.h. sie trugen damals noch »Vatermörder«. Bis auf den Religionslehrer, Studienrat Dr. Emil Freistedt, waren alle Lehrer Parteimitglieder. Nur drei von ihnen sind mir aber als besonders engagierte Parteigänger der NSDAP in Erinnerung.

Die Stehkragenleute hingen noch am Althergebrachten. Bei aller Gleichheit waren einige Schüler für sie »gleicher« als die anderen. Das zeigte sich manchmal bei den Zensuren. So gewährten sie etwa dem Sohn eines Tuchfabrikanten für ein Diktat mit 20 Rechtschreibemängeln eine »vier-minus«, während der Schüler aus einem Eifeldorf mit gleicher Fehlerquote eine »fünf« bekam.

Der Unterrichtsstoff war natürlich vorgegeben. In Biologie wurden, entsprechend der neuen Rassenlehre, die Mendelschen Gesetze breit ausgewalzt. Im Geschichtsunterricht wurden die deutschen Beiträge zur Historie glorifiziert, aber kaum anders, als Franzosen und Briten ihre Beteiligung an der historischen Entwicklung schilderten. Unsere Geschichtsbücher von Sexta bis Prima liefen unter dem Sammeltitel »Volkwerden der Deutschen«. Sie vermittelten aber nicht den Eindruck, als ob das Ziel der Geschichte darin liegen würde, den Nationalsozialismus zu verwirklichen.

Etwa zehn von unseren Lehrern hatten am Ersten Weltkrieg teilgenommen. Einige waren verwundet worden. Diese Jahre hatten sie geformt. Andere hatten in den zwanziger Jahren ihre erste Anstellung gefunden. Bei aller Anpassung an das neue System waren auch sie geprägt durch die Zeit vor 1933. Sie befolgten zwar die Rituale der Bewegung, etwa bei den üblichen Appellen und Flaggenparaden zu Beginn eines neuen Schuljahres. Das wirkte aber so unbeholfen, daß man ihre Aufrichtigkeit bezweifeln konnte. Ihre innere Distanz zum Nationalsozialismus zeigte sich manchmal auch im Unterricht.

Im Jahre 1940 oder 1941 erzählte Jupp Schmitz – ein Fahrschüler aus Nettersheim, der täglich eine Stunde brauchte, um nach Euskirchen ins Gymnasium zu kommen – in der Zeichenstunde einen Witz. Er hatte nicht bemerkt, daß Theo Heister, unser Zeichenlehrer, hinter ihm stand.

Der Witz ging wie folgt: In einer Dorfschule in der Eifel fragte der Lehrer die Kinder, wer denn ein Gedicht aufsagen könne, das der neuen Zeit des Nationalsozialismus entspräche. Fritzchen meldete sich und deklamierte im Dialekt: »Unsere Katz' hätt Jonge kreeje (hat Junge gekriegt), sieben an der Zahl, sechs sind in der Hitler-Jugend, eines ist neutral.« Der Lehrer war begeistert und lobte. Vierzehn Tage später kam der Schulrat. Der Lehrer wollte zeigen, wie gescheit und aufgeschlossen seine Schüler waren. Er forderte Fritzchen auf, das Gedicht noch einmal vorzutragen. Und der sagte: »Unsere Katz' hätt Jonge kreeje, sieben an der Zahl, eins ist in der Hitler-Jugend, sechs sind jetzt neutral.« Der Lehrer war entsetzt und fragte Fritz: »Herrgott noch mal, vor zwei Wochen war das doch umgekehrt; warum sagst Du das jetzt anders 'rum?« Fritz antwortete: »Herr Lehrer, das sind doch Katzen; denen gehen erst nach neun Tagen die Augen auf.«

Wir lachten. Am lautesten lachte unser Zeichenlehrer.

Die Parteifunktionäre, mit denen die Bevölkerung am häufigsten in Berührung kam, waren die Zellenleiter, die Ortsgruppenleiter und die Kreisleiter der NSDAP. Das war der neue Mittelstand, den Hitler geschaffen hatte, in den Anfängen zum Teil noch spießiger als die alte Mittelschicht. Bei den zahlreichen Parteiveranstaltungen, bei den Feiern und Festlichkeiten der NSDAP, kleideten sich diese Herren in die Kluft der »Goldfasanen«. Über den braunen Stiefeln, den Breecheshosen und der hellbraunen Uniformjacke trugen sie einen breiten Lederriemen, der den Bauch manchmal nur mühsam bändigen konnte. Sie sonnten sich in dem Ansehen, daß ihnen die Uniform zu geben schien, und sie genossen die Macht, die ihnen die Funktion verlieh. Das führte auch bei Parteigenossen zu Kritik und Ablehnung.

Wenn hier Fehler passierten, wenn es zu Unzulänglichkeiten und Pannen kam, dann war das in den Augen der »Volksgenossen« aber kein Versagen der Partei und bestimmt lag es nicht in der Verantwortung der Parteispitze. Man kommentierte solche Vorfälle mit der Formulierung »Wenn das der Führer wüßte!«

Die überwältigende Mehrheit der Bevölkerung begegnete Hitler bis weit in den Krieg hinein mit Respekt und Verehrung. Die Leute glaubten ihm sein einfaches Leben: Vegetarier, kein Alkohol und Nichtraucher. Frauen schienen keine Rolle zu spielen: der Zölibat im Interesse des Reiches!

Die meisten Deutschen waren überzeugt, daß Hitler sein Leben ganz in den Dienst des deutschen Volkes gestellt hätte. Für die Arbeiterschaft war er der Erneuerer und Erlöser, der die Klassenschranken niedergerissen hatte und dessen Sozialpolitik weit erfolgreicher war als jene der Weimarer Zeit. Seit 1935 etwa sprach man auch nicht mehr von »Klassengegensätzen«, sondern vom »Kampf gegen den Standesdünkel«.

Zu diesem Eindruck paßte, daß Hitler bei öffentlichen Auftritten stets in einfacher Parteiuniform oder – nach Beginn des Krieges – im grauen Rock der

Wehrmacht erschien, geschmückt nur mit dem Parteiabzeichen und dem Eisernen Kreuz I. Klasse, das man ihm im Ersten Weltkrieg verliehen hatte.

Vor Arbeitern der Siemens-Werke sagte er bei einer Rede im November 1933: »Ich war in meiner Jugend Arbeiter, so wie ihr, und ich habe mich durch Fleiß, durch Lernen und – ich kann wohl auch sagen – durch Hungern langsam emporgearbeitet.« Im Jahre 1936 sagte er vor Krupp-Arbeitern: »Ich bin vielleicht der einzige Staatsmann der Welt, der kein Bankkonto besitzt. Ich habe keine Aktie, ich habe keine Anteile an irgendeinem Unternehmen. Ich besitze keine Dividende.«

Auf diesem Hintergrund kam es dann zu Ergebenheitsadressen, wie diejenige unseres Bürgermeisters Hans Zander. Am 20. April 1936 schickte er Hitler ein Telegramm mit folgendem Inhalt: »Mein Führer! Der Bergindustrieort Mechernich (Eifel) im Gau Köln-Aachen, gestattet sich, ihrem Führer und Ehrenbürger treu ergebenste Glückwünsche zum 48. Geburtstag zu übermitteln. Gleichzeitig möchte die Bevölkerung die heiße Bitte aussprechen, ihren Führer und Ehrenbürger beim demnächstigen Besuch der Ordensburg Vogelsang in ihrer Mitte zu sehen. Hans Zander, Ortsgruppenleiter und Amtsbürgermeister.«

Hitler antwortete: »Für Ihr Gedenken und die guten Wünsche, mit denen Sie mich zu meinem Geburtstag erfreut haben, danke ich Ihnen und der Einwohnerschaft herzlich. Mit deutschem Gruß! Adolf Hitler.«

Im September 1935 waren die antisemitischen Nürnberger Gesetze erlassen und verkündet worden. Sie regelten das Leben und begrenzten die Verhaltensweisen von 500 000 deutschen Bürgern, die Juden oder jüdischer Abstammung waren. Sie betrafen also rund 0,75 Prozent der Gesamteinwohnerzahl von 66 Millionen.

Die meisten nicht-jüdischen Deutschen akzeptierten die neuen Gesetze. Da sie selbst nicht betroffen waren, kümmerte es sie nicht, daß man ihren jüdischen Mitbürgern wesentliche Rechte genommen hatte. Überlegungen, die in diese Richtung hätten gehen können, wurden verdrängt durch die Vorbereitung und Gestaltung der Olympischen Spiele in Berlin im Sommer 1936. Die Tatsache, daß im Reich eine Minderheit per Dekret aus der Nation und aus der »Volksgemeinschaft« ausgegrenzt werden konnte, hatte die anderen Nationen offensichtlich nicht gehindert, sich an diesen Spielen zu beteiligen. Die französische Olympiamannschaft war beim »Einmarsch der Nationen« im Olympiastadion sogar mit dem »Deutschen Gruß«, d.h. mit erhobenem rechten Arm, an Hitler vorbeidefiliert. Deutschland spielte im Konzert der Völker wieder eine maßgebende Rolle. Und das hatten die Deutschen – das war jedenfalls die allgemeine Überzeugung – Adolf Hitler zu verdanken.

Im November 1936 war es dann soweit. Hitler besuchte die Ordensburg Vogelsang, die am 24. April 1936 – zusammen mit den beiden anderen Ordens-

Ordensburg Vogelsang 1937 Quelle: Privar-Archiv

burgen Crössinsee in Pommern und Sonthofen bei Oberstdorf im Allgäu – ihrer Bestimmung übergeben worden war, nämlich der Ausbildung des Führernachwuchses für Partei und Staat.

Bürgermeister Zander schickte Hitler am 19. November ein Telegramm zum Sonderzug nach Köln mit folgendem Inhalt: »Mein Führer! Tausende brave Bergleute und Volksgenossen würden Sie beglücken, wenn Sie sich, mein Führer, als Mechernichs Ehrenbürger, nach Möglichkeit bei langsamer Durchfahrt an der linken Fensterseite zeigen wollten. Heil Ihnen, mein Führer! Hans Zander, Ortsgruppenleiter und Amtsbürgermeister.«

Als der Sonderzug am 20. November, einem Freitag, um 9.00 Uhr morgens in Schrittgeschwindigkeit durch Mechernich fuhr, war die nach der Eisenbahnseite offene Bahnstraße mit einem Meer von Hakenkreuzfahnen geschmückt und dicht an dicht mit Menschen besetzt. Das Bleibergwerk schien seine Arbeit unterbrochen zu haben; die gesamte Belegschaft hatte sich eingefunden. BDM, HJ und SA waren in Uniform. Zwei Musikkapellen spielten preußische Märsche und das Lied »Glück auf, der Steiger kommt«. In den Fenstern und auf den Außentreppen der Häuser standen Trauben von Menschen, die einen Blick auf den »Führer« gewinnen wollten. Alle hatten den rechten Arm empor gehoben und schrien »Heil«, »Heil« und nochmals »Heil«, bis die Kehlen heiser waren.

Die Damen in Eifeltracht standen auf dem Balkon der Gastwirtschaft Brendt-Mahlberg. Auch sie hatten den Arm zum »Deutschen Gruß« erhoben und jubelten Hitler zu.

Der stand mit ernstem, fast steinernem Gesicht an dem einzigen offenen Fenster des Sonderzuges, im dritten Waggon, den rechten Arm empor gehoben. Es sah aus, als ob er die Menschenmenge, die wie von Sinnen schrie, überhaupt nicht wahrnehmen würde.

Den Beamten der Reichsbahn hatte man nicht gesagt, daß Hitler sich auf der dem Bahnhof abgewandten Seite des Zuges zeigen würde. Sie hatten sich in ihre Sonntagsuniform gezwängt und sich in Linie im Bahnhof an der Bahnsteigkante aufgebaut. Einige trugen ihre Orden aus dem Ersten Weltkrieg. Als der Zug im Bahnhof seine Fahrt wieder beschleunigte, konnten sie durch das geschlossene Fenster auf der rechten Zugseite nur noch schemenhaft den Rücken Hitlers wahrnehmen.

Pfarrer Harff hatte sich seine skeptische Distanz zum »Führer« sowieso bewahrt. Ihn beeindruckte der ganze Rummel nicht. Als der Jubel abgeklungen war, begegnete ihm ein BDM-Mädchen. Johannes Harff blieb stehen und fragte in seiner dialektgefärbten Sprechweise: »Na, Ria, hast de ihn auch jesehen?« Das Mädchen nickte eifrig: »Jawohl, Herr Pastor.« Der Pfarrer nickte ebenfalls und sagte, zunächst nachdenklich, dann aber die letzte Silbe lang hinziehend: »Ich auch – aber nur von hinten; dat hat mir jenüücht!«

Die drei Ordensburgen waren die höchste Stufe eines breit geplanten Erziehungssystems, das die künftige NS-Elite heranzüchten sollte.

In 24 »Nationalpolitischen Erziehungsanstalten« (Napola) wurden bis 1945 rund 6000 Jungen, zehn bis achtzehn Jahre alt, im Lehrstoff der Oberschulen unterrichtet. Hinzu kamen musische Fächer. Drill und Wehrsport waren wichtig. Die Kandidaten wurden nach Merkmalen der »nordischen Rasse« ausgesucht.

Wir spotteten damals: »Blond wie Hitler, groß wie Goebbels, schlank wie Göring.« Die Jungen mußten sich vor ihrer Einschulung verschiedener Mutproben unterziehen. Sie schlossen ihre Ausbildung mit dem Abitur ab.

Das war nicht der Fall bei den Kursanten der »Adolf-Hitler-Schulen« (AHS).

An sich war vorgesehen, daß jeder Gau der NSDAP eine eigene AHS haben sollte. Das ließ sich aber nicht umsetzen. Im Jahre 1937 hatte die NSDAP einunddreißig Gaue, aber nur zehn Adolf-Hitler-Schulen. Deshalb schickten mehrere Gauleitungen die von ihnen für diese Eliteausbildung ausgewählten Jungen auf eine gemeinsame AHS.

Der Gau Köln-Aachen hatte Mitte der dreißiger Jahre eine schloßartige Villa in Königswinter beschlagnahmt, die einem rheinischen Industriellen gehörte und »Drachenburg« hieß. Ab 1940 diente sie für Pimpfe und Hitler-Jungen der Gaue Köln-Aachen, Düsseldorf und Essen als AHS.

Von Mai 1942 bis zum Herbst 1944 wurde die Ordensburg Vogelsang für Adolf-Hitler-Schüler aus den Gauen Franken (Nürnberg) und Koblenz-Trier genutzt.

Die Drachenburg war die AHS Nr. 3; die AHS auf der Burg Vogelsang lief unter der Nummer 4.

Ordensburg Vogelsang 1998 Quelle: Privat-Archiv

Die Jahrgänge in den einzelnen AHS umfaßten in der Regel dreißig Jungen. Eine AHS hatte also nur rund 150 Kursanten. Am Kriegsende hatten insgesamt etwa 2500 Absolventen die AHS durchlaufen.

Den Schülern standen mehr Lehrer und Ausbilder zur Verfügung als den normalen Gymnasiasten und Oberschülern. Die Schulzeit dauerte sechs Jahre; während des Krieges wurde sie auf fünf Jahre verkürzt. Die Jungen waren zwölf oder dreizehn Jahre alt, wenn sie eingeschult wurden. Auch Volksschüler hatten Zugang. Nach einer Eingangsprüfung wurde entschieden, wer übernommen werden konnte. Die Ausbildung basierte auf den klassischen Fächern (Deutsch, Mathematik, Geschichte) und umfaßte auch Latein und Englisch. Sie wurde ergänzt durch Biologie, Physik und Chemie. Sport nahm im Lehrplan eine besondere Stellung ein. Sitzenbleiben gab es nicht. Wer den verlangten Anforderungen nicht genügte, mußte die Schule verlassen.

Die Schulabgänger aller AHS wurden nach Beendigung ihrer Ausbildung zu einer gemeinsamen Abschlußprüfung zusammengefaßt. Diese fand auf der Ordensburg Sonthofen statt. Die normale Examensnote hieß »Bestanden«. Kandidaten, die hervorragende Leistungen gezeigt hatten, erhielten ein sogenanntes »Diplom«. Das hatte aber allenfalls Bedeutung für eine Parteikarriere. Das bestandene Abschlußexamen eröffnete den Zugang zu allen Fakultäten der Hochschulen.

Ordensburg Sonthofen **Quelle: Privat-Archiv**

Im Frühjahr 1942, als die ersten 230 Adolf-Hitler-Schüler ihr Pensum beendet hatten, fand auch die erste Reifeprüfung auf der Ordensburg Sonthofen statt. Ein Kandidat der AHS Nr. 3 (Drachenburg), der dieses Examen mit »Diplom« bestanden hatte, kehrte 1944 schwerverwundet aus dem Krieg zurück. Er begann noch im gleichen Jahr, an der Universität Bonn Theologie zu studieren.

Die drei Ordensburgen, die als eine Art von Hochschulen für die künftige NS-Elite gedacht waren, wurden diesem Anspruch nicht gerecht. Sie krankten daran, daß für die Aufnahme kein Abitur erforderlich war und daß sich die Auswahl der Kandidaten nur an den Verdiensten um die nationalsozialistische Bewegung und nach Rassemerkmalen orientierte.

Auf Vogelsang fanden nach der Einweihung der Ordensburg durch Robert Ley nur drei Jahreskurse statt. Nach Beginn des Krieges wurde der Lehrbetrieb für die Ordensjunker eingestellt. Abschlußprüfungen und Leistungsnachweise gab es nicht.

Kritik an der geringen Vorbildung und an den Fehlern in der Auswahl der Junker schlug sich nieder in einem Bericht über die Ordensburg Vogelsang, den der Gauschulungsleiter vom Gau Köln-Aachen am 1. Juli 1939 für das »NSDAP-Amt für Lehrplanung« verfaßt hatte. Dort hieß es: »Einen von Geist und Wissen getragenen Vortrag können viele Junker nicht verarbeiten. Sie geben sich alle Mühe, das Gehörte zu behalten, aber selbst dann steht das Erlernte vielfach einsam im Raum. Die oft mangelnde Vorbildung läßt sie keine Beziehung zu dem Gehörten finden.«

Das war die späte Frucht der Gedanken Adolf Hitlers, die dieser in seinem Buch »Mein Kampf« 1924 während seiner Haft in Landsberg niedergelegt hatte. Nach ihm hatte sich die »gesamte Erziehungsarbeit in erster Linie nicht auf das Einpumpen bloßen Wissens einzustellen, sondern auf das Heranzüchten kerngesunder Körper. Erst in zweiter Linie kommt die Entwicklung des Charakters, besonders die Förderung der Willens- und Entschlußkraft, verbunden mit der Erziehung zur Verantwortungsfreudigkeit, und erst als letztes die wissenschaftliche Schulung«.

Ziel des NS-Erziehungssystems waren nicht Köpfe, sondern »Kerle«.

Die Adolf-Hitler-Schüler, die ab Mai 1942 auf der Ordensburg Vogelsang untergebracht waren, beteiligten sich auch an den jährlichen Kreisjugendwettkämpfen der Hitler-Jugend. Im Juli 1942 fand die Endausscheidung des Kreissportfestes im Eifelstadion in Mechernich statt, der größten Sportanlage des Kreises Schleiden. Die Adolf-Hitler-Schüler bewegten sich mit einem bei uns bis dahin unbekanntem Hochmut über den Platz, sprachen nicht mit uns und verhielten sich so, als ob wir anderen Hitler-Jungen nicht existieren würden. Sie belegten in fast allen Disziplinen die ersten Plätze und gewannen die meisten Punkte.

Im Juni 1945, in britischer Gefangenschaft, traf ich einen der ehemaligen »Vogelsanger« wieder, der 1942 am Kreisjugendsportfest in Mechernich teilgenommen hatte. Ich erzählte ihm, wie sehr wir uns damals über die Arroganz der Adolf-Hitler-Schüler geärgert hätten, und daß wir ihre sportliche Überlegenheit nur mit Groll hätten akzeptieren können. Er meinte nur, daß sie sicher besser im Sport gewesen seien; dafür hätten wir wahrscheinlich höhere Leistungen in den anderen Fächern gebracht.

Dem NS-Regime ist es nicht gelungen, eine neue Elite für die Parteiorganisation oder für die staatliche und kommunale Verwaltung aufzubauen. Vermeintliche genetische Vorzüge, abgeleitet von einem heute belächelten Populär-Darwinismus, konnten kein Ersatz sein für fehlendes Talent und mangelnde Ausbildung. Verdienste aus der »Kampfzeit« und rednerische Gaben allein waren keine ausreichende Basis zur Bildung einer neuen Führungsschicht.

Der Nationalsozialismus hat zweifellos alte und zum Teil sklerotische Strukturen zerschlagen; er hat aber nicht vermocht, an ihre Stelle andere, funktionsfähige Ordnungen zu stellen. Nur die Wehrmacht konnte ihre Tradition bewahren und frühere hierarchische Kategorien beibehalten, und sich dennoch für neue und junge Begabungen öffnen.

Die Aristokratie der NSDAP setzte sich in erster Linie zusammen aus hochgeschwemmten Leuten der Mittelschicht, häufig Akademiker, die bis 1933 keine Arbeit gefunden hatten. Das waren im wesentlichen Palaverintelligenzen – ähnlich den Intellektuellen, die nach der Studentenrevolte von 1968 nach oben kamen und entscheidende Positionen in der staatlichen Administration, im Hochschulbereich und in der Politik besetzen konnten.

Eine revolutionäre Umschichtung der Gesellschaft, die noch 1933 möglich gewesen wäre, wurde von Hitler gestoppt. Die Vision einer tatsächlichen Auflösung der Klassengegensätze hat sich wohl erst 1944/1945 der Verwirklichung angenähert, als die meisten Großstädte Deutschlands – immer wieder von Terrorangriffen amerikanischer und britischer Bomberverbände überzogen – in Schutt und Asche lagen, und als alle Deutschen in den Luftschutzbunkern und in ihren Kellern die gleiche Angst hatten, umgebracht zu werden.

Im Herbst 1944 schrieb Goebbels: »Der Bombenterror verschont weder die Wohnungen der Reichen noch die der Armen; die letzten Barrieren zwischen den Klassen müssen durch den totalen Krieg ausgelöscht werden ... Die letzten Hindernisse auf dem Weg zur Vollendung unserer revolutionären Mission brechen zur gleichen Zeit zusammen wie die Monumente der Zivilisation.«

* * *

Die Hervorhebung der nordischen Rasse, geführt von einer neuen Kaste von Herrenmenschen, hatte zur Folge, daß andere Rassen als weniger wertvoll angesehen wurden und daß man minderwertiges Erbgut glaubte, ausmerzen zu müssen.

Bis 1933 hatten sich die eugenischen Forschungen in Deutschland, in Großbritannien und in den USA parallel entwickelt. Das Wort Eugenik war Anfang der achtziger Jahre des vorigen Jahrhunderts von dem britischen Mathematiker und Biologen Francis Galton in die Wissenschaft der Vererbungslehre eingeführt worden. Der amerikanische Professor Charles Davenport bezeichnete diesen Forschungsbereich Anfang der zwanziger Jahre des vorigen Jahrhunderts als »Wissenschaft von der Aufwertung der menschlichen Rasse durch verbesserte Fortpflanzung«.

Zwischen 1907 und 1935 hatten rund zwanzig amerikanische Bundesstaaten Gesetze beschlossen, die zur Sterilisation – auch gegen den Willen der betreffenden Patienten – ermächtigten. Das entsprechende Gesetz des Staates Virginia kam anläßlich eines Einzelfalles 1927 zur Überprüfung vor das Oberste Bundesgericht der USA. Das Gericht bestätigte die Rechtsgültigkeit des Gesetzes. Die Urteilsbegründung nahm einige der Argumente vorweg, mit denen später die Nationalsozialisten ihre Euthanasiepolitik rechtfertigen sollten:

Mehr als einmal haben wir erlebt, daß die besten Bürger aufgerufen wurden, im Namen des öffentlichen Wohls ihr Leben hinzugeben. Es wäre sonderbar, wenn der Staat nicht jenen, die ihm ohnehin die Kraft aussaugen, diese geringeren Opfer abverlangen könnte, die von den Betroffenen häufig nicht als solche empfunden werden, um zu verhindern, daß wir von Unfähigkeit überschwemmt werden. Es ist für alle Welt besser, wenn die Gesellschaft bei jenen, die offenkundig nichts taugen, die Vermehrung von ihresgleichen unterbinden kann, statt darauf zu warten, bis degenerierter Nachwuchs für seine Verbrechen hingerichtet wird oder man ihn aufgrund seines Schwachsinns verhungern läßt. Das Prinzip, das der Zwangsimpfung zugrunde liegt, ist umfassend genug, um auch die Durchtrennung der Eileiter einzuschließen. Drei Generationen von Imbezilen sind genug. (Buck/Bell, 274 U.S. 200/27).

In den Vereinigten Staaten stellte man die Eugenik als exakte Wissenschaft, die der öffentlichen Unterstützung bedurfte, erst in Frage, als bekannt wurde, daß man in Deutschland nach 1933 Behinderte nicht nur sterilisierte, um »erbkranken Nachwuchs« zu verhindern, sondern daß man sie mit Beginn des Krieges einfach ermordete.

Der juristische Ausgangspunkt der neuen deutschen Politik war das »Gesetz zur Verhütung erbkranken Nachwuchses« vom 14. Juli 1933 (Reichsgesetzblatt 1933, Bd. I, S. 529). Es lag dem Kabinett am gleichen Tage vor wie das Konkordat mit dem Vatikan. Es wurde aber erst am 25. Juli veröffentlicht, weil man fürchtete, Rom könnte seine Unterschrift unter das Konkordat wegen des Eugenik-Gesetzes noch im letzten Augenblick zurückziehen. Der Vertrag mit dem Vatikan wurde am 20. Juli veröffentlicht.

Das Gesetz bezeichnete als Erbkrankheit »angeborenen Schwachsinn, Schizophrenie, manisch-depressiven Irrsinn, erbliche Fallsucht, erblichen Veitstanz, erbliche Blindheit, erbliche Taubheit, schwere körperliche Mißbildung und schweren Alkoholismus«.

Die daraus folgenden Entscheidungen zur Zwangssterilisation lagen im Zuständigkeitsbereich der neuen Erbgesundheitsgerichte, die den Amtsgerichten angegliedert wurden. Vorsitzender war ein Amtsrichter; Beisitzer waren ein beamteter Arzt des jeweiligen Kreisgesundheitsamtes und ein weiterer Arzt, der Kenntnisse in der Vererbungslehre haben sollte. Das Erbgesundheitsgericht entschied unter Ausschluß der Öffentlichkeit.

Das Eugenik-Gesetz wurde 1935 durch weitere Gesetzesmaßnahmen ergänzt. Mitte September 1935 traten das Reichsbürgergesetz und das »Gesetz zum Schutze des deutschen Blutes und der deutschen Ehre« in Kraft (Reichsgesetzblatt 1935, Bd. I, S. 1146). Durch diese sogenannten Nürnberger Gesetze wurden Mischehen und außerehelicher Verkehr zwischen Juden und Deutschen verboten. Untersagt war auch, daß Juden weibliche Hausangestellte »deutschen oder artverwandten Blutes« unter 45 Jahren beschäftigten.

Am 18. Oktober 1935 erließ die Regierung das »Gesetz zum Schutze der Erbgesundheit des deutschen Volkes« (Reichsgesetzblatt 1935, Bd. I, S. 1246). Es dehnte die Ausgrenzungsmaßnahmen, die man gegen die Juden eingeführt hatte, auf die Behinderten aus. Jetzt war eine Eheschließung auch dann verboten, wenn einer der Partner unter einer geistigen Störung litt, wenn bei einem Partner eine der im Sterilisationsgesetz aufgezählten Erbkrankheiten diagnostiziert worden war, oder wenn ein Partner eine ansteckende Krankheit – »wie Tuberkulose und Geschlechtskrankheiten« – hatte.

Von 1933 bis zum Kriegsende sind in Deutschland ungefähr 400 000 Menschen zwangssterilisiert worden. Davon sind etwa 6000 während oder nach der Operation verstorben.

Im Regierungsbezirk Aachen ist nur ein solcher Fall bekannt geworden.

Am 16. Februar 1943 verurteilte das Erbgesundheitsgericht Bonn Anna R. auf Antrag des zuständigen Amtsarztes in Euskirchen »wegen angeborenen Schwachsinns« zur Zwangssterilisation. Die Entscheidung wurde damit begründet, daß Anna R. im Termin eine »auffallend starke Minderwertigkeit intellektueller Art« gezeigt hätte. Sie könne »die Uhr nicht ablesen« und sei nicht in der Lage, einfache Rechenaufgaben wie 3 mal 3 oder 2 mal 2 zu lösen.

Am 8. Mai 1943 wurde Anna R. auf Anordnung des Gesundheitsamtes Euskirchen im Kreiskrankenhaus in Mechernich von Dr. Josef Runte zwangssterilisiert. Im Krankenblatt heißt es dazu: »Operation am 8.5.43, in Lumbal Anästhesie. Eine Stunde vorher E.S.E. Spritze, schwache Dosis. Während der Ausführung des operativen Eingriffs einige Tropfen Äther. Medianschnitt zwischen Nabel und Symphyse. Die beiden Eileiter werden aus dem Bauchfellschnitt hervorgeholt, geknotet. Der Knoten wird mit einem doppelten Seidenfaden umschlungen (Döderlein). Bauchfellschluß, Fascien-Hautnaht ... 9.5.43 Leib weich, Puls 34, kräftig. In der Nacht vom 9. zum 10. ist die Kranke unruhig, ohne daß sich objektiv ein Grund für diese Unruhe findet. 10.5.43 Bei der

Morgenvisite ist die Kranke frisch, Bauch völlig weich, Winde sind abgegangen. 14 Uhr, nachdem die Kranke gegen 11 Uhr zu Mittag gegessen hatte, aus völligem Wohlbefinden heraus, plötzlich Gesicht blau, Atemnot, Lunge ohne klinischen Befund. Sofort Kombetin i.V. ohne Erfolg. Lungen-Embolie. Um 15.30 Uhr tritt der Tod ein.«

Dr. Runte, der in unserer Straße schräg gegenüber vom Hause meiner Eltern wohnte, war im Mai 1933 in die NSDAP eingetreten. Er hat sich in der Partei nicht hervorgetan.

Hitler genügte es nicht, »erbkranken Nachwuchs« durch Zwangssterilisation zu verhindern. Er wollte die »Totallösung«, d.h. die Euthanasie. So hatte er sich schon 1935 gegenüber dem Reichsärzteführer Dr. Gerhard Wagner geäußert. Schwachsinnige und Krüppel sollten ausgerottet werden. Diese Morde konnte man durch Gesetz nicht legalisieren, selbst nicht unter dem Aspekt, daß Hitler seit dem 24. März 1933, dem Tag der Verkündung des »Gesetzes zur Behebung der Not von Volk und Reich« (Ermächtigungsgesetz) nicht mehr des Reichstages bedurfte, um Gesetzesvorschriften zu erlassen. Auch ein »Kabinettsgesetz« hätte veröffentlicht werden müssen. Abgesehen davon konnte Hitler nicht sicher sein, daß alle Regierungsmitglieder einer entsprechenden Vorlage zustimmen würden.

Hitler nahm den Fall des »Knauer-Babys« zum Anlaß, die Tötungsmaschinerie auch ohne Gesetz in Gang zu bringen.

Einer Familie Knauer aus Sachsen war Ende 1938 ein schwer behindertes Kind geboren worden. Das Baby war blind, hatte nur ein Bein, und ihm fehlte ein Teil eines Armes. Die Ärzte hielten das Kind für »idiotisch«.

Der Vater wandte sich an den Direktor der Universitätsklinik in Leipzig, in der das Kind zur Welt gekommen war, und bat, das Baby zu töten. Der Direktor erklärte, daß dies gesetzeswidrig sei; er lehnte das Verlangen des Vaters ab. Daraufhin schrieben die Eltern des Kindes an Hitler, schilderten den Fall und baten um die Erlaubnis, ihr Kind töten zu lassen.

Hitler schickte seinen Begleitarzt Dr. Karl Brandt nach Leipzig, um das Kind zu untersuchen, die behandelnden Ärzte zu befragen und das Neugeborene zu töten, falls Brandts Diagnose mit dem von den Eltern geschilderten Krankheitsbild übereinstimmen sollte. Das Baby wurde getötet.

Danach beauftragte Hitler Dr. Brandt und den Leiter der »Kanzlei des Führers«, Philipp Bouhler, ein Programm zur Tötung von körperlich oder geistig behinderten Kindern zu entwerfen. Bouhler und Brandt veranlaßten das Reichsinnenministerium am 18. August 1939, einen Erlaß herauszugeben, der alle Ärzte und Hebammen verpflichtete, »mißgestaltete Neugeborene« den Gesundheitsämtern zu melden. Dem Erlaß hatte man Meldebögen beigefügt, auf denen die Mißbildungen und Krankheiten, die angezeigt werden sollten, aufgeführt waren: Idiotie, Mongolismus, Mikrozephalie (abnorme

Verkleinerung des Kopfes), Hydrozephalie (Wasserkopf), Fehlen von Gliedmaßen, Spaltung des Schädels oder der Wirbelsäule, spastische Lähmungen. Hebamme oder Arzt brauchten nur anzukreuzen, welche Erkrankung vorlag. Verlangt war auch »eine eingehende Schilderung des Krankheitsbildes«. Dafür war aber kein ausreichender Platz vorhanden, weil der Meldebogen nur eine Seite umfaßte.

Die Bögen wurden von den Landes- und Provinzialgesundheitsämtern an einen neugeschaffenen »Reichsausschuß zur wissenschaftlichen Erfassung von erb- und anlagebedingten schweren Leiden« mit Sitz in Berlin geschickt. Das erweckte den Eindruck, als ob die Registrierung der behinderten Kinder Grundlage für eine Gesundheitsstatistik sein würde; es verschleierte die Tatsache, daß damit Morde vorbereitet wurden.

Der Reichsausschuß war keine Institution, die tatsächlich existierte, sondern nur eine Tarnanschrift der »Kanzlei des Führers«. In einer Unterabteilung der Kanzlei, die in der Tiergartenstraße Nr. 4 untergebracht war, saßen drei ärztliche Gutachter, die die Unterlagen der Gesundheitsämter auswerteten. Sie bekamen niemals eines der in den Meldebögen erfaßten Kinder zu Gesicht. Sie forderten in keinem einzigen Fall die Krankenakten an. Aufgrund der angekreuzten Mißbildungen entschieden sie mit einem Pluszeichen oder einem Minuszeichen über Leben und Tod des betreffenden Kindes. Wenn sie ein Minus an den Rand des Bogens malten, durfte das Kind weiterleben. Ein Pluszeichen bedeutete, daß das Kind umgebracht werden mußte.

Mit Beginn des Krieges wurden in 22 Krankenanstalten Deutschlands Stationen eingerichtet, in denen Ärzte behinderte Kinder ermordeten. Die Kinder wurden aus ihren Heimatkrankenhäusern in diese Stationen verlegt. In der ersten Phase der dann folgenden Kindereuthanasie tötete man die Kinder, indem man systematisch und schrittweise ihre Nahrungsrationen kürzte bis hin zum völligen Entzug der Ernährung. Man ließ die Kinder verhungern. Nach einiger Zeit stellte sich heraus, daß dieser Prozeß zu langwierig war. Ab 1940 gingen die Ärzte dazu über, den Kindern eine Überdosis von Veronal oder Luminal zu verabreichen. In den Fällen, in denen sich die Kinder gegenüber den Barbituraten als resistent erwiesen, injizierten die Ärzte Morphium oder Skopolamin.

Nach Schätzungen, die nach dem Kriege angestellt wurden, sind bis 1945 mindestens 5000 behinderte Kinder auf diese Weise ermordet worden.

Schon im August 1939 befahl Hitler Dr. Karl Brandt und Philipp Bouhler, das Euthanasieprogramm für Kinder auf behinderte Erwachsene auszuweiten. Nach Ausbruch des Krieges übergab er den beiden einen Erlaß, der auf einem privaten Briefbogen – oben links der Reichsadler mit dem Hakenkreuz und dem Namen »Adolf Hitler« – in Maschinenschrift verfaßt war und wie folgt lautete:

Berlin, 1. Sept. 1939

Reichsleiter Bouhler und
Dr. med. Brandt
sind unter Verantwortung beauftragt,
die Befugnisse namentlich zu bestimmender Ärzte so zu erweitern,
daß nach menschlichem Ermessen unheilbar Kranken bei kritischster Beurteilung ihres Krankheitszustandes
der Gnadentod gewährt werden kann.
(gezeichnet) Adolf Hitler.

Bouhler verschloß diese Ermächtigung in einem Safe in der »Kanzlei des Führers«. Einige Kopien zirkulierten bei höheren Gesundheitsbeamten. Im August 1940 übergab Bouhler eine Ablichtung an Reichsjustizminister Dr. Franz Gürtner.

Das Papier hatte weder Gesetzeskraft noch war es in erweitertem Sinne rechtsgültig. Dennoch versuchten die Ärzte, das Pflegepersonal und die Hilfskräfte, die in die Mordmaschinerie verstrickt waren, nach dem Krieg mit dem Hinweis auf die Ermächtigung ihre Beteiligung an den Tötungen zu entschuldigen.

Die »Kanzlei des Führers« richtete noch im Jahre 1939 in sechs Instituten, die als »Landespflegeanstalten« firmierten, die Zentren ein, in denen dann die erwachsenen Behinderten umgebracht wurden. Hitler selbst hatte nach einem Vortrag von Dr. Brandt entschieden, daß die Tötungen nicht durch Injektionen, sondern durch Gas durchgeführt werden sollten. Brandt hatte ihm gesagt, dies sei »humaner« als die Verabreichung von Gift.

Im Winter 1939/1940 fand im ehemaligen Zuchthaus Brandenburg, das man als erste Mordanstalt hergerichtet hatte, eine Probevergasung statt. Man hatte einen Raum in der Größe von drei mal fünf Metern und einer Höhe von drei Metern mit Platten ausgelegt und in Höhe von 10 Zentimetern über dem Boden ein Rohr angebracht mit kleinen Löchern, durch die das Gas in die Kammer strömen konnte. An den Wänden standen Bänke für die Patienten. Die Eingangstür war aus Stahl und schloß den Raum luftdicht ab. Sie hatte ein rechteckiges Fenster aus dickem Glas, durch das die Kranken und die Wirkung des Gases zu beobachten waren. Das Zimmer – mit den Bänken und den Keramikfliesen – wirkte wie ein Duschraum.

Als Gas verwandte man Kohlenmonoxyd.

Bei der ersten Probevergasung waren als Beobachter u.a. anwesend die Euthanasiebeauftragten Hitlers, Dr. Karl Brandt und Philipp Bouhler, dann Dr. Leonardo Conti, Staatssekretär im Reichsgesundheitsministerium, die leitenden

Beamten der »Kanzlei des Führers« und die Ärzte, die in den anderen Mordzentren die Tötungsoperationen durchführen sollten.

Acht männliche Patienten wurden ausgewählt. Sie mußten sich entkleiden und den »Duschraum« betreten. Sie schöpften offensichtlich keinen Verdacht.

Das Gas lagerte in einem Nebenraum. Von dort aus bediente ein Chemiker die Verschlüsse der Gasflaschen und versuchte durch passende Dosierung den behinderten Kranken einen schnellen Tod zu verschaffen. Die Ehrengäste drängten sich vor dem Fenster, um jeweils einen kurzen Blick auf den Todeskampf der Opfer werfen zu können.

Nach diesem ersten Experiment begannen auch die anderen fünf »Landespflegeanstalten« mit der Vergasung ihrer Patienten. Kranke, die in anderen Häusern untergebracht waren, wurden zügig in die sechs Mordzentren verlegt. Den Angehörigen, den Leuten, die eine Vormundschaft über die Behinderten übernommen hatten, und den Kostenträgern, die die Unterkunft der Patienten bezahlten, teilte man die Verlegung erst mit, wenn die Kranken schon umgebracht worden waren. Als Todesursache in dem dann folgenden Schriftverkehr gaben die Ärzte Erkrankungen wie Herzversagen oder Diphtherie an, manchmal auch seuchenartige Krankheiten, wie Scharlach. In einigen Fällen, in denen die Kranken vor ihrer Ermordung nur flüchtig untersucht worden waren, kam es zu Pannen. Angehörige wunderten sich und wurden mißtrauisch, als man ihnen mitteilte, ihr Sohn oder Neffe wäre an einem perforierten Blinddarm gestorben; sie wußten, daß man dem Patienten den Blinddarm schon vor Jahren entfernt hatte.

In der Regel enthielten die Todesnachrichten zwei Hinweise. Zum einen bemerkte die betreffende Pflegeanstalt, daß der Patient ruhig und ohne Schmerzen gestorben sei; im Hinblick auf seine schwere und unheilbare Krankheit wäre der Tod eine Erlösung gewesen. Zum anderen hieß es, der Patient wäre auf Anordnung der Polizei (oder ganz generell »um Seuchen zu vermeiden«) eingeäschert worden.

Den Patienten, die Goldplomben im Mund hatten, malte man ein Kreuz auf den Rücken. Das sollte den Hilfskräften, die den Leichen nach der Vergasung das Gold aus dem Mund brechen mußten, die Arbeit erleichtern.

Nach der Vergasung wurden die Kammern durch Ventilatoren entlüftet. Dann schleiften Hilfskräfte, die Heizer genannt wurden, die Leichen in einen Nebenraum und stapelten sie dort auf. Von dort transportierten sie die Körper später in ein nahegelegenes Krematorium, um sie zu verbrennen. Die Knochen, die nicht verbrannt waren, wurden in speziellen Knochenmühlen zermahlen. Dann schaufelten die Heizer aus dem großen Aschehaufen die einzelnen Urnen voll, die mit Begleitschreiben und Totenschein an die Angehörigen geschickt wurden.

Im internen Schriftverkehr bezeichneten die Beamten der »Kanzlei des Führers« die einzelnen sechs Mordinstitute nicht mit ihren Anstaltsnamen, sondern mit Code-Buchstaben. Das ehemalige Zuchthaus Brandenburg z.B. lief unter dem Buchstaben »B«, die Pflegeanstalt Hadamar in Hessen unter »E«.

Da die Unterabteilung der »Kanzlei des Führers«, die die Mordoperation koordinierte, in Berlin in der Tiergartenstraße 4 saß, lief die gesamte Aktion unter der Tarnbezeichnung »T 4«.

Nach 1933 wurden die meisten schwer und irreparabel erkrankten Schwachsinnigen aus den Kreisen Euskirchen, Monschau und Schleiden in der Heil- und Pflegeanstalt Kloster Marienborn in Zülpich-Hoven untergebracht.

Am 18. August 1941 wurden 386 dieser Geisteskranken in die »Pflegeanstalt« Hadamar transportiert. Schon vierzehn Tage später waren 43 der Patienten angeblich eines natürlichen Todes gestorben. Wenige Wochen danach waren alle ehemaligen 386 Insassen aus Zülpich-Hoven vergast worden.

Auch in Mechernich gab es in den dreißiger Jahren mehrere geistig und körperlich behinderte Kinder und einige geistig beschränkte Erwachsene. Als mein Jahrgang im April 1934 in die Volksschule kam, fanden wir dort zwei Jungen vor, Heini und Hubert S., die zwei oder drei Jahre vor uns eingeschult worden und zwei oder drei Mal sitzengeblieben waren. Sie verließen die Volksschule nach acht Jahren in der ersten Klasse.

Ihr Vater, Wilhelm S., wurde 1881 geboren und war nach Abschluß der Volksschule Berglehrling im Bleibergwerk Mechernich, später Bergmann geworden.

Gedenkstein zu den Euthanasiemorden in Hadamar **Quelle: Privat-Archiv**

Am Ersten Weltkrieg hatte er als Landsturmmann im Infanterieregiment Nr. 160 teilgenommen. Im Jahre 1917 hatte er seine Frau Margarete geheiratet, die 1894 geboren wurde.

Das Ehepaar bekam neun Kinder, drei Mädchen und sechs Jungen. Das älteste Kind, Werner, wurde am 10. April 1920, das jüngste Kind, Christian, wurde am 11. Mai 1933 geboren. Alle Kinder waren geistig behindert.

Lehrer Baur nutzte das imbezile Verhalten von Heini und Hubert manchmal dazu, den Unterricht aufzulockern und die anderen Kinder zum Lachen zu bringen. Er forderte die Brüder auf, nach vorne zu kommen und zu zeigen, daß sie lesen könnten. Die beiden hatten meistens alte Bleyle-Anzüge an, die ihnen von mitleidigen Ortsbewohnern geschenkt worden waren. Häufig fehlte hinten an der Hosenklappe ein Knopf, so daß die blanke Po-Backe aus dem braunen Stickstoff hervorschaute. Deshalb kicherten die Mitschüler schon, wenn Heini und Hubert zur Tafel tapsten. Lehrer Baur zeigte dann mit dem Stock auf »E« und fragte, wie der Buchstabe heißen würde. Heini schrie mit lauter Stimme: »A«. Dann war Hubert an der Reihe. Wenn der Lehrer auf »X« zeigte, brüllte Hubert: »O«. Und so ging das noch einige Minuten weiter. Die Klasse johlte vor Vergnügen.

Die Familie wohnte in einem großen, alten Fachwerkhaus, das einsam in der Peterheide zwischen dem Ortskern und der Bleihütte lag. Das Dach war an der Wetterseite eingefallen. Im Erdgeschoß nahmen Küche und Wohnraum die Hälfte der Grundfläche das Hauses ein; das war ein verhältnismäßig großer Raum von insgesamt 30 Quadratmetern. Der Fußboden war aus Lehm. Der Küchenherd maß in der Breite zweieinhalb Meter und in der Tiefe anderthalb Meter. Neben dem großen Wasserschiff, in dem warmes Wasser bereit gehalten wurde, standen einige leere und sauber gespülte Marmeladeneimer und eine alte, gußeiserne Bratpfanne. Das Essen wurde offensichtlich in den Eimern zubereitet. In die Stützbalken des Fachwerkbaues waren lange Nägel eingeschlagen, an denen zerschlissene Kleidungsstücke hingen. Schränke gab es nicht. Teller und Näpfe, zum Teil aus Blech, standen und lagen in einem Regal an der Stirnseite des Zimmers. In der Mitte des Raumes stand ein großer Tisch mit sechs bis acht Stühlen, die aus verschiedenen Stilrichtungen stammten und fast alle baufällig waren. Wo die Eltern und die Kinder schliefen, war nicht festzustellen. Der Wohnraum mit Küche war vom hinteren Teil des Hauses durch einen Vorhang getrennt. Wir trauten uns nicht, einen Blick in die anderen Zimmer zu werfen.

Heini und Hubert und ihre Geschwister kamen manchmal zum Bahnübergang an der Friedrich-Wilhelm-Straße, um die vorbeifahrenden Züge zu bestaunen. Dort wohnten Karl-Heinz Vossel, einer der Marienau-Freunde, und dessen Eltern. Karl-Heinz war wahrscheinlich der erste Junge in der Altersgruppe von Heini und Hubert außerhalb der Familie, mit dem die beiden längere Zeit gesprochen hatten. Deshalb kannten sie seinen Namen. Mit ihrer lallenden und manchmal stammelnden Sprechweise waren sie aber nicht in der Lage, den

Namen richtig auszusprechen. Er hieß bei ihnen »Kalei Tottel«. Im Laufe der Zeit hießen auch die Freunde von Karl-Heinz so, d.h. wir alle wurden mit »Kalei Tottel« angesprochen.

Der zweitjüngste Bruder hieß Josef und wurde »Ippi« genannt. Wir lernten ihn kennen, als er sechs oder sieben Jahre alt war. Er hatte sich einen vierzig Zentimeter langen und drei Zentimeter dicken Stab geschnitzt, den er mit unglaublicher Geschwindigkeit durch seine dünnen Finger wirbeln konnte. Dabei schaute er mit stumpfen Augen ins Leere, fast so, als ob er in sich hinein blicken würde.

Er konzentrierte sich offensichtlich ganz auf seine Übungen. Dann warf er den Stock plötzlich in die Luft, fing ihn wie ein Jongleur mit der anderen Hand wieder auf und ließ ihn dann ohne Unterbrechung durch deren Finger rotieren.

An einem heißen Sommernachmittag 1938 wollten wir zum Fischweiher, um dort zu schwimmen. Wir waren zu dritt. Als wir uns dem Elternhaus von Heini und Hubert näherten, sahen wir die beiden vor einem Sandhaufen knien, der mit einigen Steinen bedeckt war. Sie hatten die Hände gefaltet. Neben ihnen stand Ippi und übte mit starrem Gesicht an seinen Jongleurkunststückchen.

Wir fragten, was los sei. Heini und Hubert sprangen auf und sagten: »Mie spiele Beerdigung. Wenn ihr wollt, Kalei Tottel, könnt ihr mitbete.« Karl-Heinz fragte: »Wer ist denn gestorben?« Hubert antwortete: »Unser Chris. Der liegt hier.«

Wir sprangen zu dem Sandhaufen, wälzten die Steine weg und begannen, den Sand mit bloßen Händen zur Seite zu schaufeln. Kurz unter der Oberfläche rührte sich etwas. Zuerst kamen die Hände und dann der Kopf von Christian S. zum Vorschein. Wir zogen ihn heraus und stellten ihn auf die Beine. Er prustete, hustete und fing an, sich den Dreck aus der Nase zu pulen. Ihm war nichts passiert. Wir fragten uns, ob er es auch alleine geschafft hätte, sich aus seinem »Grab« zu befreien. Dann schrien wir Heini, Hubert und Ippi an, daß man nicht »Begräbnis« spielen dürfe; das sei viel zu gefährlich. Heini und Hubert senkten die Köpfe. Ippi schien uns nicht verstanden zu haben; er wirbelte weiter sein Stöckchen durch die Luft. Schließlich hob Heini die Augen und fragte zaghaft: »Kalei Tottel, wollt ihr net met uns spiele?« Wir schüttelten den Kopf und gingen dann schwimmen.

Werner, der älteste Bruder, war damals schon achtzehn Jahre alt. Er trug lange Hosen, alte Pullover und Jacken, die er von Leuten aus dem Ort geschenkt bekommen hatte. Ich weiß nicht, in welcher Klasse er aus der Volksschule entlassen worden war. Seine Schulkenntnisse reichten nicht, um eine Lehre zu beginnen. So schlenderte er, stets heiter und vergnügt, durch den Ort, war nett und höflich zu den Leuten und half hier und dort mit kleinen Handreichungen aus. Er fegte auf Wunsch den Bürgersteig und säuberte die Außentreppen, um sich ein paar Groschen zu verdienen. Ernsthaftere und länger dauernde Arbeiten, die Kraft erforderten, konnte er nicht leisten. Wenn er versucht hatte, ein Gartengrundstück umzugraben, glich der Garten einem Trichterfeld. Er war dennoch aufmerksam und gescheit genug, um sofort zu merken, wenn man ihn verspotten wollte. Meistens drehte er sich dann wortlos um und ging weg.

Seine Mutter hatte ihn in dieser Zeit einmal beauftragt, je ein Röllchen weißes Nähgarn und schwarzes Nähgarn sowie eine dicke Stopfnadel zu kaufen. Werner ging in einen der damals üblichen Tante-Emma-Läden, die neben Lebensmitteln auch Kurzwaren führten. Die Eigentümerin, die sich gerne einen Spaß mit anderen Leuten machte, fragte betont freundlich: »Na Werner, wat darf et denn sein?« Werner stellte sich gerade und sagte: »E Röllche whip, e Röllche whap un en decke Popnohl.« Die Eigentümerin hatte kapiert, fragte aber – auch zur Unterhaltung der anderen Kunden – trotzdem noch einmal nach: »Ich hab' Dich net verstande, Werner; sag et noch mal.« Werner richtete sich erneut auf und wiederholte: »E Röllche whip, e Röllche whap un en decke Popnohl.« Als dann die Frau Werners Bestellung ein drittes Mal hören wollte, sagte Werner kurz und bestimmt: »Bläcke Aasch, leev Frau, Werner hätt enooch jesaat (Nackter Arsch, liebe Frau, Werner hat genug gesagt)!«

Ende 1940 oder Anfang 1941, als wir Werner längere Zeit nicht mehr in Mechernich gesehen hatten, trafen wir Heini und Hubert am Bahnübergang an der Friedrich-Wilhelm-Straße. Wir fragten die beiden, wo Werner sei. Die Brüder berichteten – und jeder wollte der erste sein, der uns das erzählte – : »Werner is in Bonn, op de Unität (Universität).«

Wie sich später herausstellte, war Werner S. am 26. September 1940 zwangsweise in die Provinzial-Heil- und Pflegeanstalt in Bonn eingewiesen worden. Er sollte dort beobachtet und untersucht werden. Die Jugendschutzstrafkammer des Landgerichts Bonn verordnete am 14. März 1941 seine ständige Unterbringung in einer Pflegeanstalt (Az.: 7 K.Ls. 3/41). Am 26. April 1941 wurde er in die Heil- und Pflegeanstalt Düren verlegt.

Über diese Zwangsmaßnahmen finden sich in Mechernich keine Unterlagen. Im Einwohnerzentralregister ist unter dem 15. Juni 1941 nur vermerkt: abgemeldet zur Heil- und Pflegeanstalt Düren.

Werner blieb dort bis zum 11. März 1943. Danach wurde er in das Kloster Ebernach bei Cochem an der Mosel verlegt.

Das Gesundheitsamt in Koblenz informierte Anfang Mai 1943 den Anstaltsarzt in Ebernach, daß 200 geistig behinderte Pfleglinge »in den Osten« verlegt werden müßten. In Frage kämen dafür Kranke, erstens, die »geistig weit zurück« seien, zweitens, die körperlich behindert und bettlägerig seien, drittens, die keine Verwandten hätten und viertens, um die sich Angehörige nicht mehr kümmern würden. Weiter hieß es in der Anweisung, die Angehörigen seien von Ebernach aus nicht zu benachrichtigen; das würde von der Gesundheitsbehörde der Rheinprovinz in Düsseldorf geschehen.

Vom 3. bis zum 6. Mai 1943 wurden vier Transporte zu je 50 Pfleglingen zusammengestellt. Werner gehörte zum ersten Schub. Offensichtlich spürten die Kranken, was ihnen bevorstand. Es kam zu herzzerreißenden Szenen. Die Pfleglinge klammerten sich an den Heizungsrohren fest, um ihre Verschiebung zu verhindern, oder sie umschlangen die Beine der Ordensschwestern, die sie bis dahin betreut hatten. Sie riefen: »Wir werden verbrannt«, und »Auf Wiedersehen im Himmel, wir müssen sterben.«

Die Krankenpfleger, die die Behinderten zum Bahnhof bringen sollten, konnten einige Pfleglinge nicht von der Heizung und von den Schwestern losreißen. Sie injizierten deshalb Sedative und schleiften die Kranken dann aus den Zimmern zu den wartenden Lastwagen, um sie zum Bahnhof zu fahren.

Die Transporte gingen nach Kwalkowski, heute Kulparkow, bei Lemberg in Galizien. Sechs Wochen nach ihrer Ankunft waren die 200 Pfleglinge aus Ebernach tot. Werner S. war einer der ersten, die umgebracht wurden.

Seine Angehörigen erhielten keine Nachricht. Seine Geschwister wurden vom Euthanasieprogramm nicht erfaßt. Niemand weiß warum, und niemand weiß, weshalb gerade Werner sterben mußte.

Nur wenigen Einwohnern war bewußt geworden, daß Werner seit Septem-ber 1940 nicht mehr in Mechernich war. Dies hing sicher auch damit zusammen, daß seine Brüder – Heini und Hubert, Ippi und Christian – nach wie vor durch die Straßen liefen, die vorbeifahrenden Züge bestaunten und sich von barmherzigen Mitbürgern bis zum Kriegsende mit Brot und Wurst versorgen ließen.

In Bayern und Westfalen, weniger im Rheinland, war im Frühjahr 1940 durchgesickert, daß die Regierung Geisteskranke systematisch umbringen ließ. Goebbels regte an, der Bevölkerung die Euthanasiefrage durch einen Propagandafilm nahezubringen. Als Vorlage diente der Roman »Sendung und Gewissen«, der von Hellmuth Unger verfaßt war, einem Augenarzt, der seit 1939 zur »Planungsgruppe Euthanasie« der Kanzlei des Führers gehörte. Der Film hatte den Titel »Ich klage an« und kam Anfang 1941 in die Kinos. Er schilderte, wie eine Frau, die an einem unheilbaren und schmerzhaften Leiden erkrankt war, auf eigenen Wunsch von ihrem Mann durch Gift getötet wurde.

Obwohl der Film nur einen Fall von »Tod auf Verlangen« behandelte und das Problem der Euthanasie, d.h. die beabsichtigte Herbeiführung des Todes von unheilbar Kranken auch gegen den Willen der Patienten, nicht berührte, führte er zu Diskussionen unter den Bürgern über die Euthanasie allgemein. Goebbels erreichte nicht, daß die Mehrheit der Bevölkerung die Tötung von Geisteskranken als notwendige »eugenische Maßnahme« akzeptierte, geschweige denn guthieß.

Die katholische Kirche hatte schon 1933 und 1935 öffentlich gegen die »negative Eugenik« Stellung genommen und sich gegen das Sterilisationsgesetz ausgesprochen.

Am 19. Juli 1940, als die Kindereuthanasie schon zehn Monate und die Tötungsmaschinerie an erwachsenen Behinderten schon sechs Monate liefen, schrieb der evangelische Landesbischof von Württemberg, Theophil Wurm, einen Brief an Reichsinnenminister Dr. Wilhelm Frick, Durchschrift an Reichsjustizminister Dr. Franz Gürtner, und forderte das Ende der Tötungen.

Am 11. August 1940 schrieb Kardinal Adolf Bertram, Vorsitzender der Fuldaer Bischofskonferenz, einen ähnlichen Brief an Staatssekretär Hans Heinrich Lammers, den Chef der Reichskanzlei.

Am 6. November 1940 schickte Kardinal Michael Faulhaber, Erzbischof von München, einen Protestbrief an Reichsjustizminister Dr. Franz Gürtner. Faulhaber wurde deutlicher als Bertram. Er sagte, das Volk verliere durch die Morde das Vertrauen in die Regierung. Er erinnerte an das Gebot des Dekalogs »Du sollst nicht töten.«

Im Juni 1941 verfaßte die Fuldaer Bischofskonferenz eine Denkschrift zu diesem Thema und sandte sie an Reichskirchenminister Hanns Kerrl. Aus der Denkschrift formulierten die Bischöfe in kürzerer Fassung einen Hirtenbrief, der am 6. Juli 1941 von den Kanzeln aller katholischen Kirchen verkündet wurde. In ihm hieß es: »Nie, unter keinen Umständen, darf der Mensch ... außerhalb des Krieges und der gerechten Notwehr einen Unschuldigen töten«.

Der Bischof von Limburg, Antonius Hilferich, in dessen Diözese die Mordanstalt Hadamar lag, legte noch einmal nach. Er schrieb am 13. August 1941 an den Reichsjustizminister, daß die Tötung von Behinderten nicht nur im Widerspruch zu den biblischen Geboten stehe, sondern einen Verstoß gegen Vorschriften des Deutschen Strafgesetzbuches darstelle. Das Volk sage jetzt: »Deutschland kann den Krieg nicht gewinnen, wenn es noch einen gerechten Gott gibt.«

Clemens August Graf von Galen, Bischof von Münster, der sich schon 1933 gegen das »Gesetz zur Verhütung erbkranken Nachwuchses« gewandt hatte, klagte die Regierung jetzt öffentlich des Mordes an.

Graf von Galen hatte bis zu diesem Zeitpunkt ein ambivalentes Verhältnis zur nationalsozialistischen Bewegung gehabt. Die Rückkehr des Saarlandes ins Reich im Januar 1935 und den Einmarsch der Wehrmacht ins entmilitarisierte Rheinland im März 1936 begrüßte er mit »vaterländischer Freude«. Zu Hitlers 50. Geburtstag am 20. April 1939 ließ er die Glocken läuten. Andererseits erinnerte er bei mehreren Gelegenheiten in der Öffentlichkeit an die katholischen Opfer, die bei den Morden an den SA-Führern am 30. Juni 1934 ebenfalls umgebracht worden waren. Er bezeichnete sie als »Märtyrer des Glaubens«. Schon frühzeitig predigte er gegen »Falschlehre und Gewaltherrschaft« und gegen den »neuheidnischen Rassenkult«.

Dem Vorsitzenden der Deutschen Bischofskonferenz, Kardinal Adolf Bertram, Erzbischof von Breslau, attestierte er eine »irenische«, d.h. friedfertige Grundhaltung, die sich in »papiernen und wirkungslosen« Protesten, die unbekannt bleiben würden, erschöpfe. Noten an die Regierung hätten keine Wirkung, so lange sie der Bevölkerung nicht bekannt werden könnten. Jetzt müsse man die »Flucht in die Öffentlichkeit« antreten.

Im Juli 1941 befaßte sich Graf von Galen in zwei Sonntagspredigten erneut mit der »neuheidnischen« Theologie des Nationalsozialismus. Am 3. August schloß er diesen Zyklus ab mit einer Predigt, die sich vehement gegen die systematische Ermordung von Geisteskranken richtete.

Graf von Galen, ein Riese von 1.99 Meter Länge, stand hochaufgerichtet auf dem Predigtstuhl der Lamberti-Kirche und sagte mit schneidender Stimme, im Reichsinnenministerium und beim Reichsärzteführer Dr. Conti mache man kein Hehl daraus, daß schon eine große Zahl von Geisteskranken vorsätzlich getötet worden sei und noch getötet werden solle. Er – Graf von Galen – habe deshalb am 28. Juli bei der Staatsanwaltschaft beim Landgericht Münster und beim Polizeipräsidenten in Münster mit eingeschriebenen Briefen Strafanzeige wegen Mordes erstattet. Ihm sei bisher keine Nachricht zugegangen, daß die Polizei oder die Staatsanwaltschaft eingeschritten sei.

Als der Bischof das sagte, kam es in der Lamberti-Kirche zu tumultartigen Szenen. Hunderte Gläubige sprangen von den Sitzen und riefen laut »Pfui«.

Die Predigt hatte auch außerhalb des Gottesdienstes eine ungeheure Wirkung. Hier wagte ein katholischer Bischof, sich dem Regime auf dem Höhepunkt seiner Macht in einer entscheidenden Frage furchtlos entgegenzustellen.

Im Volk nannte man den Grafen danach den »Löwen von Münster«.

Galens Worte wurden an den folgenden Sonntagen in den anderen Kirchen des Bistums verlesen. Bald wurden sie von ausländischen Sendern gebracht. Sie wurden vervielfältigt und über die Grenzen des Bistums Münster hinaus verbreitet.

Eltern und Frauen von Soldaten schickten den Text der Predigt an die Front.

Himmler forderte von Hitler, den Bischof verhaften zu lassen. Martin Bormann verlangte sogar seine Hinrichtung. Goebbels riet zur Mäßigung. Die Verhaftung des Grafen von Galen könne dazu führen, daß man für die Dauer des Krieges das Münsterland und vielleicht sogar ganz Westfalen und die Rheinprovinz »abschreiben« müsse.

Hitler stimmte Goebbels zu. Er wollte während des Krieges eine offene Konfrontation mit der katholischen Kirche vermeiden. Er sagte, der Graf von Galen werde erst nach dem Sieg »einmal vor die Gewehre kommen«.

Als Werner Mölders, erst 28 Jahre alt, im August 1941 als erster Soldat der Wehrmacht von Hitler feierlich die Brillanten zum Ritterkreuz mit Eichenlaub und Schwertern erhielt und zum General und Inspekteur der Jagdflieger befördert wurde, kam das Gespräch auch auf den Grafen von Galen. Mölders hatte am 15. Juli an der Ostfront seinen 101. Gegner im Zweiten Weltkrieg abgeschossen. Das waren, mit 14 Abschüssen im Spanischen Bürgerkrieg als Offizier der Legion Condor, insgesamt 115 Luftsiege. Hitler fragte Mölders, ob er einen besonderen Wunsch habe. Es war allgemein bekannt, daß Mölders gläubiger Katholik war. Auf die Frage Hitlers antwortete der neu ernannte General, sein Wunsch sei, daß dem Bischof von Münster nichts geschehe.

Hitler erwiderte mit unbewegtem Gesicht: »Dem passiert schon nichts.«

Mölders fand am 22. November 1941 bei einem durch Schlechtwetter verursachten Absturz einer Maschine, die ihn von Sewastopol nach Berlin zum Staatsbegräbnis von Ernst Udet bringen sollte, den Tod. Hitler ordnete auch für Mölders ein Staatsbegräbnis an. Werner Mölders wurde am 28. November 1941 auf dem Berliner Invalidenfriedhof neben dem Grab von Manfred von Richthofen beigesetzt. Josef Goebbels beschreibt die Beerdigung in seinem Tagebuch mit emotionsgetragenen Worten: »Hier war die Musik des Trauermarsches aus der ›Götterdämmerung‹ angebracht, bei dem man das Empfinden hatte, daß ein junger Siegfried in Walhall einzog.«

Die durch die Predigt des Grafen von Galen ausgelösten öffentlichen Diskussionen um die Euthanasie, nicht zuletzt auch die Reaktion von Frontsoldaten auf dieses Mordprogramm, veranlaßten Hitler, die Mordmaschinerie zu stoppen. Noch im August 1941 befahl er, die Euthanasie von behinderten Erwachsenen für die Dauer des Krieges einzustellen.

Die Morde an behinderten Kindern gingen weiter. Am 29. Mai 1945, 21 Tage nach der bedingungslosen Kapitulation des Reiches, wurde in der Heil- und Pflegeanstalt Kaufbeuren das letzte Opfer der Euthanasie, der vierjährige Richard Jenne, umgebracht. In seinem Totenschein steht, das Kind sei an Typhus gestorben.

Von September 1939 bis August 1941 sind in den sechs Mordanstalten des Euthanasieprozesses 80 000 behinderte Erwachsene getötet worden. Es zeigte sich, daß es im Herzen Europas technisch möglich war, Massenmorde durchzuführen; daß sich durchschnittliche Männer und Frauen, die nicht kriminell waren, bereit zeigten, unzählige Mitmenschen auf Befehl umzubringen; und daß die Beamten und Angestellten der staatlichen Bürokratie bereitwillig dabei mitwirkten.

Es hatte sich aber auch gezeigt, daß man Massenmorde in Deutschland nicht durchführen konnte, ohne daß die Bevölkerung davon erfuhr. Die »Endlösung« der Judenfrage, d.h. die Vernichtung der europäischen Juden, die im deutschen Herrschaftsbereich wohnten, mußte – wenigstens zunächst – außerhalb der deutschen Reichsgrenzen durchgeführt werden. Die fabrikmäßige Organisation und die Technik des Tötens hatte man beim Euthanasieprogramm erprobt.

Auszug aus der Predigt Clemens August Graf von Galens am 3. August 1941 in der Lamberti-Kirche zu Münster:

Seit einigen Monaten hören wir Berichte, daß aus Heil- und Pflegeanstalten für Geisteskranke auf Anordnung von Berlin Pfleglinge, die schon länger krank sind und vielleicht unheilbar erscheinen, zwangsweise abgeführt werden. Regelmäßig erhalten dann die Angehörigen nach kurzer Zeit die Mitteilung, die Leiche sei verbrannt, die Asche könne abgeliefert werden. Allgemein herrscht der an Sicherheit grenzende Verdacht, daß diese zahlreichen unerwarteten Todesfälle von Geisteskranken nicht von selbst eintreten, sondern absichtlich herbeigeführt werden, daß man dabei jener Lehre folgt, die behauptet, man dürfe sogenanntes »lebensunwertes Leben« vernichten, also unschuldige Menschen töten, wenn man meint, ihr Leben sei für Volk und Staat nichts mehr wert.

Noch hat Gesetzeskraft der Paragraph 211 des Reichsstrafgesetzbuches, der bestimmt: »Wer vorsätzlich einen Menschen tötet, wird, wenn er die Tötung mit Überlegung ausgeführt hat, wegen Mordes mit dem Todes bestraft.«

Das StGB bestimmt in Paragraph 139: »Wer von dem Vorhaben ... eines Verbrechens wider das Leben glaubhaft Kenntnis erhält und es unterläßt, der Behörde oder dem Bedrohten hiervon zur rechten Zeit Anzeige zu machen, wird ... bestraft«.

Als ich von dem Vorhaben erfuhr, Kranke aus Marienthal abzutransportieren, um sie zu töten, habe ich am 28. Juli bei der Staatsanwaltschaft beim Landgericht Münster und bei dem Herrn Polizeipräsidenten in Münster Anzeige erstattet durch eingeschriebenen Brief mit folgendem Wortlaut: »Nach mir zugegangenen Nachrichten soll im Laufe dieser Woche (man spricht vom 31. Juli) eine große Anzahl Pfleglinge der Provinzialheilanstalt Marienthal bei Münster als sogenannte ›unproduktive Volksgenossen‹ nach der Heilanstalt Eichberg überführt werden, um dann alsbald, wie es nach solchen Transporten aus anderen Heilanstalten nach allgemeiner Überzeugung geschehen ist, vorsätzlich getötet zu werden. Da ein derartiges Vorgehen nicht nur dem göttlichen und natürlichen Sittengesetz widerstreitet, sondern auch als Mord nach Paragraph 211 des StGB mit dem Todes zu bestrafen ist, erstatte ich gemäß Paragraph 139 des StGB pflichtgemäß Anzeige und bitte, die bedrohten Volksgenossen unverzüglich durch Vorgehen gegen die den Transport und die Ermordung beabsichtigenden Stellen zu schützen und mir von dem Veranlaßten Kenntnis zu geben.«

Nachricht über ein Einschreiten der Staatsanwaltschaft oder der Polizei ist mir nicht zugegangen. ...

Wenn man den Grundsatz aufstellt und anwendet, daß man den »unproduktiven« Mitmenschen töten darf, dann wehe uns allen, wenn wir alt und altersschwach werden! Wenn man die unproduktiven Menschen töten darf, dann wehe den Invaliden, die im Produktionsprozeß ihre Kraft, ihre gesunden Knochen eingesetzt, geopfert und eingebüßt haben! Wenn man die unproduktiven Mitmenschen gewaltsam beseitigen darf, dann wehe unseren braven Soldaten, die als Schwerkriegsverletzte, als Krüppel, als Invaliden in die Heimat zurückkehren! Wenn einmal zugegeben wird, daß Menschen das Recht haben, »unproduktive«

Mitmenschen zu töten – und wenn es jetzt auch nur arme wehrlose Geisteskranke trifft –, dann ist grundsätzlich der Mord an allen unproduktiven Menschen, also an den unheilbar Kranken, den Invaliden der Arbeit und des Kriegs, dann ist der Mord an uns allen, wenn wir alt und altersschwach und damit unproduktiv werden, freigegeben …

Wie steht es mit der Befolgung des vierten Gebotes, das Ehrfurcht und Gehorsam gegen die Eltern und Vorgesetzten fordert? Die Stellung und Autorität der Eltern ist schon weithin untergraben und wird mit all den Anforderungen, die gegen den Willen der Eltern der Jugend auferlegt werden, immer mehr erschüttert. Glaubt man, daß aufrichtige Ehrfurcht und gewissenhafter Gehorsam gegen die staatliche Obrigkeit erhalten bleiben, wenn man fortfährt, die Gebote der höchsten Obrigkeit, die Gebote Gottes zu übertreten, wenn man sogar den Glauben an den einzig wahren … Gott … bekämpft, ja auszurotten versucht?

Und das erste Gebot: »Du sollst keine fremden Götter neben mir haben!« Statt des einzig wahren, ewigen Gottes macht man sich nach Gefallen eigene Götzen, um sie anzubeten: die Natur oder den Staat oder das Volk oder die Rasse.

Meine Christen! Ich hoffe, es ist noch Zeit. Aber es ist die höchste Zeit.

Wer fortfahren will, Gottes Strafgericht herauszufordern, wer unsern Glauben lästert, wer Gottes Gebote verachtet, wer gemeinsame Sache macht mit jenen, die unsere Jugend dem Christentum entfremden, die unsere Ordensleute berauben und vertreiben, mit jenen, die unschuldige Menschen, unsere Brüder und Schwestern, dem Tode überliefern, mit dem wollen wir jeden vertrauten Umgang meiden, dessen Einfluß wollen wir uns und die Unsrigen entziehen, damit wir nicht angesteckt werden von seinem gottwidrigen Denken und Handeln, damit wir nicht mitschuldig werden und somit anheimfallen dem Strafgericht, das der gerechte Gott verhängen wird über alle, die nicht wollen, was Gott will.

(die tageszeitung [taz], 3. August 1991).

* * *

Die Verbrechen, die Deutsche und Nicht-Deutsche, welche unter deutschem Befehl standen, an Geisteskranken, Homosexuellen, Krüppeln, Juden und Zigeunern begangen haben, gehören zu unserer Geschichte. Einzelheiten, die dem größten Teil der Bevölkerung erst nach dem Krieg bekannt wurden, führten zu Diskussionen, die noch nicht abgeschlossen sind. Die Auseinandersetzungen über die einwandfreie Interpretation der erwiesenen historischen Tatsachen können noch Jahrzehnte dauern.

Die Deutschen, die bis zur Mitte der dreißiger Jahre geboren wurden, werden das unendliche Grauen über die furchtbaren Morde des Holocausts und die Trauer darüber, daß dies Deutschland angelastet werden muß, mit ins Grab nehmen. Die heute noch Minderjährigen, die wie die meisten anderen Deutschen keine Schuld an den Verbrechen tragen, lehnen ab, daß auch sie als deutsche Staatsbürger in die bleibende Verantwortung für den Holocaust eingebunden sind. Das fällt ihnen leicht, weil man sie ohne Geschichtsbewußtsein erzogen hat. Nach einer Meinungsumfrage von Juli 1998 wissen 65 Prozent der Jugendlichen unter 18 Jahren nicht, wann der Zweite Weltkrieg begonnen hat; 31 Prozent haben keine Ahnung, was sich mit dem Namen Auschwitz verbindet.

Im Amtsbezirk Mechernich mit damals rund 7000 Einwohnern gab es laut einer Namensliste, die die Amtsverwaltung am 15. Februar 1934 für den Landrat in Schleiden aufstellte, 88 Juden. Davon waren zehn im schulpflichtigen Alter oder jünger. Fünf Familien gehörten nach Stand oder Vermögen dem gehobenen Bürgertum an. Das waren die Familien Gustav und Jakob Heumann, zwei Ehepaare ohne Kinder, die Familie Heilbron-Wolff mit vier Mitgliedern, die Familie Liffmann mit drei Familienangehörigen und die Familie Dr. Robert David, praktischer Arzt, mit fünf Familienmitgliedern. Der Sohn, Dr. Ernst David, war Zahnarzt. Die anderen Juden waren Handwerker (Schuhmacher, Uhrmacher, Metzger), meist ohne Personal, und kleine Kaufleute. Sechs Juden beschäftigten sich mit Viehhandel, ohne allzu großen Erfolg.

Das entsprach nicht dem von den Nazis verbreiteten Bild von reichen jüdischen Kaufleuten, Ärzten und Rechtsanwälten, die die deutschen Volksgenossen ausbeuteten und betrogen.

Im Kernort Mechernich existierten insgesamt vierzehn Metzgereien. Davon gehörten sieben Juden; die anderen sieben standen im Eigentum von »Christen«. In der Mechernicher Bevölkerung unterschied man noch mehrere Jahre nach 1933 nicht nach »arischer« oder »jüdischer Rasse«, sondern nach der Religion.

Die sieben jüdischen Metzger konnten nicht allein von ihren verhältnismäßig wenigen Glaubensgenossen leben. Sie hatten bis weit in die dreißiger Jahre hinein viele »christliche« Kunden. Als die SA ihre Boykottwachen vor den jüdischen Geschäften postierte, suchten einige nicht-jüdische Kunden die koscheren Fleischerläden erst nach Einbruch der Dunkelheit und nach Geschäftsschluß auf, um Fleisch und Wurst zu kaufen.

Die jüdische Gemeinde in Mechernich hatte 1803 in der Rathergasse eine Synagoge errichtet. In den zwanziger Jahren stellte sich heraus, daß die Zahl der Gläubigen zu klein war, um das Bethaus auf die Dauer erhalten zu können. Staatliche Zuschüsse gab es nicht. Eine dringend notwendige Reparatur des Daches im Jahre 1927 konnte z.B. nur durch eine Umlage auf die damals 25 jüdischen Haushalte bezahlt werden.

Die wenigen schulpflichtigen jüdischen Kinder, die 1934/1935 in Mechernich wohnten, gingen zum Unterricht in die katholische Volksschule. In meiner Klasse, die 1934 eingeschult worden war, hatten wir 36 Jungen und ungefähr ebensoviele Mädchen. Im ersten Schuljahr wurden Jungen und Mädchen gemeinsam unterrichtet. Wir hatten keine jüdischen Mitschüler. In dem Schuljahr unter unserer

Klasse gab es drei Kinder, die Juden waren. Ein ehemaliger Schüler dieser Klasse erzählte mir nach dem Krieg, daß die jüdischen Kinder beim morgendlichen Schulgebet, das bis Sommer 1938 noch geübt wurde, mit den katholischen Kindern aufgestanden seien, allerdings nicht mitgebetet und nicht die Hände gefaltet hätten.

Ich kann mich nicht erinnern, daß ich während meiner Volksschuljahre, von 1934 bis 1937, bewußt Mitschüler als Juden wahrgenommen habe. Offensichtlich haben die jüdischen Kinder in den Pausen völlig unbefangen mit den nichtjüdischen Kindern gespielt und umgekehrt.

In einem überschaubaren kommunalen Bereich wie Mechernich waren die verhältnismäßig wenigen Juden assimiliert. Man wußte, daß sie »anders« waren, daß sie nicht in die Kirche gingen, sondern in die Synagoge, und daß sie nicht den Sonntag, sondern den Sabbat feierten. Man betrachtete sie aber – bis weit in die dreißiger Jahre – als Deutsche, so wie man von den eigenen Verwandten wußte, daß sie deutsch waren.

In Mechernich und in den Dörfern der Voreifel war die Distanz zu Protestanten größer als zu Juden. Die Erfahrungen aus dem Kulturkampf wirkten nach. Man identifizierte Protestantismus mit Preußentum. Die getrennte Unterrichtung in evangelischen und katholischen Bekenntnisschulen förderte die Distanz. Bei Streitereien zwischen katholischen und protestantischen Schülern, die sonst in ihrer Freizeit zusammen gespielt haben mochten, griffen die Kinder manchmal zu Formulierungen, die die unterschiedlichen religiösen Positionen überdeutlich, wenn auch grob in der Wortwahl, kennzeichneten. Zwei zehnjährige Jungen, die sich durchaus nicht feindlich gegenübergestanden hatten, waren – das muß etwa 1937 gewesen sein – in Streit geraten. Der Katholik schrie seinen protestantischen Mitschüler an: »Der Luther, die Sau!« Der Protestant stutzte und brüllte dann zurück: »Der Papst, das Arschloch!«

Ab 1937 durften jüdische Kinder nicht mehr an deutschen Schulen unterrichtet werden. Ich selbst habe das nicht erlebt, weil ich von April 1937 an nach Euskirchen zum Gymnasium – später »Städtische Oberschule für Jungen« – ging. An der Oberschule gab es damals keine jüdischen Jungen mehr. Der Mitschüler, der eine Volksschulklasse unter mir war, erzählte mir später, daß die drei jüdischen Kinder, die bei ihm in der Klasse gewesen seien, ab 1937 plötzlich verschwunden waren. Niemand wußte wohin. Niemand fragte aber auch nach dem Verbleib der Judenkinder.

Vom 17. August 1938 an mußten männliche Juden zu ihren Vornamen zwangsweise den Namen »Israel« tragen, weibliche Juden den Namen »Sarah«. In ihre Pässe wurde ein großes »J« eingestempelt.

Vom 19. September 1941 an mußten die Juden in Deutschland und in den von Deutschen besetzten Gebieten – entsprechend einer schon vorher im Generalgouvernement geltenden Regelung – an ihrer Kleidung einen gelben »Davidstern«

tragen, in dessen Mitte in schwarzen Buchstaben, die der hebräischen Schrift nachempfunden waren, das Wort »Jude« stand. Nur in Dänemark machten die Behörden des Reichs eine Ausnahme von dieser Anordnung. Der König hatte erklärt, daß er, seine Angehörigen und die Dänen sonst alle den Judenstern tragen würden.

Vom 26. März 1942 an waren alle Wohnungen, in denen Juden lebten, durch den gelben Stern an der Wohnungstür zu kennzeichnen.

Die erste sichtbare Markierung, mit denen Juden ausgegrenzt wurden, hatte man 1215 auf dem Vierten Lateran-Konzil beschlossen. Danach mußten die jüdischen Mitbürger in Europa an ihrer Kleidung ein Abzeichen tragen, das sie von den »Christenmenschen« unterschied. In England war das eine kleine Kopie der Gesetzestafeln, die Moses auf dem Sinai von Jahwe empfangen hatte. In Deutschland und in Frankreich mußten sich die Juden ein gelbes »O« an ihre Gewänder heften, einen Vorläufer des gelben »Davidsterns« während der Nazi-Zeit.

Im Jahre 1937 lebten in Mechernich noch 28 männliche Juden, die älter als 18 Jahre waren. Am 17. Mai 1939 gab es in Mechernich und in Kall nur noch insgesamt 32 Juden, Männer und Frauen. Die anderen waren entweder nach Palästina, in europäische Nachbarländer und in die USA ausgewandert oder nach Köln und Bonn verzogen. Diese hofften vielleicht – vergebens, wie sich später herausstellte – in einer Großstadt den Zwangsmaßnahmen gegen Juden eher ausweichen oder zumindest die damit verbundenen Demütigungen leichter ertragen zu können als in einer Kleinstadt wie Mechernich.

Von den 500 000 Juden, die 1933 in Deutschland wohnten, hatten sich bis zum Krieg etwa 300 000 dem ständig wachsenden Druck zur Auswanderung gefügt. Etwa 175 000 deutsche Juden sind dann deportiert und ermordet worden. Die Transporte in die Ghettos und in die Vernichtungslager im Osten begannen im dritten Kriegswinter (1941), nachdem der »Judenstern« eingeführt worden war.

In Mechernich hatte sich nach 1933 aus dem bis dahin unkomplizierten Zusammenleben von Nicht-Juden mit Juden schrittweise ein Nebeneinander entwickelt. Nachbarschaftliche Beziehungen starben ab, lösten sich auf oder hörten einfach auf zu sein. Gespräche über den Zaun, die man früher gerne geführt hatte, gab es nicht mehr. Freundschaften, auch Spielgemeinschaften zwischen Kindern, brachen zusammen. Man wich einander aus. Das galt für beide Seiten. Viele Nicht-Juden hatten ein schlechtes Gewissen, wenn sie einem Juden begegneten, den sie früher gegrüßt hatten und mit dem sie an der Straßenecke vielleicht zu einem kurzen Schwatz stehen geblieben waren. Jetzt gingen sie grußlos an dem Nachbarn und früheren Freund vorüber. Die Juden wiederum erwarteten kein Gespräch und keinen Gruß mehr, noch nicht einmal ein Nicken. Sie hielten den Kopf gesenkt und überquerten mit eiligen Schritten die Straßen, um möglichst schnell in ihren Häusern – die man ihnen bis 1941 noch beließ – verschwinden zu können.

Es gab auch Ausnahmen. Max Herz, ein jüdischer Viehhändler, der in der Heerstraße Nr. 85 wohnte, hatte bis 1937 eine Freundin, eine nicht-jüdische Witwe, die in einem Haus Ecke Bergstraße/Im Sande lebte. Er besuchte sie an vielen Tagen und zwar regelmäßig zwischen elf und zwölf Uhr. Um diese Tageszeit arbeiteten auf den Häusern in der Bergstraße häufig einige Dachdecker, um Reparaturen durchzuführen. Wenn sie Max Herz kommen sahen, versammelten sie sich auf dem Dach des Hauses, das dem Haus der Freundin gegenüberlag. Sie riefen dann laut »Hatschi« und mehrmals »Hatschi«. Ich weiß nicht, ob dies den Familiennamen »Herz« imitieren sollte, oder ob die Dachdecker auf »Itzig« – so nannten viele Deutsche damals einen Juden – hinweisen wollten. Max jedenfalls bezog das auf sich, blieb stehen, schaute nach oben, hob drohend die Faust und brüllte in breitem Eifeler Platt: »Dä Bletz soll üch vom Dach erraff fääje, verdammtes Chrestepack« (Der Blitz soll euch vom Dach herunter fegen, verdammtes Christenpack).

Alles veränderte sich, alles verschärfte sich mit dem 9. November 1938. Das war das erste Pogrom in Deutschland seit dem Mittelalter. Man nannte es verharmlosend »Reichskristallnacht«, wohl wegen der vielen Fensterscheiben, Kristallüster und Spiegel, die dabei vom Pöbel zerschlagen wurden.

Am 7. November 1938 hatte der siebzehnjährige jüdische Gymnasiast Herschel Grynszpan in Paris den deutschen Diplomaten Ernst vom Rath erschossen. Er wollte seine Eltern rächen, die kurz vorher mit 18 000 anderen aus Polen eingewanderten Juden von den deutschen Behörden ohne gerichtliche Autorisierung und gegen den Willen der polnischen Regierung nach Polen abgeschoben worden waren. Goebbels nutzte den Mord, um die SA und die SS auf die jüdischen Mitbürger und ihr Eigentum loszulassen.

Im Reichsgebiet wurden insgesamt 190 Synagogen in Brand gesteckt und 7500 jüdische Geschäfte geplündert und zerstört. Sachschäden von mehreren hundert Millionen Mark entstanden, 91 Juden wurden ermordet. 26 000 männliche Juden wurden in der Nacht vom 9. zum 10. November verhaftet und in die Konzentrationslager Dachau, Buchenwald und Sachsenhausen verbracht. Mehrere Hundert der verhafteten Juden starben an den Folgen von Folterung und unmenschlicher Behandlung.

Wie zum Hohn wurde den im Reichsgebiet lebenden Juden »zur Sühne der feigen Mordtat in Paris« dann auch noch eine Kontribution in Höhe von einer Milliarde Reichsmark auferlegt.

Der Versuch von Goebbels, die Ausschreitungen als »spontane Erhebung des Volkes« darzustellen, scheiterte. Die meisten Deutschen standen dem Wüten der Sturmtruppen Hitlers fassungslos gegenüber. Sie hatten allerdings auch nicht die Courage, sich aktiv gegen die gesetzlosen Ausschreitungen, gegen die Plünderungen und Zerstörungen einzusetzen. Polizei war nirgends zu sehen.

In Mechernich fingen die Krawalle erst am Nachmittag des 10. Novembers an. Amtsbürgermeister Hans Zander hatte in der Nacht von Schleiden aus telefonisch den »Befehl« erhalten, »Vergeltungsaktionen gegen die Juden« einzuleiten.

Es steht nicht fest, ob diese Weisung vom Landratsamt oder von der Kreisleitung der NSDAP kam. Zander war sowohl Bürgermeister als auch Ortsgruppenleiter der Partei.

Am Abend, zwischen 19 und 20 Uhr, begannen einige SA-Leute, die Uniform trugen, und einige Westwallarbeiter, die nicht aus der Eifel stammten, aber in Mechernich in Baracken untergebracht waren, mit Hämmern und Äxten Löcher in die Seitenmauer und in die Vorderfront des Geschäftshauses Kaufmann, Turmhofstraße 40, zu schlagen. In dem Hause wohnte die Modistin Jenny Kaufmann, Jahrgang 1866, mit ihrer Schwester Lina, Jahrgang 1868.

Gegenüber dem Modehaus Kaufmann lag die Gastwirtschaft Greve, Eigentum der Schwiegereltern des Bürgermeisters. Hans Zander saß während dieser Vorgänge im Hinterzimmer des Gasthauses.

Um 21 Uhr fuhr der Kraftfahrer S. aus Harzheim mit einem Traktor vor der Gaststätte Greve vor. Er parkte das Fahrzeug auf der Straße und ging in das Restaurant. Kurze Zeit später kam er wieder auf die Straße, dirigierte den Traktor vor die Vorderseite des Hauses von Jenny Kaufmann und schlang das Seil der Winde, die am Traktor befestigt war, durch die Löcher, die SA und Westwallarbeiter eine Stunde vorher in die Fassade getrieben hatten. Die SA-Männer halfen ihm dabei. Dann fuhr er mit zwei, drei scharfen Rucken den Traktor an und brachte die Vorderfront des Hauses zum Einsturz.

Die Westwallarbeiter und die SA-Leute jubelten. Etwa zwanzig Proleten, die dem Spektakel zugeschaut hatten, klatschten Beifall und brüllten vor Vergnügen.

Einige Nachbarn hatten sich in der Schusterwerkstatt Goebels zusammengefunden, die schräg gegenüber vom Kaufhaus Kaufmann an der Ecke Bannstraße/Turmhofstraße lag. An dem großen Ausstellungsfenster und an einem Seitenfenster waren die Jalousien heruntergelassen und auf Luke gestellt. Die Nachbarn hatten ihre Augen an die Schlitze der Rolläden gedrückt und schauten schweigend zu, wie der uniformierte Mob das Haus von Jenny Kaufmann, bei der sie noch vor einiger Zeit eingekauft hatten, zerstörten.

Als sich SA, Westwallarbeiter und Zuschauer verzogen hatten, gingen auch die Nachbarn auseinander. Niemand sprach ein Wort. Sie hatten dem schändlichen Treiben des Pöbels zugesehen, ohne ihm zu wehren. Jetzt trugen auch sie einen Teil der Schande.

Am nächsten Vormittag stieg die zweiundsiebzigjährige Jenny Kaufmann vorsichtig über die Trümmer ihres Geschäfts. Der größte Teil der Ladeneinrichtung war zerstört. Hier und dort ragten noch einige Regale und Schränke aus den Steinen und dem Schutt. Jenny holte drei Tischdecken, die unversehrt

Zerstörtes Kaufhaus von Jenny Kaufmann am 10. November 1938

Quelle: Privat-Archiv

geblieben waren, aus einem Schrank und klopfte vorsichtig den Staub aus dem Leinen. Dann zupfte sie mit spitzen Fingern noch einige Taschentücher aus einem Regal, das von dem Dreck fast zugedeckt war. Sie achtete nicht auf die gaffenden Leute, die gekommen waren, um sich die Verwüstungen der »Kristallnacht« anzusehen.

Dem Kraftfahrer S. hatte man noch am vorherigen Abend gesagt, er solle nach der Aktion bei Kaufmann in die Straße »In der Hardt« fahren und dort einen Schuppen einreißen, der der jüdischen Firma Wolff und David gehörte. Danach müßte er die in der Nähe liegende Synagoge zum Einsturz bringen.

Der Schuppen war bald zerstört. Bei der Synagoge gelang es dem Traktorfahrer nur, eine Säule einzureißen, die mit zwei weiteren Säulen den Vorbau des Gebäudes trug. Die Synagoge selbst wurde erst einige Zeit später auf Weisung der Amtsverwaltung von einem Bauunternehmer abgerissen. Die Kosten sollte die jüdische Gemeinde tragen. Da diese dazu nicht in der Lage war, wurde das Synagogengrundstück am 13. Dezember 1930 mit einer Sicherungshypothek in Höhe von 904,49 RM zugunsten der Gemeinde Mechernich belastet.

In der Pogromnacht nahm die Polizei zwölf jüdische Männer in »Schutzhaft«. Die Wohnungseinrichtungen in mehreren jüdischen Wohnungen wurden zerschlagen. Der Pöbel plünderte. Am späten Vormittag des 11. Novembers setzte man die verhafteten Juden wieder frei.

Als ich am Nachmittag des 12. Novembers, einem Samstag, an der Synagoge vorbeikam, hatten SA-Leute auf der Straße vor dem Gebäude mehrere hundert Bücher, Broschüren und Akten aufgehäuft, um sie in Brand zu setzen. Zahlreiche Zuschauer warteten darauf, daß die »Bücherverbrennung« begann. Mir schien es eine Untat, Bücher anzuzünden – barbarisch und unsinnig zugleich – und genau so schlimm, wie die Zerstörung jüdischen Eigentums, die ich sonst gesehen hatte. Als sich ein SA-Mann mit einem Benzinkanister näherte, um mit der Brandstiftung zu beginnen, sprang ich vor und fischte mir ein Buch aus dem Haufen, das mir durch seinen Einband aufgefallen war. Niemand protestierte. Ich habe das Buch noch heute. Es ist der Roman »Frau Sorge« von Hermann Sudermann.

Die Amtsverwaltung nutzte die Zerstörung des Schuppens von Wolff und David, um die Straße »In der Hardt« zu begradigen, und den endgültigen Abriß des Hauses Kaufmann, um einen Durchbruch zwischen den Gebäuden Turmhofstraße 38/42 zu gewinnen und eine Straße nach Satzvey zu bauen. Diese Straße hieß lange Zeit »Neuer Weg« und heißt heute »Feytalstraße«.

Der Bau der Feytalstraße bewahrte Hans Zander nach dem Krieg vor einer längeren Gefängnisstrafe. Die Staatsanwaltschaft Aachen hatte den ehemaligen Bürgermeister von Mechernich im Zusammenhang mit dem Pogrom vom 10. November 1938 wegen Landfriedensbruchs angeklagt. Die 1. Strafkammer des Landgerichts in Aachen befand am 5. September 1952, der Angeklagte hätte die Zerstörung jüdischer Häuser nicht aus »Haß gegen die Juden« angezettelt, sondern sei – was man aber auch mißbilligen müsse – nur in »kommunalpolitischem Interesse« tätig geworden. Die Kammer hielt eine Gefängnisstrafe von vier Monaten für angebracht und ausreichend. Damit mußte das Verfahren nach Paragraph 3 Abs. 1 des Amnestiegesetzes vom 31. Dezember 1949 eingestellt werden.

Der Kraftfahrer S. hatte nach Überzeugung des Gerichts auf Weisung gehandelt; ihm sei überdies angedroht worden, in ein Konzentrationslager eingeliefert zu werden, falls er die Anordnungen des Bürgermeisters nicht befolge. Er habe die Drohung ernst nehmen können. Deshalb sei ihm kein Schuldvorwurf zu machen; er habe freigesprochen werden müssen.

Das Haus von Jenny und Lina Kaufmann war hoch mit Hypotheken belastet. Am 27. Mai 1941 wurde es auf Antrag der Gläubigerin, der Kreissparkasse Schleiden, zwangsversteigert. Zu diesem Zeitpunkt lebten die Damen Kaufmann schon mehrere Jahre in den USA. Das Höchstgebot kam von der Gemeindeverwaltung Mechernich; ihr wurde das Grundstück zugeschlagen.

Die Gemeindeverwaltung begann noch im gleichen Jahr mit dem Bau der Straße nach Satzvey. Sie verkaufte einen Streifen des ehemaligen Kaufmann-

Grundstücks, der fünf Meter breit war und nicht für den Straßenbau benötigt wurde, an meine späteren Schwiegereltern, denen das Nachbarhaus Turmhofstraße 38 gehörte.

Nach dem Krieg, im Jahre 1951, klagte Jenny Kaufmann gegen die Eheleute Tillmann Verbrüggen und die Zivilgemeinde Mechernich auf Rückerstattung der entzogenen Vermögenswerte. Jenny Kaufmann war inzwischen 85 Jahre alt und lebte in Milwaukee/Wisconsin. Ihre Schwester Lina war verstorben.

Die Eheleute Verbrüggen wurden in diesem Wiedergutmachungsverfahren in Anspruch genommen, weil sie Letzteigentümer der Teilparzelle waren, die ihnen die Gemeindeverwaltung später überlassen hatte. Ich war damals Gerichtsreferendar in Köln und hatte die Prozeßführung für Verbrüggen übernommen. Nach langwierigen Verhandlungen kam es am 27. Mai 1953 vor der Wiedergutmachungskammer zu einem Vergleich, in dem sich Verbrüggen und Gemeinde als Gesamtschuldner verpflichteten, insgesamt DM 2500,– DM an Jenny Kaufmann zu zahlen.

Im März 1954 wandte ich mich im Auftrag der Eheleute Verbrüggen mit der Forderung an die Gemeindeverwaltung, die von Verbrüggen an Kaufmann gezahlten 1250,– DM zurückzuerstatten. Auch diese Verhandlungen brachten zunächst keinen Erfolg. Erst als ich auf zwei neue Entscheidungen des Bundesgerichtshofes verweisen konnte, die unseren Anspruch stützten, zeigte sich die Verwaltung einsichtig. Am 3. August 1954 verpflichtete sie sich in einem Vergleich, dem Ehepaar Verbrüggen DM 850,– DM zurückzuzahlen.

Keinen Erfolg hatte ich bei dem Wiedergutmachungsverfahren, das von der Jewish Agency gegen meine Eltern angestrengt worden war. Meine Eltern hatten das Haus Arenbergstraße Nr. 1 im Oktober 1932 von einem jüdischen Eigentümer gekauft. Sie hatten den Kaufpreis im November 1932 auf das Anderkonto des Notars, von dem der Kaufvertrag beurkundet worden war, überwiesen. Bei Gericht hatte sich die Eintragung ins Grundbuch verzögert. Stichtag für Wiedergutmachungsansprüche war der 30. Januar 1933, der Tag der »Machtübernahme«. Entscheidend war nicht das Datum des Kaufvertrages, sondern der Tag der Eintragung im Grundbuch. Bei uns wurde die Eintragung erst am 13. März 1933 vorgenommen. Ich prozessierte bis zur zweiten Instanz und wurde abgewiesen. Meine Eltern mußten Haus und Grundstück 1952 noch einmal bezahlen.

Louis Zimmermann, Jahrgang 1877, wohnte mit seiner Familie in der Bahnstraße 53 und hatte eine gutgehende Metzgerei. Die Mauer seines Schlachthauses grenzte an unseren Garten in der Arenbergstraße 1. Louis Zimmermann hatte offensichtlich früh genug die aussichtslose Lage der Juden in Deutschland erkannt. Im Jahre 1937 zog er mit seiner Frau, zwei Töchtern und einem Sohn nach Chicago. Sein Haus verkaufte er an den Lebensmittelhändler Heinrich Vossel.

Er hatte außerdem noch zwei Ackergrundstücke, die zwischen dem Stiftsweg und der heutigen Kolpingstraße lagen. Das eine Grundstück verkaufte er an den Bildhauer und Steinmetzmeister Philipp Simons, der im Stiftsweg wohnte, das andere an den Bergarbeiter Peter S. Im Jahre 1951 wandte sich die Jewish Agency mit der Aufforderung auf Wiedergutmachung auch an diese Letzteigentümer früheren jüdischen Grundeigentums.

Philipp Simons schrieb an Louis Zimmermann, dessen Adresse ihm bekannt geworden war. Er wies darauf hin, daß er das Grundstück korrekt erworben hätte und fragte an, weshalb er nun noch einmal bezahlen müsse. Louis Zimmermann antwortete: »Lieber Herr Simons, Sie sind immer gut zu den Juden gewesen; deshalb brauchen Sie den Grundstückspreis nicht noch einmal aufzuwenden. Sie können diesen Brief der Jewish Agency vorlegen.«

Philipp Simons erzählte das dem Bergarbeiter Peter S. Der schrieb dann einen ähnlichen Brief an Zimmermann. Louis schrieb zurück: »Sehr geehrter Herr S., Sie hatten immer etwas gegen die Juden. Deshalb müssen Sie jetzt noch einmal bezahlen.«

Nach dem November-Pogrom 1938 schien man in Mechernich den Atem anzuhalten. Die Bürger hatten mit solchen Ausschreitungen nicht gerechnet und diesen Barbarismus nicht für möglich gehalten. Es mag sein, daß gerade deshalb die Beerdigung von Robert Heilbron zu einer späten und stillen, aber doch besonderen Demonstration der Solidarität wurde.

Der Kaufmann Robert Heilbron, geboren am 6. Dezember 1867 in Unkel am Rhein, war am 13. Januar 1939, also nur kurze Zeit nach der Kristallnacht, in Mechernich verstorben. Wenige Tage später wurde er beigesetzt. Er war der letzte Mitbürger, der auf dem Judenfriedhof in Mechernich begraben wurde.

Verwandte und Freunde legten den schlichten, rechteckigen Holzsarg mit der Leiche auf einen kleinen Leiterwagen und zogen ihn vom Trauerhause »In der Hardt« zum Friedhof, der in einem Eichenwäldchen außerhalb des Ortes liegt. Die wenigen Juden, die noch in Mechernich lebten, gingen als erste hinter dem Sarg und sprachen das Kaddisch, das jüdische Totengebet, und sangen hebräische Klagelieder. Ihnen folgten stumm etwa dreißig Christen, vorwiegend Kaufleute, also Kollegen des Verstorbenen. An ihrer Spitze schritt gemessen Ludwig Berbuir, Inhaber der damals einzigen Drogerie am Orte, mit schwarzem Homburg und tailliertem Paletot.

Als die Trauergemeinde an der Ley vorbeikam und sich über die Kier bewegte, schlossen sich einige Kinder an, die dort gespielt hatten. Bald wurde ihnen die Prozession zu langweilig. Das fremde Ritual vermochte nicht mehr abzulenken. Die Kinder begannen, um Trauerzug und Sarg herumzuhüpfen und zu tanzen. Sie sangen: »Jüdd, Jüdd, Jüdd, hepp, hepp, hepp – hätt en Naas wie en Wasserschäpp; wenn dä Jüdd gestorve es, kütt er en en Eierkeß« (... wenn der Jude gestorben ist, kommt er in eine Eierkiste. Wasserschäpp ist eine Schöpfkelle für

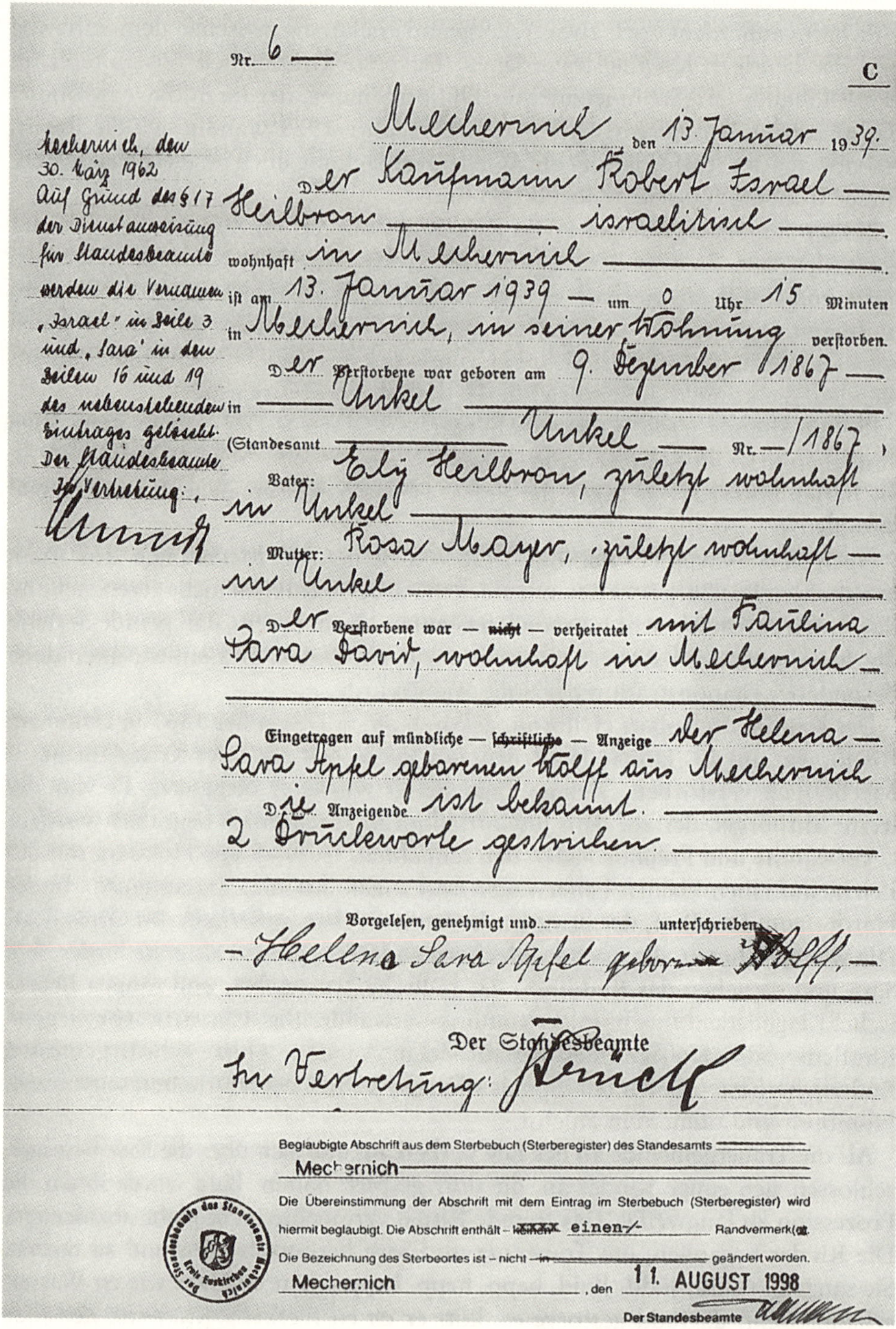
Nr. 6

C

Mechernich, den 13. Januar 1939.

Der Kaufmann Robert Israel Heilbron, israelitisch,

wohnhaft in Mechernich

ist am 13. Januar 1939 um 0 Uhr 15 Minuten

in Mechernich, in seiner Wohnung verstorben.

Der Verstorbene war geboren am 9. Dezember 1867

in Unkel

(Standesamt Unkel Nr. —/1867),

Vater: Ely Heilbron, zuletzt wohnhaft in Unkel

Mutter: Rosa Mayer, zuletzt wohnhaft in Unkel

Der Verstorbene war — ~~nicht~~ — verheiratet mit Paulina Sara David, wohnhaft in Mechernich

Eingetragen auf mündliche — ~~schriftliche~~ — Anzeige der Helena Sara Appel geborenen Wolff aus Mechernich

Die Anzeigende ist bekannt.

2 Druckworte gestrichen.

Vorgelesen, genehmigt und unterschrieben

Helena Sara Appel geborene Wolff.

Der Standesbeamte

In Vertretung:

Mechernich, den 30. März 1962

Auf Grund des § 17 der Dienstanweisung für Standesbeamte werden die Vornamen „Israel" in Zeile 3 und „Sara" in den Zeilen 16 und 19 des nebenstehenden Eintrages gelöscht.

Der Standesbeamte

In Vertretung:

Beglaubigte Abschrift aus dem Sterbebuch (Sterberegister) des Standesamts Mechernich

Die Übereinstimmung der Abschrift mit dem Eintrag im Sterbebuch (Sterberegister) wird hiermit beglaubigt. Die Abschrift enthält – ~~keinen~~ einen Randvermerk(e).

Die Bezeichnung des Sterbeortes ist – nicht – ~~in~~ geändert worden.

Mechernich, den 11. AUGUST 1998

Der Standesbeamte

Der Standesbeamte des Standesamts Mechernich Kreis Euskirchen

Sterbe-Urkunde Robert Heilbron

Quelle: Einwohnermelderegister Mechernich

Wasser). Kein Jude und auch niemand von den anderen Trauergästen verscheuchte die Kinder. Erst am Eingang des Friedhofes liefen sie wieder auseinander.

Die Kinder wußten nicht, daß »Hepp, Hepp, Hepp« der Schlachtruf der mittelalterlichen Kreuzfahrer war, mit dem diese auf ihrem Marsch nach Jerusalem plündernd und mordend in die jüdischen Ghettos einfielen, die am Wege lagen. HEP sind die Anfangsbuchstaben für »Hierosolyma Est Perdita« (Jerusalem ist verloren).

Wenige Monate später kamen außenpolitische Ereignisse, die die Betroffenheit der Bürger verdrängten und das schlechte Gewissen, dem Pogrom nicht widersprochen zu haben, überdeckten.

Am 15. März 1939 besetzte die Wehrmacht die Tschechoslowakei. Das Reichsprotektorat Böhmen und Mähren wurde proklamiert.

Die Slowakei erklärte sich – unter dem Einfluß des Reichs – für unabhängig. Am 1. September 1939 marschierte die Wehrmacht in Polen ein. Der Zweite Weltkrieg hatte begonnen.

Die SS ermordete schon im November 1939 die ersten Juden in dem von Deutschen besetzten Teil von Polen. Anfang 1940 kam es zu Massenexekutionen. Am 20. Mai 1940 wurde das Konzentrationslager Auschwitz eingeweiht. Die Vorbereitungen auf die totale Judenvernichtung begannen. Im November 1940 trafen die ersten Transporte von Juden – aus Baden, aus dem Saarland und aus Elsaß-Lothringen – im Generalgouvernement ein.

In Mechernich kam es zu neuen Zwangsmaßnahmen im Frühjahr 1941. Am 31. März 1941 ordnete die Gestapo-Leitstelle Aachen an (Verfügung II B 3 – Nr. 343/41): »Mit dem Ziel, die spätere Aussiedlung der Juden in geeigneter Weise vorzubereiten und die weitere unerträgliche Inanspruchnahme des für die Unterbringung deutscher Volksgenossen dringend benötigten Wohnraumes durch die Juden zu unterbinden, müssen innerhalb kürzester Frist alle Juden aus ihren bisherigen Wohnungen entfernt und in geschlossenen Unterkünften zusammengefaßt werden.« Der Landrat des Kreises Schleiden verfügte am 23. April 1941 (I.e.pol. 1001/3 S-193/41), daß die in Mechernich ansässigen Juden aufzufordern seien, ihre Häuser zu verlassen; sie hätten bis zum 30. April 1941 im »Haus Risa« in Kalenberg Wohnung zu nehmen. Die Umzugskosten seien von den Juden zu tragen.

Haus Risa nennt sich heute »Senioren-Wohnpark Zur Risahöhe«.

Max Herz, seine Frau Erna und seine Tochter Hilde waren die letzten Juden in Mechernich, die ihr Haus räumen mußten. Im Einwohnermelderegister ist vermerkt, daß sie sich am 5. Mai 1941 nach Kalenberg, Haus Risa, abmeldeten. In das Gebäude Heerstraße 85, das Herz gehörte, wurden – wie in die anderen Judenhäuser – »deutsche Volksgenossen« eingewiesen. Die Mieten waren an die Amtsgemeinde abzuführen; die Reparaturen an den Häusern mußten die Juden bezahlen.

Am 16. April 1942 wurden alle Häuser, die noch im Eigentum von Juden standen, als »jüdisches Vermögen« zugunsten des Deutschen Reiches eingezogen.

Kalenberg mit Haus Risa gehörte nicht zum Amtsbezirk Mechernich, sondern zum Amt Kall. Deshalb konnte die Ortspolizeibehörde von Mechernich dem Landrat in Schleiden auf dessen Anfrage am 14. Oktober 1941 melden, daß im Mechernicher Amtsbezirk keine Juden mehr wohnen würden.

Ein Vormittag im Herbst 1941 war es auch, der mir die Judenverfolgung nachdrücklich bewußt machte. Wir waren sieben oder acht Jungen aus der vierten und fünften Klasse der Oberschule (Untertertia und Obertertia) und warteten im Bahnhof Mechernich darauf, daß der Zug aus der Eifel kam, um uns nach Euskirchen zu bringen. Wir sprangen lärmend über den Bahnsteig und balgten uns. Als ich von der Rangelei abließ und den Kopf hob, blickte ich in die Augen von Hilde Herz. Ich hatte sie seit 1937, als die Judenkinder aus den Schulen verschwunden waren, nicht mehr gesehen. Ich wußte nicht, daß sie mit ihren Eltern in Kalenberg im Haus Risa wohnte.

Sie stand etwa 20 Meter von uns entfernt an der Wand des Bahnhofs, halb verdeckt von einer Gepäckkarre. Sie trug einen grauen Tuchmantel mit Fischgrätmuster, auf dessen linkem Revers der gelbe Judenstern aufgenäht war. Ihre dicken Zöpfe, sorgsam geflochten, leuchteten in hellem Rot. Unter den vielen Sommersprossen wirkte ihr Gesicht seltsam blaß.

Sie schaute mich mit glanzlosen Augen an. Ihr Blick schien nichts zu erfassen. Ihre Arme hingen herab, als ob sie nicht zum Körper gehören würden.

Da stand ein Kind wie wir, aber allein, verloren und ohne Freunde.

Ich hatte mich von den anderen Jungen gelöst und wollte auf Hilde zugehen. Dann stockte ich. Ich hatte mit Hilde Herz nie gespielt und nie mit ihr gesprochen. Warum sollte ich jetzt mit ihr reden? Oder fehlte mir der Schneid, ein Judenmädchen zu begrüßen? Dann war der Moment, in dem ich hätte handeln können, vorbei. Der Zug lief ein. Ich wandte mich ab und schämte mich, daß ich nicht entschlossen genug gewesen war, sie anzusprechen.

Die Erinnerung an diese Begegnung und an das Schuldgefühl, nicht gehan-delt zu haben, ist bis heute geblieben. Damals hatten schon die Massendeportationen von Juden in das Generalgouvernement begonnen. Das wußte ich nicht. Ich habe auch erst nach dem Kriege gelernt, daß Reinhard Heydrich am 20. Januar 1942 auf der Wannsee-Konferenz die »Endlösung der Judenfrage«, d.h. die Vernichtung der Juden Europas, organisiert hatte. Und wie den meisten Einwohnern von Mechernich war auch mir verborgen geblieben, daß im März 1942 das »Sammellager für Juden« in Kalenberg aufgelöst worden war.

Im Haus Risa hatte man von 1941 an bis zu 13 jüdische Familien untergebracht. Im Februar 1942 begannen die Deportationen. Die Eheleute Falk und die Familie Herz waren am 21. März die letzten, die in einen Bus geschoben und »in den Osten« abtransportiert wurden. Dort sind Max Herz, seine Frau

Erna und seine Tochter Hilde umgekommen. Der Ort, an dem sie umgebracht wurden, und das exakte Datum der Morde sind nicht mehr feststellbar.

Die letzte Deportation von Juden aus dem Kreise Schleiden war am Sonntag, dem 12. Juli 1942. Auf dem Bahnsteig 1 des Bahnhofs Mechernich hatte die Polizei etwa dreißig Juden versammelt, Männer und Frauen, alle über sechzig Jahre alt. Einige von ihnen kamen aus Kommern, das zum Kreise Euskirchen gehörte. Sie waren mit einem Lastwagen nach Mechernich gebracht worden. Den deutschen Fahrgästen, die mit dem Personenzug um 11 Uhr in Richtung Köln reisen wollten, hatte man den Zutritt zum Bahnsteig verwehrt. Für sie war die Sperre noch geschlossen.

Das Gepäck der Juden war nach Inhalt und Menge vorgeschrieben. Die meisten hatten mehr Gepäck dabei als sie durften, einige mehr als sie tragen konnten. Die Sonne schien, und es war sommerlich warm; es wehte ein leichter, angenehmer Wind.

Dann forderte einer der Polizeibeamten die Juden auf, ihre Gepäckstücke auf die Gleise des Bahnsteigs 2 zu stellen. Mühsam schleppten die alten Leute Koffer und Kartons über die Bahnsteige und stellten sie – wie befohlen – ab. Auf einigen Koffern hatten die Eigentümer Bettzeug festgebunden. Dann mußten die Juden wieder auf den Bahnsteig 1 zurücktreten.

Von Westen, vom Stellwerk MW, näherte sich langsam eine Lokomotive. Mit ungläubigem Entsetzen erkannten die Juden, was geschehen sollte. Einige schrien auf. Die meisten sahen stumm und fassungslos zu, wie die Lokomotive, ihren Dampf ausstoßend, im Schrittempo über das Gepäck fuhr, Kartons und Koffer zermalmte und Kopfkissen und Plumeaus in Fetzen riß. Die Bettfedern, von dem leichten Wind hochgetrieben, wirbelten wie bei einem winterlichen Schneegestöber durch die Luft. Eine Horde von Rowdies, die dem Abtransport der Juden zuschauen wollte, brüllte vor Begeisterung.

Danach öffnete ein Reichsbahnbeamter die Sperre und ließ die Fahrgäste auf den Bahnsteig. Nach einigen Minuten lief der Zug, der nach Köln fahren sollte, auf Bahnsteig 2 ein.

Am Ende des Zuges waren zwei Waggons mit Abteilen für Reisende mit Traglasten angekoppelt. In ihnen saßen Juden, die aus Gemünd, Schleiden, Blumenthal und Hellenthal kamen. Die Juden vom Mechernicher Bahnhof wurden ebenfalls in diese Waggons getrieben. Die Reste ihres Gepäcks blieben auf den Gleisen.

Zwei junge Mädchen aus Bergbuir, zwanzig Jahre alt, hatten den Vandalismus mit ansehen müssen. Sie wollten nach Köln und hatten sich für diesen Sonntagsausflug Rückfahrkarten 2. Klasse gekauft. Das wäre heute eine Fahrkarte 1. Klasse.

Als sie mit zitternden Knien, das Krachen der platzenden Koffer noch im Ohr, in ihr Abteil eingestiegen waren, schwang sich ein Mann mit der hellbraunen

Uniform eines politischen Leiters auf das Trittbrett. Der Zug war schon angefahren. Der »Goldfasan« öffnete die Tür, kam ins Abteil und warf sich aufatmend in die Polster. Er zog seinen Bauchriemen glatt und sagte dann, offensichtlich mit sich und der Welt zufrieden: »So, jetzt ist der Kreis Schleiden judenfrei.«

Von den 88 Juden, die 1934 in Mechernich registriert waren, sind 28 im Holocaust umgekommen. Zu ihnen gehören die drei jüdischen Kinder, die bis 1937 in der Klasse unter mir die Schulbank gedrückt hatten: Edgar Cohn, Hilde Herz und Käthe Levin.

Mit den Juden, die in den Vernichtungslagern gestorben sind, ist auch ein Teil des Abendlandes untergegangen. Von den reichen jüdischen Beiträgen zur europäischen Zivilisation bis hin zu dem Charme, mit dem die Juden in Deutschland die Umgangssprache mit jiddischen Wörtern anzureichern verstanden: nichts wird mehr werden können wie es einmal war.

Auch nach mehr als fünfzig Jahren müssen wir uns fragen: Was haben wir gewußt von diesen Verbrechen, welches Wissen und welche Verdachtsmomente haben wir verdrängt und wo und bei wem haben wir unterlassen zu fragen. Wir hätten schon aufmerksam werden können im Dezember 1942, als Joseph Frings, Erzbischof von Köln, ein Hirtenschreiben zum Advent veröffentlichte. Darin klagte er unmißverständlich die »rassische Überheblichkeit des Herrenmenschen« an, der sich unter Berufung auf Friedrich Nietzsche über Gut und Böse hinwegsetzen würde. Für die Geringschätzung anderer Völker gäbe es keine Rechtfertigung.

Noch deutlicher war ein gemeinsamer Hirtenbrief der deutschen Bischöfe »Über die zehn Gebote als Lebensgesetz der Völker«, der am 12. und 19. September 1943 von den Kanzeln verlesen wurde. Bei der Auslegung des Fünften Gebotes prangerten die Bischöfe die Tötung von Menschen »in angeblichem Interesse des Gemeinwohls«, d.h. die Tötung »von schuld- und wehrlosen Kranken, Verletzten und erblich Belasteten, von Gefangenen, von Menschen fremder Rassen und Abstammung«, als Verbrechen an.

Unvergeßlich ist mir geblieben, als eine der ersten Wochenschauen nach dem Kriege die Leichenhaufen von Bergen-Belsen zeigte und Bildfolgen brachte, in denen Bulldozer Tote, die zum Skelett abgemagert waren, zusammenschoben und in Massengräber kippten. Die blecherne Stimme des Sprechers erklärte dazu, dies seien Häftlinge des Konzentrationslagers gewesen, meistens Juden, die von Deutschen umgebracht worden wären oder die Deutsche hätten verhungern lassen.

Ich wollte das nicht glauben. Ich hielt das für »Feindpropaganda«, für Berichte der Sieger, die uns jetzt, wehrlos wie wir nun waren, zu Unrecht des millionenfachen Mordes an Juden beschuldigen wollten.

Die monatelange Berichterstattung über den Nürnberger Kriegsverbrecherprozeß, der am 20. November 1945 eröffnet wurde und am 1. Oktober 1946 mit der Urteilsverkündung abschloß, brachte immer wieder neue, grauenerregende Fakten, deren Wahrheitsgehalt nicht mehr bestritten werden konnte. Das führte am Ende zu einer psychologischen Sperre. Viele wollten von Kriegsverbrechen und Judenvernichtungen nichts mehr hören, sehen und wissen.

Erst Ende der fünfziger Jahre gewann der Gedanke zur Wiedergutmachung und nach Aussöhnung mit Israel die Oberhand. Der Staat Israel war dann auch ein Gesprächspartner, auf den man sich mehr verlassen konnte, als auf die bis dahin erlebten amerikanisch-jüdischen Organisationen.

Was war von der überwältigenden Mehrheit des deutschen Volkes und von dem weit überwiegenden Teil der deutschen Soldaten überhaupt an Wissen zu erwarten, wenn selbst hohe Beamte und Offiziere – erwiesenermaßen – keine Kenntnis von den Greueln in den Konzentrationslagern hatten und nicht wußten, daß es Vernichtungslager gab? Diese Frage muß gestellt werden, auch wenn man den Vorbehalt kennt, daß viele Beamte und Offiziere die Wahrheit nicht wissen wollten, oder glaubten, nicht fragen zu dürfen oder nicht fragen zu können. Nichtwissen bleibt Unkenntnis, auch wenn sie darauf beruhte, daß man nicht wissen wollte.

Die Anklagevertretung hatte dem Gericht und den Angeklagten mit ihren Verteidigern schon am zweiten Verhandlungstag des Nürnberger Prozesses einen Film über die Greuel in den Konzentrationslagern gezeigt. Großadmiral Dönitz erklärte dazu: »Wie kann man mich beschuldigen, solche Dinge zu wissen? Man fragt mich, warum ich nicht zu Himmler gegangen sei, um mich über die Konzentrationslager zu informieren. Aber das ist doch albern! Der hätte mich rausgeschmissen, genauso wie ich ihn rausgeschmissen hätte, wenn er angekommen wäre, um die Marine zu untersuchen.«

Hitler hatte im Testament vor seinem Selbstmord am 30. April 1945 Karl Dönitz zu seinem Nachfolger als Reichspräsident bestimmt. Reichskanzler sollte Joseph Goebbels werden. Der brachte sich, seine Frau und seine fünf Töchter am 1. Mai um. Nach der Kapitulation am 8. Mai 1945 residierte Dönitz als Chef der »Geschäftsführenden Reichsregierung« bis zum 23. Mai in der Marine-Kriegsschule in Flensburg-Mürwik. Im Briefkopf seiner Korrespondenz aus diesen Tagen steht der Titel »Der Großadmiral«; er unterzeichnete auch seine Schreiben und Erlasse nur mit diesem Titel. Zum »Leitenden Minister« (Premierminister) ernannte Dönitz den ehemaligen Reichsfinanzminister Johann Ludwig Graf Schwerin von Krosigk.

Nach der Kapitulation erreichten den Grafen die ersten Informationen über die KZ-Verbrechen. Am 15. Mai unterrichtete er den Großadmiral. Der schrieb am gleichen Tage zurück:

»Durch Ihren Brief vom 15. Mai 1945 habe ich mit Entsetzen und Schmerz von den unmenschlichen Bedingungen erfahren, die im Hinblick auf Behandlung und Unterbringung der Insassen in Konzentrationslagern geherrscht haben.

Obwohl zu hoffen bleibt, daß diese Berichte nur Einzelfälle betreffen, ist eine sofortige, vollständige und unbarmherzige Feststellung der Schuldigen notwendig, um die Frage der Verantwortung zu klären. Wir sind dazu dem deutschen Volke gegenüber verpflichtet, das in völliger Unkenntnis dieser Geschehnisse ist und sie in seiner Gesamtheit sicherlich mit Empörung verurteilen wird.

Mit dem beigefügten Befehl habe ich deshalb das Reichsgericht als einzige Rechtsinstitution bestimmt zur sofortigen und rücksichtslosen Untersuchung und Bestrafung der Geschehnisse in den Konzentrationslagern wie auch der Behandlung von Insassen, die im Widerspruch zu Gerechtigkeit und Moral stehen.

Ich ersuche Sie, die sich hierauf beziehenden Anordnungen sobald wie möglich zu erteilen und mich sowohl über den Fortgang der Ermittlungen als auch über die Verfahren zu unterrichten.

gezeichnet: Dönitz«.

Der in dem Schreiben erwähnte Befehl hatte folgenden Wortlaut:

»§ 1: Alle Straftaten die während Verhaftungen und Strafverfahren von Personen und während der Einlieferung von Gefangenen in Konzentrationslager verübt worden sind wie auch die Unterbringung und Behandlung in diesen Lagern, die im Widerspruch zu den allgemein gültigen Prinzipien von Gerechtigkeit und Moral stehen, sind einer sofortigen Untersuchung zu unterziehen. Alle diese Straftaten sind gerichtlich zu verfolgen und schnell abzuurteilen. Die Urteile sind sofort zu vollstrecken.

§ 2: Der Oberreichsanwalt beim Reichsgericht ist für die Untersuchung und Anklageerhebung der betreffenden Verbrechen zuständig. Für die Urteile ist das Reichsgericht in erster und letzter Instanz zuständig.

§ 3: Dieser Befehl tritt mit dem Tag seiner Verkündung in Kraft.

Hauptquartier, 15. Mai 1945

Der Großadmiral
gez. Dönitz«.

Ebenfalls noch am 15. Mai 1945 richtete Graf Schwerin v. Krosigk im Auftrag von Großadmiral Dönitz folgendes Statement und Petitum an General Dwight D. Eisenhower:

»An den Oberkommandierenden der Alliierten Expeditionsstreitkräfte in Europa, General Eisenhower.

Auf Grund der Nachrichten, die alliierte Stellen über die Verhältnisse in früheren deutschen Konzentrationslagern veröffentlicht haben, insbesondere über die Behandlung ihrer Insassen, fühle ich mich zu folgender Erklärung verpflichtet:

1. *Bis heute hatte das deutsche Volk keine Kenntnis über die Bedingungen, die in diesen Lagern herrschten. Die Konzentrationslager waren gegenüber der Außenwelt hermetisch abgeschlossen; und alles, was innerhalb der Lager*

vor sich ging, unterlag strikter Geheimhaltung. Es gab selbst für Deutsche, die in leitenden Positionen tätig waren, keine Möglichkeit, die Wahrheit über die tatsächlichen Verhältnisse in diesen Konzentrationslagern zu erfahren.

2. *Das gesamte deutsche Volk verurteilt mit Empörung die unmenschliche Behandlung und die Verbrechen, die in den alliierten Berichten beschrieben sind; sie sind unvereinbar mit dem deutschen Wesen und mit den deutschen moralischen Grundsätzen. Das wahre und echte Rechtsgefühl des deutschen Volkes fordert sofortige und strenge strafrechtliche Verfolgung aller begangenen Verbrechen.*
   Wegen meines Berichts – von dem ich eine Kopie beifüge – hat der Großadmiral es für notwendig gehalten, die Ermittlungen und die Urteilsfindung den Institutionen des Reichsgerichts, dem deutschen Obersten Gerichtshof, zu übertragen, um den Urteilssprüchen höchste Autorität und dauerhafte Wirkung zu geben. Der Großadmiral hat meinen Bericht mit dem beigefügten Brief beantwortet und die sofortige und unbarmherzige Untersuchung und strafrechtliche Verfolgung aller Fälle durch das Reichsgericht angeordnet und den beigefügten Befehl erteilt.
3. *Ich bitte Sie höflich, General, das Reichsgericht sobald als möglich in die Lage zu setzen, Recht zu sprechen, in Übereinstimmung mit den Bestrebungen des Großadmirals und der Regierung, die Fälle zu klären und die verantwortlichen Personen zu bestrafen.*

gez. v. Krosigk«.

Unter dem 18. Mai 1945 übermittelte US-Generalmajor Lowell W. Rooks, der im Alliierten Hauptquartier die Verbindung zur deutschen Führungsspitze hielt, seinem Oberbefehlshaber Eisenhower folgenden Vermerk:

»1. *Hiermit übergebe ich zwei Kopien eines Briefes von Großadmiral Dönitz (in Deutsch und in Englisch), betreffend die Greueltaten in den Konzentrationslagern und mit dem Ersuchen, dem Reichsgericht die Zuständigkeit zur Verfolgung der entsprechenden Straftaten zu übertragen.*

2. *In Übereinstimmung mit meinem Telegramm, unsere Nummer 37, datiert vom 17. Mai 1945, in dem die Auflösung der sogenannten Geschäftsführenden Regierung des Reichs empfohlen wurde, rege ich an, Admiral Dönitz zu informieren, daß die Ermittlungen gegen und die Bestrafung von Personen in Zusammenhang mit Greueltaten in Konzentrationslagern nur durch alliierte Rechtsinstitutionen durchgeführt werden. Außerdem sollte man den Admiral unterrichten, daß alle Befehle, die erteilt worden sind und durch die derartige Verantwortlichkeiten und Befugnisse dem deutschen Obersten Gerichtshof übertragen wurden, null und nichtig sind, und daß alle Veröffentlichungen dazu verboten sind«.*

Vor dem Hintergrund der bedingungslosen Kapitulation und der unglaublichen Millionenzahl von Menschen, die im Vollzug der nationalsozialistischen Rassenideologie und im Namen des Deutschen Reiches ermordet wurden, wirkt der Versuch, die Zuständigkeit zur Strafverfolgung für diese Verbrechen zu beanspruchen, im Rückblick etwas skurril. Auf der anderen Seite dokumentiert er aber auch, daß die Mitglieder, Beamten und Offiziere der Geschäftsführenden Reichsregierung bis dahin tatsächlich nichts von dem Völkermord – an den Schreibtischen der »Kanzlei des Führers« geplant, vom Reichssicherheitshauptamt organisiert und fabrikmäßig durchgeführt – gewußt hatten.

Auch für meine Freunde und mich, die erst nach der Währungsreform 1948 volljährig wurden, war der Genozid an den Juden »von den anderen« zu verantworten. Wir wollten glauben, daß nur eine Clique von Fanatikern diese Verbrechen organisiert hatte und sich bei ihrer Durchführung der Hilfe von Proleten bedienen konnte, denen die Veranlagung für die Untaten schon in die Wiege gelegt worden war. Damit blieb die Überzeugung, daß die Führungsspitze des Reichs überwiegend ihre Integrität bewahrt hatte.

Dieses Gedankengebäude brach bei mir erst zusammen, als ich erkennen mußte, daß den Deutschen seit 1933 von ihrer Regierung und dem ihr zur Verfügung stehenden Apparat tatsächlich vorgeschrieben worden war, was sie hören, lesen und wissen durften.

Als im Jahre 1946 der Rowohlt-Verlag die ersten Romane im Zeitungsformat und Rotationsverfahren, unter dem Markenzeichen RO-RO-RO, und zu einem Spottpreis herausbrachte, gingen mir die Augen auf. Ich las Joseph Conrad, Taifun; Ernest Hemingway, In einem anderen Land; Kurt Tucholsky, Schloß Gripsholm. Im Jahre 1947 folgten André Gide, Die Verließe des Vatikans; Thyde Monnier, Die kurze Straße; Ignazio Silone, Fontamara. Noch 1948 kamen weitere RO-RO-RO-Romane auf den Markt: Sinclair Lewis, Mantrap; Antoine de Saint-Exupéry, Wind, Sand und Sterne; John Steinbeck, Die Straße der Ölsardinen.

Die meisten dieser Autoren waren während der Nazi-Zeit in Deutschland nicht verlegt worden und konnten nicht gelesen werden. Man hatte uns wahrhaftig für dumm verkauft. Die Nazis hatten versucht, uns geistig zu kastrieren. Ich fühlte mich betrogen und verraten. Und ich wurde gewahr, daß auch die nicht-nationalsozialistische Führungsschicht das alles geschluckt und damit intellektuellen Selbstmord begangen hatte. Professoren und Prälaten, Journalisten und Juristen, Lehrer und Lektoren hatten zwölf Jahre lang Augen und Ohren verschlossen gehalten. Sie hatten nie darüber gesprochen, daß man ihnen bis in die Unterhaltungsliteratur hinein nur zensierten Stoff vorgesetzt hatte. Damit waren Vorbilder, die Orientierung für junge Menschen hätten geben können, kaum noch zu finden.

Inzwischen ist die Geschichte auch über diese Frage hinweggegangen. Und bald änderte sich auch die Bewertung, mit der die Weltöffentlichkeit bis dahin den Juden entgegengetreten war.

Nach dem Sechstage-Krieg wurde die ideelle Unterstützung, die man den Israelis nach ihrer Staatsgründung weltweit zugebilligt hatte, zunehmend in Frage gestellt. Der »David« Israel hatte überraschend Stärke gezeigt und Ägypten, Jordanien und Syrien besiegt. Der Sympathiebonus, den die europäischen Sozialisten Israel ohnehin stets nur zögernd gewährt hatten, schwand nun vollends. Die Linken ordneten Israel jetzt in die Schublade des Imperialismus ein. Von der Sozialistischen Internationalen bis zum SDS und zu den Jusos begann man Anfang der siebziger Jahre dialektisch zwischen Juden einerseits und zionistischer Politik andererseits zu unterscheiden.

Das Memento an Auschwitz – für uns noch ein Begriff wie Golgatha und Armageddon zugleich – wird in absehbarer Zeit verblassen. Der polnische Antisemitismus, der sich hinter dem Kreuz verbirgt, versucht den Juden schon heute dieses Mahnmal streitig zu machen. Der Holocaust kann von Israel in der internationalen Politik – außer gegenüber den Deutschen – immer weniger als Argument zur Durchsetzung kurzfristiger Interessen genutzt werden. Das moralische Kapital, das den Juden nach dem Genozid zugewachsen war, scheint sich zu erschöpfen. Die »jüdische Sache«, die sich in den Augen der Amerikaner und Europäer sowieso auf die Auseinandersetzung mit den islamischen Völkern zentriert, unterscheidet sich immer weniger von dem Kampf anderer Völker für ihre Rechte.

Der latente Antisemitismus der politischen Klasse Frankreichs, die Skepsis der britischen Oberklasse gegenüber den Juden und die Ansicht vieler Spanier, daß Hebreos in ihrem Land nichts zu suchen hätten, artikulieren sich wieder. Sogar in Deutschland ist Antisemitismus nach wie vor gegeben, auch wenn die davon befallenen Bürger selbst sich dessen häufig gar nicht bewußt sind.

Das zeigte sich schon wenige Jahre nach dem Krieg. Es muß im Herbst 1951 gewesen sein. Ich absolvierte meine Stage als Referendar bei der 8. Zivilkammer des Landgerichts in Köln. Wir waren eine Gruppe von acht bis zehn jungen Leuten, die an den Wochentagen regelmäßig mit der Eisenbahn von Mechernich nach Köln und zurück fuhren. Einige waren in der Ausbildung, die anderen arbeiteten in verschiedenen Kölner Betrieben.

Wir besetzten meistens zwei nebeneinander liegende Abteile, flachsten uns an, erzählten Witze oder spielten Skat. Die Waggons entstammten dem Reservoir der Reichsbahn aus der vierten Wagenklasse. Die einzelnen Abteile waren nur getrennt durch die Rückenlehnen der Sitzbänke, die in Kopfhöhe aufhörten. Man konnte also die Gespräche der Reisenden von einem Ende des Waggons bis zum anderen mitverfolgen.

Eines morgens saßen mein Freund Toni Poth, damals kaufmännischer Angestellter bei der Firma Neuerburg, und ich uns gegenüber. Auf der Höhe von Weilerswist, etwa auf der Hälfte der Strecke zwischen Mechernich und Köln, sagte er plötzlich mit schneidender Stimme, die er manchmal anzuwenden verstand: »Hören sie mal, sie komischer Vogel, sie, nehmen sie Ihre spitzen Knie mal zur Seite; sie stoßen dauernd gegen meine Prothese.«

Toni hatte überhaupt keine Prothese. Ich hatte ihn auch nicht mit meinen Knien berührt. Ich verstand aber sofort, daß er nicht mich, sondern die Zuhörer provozieren wollte, und reagierte entsprechend. Das war nicht abgesprochen, nur improvisiert, und nach meiner Antwort entwickelte sich innerhalb von wenigen Minuten ein erregtes Streitgespräch, das die Aufmerksamkeit der Mitreisenden, die uns nicht kannten, auf sich zog. Die anderen Freunde, die an ähnliche Späße gewöhnt waren, sekundierten durch anfeuernde Zwischenrufe und heizten so die Diskussion an.

Ich erwiderte: »Ich verbitte mir diesen Ton. Der letzte, der mich in dieser Art angeschnauzt hat, war ein SS-Mann im Konzentrationslager. Und im übrigen: ich habe sie gar nicht gestoßen.«

Toni blaffte zurück: »Aha – ein Jude, wie? Alle Juden lügen.«

Ich sagte: »Das ist eine Unverschämtheit. Wie heißen sie überhaupt? Ich werde prüfen lassen, ob sie nicht zu den Kriegsverbrechern gehören und vor ein Tribunal müssen!«

Toni hob die Stimme: »Ach was, aber vor sieben Jahren, da hätten sie mir noch die Stiefel abgeleckt. Und wenn sie nicht bald aufhören zu hetzen, dann nehme ich meine Prothese ab und schlage sie ihnen um die Ohren.«

Ich war fast am Ende meiner Darstellungskunst, konnte meine Rolle kaum noch weiter spielen und rief nur: »Sie dreckige Nazi-Sau!«

Toni brüllte zurück: »Du beschnittener Judenlümmel!«

Angestachelt durch die Zwischenrufe unserer Freunde, die manchmal mich und manchmal Toni unterstützten, hatten inzwischen auch die anderen Reisenden Partei ergriffen. Sie drängten sich in den Gang, der die Abteile trennte, und riefen »Schmeißt den Juden raus!« oder »Schlagt den Nazi auf die Schnauze!«

Immerhin ein Fünftel der Zuhörer schienen engagiert antijüdisch zu sein.

Inzwischen war der Zug im Kölner Hauptbahnhof eingelaufen. Toni stand auf – einige der Claqueure erwarteten wohl, daß er jetzt handgreiflich werden würde – aber Toni reichte mir nur die Hand und sagte: »Schönen Dank für deinen Beitrag und bis heute Abend.«

Und dann mußten wir beide sehen, daß wir davonkamen ohne Prügel von den Zuschauern zu beziehen, die erst jetzt realisierten, daß sie von uns auf den Arm genommen worden waren.

Als Maria und ich Anfang der sechziger Jahre ein Kind adoptieren wollten, stellten wir zwölf Freunden und Bekannten eine Testfrage. Wir behaupteten, daß wir die Wahl zwischen einem Judenkind und einem farbigen Sprößling hätten. Zwei Freunde sagten uns, daß wir dies selbst entscheiden müßten und daß sie uns keinen Rat geben könnten. Alle anderen antworteten: »Nehmt das Negerkind.«

Es gibt Anzeichen dafür, daß neue Untersuchungen über die Ursachen des Holocausts in einen Vergleich zwischen Kommunismus und Nationalsozialismus münden. Im Kommunismus wurden ganze Menschenklassen, wie z.B. die Kulaken, umgebracht, um die Rückständigkeit Rußlands zu überwinden und das Land in einen modernen Industriestaat zu transformieren. Im Nationalsozialismus wurden ganze Menschengruppen und Völker – Behinderte, Juden und Zigeuner – ermordet, um einen neuen Menschentyp züchten zu können.

Sowohl die soziale als auch die rassistisch-eugenische Zielrichtung beruhte auf Ideen des 19. Jahrhunderts, das von den unbegrenzten Möglichkeiten von Wissenschaft und Technik überzeugt war. Mit dem Schrecken des Völkermords und nach der Erfindung und dem Einsatz der Atombombe ist der unbekümmerte Zukunftsglaube, der damit verbunden war, zerbrochen.

Durch die Übersteigerung und den Mißbrauch des Nationalgedankens sind in Deutschland nach dem Kriege Begriffe wie Patriotismus und Vaterland lange Zeit belastet gewesen. Mit dem Einigungsprozeß Europas wird sich das ändern. An einen multikulturellen Schmelztiegel ist nicht zu denken. Europa wird – wie das Charles de Gaulle vorausgesehen hat – ein Europa der Vaterländer werden. In diesem Verband werden möglicherweise die Regionen stärker als bisher hervortreten können; dies ist ja auch die Hoffnung der Basken, Bretonen und Korsen. Mit Sicherheit wird aber jede Nation ihren speziellen Beitrag an Geschichte, Kultur, Ökonomie und Politik einbringen müssen. Das gilt auch für die Deutschen, die sich dann mehr als bisher wieder zu sich selbst bekennen sollten. An eine Wiederbelebung der Rassenideologie und damit an einen neuen Nationalsozialismus ist nicht mehr zu denken. Das ist völlig ausgeschlossen.

Schon lange vor Beendigung des Krieges hing mir und meinen Freunden, die ebenfalls rheinisch fassioniert waren, das endlose Geschwätz über die besonderen Vorzüge und Werte der nordischen Rasse zum Halse heraus. Warum sollte denn auch ein Mensch, der durch das zufällige Zusammenkommen bestimmter Gene dem Gewünschten Erscheinungsbild entsprach, bessere Berufsaussichten haben als ein Phänotyp der dinarischen, ostischen oder westischen Rasse. Zählten Begabung, Fleiß und Intelligenz nichts mehr gegenüber dem bloßen Äußeren? Durch die überhöhte Bewertung des nordischen Typus mußten sich siebzig Prozent des deutschen Volkes aus der »Elite« ausgeschlossen fühlen.

Wir hatten damals noch nichts von Carl Zuckmayer gelesen. »Des Teufels General«, am Ende des Krieges geschrieben, wurde 1946 in Zürich zum ersten Mal aufgeführt. Ich habe das Stück zwei Jahre später in Mainz auf der Bühne eines Theaters gesehen, dessen Vorderfront noch in Trümmern lag. Unvergessen ist die Passage, in der General Harras dem Leutnant Hartmann, der Probleme mit dem arischen Ahnennachweis hatte, den rheinischen Adel erklärt.

Auszug aus Carl Zuckmayer, »Des Teufels General«:

Sie sind also vom Rhein, vom Rhein. Von der großen Völkermühle. Von der Kelter Europas! Und jetzt stellen Sie sich doch mal Ihre Ahnenreihe vor – seit Christi Geburt. Da war ein römischer Feldhauptmann, ein schwarzer Kerl, braun wie 'ne reife Olive, der hat einem blonden Mädchen Latein beigebracht. Und dann kam ein Jüdischer Gewürzhändler in die Familie, das war ein ernster Mensch, der ist noch vor der Heirat Christ geworden und hat die katholische Haustradition begründet. – Und dann kam ein griechischer Arzt dazu oder ein keltischer Legionär, ein Graubündner Landsknecht, ein schwedischer Reiter, ein Soldat Napoleons, ein desertierter Kosak, ein Schwarzwälder Flözer, ein wandernder Müllerbursch vom Elsaß, ein dicker Schiffer aus Holland, ein Magyar, ein Pandur, ein Offizier aus Wien, ein französischer Schauspieler, ein böhmischer Musikant – das hat alles am Rhein gelebt, gerauft, gesoffen und gesungen und Kinder gezeugt – und – und der Goethe, der kam aus demselben Topf, und der Beethoven, und der Gutenberg, und der Matthias Grünewald, und – ach was, schau im Lexikon nach. Es waren die Besten – mein Lieber! Die Besten der Welt! Und warum? Weil sich die Völker dort vermischt haben.

Vermischt – wie die Wasser aus Quellen und Bächen und Flüssen, damit sie zu einem großen, lebendigen Strom zusammenrinnen. Vom Rhein – das heißt: vom Abendland. Das ist natürlicher Adel. Das ist Rasse.

(Fischer-Taschenbuch-Verlag, Frankfurt am Main, 1992, S. 65/66).

Stadt und Land

Mechernich war der größte Ort im Kreise Schleiden, größer als die Kreisstadt. Es war ursprünglich ein Bauerndorf, wurde aber nach dem ersten Drittel des vorigen Jahrhunderts durch Zuwanderung mehr und mehr zu einem Bergarbeiterstädtchen.

Es entwickelten sich zwei Arbeitszyklen. Auf der einen Seite gab es die Bauern mit ihren Knechten und Mägden, deren Tätigkeit sich nach dem Ablauf der Jahreszeiten richtete und dem Rhythmus von Saat und Ernte unterworfen war. Auf der anderen Seite gab es die Bergleute, die in Schichten arbeiteten und deren Tätigkeit nicht abhängig war von Sonne und Regen, von Hagel und Schnee.

Mit Beginn der Hochkonjunktur im Bergbau um 1880 bestimmten die Bergarbeiter das Arbeitsbild des Ortes. Da die Bergleute und deren Väter überwiegend aus der ländlichen Umgebung von Mechernich kamen, blieben sie in ihrem Wesen und in ihren Verhaltensweisen aber auch dann noch dörflich orientiert, als sie in die ihnen zugewiesenen Bergarbeiterhäuser eingezogen waren.

Bis nach dem Zweiten Weltkrieg lagen die Gehöfte von vier Großbauern und die Anwesen von mehreren mittleren und kleinen Landwirten noch im Kernbereich von Mechernich. In der Weierstraße und Turmhofstraße sowie »Auf der Kier« und »Auf der Ley« gehörten Kuhfladen und Pferdeäpfel zum Straßenbild. Die Bahnstraße, die Heerstraße und Teile der Turmhofstraße waren asphaltiert. Alle anderen Straßen waren bis etwa 1940 nur von Schotter und Makadam bedeckt.

Sowohl die Bauern als auch die Bergleute waren in ihren Sitten und Gebräuchen von den jahrhundertealten Ritualen der katholischen Kirche beeinflußt.

Die meisten Kirchgänger beteiligten sich an den Prozessionen, die vor allem im Frühjahr und im Sommer begangen wurden. Der prächtigste dieser Umzüge war die Fronleichnamsprozession, die sich nach dem Tag richtete, auf den das Fest von »Corpus Christi« im Verlauf des Kirchenjahres fiel. Das war Ende Mai bis Mitte Juni.

Die Gläubigen hatten in den Fenstern und vor den Türen ihrer Häuser Gnadenbilder von Christus, von der Heiligen Maria oder vom Pfarrpatron Johannes Baptist aufgestellt und mit Blumen und brennenden Kerzen eingerahmt. Die Straßen waren zentimeterdick mit Blütenblättern bestreut.

Die Prozession begann und endete in der Pfarrkirche und führte durch ganz Mechernich. An vier Stellen des Ortes hatte man große, mit Blumen und Fahnen geschmückte Altäre aufgebaut: An der Linde, am Rosengraben, am Krankenhaus und »Auf der Ley«. Vor den Altären waren die Blütenblätter, die die Straßen bedeckten, zu kunstvollen Ornamenten geordnet: auf dem blauen Grund von Kornblumen etwa zu einem großen, gelben PX aus Dahlien oder auf dem gelben Grund von Butterblumen zu einem roten IHS aus Rosen. Das

PX stellte die griechischen Anfangsbuchstaben des Namens Christus dar (Chi und Rho); das IHS war die griechische Abkürzung des Namens Jesus.

Der Umzug war nach Geschlecht und Alter der Teilnehmer geordnet. Vorne gingen in zwei Doppelreihen die Schulkinder, Mädchen und Jungen getrennt. Sie wurden von ihren Lehrern und Lehrerinnen, die auch als Vorbeter wirkten, betreut. Ihnen folgten der Jungfrauenverein und die Frauen. Nach diesen Formationen kamen die Kinder, die in dem jeweiligen Jahr zur Ersten Kommunion gegangen waren. Die Mädchen trugen ihre weißen Kommunionkleider, die Knaben blaue oder schwarze Anzüge mit kurzen Hosen. Dann folgten der Kirchenchor und eine Musikkapelle.

Hinter ihr schritt unter einem hellen Baldachin, der von vier kräftigen Männern getragen wurde, Pfarrer Harff, die Monstranz in den weißbehandschuhten Händen. Er trug den weiten Chormantel, das römische Pluviale, und auf dem Kopf das schwarze Birett mit den drei bogenförmigen Aufsätzen. Das Pluviale war aus schwerem Brokat in gebrochenem Weiß gewirkt und hatte, in Erinnerung an die römische Kapuze, einen breiten Kragen mit goldenen Stickereien.

Hinter dem Baldachin kamen die Mitglieder des Kirchenvorstandes. Das waren damals nur Herren. Sie trugen einen schwarzen Cut oder Paletot und einen schwarzen Zylinder. Bis etwa 1937 gingen in dieser Gruppe auch die Mitglieder des Gemeinderats. Später hatte der Bürgermeister sie wissen lassen, daß dies »aus der Sicht der NSDAP nicht mehr erwünscht« sei.

Dann folgten, wieder in zwei Doppelreihen, der Katholische Arbeiterverein und der Kolpingverein. An ihrer Spitze marschierten je ein Fahnenträger mit je zwei Fahnenoffizieren, die eine Schärpe in den Farben ihres Vereins von der rechten Schulter zur linken Hüfte trugen. Von 1936 an konnten sich die katholischen Vereine nicht mehr als Organisation zeigen.

Nach einer Bläsergruppe, die die Kirchenlieder in besonders getragener Weise begleiteten, beschlossen die nichtorganisierten Jungmänner und Männer die Prozession.

In der Mitte der beiden Doppelreihen gingen die sogenannten Brudermeister, Männer mittleren Alters, die aus der katholischen Arbeiterbewegung kamen. Ihre Aufgabe war es, den Wechsel der Gebete zwischen den Reihen anzukündigen. Sie trugen in der rechten Hand einen blank polierten Holzstab von etwa zwei Metern Länge, der oben mit einer Messingkugel und einem Messingkreuz verziert war. Wenn das »Ave Maria« von der rechten zur linken Doppelreihe hinübergehen sollte, hoben sie den Stab in weitem Bogen nach links und riefen in breitem Eifeler Dialekt: »Jejrüßet seist du Maria – füer de lenke Sigg (für die linke Seite).« Wenn danach die Fürbitte von der rechten Doppelreihe gesprochen werden mußte, zeigte der Stab wieder nach rechts: »Heilige Maria, Mutter Gottes, bitte für uns Sünder, jetzt und in der Stunde unseres Todes, Amen.«

An den vier Altären sangen die Gläubigen gemeinsam das »Te Deum laudamus«, einen Lobgesang, der auf Ambrosius zurückgeht, Bischof von Mailand von 373 bis 397. Nach dem Te Deum folgte der sakramentale Segen, dessen Melodie und Text – »Tantum ergo sacramentum« (so groß also ist das Sakrament) – von Thomas von Aquin stammen und die seit siebenhundert Jahren den Ritus des Fronleichnamsfestes zu zeitloser Würde erheben. In den Schlußworten des Segens – »Genitori genitoque ... procedenti ab utroque compar sit laudatio« – findet sich dann die kürzeste und treffendste Beschreibung der Dreifaltigkeit: »Dem Erzeuger, dem Gezeugten, dem der ausgeht von den beiden, gelte unser gleiches Lob.«

Die Meßdiener schwenkten ihre Weihrauchschalen. Der Pfarrer erteilte mit der in der Monstranz zur Ansicht gebrachten Hostie den Segen. In der Kirche stimmten alle nochmals den Ambrosianischen Lobgesang an, und der Pfarrer spendete zum fünften und zum letzten Mal den Fronleichnamssegen.

Mit Beginn des Krieges wurde die Fronleichnamsprozession von den Behörden verboten. Erlaubt blieben bis 1941 oder 1942 die Bittprozessionen, die bei der Bevölkerung besonders beliebt waren. Man pilgerte aus dem Ort heraus über die Felder und betete um Regen oder ganz allgemein um gutes Wetter und erflehte die Abwehr von Gewitterschäden.

Der größte dieser Umgänge, die »Litania major«, wurde am 25. April, dem Namenstage des Heiligen Markus, begangen. Sie hatte aber nichts mit dem Markusfest zu tun, sondern leitete sich ab von der sogenannten Robigalia, einer Prozession aus dem vorchristlichen Rom, die am gleichen Tage stattgefunden und mit der man den Beistand der Götter zur Abwendung von Flurschäden erhofft hatte.

Die Bittprozessionen des »Triduum rogationum«, drei Tage vor Christi Himmelfahrt, waren ebenfalls Umprägungen heidnischer Flurumgänge. Sie stammten aber nicht aus Rom, sondern aus dem keltischen Gallien. Im Rituale Romanum liefen sie unter dem Titel »Litaniae minores«.

Die Markusprozession ist durch das Zweite Vatikanische Konzil (1969) aufgehoben worden. Die »Litaniae minores« wurden der Jurisdiktion der örtlichen Bischöfe überlassen. Im deutschen Sprachgebiet sind sie an einem oder auch an mehreren Tagen vor Christi Himmelfahrt erhalten geblieben.

In Mechernich waren in den dreißiger Jahren außerdem Bittprozessionen üblich am 24. Juni, dem Namensfest des Pfarrpatrons Johannes Baptist, am 2. November, dem Allerseelenfest, und am 4. Dezember, dem Namensfest der Heiligen Barbara, der Schutzpatronin der Bergleute.

Die Bittprozessionen bewegten sich in der Regel von der Pfarrkirche aus in Richtung Becher Hof bis zum Burgfeyer Kreuz, dann gingen sie über den Steinrausch, über die Bahn und schließlich über Bruchgasse, Rathergasse und Weierstraße zurück zur Kirche. Sie begannen, je nach Jahreszeit, um 8 Uhr oder um 9 Uhr und dauerten anderthalb bis zwei Stunden.

In den Dörfern der Eifel vermengten sich heidnisch-dörfliches Brauchtum mit dem Bemühen, den Ansprüchen christlicher Tugend gerecht zu werden. Die Versuchung, in Sünde zu fallen, war stets präsent. Auf der anderen Seite hatte man aber auch immer die Gewißheit, Vergebung zu finden. Sünde wurde nur selten zum Laster.

Diebstahl, Raub oder Betrug waren Delikte, die in der Kriminalstatistik der Eifel kaum ins Gewicht fielen. Bei den Kirmessen kam es allerdings immer wieder zu Schlägereien zwischen den jungen Männern der einzelnen Dörfer. Wenn aber einer der Kombattanten am Boden lag, schlug man nicht mehr weiter auf ihn ein.

Sexuelle Enthaltsamkeit vor der Hochzeit war erstrebenswert. Etwa siebzig Prozent der Mädchen gingen damals noch als Jungfrau in die Ehe. Anders als in Bayern und in den ländlichen Bezirken von Österreich minderte ein uneheliches Kind die Chancen der Mutter, geheiratet zu werden. Das Kind selbst bezeichnete man, die Verkleinerungsform benutzend, als »Malörchen« (von Malheur = Unglück).

Auch die keuschesten Mädchen waren aufgeklärt, d.h. sie wußten »wie es ging«. Sie waren auf dem Lande groß geworden und hatten den Zeugungsakt bei Stieren und Kühen oder bei Hengsten und Stuten beobachten können.

Während einer Bittprozession vor Christi Himmelfahrt 1941 wurde das Wissen der jungen Frauen um die Geheimnisse und die Kraft des Geschlechtlichen offenbar. Als sich der Umzug mit Pastor und Blaskapelle einem Weidegrundstück des Großbauern Maintz näherte, geschah einem schwarzen Hengst, der dort – ganz alleine und ohne Stuten – an den Grashalmen rupfte, unerwartet eine künstliche Erektion. Der Penis des Pferdes, rosarot und mit dunklen Flecken betupft, fuhr langsam vor den prallen Hoden aus dem Bauch und schlenkerte dann – dick und lang wie der Unterarm eines kräftigen Mannes – hin und her. Der Brudermeister wies mit seinem Zeremonienstab nach rechts, um einen Wechsel im Gebet anzukündigen, erweckte damit aber den Eindruck, als ob er auf den Phallus des Pferdes zeigen würde. Die Mädchen sahen das lange Ding, kicherten und beschleunigten sowohl ihre Schritte als auch ihr Ave Maria.

Die Sommerferien 1941 verbrachte ich auf einem Bauernhof im Bergischen Land, der mit zwei weiteren kleinen bäuerlichen Anwesen hoch über dem Ort Immekeppel lag. Er gehörte dem Vater von Tante Grete, die einen Bruder meiner Mutter geheiratet hatte und nach Köln gezogen war. Der alte Herr war mehr als sechzig Jahre alt und konnte nicht mehr alle Arbeiten auf dem Hof verrichten. Der ältere Bruder von Tante Grete, Johann, der den Hof bewirtschaftet hatte, war zur Wehrmacht eingezogen worden und stand im Sommer 1941 Wache vor einem Munitionsdepot in Frankreich. Für ihn hatte man dem Hof einen französischen Kriegsgefangenen zugewiesen. Zwei Frauen aus der Verwandtschaft, damals 35 und 40 Jahre alt, waren in der Küche, im Stall und auf dem Felde tätig.

Zum Hof gehörten ein Pferd und ein Ochse, die zum Pflügen, Eggen, Säen, zur Heumahd und zur Roggenernte eingesetzt wurden, und 18 Kühe, von denen zwölf Milch gaben. Außerdem waren noch vier Schweine da und zwanzig Hühner mit einem Hahn.

Der französische Gefangene hieß Philippe und kam von der Ardèche, einem Nebenfluß der Rhône, der in den Cevennen entspringt. Er war von Hause aus Automechaniker und hatte sich aus dem Kriegsgefangenenlager zur Landarbeit gemeldet, um sich satt essen zu können.

Philippe war anstellig und fleißig. Der alte Herr hatte ihn eingewiesen. Als ich in die Ferien kam, war Philippe schon zehn Monate auf dem Hof und konnte mir zeigen, wie man mit Pferd und Ochs umzugehen hatte und wie man die Mähmaschine mit dem Binder führen mußte. Er brachte mir sogar das Melken bei.

Werktags wurde schon vor dem Frühstück gemolken. Danach trieb ich die Tiere auf die nahegelegene Weide. Hasso, eine Mischproduktion zwischen Spitz und Schäferhund, begleitete mich. Philippe säuberte inzwischen den Stall. Abends holte ich die Kühe wieder von der Weide. Im Stall wurden sie noch einmal gemolken.

Nach dem Morgenimbiß half ich Philippe bis zum Feierabend bei seinen Arbeiten. Bei der Ernte ging ich neben der Mähmaschine und manchmal durfte ich auch selbst das Gespann führen. Später stellte ich mit Philippe die Garben auf.

Beim Mittagessen und beim Abendessen wurde gebetet. Der alte Herr fing an und wir fielen ein. Auch Philippe beteiligte sich. Nach der Abendmahlzeit setzten wir uns häufig auf eine Holzbank vor der Haustür. Philippe erzählte von den Schönheiten des Languedoc, seiner Heimat.

Sonntags begannen wir mit dem Melken und der Stallarbeit erst nach dem Frühstück. Der alte Herr meinte, sonntags brauche man mehr Ruhe und Zeit. Neben Schwarzbrot und Schinken gab es dann auch Weißbrot mit Butter und selbstgemachte Marmelade oder Honig.

Den Geschmack von Brot und Milch noch im Mund saß ich später auf dem dreibeinigen Melkschemel, den Eimer zwischen Knien und Füßen und die Stirn an die Flanke der Kuh gedrückt.

Der starke Strahl der Milch prasselte im Wechsel der zwei Zitzen des Euters, an denen ich zog, auf das Zinkblech. Sobald der Boden des Eimers bedeckt war, ging das Geräusch in ein rhythmisches Rauschen über; der Strahl brachte die Milch zum Schäumen.

Der süßlich-warme und angenehme Geruch der Kühe, die mit sanftem Blick ihr Futter wiederkäuten und mit nachlässigen Bewegungen ihres Schwanzes die wenigen Fliegen, die sie belästigten, verscheuchten, während sie erleichtert ihre Milch verloren, gab eine Atmosphäre des Friedens, den – so schien es – niemand zerstören konnte.

Wir gossen die Milch aus den Eimern in die Kannen, die uns von der Molkerei in Overath zur Verfügung gestellt worden waren. Dann nahm ich mir den langen Stecken, den ich geschnitzt hatte, und sprang damit den Berg herunter nach Immekeppel zur Kirche. Dort war um zehn Uhr Hochamt.

Der Pfad, den ich gewählt hatte, war mit Gras bedeckt und dämpfte meine Schritte. Er führte durch lichten Laubwald und an Tannenschonungen vorbei. Die Sonne hatte noch nicht ihren Zenith erreicht. Ihre Strahlen brachen sich flimmernd in den Kronen der Bäume und warfen heitere Muster auf den Waldboden. Ich ging, sprang und hüpfte den Berg herunter, atmete tief durch und fühlte mich eins mit der Natur.

Für den Weg zur Kirche brauchte ich eine halbe Stunde. Der Rückweg dauerte doppelt so lange. In der Messe hatte ich kräftig mitgesungen. Jetzt bergaufwärts, wenn ich verschnaufen mußte, hörte ich dem Gesang der Vögel zu und lauschte dem Summen der Bienen. Manchmal sah ich auf einer Lichtung ein Reh, das seine Lauscher hob und in meine Richtung äugte, aber nicht abging, weil es offensichtlich noch keine Witterung von mir hatte.

Oben auf dem Hof half ich den beiden Frauen, Futter in die Tröge der Schweine zu schütten. Dann war es schon wieder Zeit zum Mittagessen.

Ich habe nur selten in so großer Harmonie mit mir selbst und mit meiner Umgebung gelebt wie in jenen sechs Wochen auf dem bergischen Bauernhof. Die Arbeit, die ich tat, war wichtig, und ich machte sie gern. Sie verband notwendige Pflicht mit der Freude an dem, was man verrichtete. Sie gab eine Ausgewogenheit, die ich bis dahin nicht gekannt hatte, und brachte Tätigsein und Muße in ein Gleichgewicht, das auch dem behaglichen Nichtstun nach getaner Arbeit einen wichtigen Platz im Leben sicherte.

Nach meiner Rückkehr aus den Ferien wurde mir klar, wie sehr selbst in Mechernich – wo die Landwirtschaft den ersten Rang im Gemeinwesen verloren hatte – die Rückspiegelung ländlich-bäuerlicher Entwicklungen nach wie vor das tägliche Leben und den Ablauf des Jahres bestimmte. Bauernbräuche waren auch im Industrieort gültig geblieben.

Zu Neujahr z.B. holten sich die Kinder von ihren Paten die aus Weizenmehl gebackenen und geflochtenen Neujahrskränze. Das war keine Bringschuld; die Kinder mußten vielmehr zu ihren Taufpaten hingehen, ihnen alles Gute zum Neuen Jahr wünschen und bekamen erst dann den Kranz. In den Gaststätten setzte man zu Neujahr beim Preisskat auch Kränze als Gewinn aus.

An Weiberfastnacht, dem Donnerstag vor Karneval, zogen die Kinder von Tür zu Tür und fragten mit Bittgesängen nach »milden Gaben«. Das waren Fastnachtskrapfen, Bonbons oder kleinere Münzen.

In der Karwoche zogen die Jungen mit Klappern und Ratschen durch den Ort, um die Stunden anzuzeigen. Die Kirchenglocken, die sonst die Uhrzeit anläuteten, waren von Karfreitag bis Karsamstag stillgelegt. Die Legende lautete, daß die Glocken nach dem letzten Läuten am Gründonnerstagabend nach Rom geflogen seien und erst am Abend vor Karsamstag, wenn das Osterfest eingeläutet werden mußte, wiederkommen würden.

Am Vorabend des Ersten Mai wurden auf den Dörfern die unverheirateten jungen Frauen von den Mitgliedern des Junggesellenvereins öffentlich versteigert. Das ersteigerte Mädchen mußte mit dem Jungen, der gesteigert hatte, zum Maiball gehen. Der Junge war verpflichtet, dem Mädchen einen Maibaum, ein mit bunten Bändern geschmücktes Birkenstämmchen, auf das Haus zu stecken.

Samstags vor Kirmes wurde am Rande der Ortschaft der Kirmesknochen ausgegraben. Das war ein großer Rinderknochen, der – zusammen mit einer männlichen Puppe – an eine hohe Stange gebunden und in feierlicher Prozession mit Blasmusik und Tambourkorps zum Kirmesplatz getragen werden mußte. Erst dann konnten das Fest und die Bälle eröffnet werden.

Am Kirmesmontag fand ein Festgottesdienst statt, der mit einer Prozession zum Friedhof abschloß. Am Kirmesdienstag veranstaltete der Junggesellenverein das »Hahneköppe«. Ursprünglich hängte man einen lebenden, später einen toten Hahn mit dem Kopf nach unten in einen Korb, der keinen Boden hatte. Die jungen Männer mußten versuchen, dem Hahn mit einem Säbel den Kopf abzuschlagen. Vorher verband man ihnen die Augen. Der erste, dem es gelang den Hahn zu köpfen, wurde Hahnenkönig. Er durfte, mit dem Mädchen seiner Wahl, in einer Kutsche sitzend, den Umzug anführen, mit dem die Festlichkeiten der Kirmes abgeschlossen wurden. Das »Hahneköppe« ist im Rheinland während der napoleonischen Besatzungszeit eingeführt worden. Es hatte symbolischen Charakter: ein deutscher Jüngling schlug dem gallischen Hahn den Kopf ab. Der Kirmesknochen wurde erst danach – entweder dienstags abends oder mittwochs morgens – feierlich begraben.

In den dreißiger Jahren wurden in unserer Gegend noch keine Geburtstage, sondern nur die Namenstage gefeiert.

Wenn jemand starb, wurde die Leiche zu Hause aufgebahrt. Die Nachbarschaft, Freunde und Bekannte kamen zur Totenwache, die an drei Tagen vor der Beerdigung stattfand. Zum Begräbnis trugen die Nachbarn den Sarg zum Friedhof.

Kinder bekam man nicht im Krankenhaus, sondern zu Hause. Sie wurden nicht vom Arzt, sondern mit Hilfe der Hebamme zur Welt gebracht.

Nicht aus bäuerlichen Traditionen stammten Bräuche, die mit der Verehrung der Heiligen Barbara, Patronin der Bergleute, zusammenhingen. Am Barbarafest, dem 4. Dezember, schnitt man Zweige von Obstbäumen oder Sträuchern ab, die sonst nur im Frühjahr blühten und stellte sie in eine Vase, deren Wasser immer ein wenig warm gehalten werden mußte. Wenn die Heilige Barbara dem Haus, in dem die kahlen Zweige aufgestellt waren, wohl wollte, mußte das Holz zu Weihnachten Blüten treiben.

Die Kinder lernten in Mechernich, wenn sie abends zu Bett gebracht wurden, folgendes Gebet:

»St. Barbara, in jeder Nacht
fahr mit dem Vater in den Schacht!
Steh' Du ihm bei in jeder Not,
bewahr ihn vor dem jähen Tod!«

Sowohl Bergleute als auch Bauern beteiligten sich an den Theatervereinen, die es in fast jedem Dorf in der Umgebung von Mechernich gab. Über die Region hinaus bekannt war der »Theaterverein Constantia Strempt 1895«. Ende der dreißiger Jahre hatten die Mitglieder von Constantia ein Passionsspiel eingeübt, von dem sie sich großen Zulauf versprachen. Tatsächlich war der Saal, in dem die Veranstaltung stattfand, bis zum letzten Platz besetzt. Der Christusdarsteller hatte schon bei der Generalprobe erhebliches Lampenfieber gehabt. Er hatte das durch einige Schnäpse überwinden können. Bei der Premiere war das Lampenfieber noch größer geworden. Dementsprechend war die Anzahl der Schnäpse gestiegen. Er hatte sogar während der Pausen seine Angst bekämpfen müssen. Als er dann am Kreuz hing, sollte er die Sterbeworte des Herrn sprechen: »Es ist vollbracht«. Sein Kopf war gesenkt und lag auf seiner rechten Schulter. Das konnte der Todesszene – so glaubten wir zunächst – größere Tiefe geben.

Tatsächlich war der Mime aber besoffen. Als es soweit war, hob er den Kopf, schlug die Augen auf und sagte anstatt »Es ist vollbracht« nur noch lallend und abgehackt »Es – ist – pracht – voll!«

Im Juni 1942, kurz vor den Sommerferien, kam ein höherer HJ-Führer zu uns in die Oberschule nach Euskirchen. Die Schüler der Klassen 5a und 5b hatten sich auf Weisung des Direktors in der Aula versammelt. Die Eltern der Schüler waren ebenfalls zu der Besprechung eingeladen. Meine Eltern waren nicht gekommen.

Der HJ-Führer erklärte, daß einige Schüler sich zur Verfügung stellen müßten, als Führer in der Kinderlandverschickung (KLV) eingesetzt zu werden. Die Kinder aus Köln, Bonn und Aachen brauchten nach den Bombenangriffen der Alliierten eine vorübergehende Verlegung in Gebiete, die nicht bombengefährdet seien. Die Oberschüler sollten die Großstadtkinder fünf bis sechs Monate lang betreuen.

Wir waren in den beiden Klassen 5a und 5b insgesamt 47 Schüler. Vierzehn von ihnen erhielten am 22. Juli die Einberufung zu einem Lehrgang für Lagermannschaftsführer nach Steinau an der Oder.

Mir ist bis heute noch nicht klar, nach welchen Kriterien wir ausgewählt wurden. Ich habe weder damals noch später einen Rang in der HJ gehabt. Auch einige andere Kameraden waren keine HJ-Führer. Jonny Bauer, ein

Lehrgang in der »Reichsführerschule KLV« in Steinau an der Oder, August 1942; von links unten: Bill Beyen, Jack Ostermann, Jupp Wagner, F.J. Faller, E. Witte, Ibn Trimborn, H.J. Horchem, Manni Jüsten, Tim Blindert. Quelle: Privat-Archiv

besonders schneidiger Fähnleinführer des Jungvolks, bekam keine Einladung nach Steinau.

Ich kann nur vermuten, daß die Auswahl nach Absprache mit dem Klassenlehrer getroffen wurde und sich danach richtete, ob der jeweilige Schüler ein halbes Jahr vom Unterricht befreit werden konnte, ohne das ihm dies schadete. Voraussetzung war sicherlich auch, daß die Eltern des Schülers der Einberufung zustimmten.

In Steinau fanden die Oberschüler aus Euskirchen sofort einen hohen Aufmerksamkeitsgrad. Beim ersten Appell mußten wir uns – das hatte man uns im Jungvolk und in der HJ ja beigebracht – nach rechts ausrichten. In unserer Gruppe stand im ersten Glied Jupp Wagner, ein Seiteneinsteiger, der von der Klosterschule Hiltrup in Westfalen zu uns gekommen war, als diese vom Staat geschlossen wurde. Er zeichnete sich durch profunde Lateinkenntnisse aus. Mehr als das imponierte uns aber, daß er seine Augenlider nach oben klappen und mit den Ohren wackeln konnte. Seine Augen wirkten dann seltsam nackt und sahen so aus, als ob man ihm die Lider abgeschnitten hätte.

Unsere Ausbilder waren ehemalige HJ-Führer, die als Unteroffiziere von Heereseinheiten oder als Unterscharführer der Waffen-SS verwundet worden waren und jetzt in Steinau Dienst tun konnten.

Ein Unterscharführer schritt nun langsam die Reihen ab, um zu kontrollieren, ob wir exakt »aufgebaut« waren, bevor er dem Chef des Lehrgangs Meldung machen konnte. In der Höhe von Wagners Jupp zögerte er, ging weiter und kam dann wieder zurück. Er blieb vor Jupp stehen. Der hatte seine Augenlider aufgestülpt. Der Unterscharführer schaute Jupp lange an und fragte dann: »Wie sehen sie denn aus?« Jupp nahm Haltung an und antwortete: »So sehe ich immer aus, Unterscharführer.« »Wo kommen sie her?« »Aus der Eifel.« »Wo liegt das denn?« Jupp erklärte: »Das ist das Sibirien Preußens und liegt im äußersten Westen des Reichs.« Der Unterscharführer sah Jupp noch einmal prüfend an, dann entfuhr es ihm: »Mein Gott, sie sehen aus, als ob sie keine Augenlider hätten.« Jupp drückte die Brust heraus und behauptete: »Das ist eine Eigenart unserer Rasse. In der Eifel öffnen sich nicht nur bei Katzen, sondern auch bei Kindern die Augen erst neun Tage nach der Geburt. Bei einigen Kindern bleibt das dann so wie bei mir.« Der Mann von der Waffen-SS war sich noch immer nicht sicher, ob Jupp Wagner ihn auf den Arm nehmen wollte oder nicht. Erst als Jupp, die Hände nach wie vor an der Hosennaht, anfing mit den Ohren zu wackeln, erkannte er, was los war. Er sprang drei Schritte zurück und schrie: »Die Gruppe aus der Eifel: Hinlegen und fünfundzwanzig Liegestütz!« Wir warfen uns auf den Boden und fingen an zu pumpen, jede Übung laut mitzählend.

Die täglichen Exerzierübungen arteten fast immer in Schleiferei aus. Kniebeugen und Liegestütze mußten wir mit Gesang begleiten. Das Lied hieß: »Laurentia, liebste Laurentia mein, wann werd' ich wieder bei dir sein, am S-o-o-ntag!

Ach wenn es doch wieder Sonntag wär und ich bei meiner Laurentia wär, Laurentia wär!« Bei Montag mußte der Sonntag wiederholt werden, bei Dienstag sowohl der Sonntag als auch der Montag usw. bis hin zum Samstag. Bei jedem »Laurentia« und bei jeder Benennung eines Wochentages mußte eine Kniebeuge oder ein Liegestütz gemacht werden. Nach einer »Woche Laurentia« mit Kniebeugen – das war das geringste Strafmaß, mit dem man uns bedachte – hatte man also 63 Übungen hinter sich gebracht.

Man versuchte, uns in einem Schnellsiedekurs von knapp vierzehn Tagen beizubringen, wie man einen Heimatabend oder eine Singestunde gestaltet und Sportwettkämpfe oder Geländespiele organisiert. Es galt Fahnen- und Tischsprüche auszuwählen, die Motivation vermitteln konnten.

Um sechs Uhr war Wecken. Nach Frühsport, Duschen, Bettenbau und Stubenreinigung mußten wir um sieben Uhr zur Flaggenparade antreten. Erst danach gab es Frühstück.

Einige besonders kernige Verse zur Flaggenhissung sind mir noch in Erinnerung:

»Es ist gleich, wo ihr hingestellt werdet;
entscheidend ist, wie ihr da steht.«
»Der Mann zählt die Siege, nicht die Wunden.«
»Wer leben will, der kämpfe also;
wer nicht streiten will, der braucht auch nicht zu leben.«

Mit solchen Sprüchen belastet wurden wir am Ende des Lehrgangs vom Kommandeur der Führerschule zu Einzelgesprächen empfangen. Der Kommandeur, ein ehemaliger Oberstudiendirektor, versuchte, sich über die Beurteilungen hinaus, die von den einzelnen Ausbildern geschrieben worden waren, in zehn Minuten einen persönlichen Eindruck von jedem einzelnen zu verschaffen. Dabei kam es zu eigenartigen Dialogen.

Einem Kameraden aus unserer Gruppe stellte er die Frage, ob er sich unter der Zahl 3-3-3 etwas vorstellen könne. Nun hatten wir auf der Oberschule in Euskirchen bis dahin noch nichts davon gehört, daß – als Hinweis auf Alexander den Großen – um »Drei, Drei, Drei« bei »Issos Keilerei« gewesen war.

Zu Manfred Jüsten sagte der Kommandeur, daß er gelesen habe, Manfred sei Katholik. »Manni« – so hieß er bei uns – bejahte das. Der Kommandeur fragte: »Gehen sie sonntags in die Kirche?«

Manni sagte: »Ja, regelmäßig.« Der Kommandeur: »Wollen sie das auch in der Kinderlandverschickung machen?« Manni antwortete: »Selbstverständlich.« »Und was machen sie mit den Pimpfen in ihrem Lager? Die müssen sie ja auch Sonntags betreuen.« Manni antwortete: »Die nehme ich mit in die Messe.«

Auf der Rückfahrt kamen wir wieder über Berlin. Ich unterbrach dort die Reise und blieb noch acht Tage bei Onkel Albert.

Berlin war damals noch unzerstört. Ich hatte eine wunderbare Woche und konnte mir viele Sehenswürdigkeiten anschauen, von der Reichskanzlei bis zum Schloß und zum Dom, vom Olympiastadion bis zum Totenmal und zum Kaiser-Friedrich-Museum.

Onkel Albert wohnte in Gesundbrunnen. Wenn ich von der U-Bahn-Station in seine Wohnung ging, die in der ersten Etage eines Eckhauses lag, mußte ich durch lange Häuserzeilen mit mehrstöckigen Backsteinbauten an breiten Straßen gehen. In der Nähe seiner Wohnung unterhielt Onkel Albert einen Buchladen, den er Mitte der dreißiger Jahre gekauft hatte. Er vertrieb vorwiegend Unterhaltungsliteratur, hatte in seinem Schaufenster aber auch einige zeitgenössische Bücher ausliegen.

Ich trug während dieser Woche nur HJ-Uniform; ich hatte gar kein Zivilzeug mit nach Steinau genommen. Onkel Albert wirkte damals verschlossen und trübsinnig. Möglicherweise konnte er nur schwer ertragen, daß sein Neffe dauernd in der von ihm – Albert – ungeliebten Kleidung herumlief.

Vor meiner Abfahrt nach Mechernich sagte er mir, ich könne mir einige Bücher als Geschenk aussuchen. Ich wählte »Das Grenzerbuch« von Friedrich v. Gagern und die Bände, die Fritz Steuben über Tecumseh, den Häuptling der Shawnee-Indianer, geschrieben hatte. Erst später erfuhr ich, daß »Steuben« das Pseudonym von Friedrich v. Gagern war.

Von den vierzehn Schülern, die in Steinau ausgebildet worden waren, gingen nur acht als Führer in ein KLV-Lager. Die anderen wurden krank oder legten ein Attest vor, das ihnen eine Krankheit bescheinigte. Wagner Jupp, geboren Anfang 1925, wurde schon im September 1942 zum Reichsarbeitsdienst und Anfang 1943 zur Luftwaffe eingezogen. Ich fand die Einberufung als Lagermannschaftsführer vor, als ich von Berlin nach Hause zurückkam.

Ich mußte nach Langenbrand im Nordschwarzwald. Am Freitag, dem 28. August, traf ich mit der Reichsbahn in Höfen an der Enz ein. Ein Bauer, der mit seinem Pferdefuhrwerk nach Schömberg fuhr, nahm mich mit und setzte mich in Langenbrand ab.

Das Lager war in der Ortsmitte, im Gasthof zum Ochsen. Lagerleiter war Paul Muders, bis 1941 Konrektor in der »Anstalt für schwererziehbare Jungen« im Erlenhof bei Euskirchen. Er war der Chef des Lagers und unterrichtete die 50 Jungen, die im Lager untergebracht waren, von montags bis freitags in der nahegelegenen Schule des Dorfes. Der Unterricht begann um 9 Uhr und endete um 12 Uhr 30. Samstags war keine Schule. Dafür war »Baden« angesetzt. Die übrige Zeit, einschließlich einer Stunde täglich für Schularbeiten, mußte ich die Jungen beaufsichtigen.

Die Küche wurde von der Eigentümerin des Gasthofes und ihrer damals fünfundzwanzigjährigen Tochter geführt. Drei Küchenmädchen halfen. Das Essen war ausgezeichnet. Zum Frühstück gab es zwei bis drei Brote mit Butter und

Marmelade. Samstags, sonntags und an zwei weiteren Tagen der Woche kam mittags Fleisch auf den Tisch. Freitags hatten wir Fisch. Zum Abendessen gab es Aufschnitt oder Käse und dazu Tee. Samstags und sonntags gab es neben dem Nachmittagskaffee auch noch Torte oder Kuchen.

Drei der Jungen stammten aus Bonn, die übrigen aus Köln. Von den Kölner Kindern kamen vierzig aus Stadtteilen, die damals als »sozialproblematisch« galten: Eigelstein, Blaubach, Kleiner und Großer Griechenmarkt, Severinsviertel. Diese Jungs waren echte »Kölsche Kraade«. Das Wort »Kraat« bedeutet an sich »Kröte«, hat aber die Bedeutung von »Kretin« und ist möglicherweise auch davon abgeleitet. Kölsche Kraade sind nur selten bereit, sich ein- oder gar unterzuordnen. Sie sind ständig auf dem Sprung, ihren Interessen mit den Fäusten Geltung zu verschaffen. Ihr Sprache ähnelt – verglichen mit Rom – der Dialektfärbung von Trastevere. Für sie sind alle Kinder, die nicht aus Köln kommen, »Buure Pänz«, Bauernkinder. Sie wußten von mir, daß ich aus der Eifel kam, d.h. vom Land war; für sie war auch ich deshalb »'ne Buur«, ein Bauer.

Im Gasthof zum Ochsen gab es für die Jungen elf Vierbettzimmer und ein Zimmer mit sechs Betten. Mein Zimmer war auf dem Dachboden und hatte schräge Wände.

Mein erstes Problem hatte ich, als ich feststellen mußte, daß sieben Jungen Bettnässer waren. Ursache dafür konnte Heimweh sein. Diese Kinder sahen die vergangene Fürsorge der Mutter trotz der Kölner Bombennächte immer noch verklärter als die friedlichen Monate im Schwarzwald.

Zunächst versuchte ich der Krankheit dadurch Herr zu werden, daß ich die Jungen nach dem Zapfenstreich, das war um 20 Uhr 30, alle zwei bis drei Stunden aufweckte, zur Toilette und anschließend wieder ins Bett brachte. Das war auch für mich eine Tortur: jedesmal nach dem Pinkeln mußte ich meinen Wecker neu regulieren.

Das normale Wecken war um 7 Uhr 30. Wenn ich dann durch die Zimmer ging, um auch die Faulen aus den Betten zu scheuchen, konnte ich riechen, daß meine Bettnässer – obwohl sie noch um 5 Uhr 30 zum Klo geführt worden waren – wieder ins Bett gemacht hatten.

Dann entschied ich, die Urinfreunde zusammenzulegen. Ich ließ ein Bett aus einem der Vierbettzimmer in den Raum mit den sechs Liegen bringen und quartierte die Problemfälle in dem nun einzigen Siebenbettzimmer ein. Jetzt ging die nächtliche Prozedur leichter von der Hand. Ich konnte die Jungs mit den schwachen Blasen geschlossen zur Toilette führen und in das Zimmer zurückbringen.

Aber auch diese Methode fruchtete nichts. Wenn ich morgens um halb acht die Tür zum Bettnässerraum öffnete, schlug mir ein Gestank wie aus einem Raubtierkäfig entgegen.

Das Zimmer hatte drei Fenster. Deshalb konnten wir wenigstens drei Matratzen zum Ausdünsten auf die Fensterbänke legen. Nach dem Frühstück wurden die Matratzen gewechselt. Die »Herbergsmutter«, der alle Jungen ans Herz gewachsen waren, veranlaßte, daß die Bettlaken der Uringruppe jeden Tag gewaschen werden konnten.

Später legten wir in jede Liege noch ein besonderes Laken ein, das – wie im Krankenhaus – in der Mitte des Bettes quer befestigt wurde. Aber auch das nützte nichts. Als nach einem weiteren Monat noch immer keine Besserung eingetreten war, stellte ich die nächtlichen Toilettenführungen ein.

Die Jungen kamen aus unterschiedlichen Jahrgängen. Der Jüngste war zehn. Er hieß Quast und sah auch so aus: Klein, strohblond, strahlende blaue Augen, frech und vorlaut. Der älteste war dreizehn Jahre alt. Er war das Kind einer »ledigen Mutter«. Sein Vater stammte aus Belgien, lebte aber nicht mehr mit der Kindesmutter zusammen. Der Junge hieß bei den anderen Kindern des Lagers »Der Belgier«. Er war so groß wie ich und galt als der stärkste der Mannschaft. Ich war gerade fünfzehn geworden.

Als wir von einem Geländespiel zurückkamen und in den Hof des Lagers einmarschierten, versuchte ich meiner Stimme bei den Kommandos »Abteilung halt« und »Rechts um« eine tiefere Tonlage zu geben. Ich glaubte, das würde meine Autorität stärken. Nach meinem zweiten Kommando krähte dann Quast mit fröhlichem Sopran: »Der Weihnachtsmann«. Die anderen Kinder lachten. Und damit war mein Klimmzug zur Männlichkeit in die Hose gegangen.

Nach weiteren vorlauten Vorstößen und kessen Bemerkungen fürchtete ich, Quast würde mir die Disziplin der ganzen Mannschaft kaputtmachen. Ich mußte seinen Tatendrang stoppen. In einer Neumondnacht mit wolkenverhangenem Himmel, als ich die Bettnässer nach der zweiten Urinübung wieder in ihr Zimmer gebracht hatte, weckte ich Quast. Ich befahl ihm, sich anzukleiden und führte ihn dann, schlaftrunken wie er war, nach draußen. Dort sagte ich ihm, daß wir beide einen Nachtmarsch machen würden. Er folgte mir wortlos.

Als wir uns dem Wald näherten, etwa 500 Meter vom Dorf, fragte er, wohin wir gingen. Ich antwortete nicht. Der Weg führte unter hohen Buchen und zwischen dichten Tannenbeständen hindurch. Aus dem Weg wurde ein Pfad, der sich schließlich im Gras des Waldbodens verlor. Ich bog nach links ab und ging bis zu einer Lichtung, die ich von einer früheren Wanderung kannte. Dann sagte ich zu Quast: »Hier bleibst du stehen und wartest auf mich. Du hast ja sicher keine Angst. Du bist ja ein tapferes Kerlchen.«

Dann war ich mit drei Schritten hinter der nächsten Baumgruppe verschwunden. Einige Äste, die auf dem Waldboden lagen, knackten. Ich hielt den Atem an. Nach zwei Minuten war es soweit. Ich hörte Quast mit leiser Stimme, ganz anders als sonst, fast flüsternd fragen: »Lagermannschaftsführer, ich habe Angst. Ich verspreche, daß ich dich nie mehr verarsche!« Der Mond war inzwischen hinter einer Wolkenbank verschwunden. Es war stockdunkel. Ich sprang in einen Weißdornbusch. Die Äste krachten. Ich brummte und keuchte. Dann stand ich wieder still. Quast fing an zu weinen. Sein Schluchzen rührte mich. Ich ging lautlos über den Waldboden auf ihn zu. Als er mich plötzlich vor sich stehen sah, schrie er auf und heulte danach noch heftiger als vorher.

Dann sagte er mir, daß er eine Rotte Wildschweine in den Tannen gesehen hätte. Ich kommentierte das nicht, sondern sagte ihm nur: »Komm, jetzt gehen wir zurück ins Lager. Und wenn du noch einmal Blödsinn machst, beim Marschieren oder im Lager, dann gehe ich mit dir noch tiefer in den Wald hinein und lasse dich dort bis zum nächsten Morgen stehen.«

Quast erzählte seinen Kameraden nichts über unseren nächtlichen Ausflug. Er bemühte sich nachdrücklich um Disziplin. Wenn er Ansätze zeigte, erneut aufmüpfig zu werden, brauchte ich nur zu bemerken: »Quast, denk an die Wildsau.«

Schwieriger war es, den Belgier unter Kontrolle zu bringen. Der Junge neigte zum Jähzorn. Ich fürchtete, daß ich mich eines Tages mit ihm prügeln müßte und war nicht sicher, ob ich einen solchen Kampf gewinnen würde.

Wir hatten im Lager einige Sportgeräte, darunter auch ein altmodisches Stemmeisen mit zwei dicken Kugeln an den Enden. Dieses hantelartige Instrument wog etwa fünfundzwanzig Kilo.

Im Hof stand ein Reck.

In den Sportstunden zeigte ich den Jungen, wie man einen Felgaufschwung, einen Felgumschwung, eine Sitzwelle oder eine Schwungkippe macht. Mit Handstandübungen und Handstandüberschlag gewann ich weitere Achtungspunkte. Nur der Belgier schien nicht beeindruckt.

Eines Nachmittags beobachtete ich zufällig, ohne daß er mich bemerkte, wie er mit der großen Hantel übte. Es gelang ihm, das Eisen beidarmig zwanzigmal hochzubringen. Die letzten Stöße schaffte er nur mühsam und keuchend. Der Schweiß stand ihm auf der Stirn. Ich konnte also davon ausgehen, daß zwanzig Hebeübungen in etwa seine Leistungsgrenze waren.

Von diesem Zeitpunkt an übte auch ich mit dem Stemmeisen. Jedesmal, wenn ich nachts die Bettnässer auf ihr Zimmer zurückgebracht hatte, ging ich in den Sportraum zum Training. Das dauerte jeweils zehn bis fünfzehn Minuten. Schon nach zwei oder drei Tagen gelang es mir, das Eisen beidarmig dreißig mal hochzustemmen. Danach übte ich, die gleiche Anzahl nur mit dem linken Arm zu bewältigen. Nach weiteren zwei Wochen hatte ich auch das geschafft.

Wenn die Jungen morgens in der Schule waren, warf ich mich noch einmal auf mein Bett, um die Schlafrückstände, die durch mein nächtliches Training entstanden waren, etwas ausgleichen zu können.

Als ich sicher war, das Stemmeisen auf Anhieb dreißig mal nur mit dem linken Arm hochdrücken zu können, stellte ich mich eines nachmittags neben die Jungen, die dem Belgier bei seinen Übungen zuschauten. Der Belgier unterbrach sein Training und guckte mich fragend an: »Willst du auch mal versuchen,

Lagermannschaftsführer?« Ich winkte ab und sagte: »Nein laß mal, mach ruhig weiter.« Der Belgier zuckte mit den Schultern und bückte sich, um das Eisen wieder aufzuheben. Ich fuhr fort: »Nicht daß du meinst, ich wollte mich drücken. Ich weiß nicht, wie lange du das jetzt machst und wie oft du das Ding da hochgestemmt hast oder hochbringen kannst. Aber ich wette mit dir, daß ich das Stemmeisen, das du mit beiden Armen hochstößt, genauso oft nur mit dem linken Arm hochdrücken kann.« Der Belgier ließ das Eisen wieder fallen und stieß hervor: »Das glaube ich nicht.« Ich setzte nach: »Na gut. Wir treffen uns morgen nachmittag um fünf Uhr, nach der Aufgabenstunde, hier im Sportraum, und Du fängst an.«

Die Wette hatte sich noch am gleichen Abend herumgesprochen. Am nächsten Tag waren so viele Zuschauer gekommen, daß wir im Sportraum keinen Platz für unseren Wettkampf hatten. Wir mußten auf den Hof gehen. Dort war dann die ganze Mannschaft versammelt.

Der Belgier hatte sein Hemd ausgezogen und stand mit nacktem Oberkörper da. Er rieb sich noch etwas Talkum in die Handflächen und begann, das Stemmeisen hochzustoßen. Einige Jungen zählten laut mit. Immer mehr Stimmen fielen ein. Schließlich riefen alle, die zuschauten, laut die Zahlen: »Neunzehn, zwanzig, einundzwanzig ...« Durch diesen Beifall angefeuert, schaffte der Belgier insgesamt vierundzwanzig mal, das Eisen hochzubringen. Dann waren seine Reserven erschöpft. Er sprang zurück und ließ die Hantel krachend zu Boden fallen.

Ich trat vor, hob sie wieder auf und legte sie mir auf die linke Schulter. Ich hatte mein Hemd anbehalten und nur die Ärmel aufgekrempelt. Dann begann ich langsam, das Eisen mit der linken Hand hochzudrücken. Niemand sprach und niemand zählte mit. Erst als ich den zwanzigsten Stoß schaffte, begannen einige, die Zahlen zu nennen. Als ich nach dem vierundzwanzigsten Stoß weitermachte, zählten alle mit. Und ich muß zugeben, daß die im Takte meiner Hebestöße laut gerufenen Zahlen auch meine Kraft stärkten. Ich kam bis fünfunddreißig und war dann noch in der Lage, das Eisen vorsichtig hinzulegen und nicht einfach auf den Boden fallen zu lassen.

Der Belgier war ein fairer Verlierer. Er kam auf mich zu und gab mir die Hand. Dann fragte er: »Lagermannschaftsführer, ich weiß aber gar nicht, um was wir gewettet haben?« Ich sagte: »Das ist nicht so wichtig. Wir haben nächste Woche mit dem Jungvolk in Schömberg etwas vor. Da brauche ich dich für eine besondere Aufgabe.«

Ich hatte mit dem Fähnleinführer von Schömberg gesprochen und angeregt, daß wir ein gemeinsames Geländespiel machen sollten. In der Nähe von Langenbrand gab es einen Berg, etwa 500 Meter hoch und dicht bewaldet. Der Gipfel trug einen trigonometrischen Punkt. Über diesem Stein hatte man eine pyramidenartige Holzkonstruktion erbaut, die über die Wipfel der Tannen hinausragte. Dies war dann die Festung, die von den Schwarzwaldpimpfen verteidigt werden mußte. Die Jungen aus dem KLV-Lager Langenbrand waren die Angreifer. Ihre Aufgabe war, die Festung zu stürmen.

Die Anzahl der Verteidiger und der Angreifer war ungefähr gleich. Die Verteidiger hatten blaue Armbinden. Wir hatten rote. Besiegt waren die Jungen, die ihre Armbinden im Kampf verloren oder denen man die Armbinden abgenommen hatte.

Ich erklärte meiner Mannschaft den Plan: Ich würde mit einer Gruppe von zwölf Pimpfen von Norden her einen Scheinangriff auf die Festung einleiten, um die Verteidiger auf diese Seite zu locken und die Südflanke zu schwächen. Der Belgier müßte dann von Süden her mit dem Rest der Truppe den Berg stürmen und eine Bresche in die Verteidigung der Festung schlagen.

Der Belgier war stolz, den entscheidenden Angriff auf die Festung anführen zu dürfen. Dann sagte ich noch: »Jungs, wir müssen gewinnen, und wir werden gewinnen.« Ich fügte im besten kölnischen Dialekt hinzu: »Kloppt üch wie de Kraade!«

Als ich mit meinen zwölf Pimpfen von Norden her auf die Festung zuschlich, schreckte uns ein Eichelhäher. Wir warfen uns in die Farnkräuter, die zwischen den Tannen standen, und warteten, bis der Vogel schimpfend abgestrichen war. Wir kamen ziemlich nahe an die Verteidigungslinien heran, ohne daß uns ein Außenposten des Gegners bemerkte. Dreißig Meter vor der Holzpyramide sprangen wir dann schreiend auf und stürmten auf die Festung zu. Der Gegner war bereit. Etwa dreißig Pimpfe aus Schömberg liefen uns entgegen. Wir wichen zurück und lockten die anderen Jungen tiefer in den Wald hinein. Das ermöglichte dem Belgier, die Steigung zur Festung von Süden her zu überwinden und mit seinen Jungs den Kampf mit den Schwarzwaldpimpfen auf gleicher Höhe zu beginnen. Als wir das Feldgeschrei aus Kölner Kehlen hörten, blieben wir stehen und begannen auch auf unserer Seite mit der Keilerei.

Der Kampf war kurz und grausam. Die Kölner Kinder hatten meine Empfehlung, sich wie »Kraade« zu prügeln, als Aufforderung aufgefaßt, die Regeln der Fairneß fallen zu lassen. Die Jungs vom Eigelstein und vom Severinsviertel hauten drauf, als ob sie sich mit einer Jugendbande vom Blaubach oder vom Griechenmarkt schlagen würden. Sie stießen ihre Ellenbogen in den Hals oder gegen die Kehlen der Gegner und traten den Pimpfen aus Schömberg mit dem Fuß oder mit dem Knie in den Schritt.

Nach fünfzehn Minuten war die Schlacht vorbei. Wir hatten fast alle blauen Binden in der Hand. Einige Schömberger wälzten sich, vor Schmerzen stöhnend, auf dem Waldboden. Ihr Fähnleinführer war entsetzt und sagte: »Mein Gott, so was gemeines hab ich noch nie gesehen. Ihr habt Euch überhaupt nicht an Regeln gehalten.« Der Belgier, noch etwas außer Atem, meinte nur: »Nun ja – aber wir haben gewonnen.«

Ich nahm den Fähnleinführer zur Seite und erklärte: »Weißt du, das sind alles Jungen aus der Großstadt und durchgängig Proleten. Wir machen das wieder gut. In zwei Wochen veranstalten wir im Saal des Gasthofes zum Ochsen für die Einwohner von Langenbrand einen geselligen Abend mit Gesang, lustigen Vorträgen und kabarettistischen Einlagen. Wir laden Euch dazu ein.«

Und so geschah es. Die Kölner Jungen sangen und spielten sich die Seele aus dem Leib. Die Leute aus Langenbrand, sonst eher behäbig und zurückhaltend, klatschten Beifall wie verrückt, und die Pimpfe aus Schömberg jubelten mit.

In Langenbrand gab es keine katholische Kirche. Ich mußte nach Schömberg gehen, um die Sonntagsmesse besuchen zu können. Das waren fünf Kilometer. Als ich das am ersten Sonntag nach meiner Ankunft in Langenbrand gemacht hatte – es war der 30. August – bot ich den Jungen des Lagers an, mich beim nächsten Mal zu begleiten. Für die Kinder war das offensichtlich die Rückkehr zu vertrauten Gewohnheiten. Der Lagerleiter, den ich davon unterrichtete, schränkte ein, daß dies nur »auf freiwilliger Basis« geschehen könne. Ich stimmte zu.

Von da an marschierten wir jeden Sonntag Morgen in Uniform durch Sonne oder Regen und im Schnee nach Schömberg.

Wir hatten zwei Jungen, die evangelisch-lutherisch waren. Auch die gingen mit.

Bis etwa einen Kilometer vor der Kirche liefen wir in loser Formation. Dann ließ ich in Dreierreihen ausrichten, und wir marschierten mit einem Lied bis zum Kirchenportal. Meistens sangen wir: »Ein Kampf ist entbrannt, und es blitzt, und es kracht, und es tobt eine blutige Schlacht. Es kämpfen die Buren Oranje-Transvaal gegen Engelands blutige Übermacht. Ein alter Bur mit greisem Haar, er zog seinen Söhnen voran. Der jüngste war kaum vierzehn Jahr, da starb er schon den Tod fürs Vaterland.« Den Refrain sangen wir besonders laut. Ich ahnte nicht, daß in wenigen Monaten in Deutschland tatsächlich fünfzehn- und sechzehnjährige Jungen an Scheinwerfern und Flakgeschützen eingesetzt werden würden.

Kurz vor Weihnachten bat ich meine Pimpfe, zu überlegen, ob wir nicht zur Beichte gehen sollten. Die meisten Jungen waren einverstanden. Nachdem wir das dann am nächsten Samstag gemacht hatten, erzählte ich dem Lagerleiter davon. Der schüttelte nur den Kopf. Für die Besucher der katholischen Kirche Schömbergs war es dann ein Erlebnis, daß am Ersten Weihnachtstag im Hochamt ungefähr fünfunddreißig Jungvolkjungen in Uniform zur Kommunionbank gingen.

Im Januar 1943 lief unsere Zeit in Langenbrand ab. Am 19., einem Dienstag, gaben wir für die Bewohner des Dorfes unseren Abschiedsabend. Die Jungen des Lagers hatten sich wieder ins Zeug gelegt. Ihre Darbietungen wurden mit stehendem Applaus belohnt.

Am 23. Januar marschierten wir zum Bahnhof nach Höfen an der Enz. Unser Gepäck war mit einem LKW schon vorher dorthin gebracht worden. In Pforzheim wartete ein Sonderzug, der die Jungen von Langenbrand und von anderen rund zwanzig KLV-Lagern aus den HJ-Gebieten Baden und Württemberg zurück nach Bonn und Köln bringen sollte. Die meisten Lager waren – wie Langenbrand – nur fünfzig Pimpfe stark. Einige hatten bis zu hundert Jungvolkjungen.

Am Sonntagmorgen, dem 24. Januar, näherte sich der Zug in einer weiten Schleife dem Bahnhof Köln-Deutz. Wir blickten aus den Fenstern und konnten in dem violett-fahlen Licht der frühen Dämmerung die Silhouetten der Domtürme auf dem linken Rheinufer erkennen. Dann fing ein Junge an zu singen; das ganze Abteil, danach der ganze Waggon fielen ein; und schließlich sang der ganze Zug, der langsam durch die Kurve kroch, mit ungefähr eintausendfünfhundert Jungen das Ostermann-Lied: »Wenn ich su an ming Heimat denke, un sinn dr Dom su fuer mer stonn, möch ich direkt op heim an schwenke, ich möch zo Fooss no Kölle jonn.« Und dann noch einmal der Refrain. Es war überwältigend.

Auf dem Bahnsteig warteten die Mütter der Jungen. Es herrschte fürchterliches Gedränge. Väter waren keine gekommen. Die meisten von ihnen waren Soldat, viele an der Front. Und jetzt wurden aus den Rabauken, die sich noch vor einigen Wochen mit den Pimpfen aus Schömberg geprügelt hatten, wieder Kinder. Sie warfen sich in die Arme ihrer Mütter und schämten sich nicht, gedrückt, geküßt und gestreichelt zu werden.

Ich mußte noch über die Hohenzollernbrücke zum Hauptbahnhof, um meinen Zug nach Mechernich zu erreichen.

Das Spiel mit Waffen

Schon im Spätsommer 1942 hatten zwischen dem Reichsluftfahrtministerium und dem Reichserziehungsministerium erste Gespräche darüber stattgefunden, daß es notwendig werden könnte, Jugendliche zu Hilfsdiensten bei der »Heimatflak« heranzuziehen. Ende Oktober 1942 beschloß das Reichsluftfahrtministerium, die Jungen der Jahrgänge 1926 und 1927, die Höhere Schulen und Realschulen besuchten, zum »Kriegshilfsdienst« bei der Luftwaffe einzuberufen. Gedacht war an Einsätze im Nachrichtenwesen. Tatsächlich wurde es Dienst an der Waffe.

Nach Überzeugung der Luftwaffe hätten die Jungen, die kriegstauglich waren, vom Schulunterricht befreit werden müssen. Das Erziehungsministerium protestierte. Daraufhin beschloß das Luftfahrtministerium, daß die Luftwaffenhelfer – abgesehen von der Ausbildungszeit, für die vier Wochen veranschlagt wurden – weiterhin mindestens 18 Stunden pro Woche Schulunterricht erhalten sollten, in der Regel von ihren früheren Lehrern.

Im Januar 1943 schaltete sich die Parteikanzlei in diese Überlegungen ein. Martin Bormann erließ ein Rundschreiben an die örtlichen Hoheitsträger von NSDAP und Hitler-Jugend mit »Richtlinien für eine Aufklärungsrede«, mit dem die betroffenen Jugendlichen und deren Eltern von der Notwendigkeit eines frühen »Kriegshilfseinsatzes« überzeugt werden sollten.

In den Empfehlungen war vom »Genie unseres Führers« die Rede, das uns bis dahin vor dem Ansturm des »Kolosses aus dem Osten« mit seinen ungeheuren »Massen an Menschen und Material« bewahrt habe. Wir seien seit geraumer Zeit »im Zustand des totalen Krieges«. Die »gesamte Tätigkeit und Beschäftigung der deutschen Menschen« habe sich darauf einzustellen. »Im Zuge dieser Notwendigkeit muß auch die Einziehung der Jugendlichen der Höheren und Mittleren Schulen von dem vollendeten 15. Lebensjahr an (zur Heimatflak) erfolgen.«

Es war vorgesehen, daß die örtlichen HJ-Stammführer oder NSDAP-Ortsgruppenleiter diese Parolen in den jeweiligen Gymnasien, Ober- und Realschulen vortragen sollten. Uns blieb das Geschwätz erspart. In der Aula der Emil-Fischer-Oberschule in Euskirchen fand sich nur der Batterie-Offizier der Flakbatterie 2/438 ein, um den Schülern der sechsten Klasse (Untersekunda) ihre künftigen Aufgaben zu erläutern und technisch-organisatorische Hinweise zu geben.

Anfang Februar 1943 – ich war gerade acht Tage von meinem Einsatz bei der KLV in Langenbrand zurück – wurden wir einer Tauglichkeitsprüfung unterzogen. Die Untersuchung fand in einer Baracke auf dem Gelände des Gesundheitsamts in Euskirchen statt. Unser damaliger Klassenlehrer, Studienassessor Norbert Meyer, begleitete uns. Wir fühlten uns wie Männer, die bald in das »Abenteuer Krieg« ziehen mußten, und wir freuten uns darauf. Norbert Meyer aber sah in uns wohl nur Kinder, die viel zu früh in das Kriegsgeschehen hineingestoßen wurden. Er wirkte sichtlich verstört.

Wir standen in einer Reihe hintereinander, einen Becher oder ein Reagenzglas in der Hand, in das wir zur Urinprobe hineinpinkeln sollten. Unser Klassenlehrer glaubte, uns Mut zusprechen zu müssen. Er stellte sich neben uns und sagte mit seiner kehligen Stimme, die sich immer anhörte, als ob er einen Knödel im Halse stecken hätte: »Jungs, seid Männer!«

Einige Mitschüler wurden durch väterliche und ärztliche Protektion von den medizinischen Untersuchungen verschont und kamen nicht zur Luftwaffe. Sie wurden später direkt zum Arbeitsdienst und zur Wehrmacht eingezogen. Von den zwanzig Jungen unserer Klasse, die gemustert wurden, waren zwei nicht tauglich: Mirgels Hein, der eine Gelbsucht hatte; Bachems Eberhard, genannt »Övvi«, dem am Hals eine kropfartige Verdickung wucherte. Hein kurierte die Hepathitis aus, Övvi ließ sich den »Knubbel« wegschneiden, um möglichst bald bei den alten Kameraden im Flakeinsatz sein zu können.

Nach unserer Grundausbildung besuchten Hein und Övvi uns fast jeden Samstag und Sonntag in unseren Stellungen im Raum Weilerswist und beobachteten voller Neid, wie wir bei der Gerätepflege souverän mit Scheinwerfer, Horchgerät und Maschinensatz hantierten. Endlich wurden auch sie einberufen. Am 16. Juli 1943 waren sie wieder – allerdings ohne Grundausbildung – mit uns vereint.

Wir hatten schon einige Tage nach der Musterung die Gestellungsbefehle erhalten. Am Montag, dem 15. Februar 1943, mußten wir uns in einem Barackenlager in Badorf bei Brühl melden. In den ersten zwei Wochen erlitten wir ein infanteristisches Grundtraining, d.h. wir wurden so lange geschliffen, bis wir auf die einzelnen Kommandos schnell und sauber reagierten. Danach begann die Ausbildung an den 60-cm-Scheinwerfern für leichte und mittlere Flak und an den 150-cm-Leitscheinwerfern für größere Flakbatterien.

Am 3. Februar 1943 war Stalingrad gefallen. Am Donnerstag, dem 18. Februar, nachmittags um 5 Uhr hielt Goebbels im Sportpalast seine Rede zum »Totalen Krieg«. Schon eine halbe Stunde vorher mußte die Aula wegen Überfüllung geschlossen werden. Als er nach fast zwei Stunden Redezeit die berühmten zehn Fragen stellte, erhielt er die erwartete jubelnde Zustimmung zu dieser »neuen, heroischen Phase des Krieges, die zum Endsieg« führen müsse. Die Ovationen des Auditoriums drohten, die Lautsprecher zu sprengen. Goebbels vermerkte dazu in seinem Tagebuch: »Die Stimmung des Volkes gleicht der einer wilden Raserei«. Die Deutschen seien jetzt bereit, »alles für den Krieg und für den Sieg hinzugeben«.

Tatsächlich hatte der Propagandaminister mit dieser Rede bei vielen Volksgenossen letzte Kraftreserven mobilisiert. Die Leute meinten einsehen zu können, daß man jetzt »gegen die nahenden Horden der Steppe« ums Überleben kämpfen müsse.

An uns war die Sportpalast-Veranstaltung vorübergegangen. Wir waren nach den ersten Tagen gnadenloser Schleiferei viel zu müde, um uns abends um 20 Uhr, als die Rede wiederholt wurde, vor den Rundfunkapparat zu setzen. Vielleicht haben die Goebbelschen Beschwörungen aber einigen Eltern geholfen, eher als es ihnen vorher möglich war zu akzeptieren, daß ihre Kinder vorzeitig zum Wehrdienst herangezogen wurden.

Neben den achtzehn Jungen aus Euskirchen hatte man noch rund achtzig Oberschüler aus Köln in dem Trainingslager zusammengefaßt. Die Offiziere, die die Ausbildung beaufsichtigten, waren motiviert von der Tatsache, daß ihnen – wahrscheinlich zum ersten Mal in ihrer Karriere – nur Gymnasiasten anvertraut waren. Das schien ein gewisses Bildungsniveau und eine verhältnismäßig schnelle Auffassungsgabe zu garantieren.

Als wir an einem der ersten Tage in Badorf abends unsere Betten aufdecken wollten, um nach dem ungewohnten Drill zur Ruhe zu kommen, besuchte eine Delegation von Flakoffizieren das Lager. Der für unsere Ausbildung verantwortliche Hauptmann wollte offensichtlich seinen Kollegen demonstrieren, welch außergewöhnliches Menschenmaterial in seine Hände gegeben war. Er wandte sich an einen großen Jungen aus Köln, der so wirkte, als ob er der Klassenprimus sei. Er war zu fett, hatte ein teigiges Gesicht, eine große Hornbrille und war bei seinen Klassenkameraden offenbar nicht beliebt. Der Hauptmann wies auf den Tisch, an dem der Junge stand, und fragte ihn: »Nun, Luftwaffenhelfer, was fällt ihnen ein, wenn sie den Tisch sehen?« Der Kölner Junge dachte kurz nach und hielt dann zehn Minuten lang einen schlüssigen Vortrag über die historische Entwicklung und die ökonomische, zivilisatorische und religiöse Bedeutung dieses Hausratsgegenstandes. Der Hauptmann blickte fragend seine Kollegen an; diese nickten bedeutungsschwer.

Uns war die Szene peinlich. Trotz des Respekts vor dem Wissen und der Formulierungsgabe des Kölner Luftwaffenhelfers empfanden wir den Auftritt als provozierten Exhibitionismus.

Eine Woche später wollte man uns vor den Gefahren ungeschützten Geschlechtsverkehrs warnen. Ein Oberwachtmeister aus Köln, der den entsprechenden Vortrag – so sagte man uns jedenfalls – schon häufig vor »echten« Flaksoldaten gehalten hatte, war extra angereist, um sein Wissen nun auch bei Luftwaffenhelfern umzusetzen.

Nach meiner Einschätzung hatten bis dahin nur sehr wenige Mitschüler Intimkontakte zu Mädchen oder gar zu Frauen gehabt. Deshalb bewerteten wir die Veranstaltung auch nicht als Vermittlung medizinisch-hygienischer Prophylaxe, sondern eher als einen weiteren Schritt in die Welt der Männer.

In einem Backsteingebäude, das mitten in unserem Barackenlager stand, gab es eine Art Aula. Dort waren Stuhlreihen aufgestellt, in denen die rund einhundert Luftwaffenhelfer Platz finden konnten. Vorne stand ein pultähnlicher Tisch.

Unteroffizier Menzel hatte die Veranstaltung organisiert. Als der Oberwachtmeister den Saal betrat, sprangen wir auf. Der Unteroffizier meldete. Dann ließ sich der Oberwachtmeister, ein beleibter Mann von etwa fünfzig Jahren, behäbig hinter dem Tisch nieder. Er beachtete nicht die herrschende Übung, daß Luftwaffenhelfer mit »Sie« angesprochen werden sollten, sondern begann mit deutlichem Berliner Zungenschlag: »Jungs, wenn wir uns in einem Jahr wiedersehen, dann werden mir die meisten sagen müssen: ich hab' ihn gehabt.«

Was er meinte, war der Tripper. Und dann entwarf er in den folgenden vierzig Minuten ein Horrorgemälde von den möglichen Auswirkungen venerischer Infektionen. Er schilderte breit die Unterschiede zwischen weichem und harten Schanker und zwischen Gonorrhoe und Syphilis. Das würzte er mit einer Vielzahl von medizinischen Fachausdrücken, die wir nicht verstanden.

Später alberten wir dann: »Nun, mein Freund, was macht dein Schanker?« Die Antwort mußte lauten: »Er ist hart!«

Die Botschaft, die der Oberwachtmeister vermitteln wollte, war eindeutig, und er wiederholte sie immer wieder: es gibt nur zwei Möglichkeiten, sich vor Geschlechtskrankheiten zu schützen: die eine ist, keusch zu sein, die andere ist ein Präservativ.

Am Ende seiner Ermahnungen lief der Oberwachtmeister noch einmal zur Hochform auf. Er hob die rechte Hand und streckte den Zeigefinger zur Decke. Dann sprach er: »Lieber einen Pariser um den Pimmel binden, als sich beim Pissen unter Schmerzen winden.« Nach einer kurzen Pause, die dem Spruch Nachdruck verleihen sollte, fuhr er fort: »Oder wollt ihr mit dem Dichter – künftiger Qualen gewiß – sprechen müssen: Der Gonokokkus sitzt und lauscht, wie der Urin vorüberrauscht?«

Wir schauten im Lexikon nach, was Gonokokkus bedeutet, und waren sicher: wir wollten nicht.

Die hautnahe Enge in den Baracken und die Notwendigkeit, das Frühstück an einem Tisch neben den Stockbetten mit fünf anderen Kameraden einnehmen zu müssen, war keine Belastung, sondern verstärkte das Gemeinschaftsgefühl, das von jungen Menschen ohnehin stärker empfunden wird als von älteren Leuten. In der Schule waren wir fünf oder sechs Stunden beisammen gewesen; jetzt war man gezwungen, Tag und Nacht zusammen zu sein. Die Belästigung durch den Mief, der durch die geschlossenen Fenster und Türen – bei den kalten Februartemperaturen außerhalb der Baracken – unvermeidlich schien, wurde durch forsche Formulierungen verdrängt. Es hieß dann: »Es ist schon mancher erfroren, aber noch niemand erstunken.«

Die meisten Kameraden hatten sich schon vor der Flakzeit englisch klingende Vornamen zugelegt. Das beruhte nicht auf Anglophilie, sondern wohl eher auf der Lektüre von Karl May und Tom Shark. Toni Blindert z.B. hieß »Tim«, Heinz Ostermann nannte sich »Jack«, Gerd Beyen »Bill« und Karl Wawer wurde mit

»Wavell« angeredet. Dabei war nicht klar, ob für die Namensgebung die Karl-May-Figur oder der britische Afrika-General Lord Wavell Pate gestanden hatte. Trimborns Jupp glich im Profil dem arabischen König Abd al-Asis ibn Saud. Wir nannten ihn deshalb kurz »Ibn«.

Einem anderen Mitschüler war es gelungen, die Notwendigkeiten der Verdauung im Bereich des Vergasungsprozesses zu großer Ausdrucksfähigkeit zu entwickeln. Wenn wir nicht genau wußten, wie spät es war, fragten wir ihn. Er konnte dann die genaue Uhrzeit bis hin zu einer Viertelstunde in verschiedenen Furzkadenzen angeben.

Unser Sprachgebrauch veränderte sich; der Sprachschatz wuchs um das Wort »geil«. Noch in der Obertertia (Klasse 5) war das etwas neues gewesen. Bei einem Lesestück, das vorgetragen werden mußte, war von einer »geilen Stute« die Rede. Gerd »Bill« Beyen lachte über den Ausdruck, und das trug ihm eine Ohrfeige von unserem Deutschlehrer Dr. Bergmann ein. Jetzt, bei der Flak, fanden wir alles geil, was sich irgendwie adjektivisch bezeichnen ließ, von Gegenständen über Gefühle bis hin zu Ideen. Man sprach von einer geilen Uniform, von einer Marmelade, die geil war, und man bat darum, daß einem die geile Butter gereicht wurde. Mit dieser Ausweitung der Bedeutung des Wortes war uns entgangen, daß damals außerhalb unserer Gruppensprache das Adjektiv »geil« immer noch vorwiegend für deftige erotische Lust gebraucht wurde.

Als etwa die Hälfte unserer Ausbildungszeit vorbei war, schrieb ich einer Freundin in Mechernich, daß ich hoffte, sie bei dem zu erwartenden Wochenendurlaub wiederzusehen. Ich warf die Postkarte in den Briefkasten an der Verwaltungsbaracke. Einen Tag danach bestellte mich der Spieß, Hauptwachtmeister Querengässer, zu sich. Er fragte mich, ob ich eine Gertrud K. kennen würde. Ich bejahte. Dann fragte er mich, ob ich dieser jungen Dame eine Postkarte geschrieben hätte. Als ich auch das bejaht hatte, fragte er nach dem Text der Karte. Ich zitierte aus dem Gedächtnis: »Liebe Gertrud, am kommenden Wochenende gibt es den ersten Urlaub. Ich komme nach Mechernich und ich freue mich, Dich wiederzusehen. Ich bin schon ganz geil. Herzliche Grüße, Dein Jupp.«

Der Spieß sah mich fragend an. Als ich nicht reagierte, sagte er: »Na und?« Ich erwiderte: »Ich verstehe nicht, was sie meinen, Herr Hauptwachtmeister.« Seine Stimme wurde etwas lauter, als er fragte: »Was verstehen Sie (die Betonung lag auf »Sie«) denn unter geil?« Ich nahm Haltung an und sagte: »Das bedeutet für mich heiter, fröhlich, gutgelaunt.«

Er wußte danach offensichtlich nicht, ob ich ihn auf den Arm nehmen wollte. Schließlich stand er auf und sagte: »Mensch, hauen Sie ab.«

Er gab die Karte dennoch auf den Weg. Gertrud, die zum Lyzeum nach Euskirchen fuhr, zeigte sie den anderen Fahrschülern.

Nach Abschluß unserer Ausbildung wurde hoher Besuch angesagt. Unser Abteilungskommandeur, Major Karl Schmidt, wollte sich persönlich davon überzeugen, ob wir einsatzfähig waren. Der Major war Reserveoffizier. Er hatte in Westfalen eine Seifenfabrik. Wir nannten ihn deshalb »Seifenkarle«.

Als der Kommandeur eintraf, waren wir schon zwanzig Minuten lang in Rührt-Euch-Haltung im Barackenhof aufgebaut. Die exakte Ausrichtung war von zwei Unteroffizieren vorgenommen worden, die lange Kordeln parallel vor unsere Füße gelegt hatten, an die wir mit den Zehenspitzen anschließen mußten. Als wir linearmäßig und exakt standen, wurden die Kordeln wieder entfernt. Wir trugen Drillichzeug mit Koppel und hatten Stahlhelme auf.

Der Wagen des Majors hatte kaum angehalten, als ein junger Leutnant vorsprang und den Schlag öffnete. Der Hauptmann, der unsere Ausbildung geleitet hatte, nahm Haltung an und schrie: »Luftwaffenhelfer: Stillgestanden. Zur Meldung an den Herrn Kommandeur: Augen rechts.« Wir warfen unsere Köpfe herum. Der Hauptmann legte die rechte Hand an seinen Stahlhelm und meldete, daß die Einheit zur Inspektion angetreten sei. Major Schmidt kam zur Mitte der Front und rief mit lauter Stimme: »Morgen, Luftwaffenhelfer.« Wir brüllten zurück: »Morgen, Herr Major.«

Wir sollten an den Scheinwerfern in Fünfergruppen exerziermäßig demonstrieren, was wir gelernt hatten. Tim Blindert, Bill Beyen, Jack Ostermann, Franz Roggendorf und ich waren während der Ausbildungszeit auf einer Stube gewesen und hatten auch unsere Trainingszeiten zusammen absolviert. Unser unmittelbarer Ausbilder war Unteroffizier Bernauer, damals erst achtzehn oder neunzehn Jahre alt und ein ausgezeichneter Sportler. Jetzt blieben wir auch zur Inspektion zusammen.

Die Ausgangslage war ein imaginärer feindlicher Bombenverband, der Köln angreifen wollte. Wir sollten eines der Flugzeuge, am besten den »Pfadfinder«, der an der Spitze der Formation flog, erfassen und anstrahlen. Bernauer hatte uns schon am Vortage erklärt, daß alles sehr schnell und exakt gehen müsse und daß die einzelnen Kanoniere (von K1 bis K5) die Kommandos, die von ihm kämen, möglichst laut zu wiederholen hätten.

Die Grundstellung des Scheinwerfers zeigte nach Richtung »zwozehn« (zwölf), also nach Norden. Unteroffizier Bernauer schrie: »Feindlicher Bomberverband aus Richtung sechs; Ziel erfassen.« Wir riefen die Richtungsangabe zurück und schwenkten im gleichen Augenblick den Scheinwerfer nach Süden, um ihn präzise und abrupt bei Richtung sechs anzuhalten. Die Kanoniere, die für die Höhen- und Seitenkoordination zuständig waren, brüllten die Ziffern, die Bernauer ihnen zuschrie, lauthals zurück und richteten gleichzeitig das Gerät aus. Bernauer schrie dann: »Licht auf.« Der K1 schaltete den Scheinwerfer ein und brüllte: »Ziel erfaßt.«

Die Übung wurde über einen Zeitraum von fünfzehn Minuten mehrfach wiederholt. Wir bewegten uns mit affenartiger Geschwindigkeit, schrien uns fast die Seele aus dem Leib und schwitzten, bis der Unteroffizier rief: »Übung beendet.« Wir drehten den Scheinwerfer wieder in Richtung zwölf, justierten ihn dort, sprangen vom Gerät und nahmen vor den Positionen, zu denen wir eingeteilt waren, Haltung an.

Der Major hatte uns beobachtet. Jetzt befahl er uns, näher zu kommen. Wir bauten uns in einer Reihe vor ihm auf. Er sagte: »Das war ausgezeichnet; ich bin sehr beeindruckt. Habt ihr einen besonderen Wunsch?« Wir schauten uns an. Dann trat ich vor und sagte: »Herr Major, wir möchten gerne zusammenbleiben. Außerdem wären wir dankbar, wenn Unteroffizier Bernauer als Kommandant für diese Stellung eingesetzt werden könnte.« Seifenkarle lächelte – wahrscheinlich über das Wort »Kommandant«, das ich für den Chef einer Einheit gewählt hatte, die höchstens zehn Mann stark war. Er sah uns der Reihe nach an und sagte dann: »Sowohl Punkt eins als auch Punkt zwei sind genehmigt. Ihr kommt nach Müggenhausen. Aber ihr müßt noch einen Luftwaffenhelfer dazu nehmen, und zwar den Luftwaffenhelfer Hagedorn.«

Peter Hagedorn war das Problemkind der Euskirchener Luftwaffenhelfer. Er war der älteste Sohn eines Gutsbesitzers, aber sehr verwöhnt, verweichlicht und völlig unsportlich. Seine Stubengenossen hatten häufig strafexerzieren müssen wegen der Unordnung, die ihn ständig umgab. Schuhe putzen konnte oder wollte er nicht. Den benutzten und schmutzigen Kamm legte er neben die Butter, und seine Hemden warf er ungefaltet in die hintersten Ecken seines Spinds. Schon nach den ersten zwei Wochen der Ausbildung hatte er sich einen Spitznamen erworben, den er bis zum Ende der Luftwaffenhelferzeit behielt. Er wurde allgemein – auch von den Vorgesetzten – »Schittes« genannt. Er hat das später einmal seinen Eltern erzählt. Die beschwerten sich bei dem zuständigen Wachtmeister. Der rief dann die anderen Luftwaffenhelfer zusammen und erklärte: »Ich verbiete hiermit, daß der Luftwaffenhelfer Schittes noch einmal Schittes genannt wird.«

Peter behauptete, daß seine Familie mit Kardinal Frings verwandt sei, aber auch gute Beziehungen zu Hermann Göring unterhalte. Die Familienbande zum Kardinal waren von uns aus nicht zu überprüfen. Beziehungen müssen die Hagedorns aber allemal gehabt haben. Wie wäre sonst die Intervention unseres Abteilungskommandeurs zu erklären, Peter Hagedorn gerade in die Stellung zu schicken, die dem elterlichen Gut am nächsten lag?

Wir zogen also mit Schittes nach Müggenhausen. Die anderen zwölf Jungen aus der Oberschule in Euskirchen kamen je zur Hälfte in eine Scheinwerferstellung nach Klein-Vernich und nach Groß-Vernich.

Schulunterricht war nachmittags an vier Tagen in der Woche, und zwar in den Räumen der Volksschule Weilerswist. Unsere Lehrer kamen mit der Reichsbahn von Euskirchen. Als Fächer waren verblieben Deutsch, Geschichte, Erdkunde, Mathematik, Physik, Chemie und Latein. Für Physik und Chemie mußten wir mit der Bahn nach Euskirchen in unsere alte Penne. Mathematik unterrichtete nach wie vor Studienassessor Norbert Meyer, der uns bei unserer Musterung Mut zugesprochen hatte. Als während des Unterrichts in Weilerswist ein feindlicher Bomberverband einen Tagesangriff auf Köln flog, fanden wir Zuflucht im Keller der Schule. Dabei gingen auch Bomben in unserer Nähe nieder. Der Boden zitterte und die Wände wackelten. Norbert Meyer verlor die Balance, fiel hin und gurgelte: »Heiliges Vaterland, rutsch wo du hin willst.«

In unserer Scheinwerferstellung versuchten wir, unseren Wohnbereich und die Umgebung so freundlich wie möglich zu gestalten. Wir waren – neben Unteroffizier Bernauer – sechs Luftwaffenhelfer, zwei Gefreite und ein Obergefreiter. In der Baracke der Luftwaffenhelfer war, außerhalb der Zeiten für Frühstück und Abendbrot, immer ein buntes Tuch auf dem Tisch. In der Mitte stand eine Vase mit Blumen. Die Fenster hatten Gardinen. Vor der Tür versuchten wir, einen kleinen Blumengarten anzulegen. Zwei Soldaten, die Erfahrung in Gartenarbeit hatten, halfen uns.

Zum Mittagessen gingen wir in das nahegelegene Dorf, etwa zwanzig bis dreißig Minuten entfernt. Dort hatte eine Bäuerin es übernommen, uns gegen Entgelt und nach Überlassung von Lebensmittelzuwendungen zu bekochen. Während des Mittagessens mußte jeweils ein Luftwaffenhelfer als Wache in der Stellung zurückbleiben.

Tim Blindert hatte von zu Hause verschiedene Poster von deutschen Filmstars mitgebracht, von Zarah Leander, Marika Röck, Jenny Jugo, Ilse Werner und La Jana. Wir klebten die Bilder an die Wände im Wohnbereich unserer Baracke.

Einige Tage später besuchte unser Batterieoffizier, Leutnant Klammer, die Stellung. Er kontrollierte die Funktionsfähigkeit und die Sauberkeit der Geräte und inspizierte auch die Schlaf- und Wohnräume der Soldaten und der Luftwaffenhelfer. Als er bei uns die Poster der dekolletierten Damen sah, wandte er sich an Bernauer und sagte: »Herr Unteroffizier, sorgen sie dafür, daß diese Fotos entfernt werden. Das verführt zur Onanie.«

Als der Leutnant wieder abgefahren war, wandte sich einer von uns an Bernauer und fragte: »Herr Unteroffizier, was bedeutet Onanie?« Bernauer winkte ab und meinte: »Ich hab' jetzt keine Zeit. Das sage ich Ihnen später.« Der betreffende Luftwaffenhelfer drängte weiter auf eine Antwort. Schließlich ergriff der Obergefreite, etwa vierzig Jahre alt, das Wort und sagte: »Onanieren ist Wichsen, du blöder Hund.«

An den Wochenenden konnten jeweils drei Luftwaffenhelfer zum Urlaub nach Hause fahren. Sie mußten sonntagnachmittags wieder in der Stellung sein. Wir waren damals also alle vierzehn Tage bei unseren Eltern und trugen in unseren Heimatorten mit Stolz unsere luftwaffenblaue Uniform zur Schau. Das galt besonders beim sonntäglichen Kirchgang, bei dem wir hoffen konnten, von möglichst vielen Leuten gesehen zu werden. Die HJ-Armbinde, die wir an sich tragen mußten, hatten wir abgenommen. Statt der Schirmmütze, die zur Uniform der Luftwaffenhelfer gehörte, hatten wir ein »Schiffchen« auf dem Kopf. Wir wollten nicht wie Hitler-Jungen aussehen, sondern wie Soldaten.

Der Aufenthalt in den Stellungen stellte sich zunächst als eine Art von Urlaub in einem Barackenlager dar. Abgesehen vom Schulbesuch waren wir tagsüber nicht gefordert. Gerätepflege und Einsatzübungen fanden nur vormittags statt. Nachmittags hatte jeder Zeit genug, seinen persönlichen Interessen nachzugehen. In den warmen Frühjahrswochen – schon der April hatte viele sonnige Tage – lagen wir meistens in Turnzeug auf einigen Decken, die wir auf dem Gras vor der Stellung ausgebreitet hatten, und lasen, sonnten uns oder dösten einfach vor uns hin. Bernauer und ich übten manchmal Handstand und Handstandüberschlag.

Tim hatte ein besonderes Spiel erfunden. Einer von uns – nur mit Badehose und Holzpantinen bekleidet und einem Stahlhelm auf dem Kopf – mußte auf einem Fahrrad Kreise fahren. Die anderen warfen Erdklumpen hoch in die Luft. Der Radfahrer mußte sein Gefährt so lenken, daß die Erdklumpen den Stahlhelm trafen und mit einem feuchten Knall zerplatzten.

Wenn wir nachts bei Fliegeralarm aus den Betten springen und zum Horchgerät und zum Scheinwerfer rennen mußten, erlebten wir das als angenehme Unterbrechung des Ferienzustands und genossen den erhöhten Pulsschlag.

An den lauen Maiabenden, bevor die feindlichen Bomberverbände einflogen, setzte sich Tim manchmal auf einen der Erdwälle, die unsere Geräte und uns selbst vor den Splittern der Bomben schützen sollten, um klagend-melancholische Melodien oder, mit strahlendem Tenor, Balladen und Landsknechtslieder zu singen. Sein bester Gesangsvortrag war der »Postillon von Longjumeau«.

Wir fühlten uns nicht gefährdet, geschweige denn bedroht. Auch nach dem Verlust von Stalingrad standen und kämpften deutsche Truppen noch tief im Innern von Rußland, bei Orel und Charkow. Das Unternehmen »Zitadelle« (die Panzerschlacht bei Kursk, deren Bedeutung wir auch später nicht erkannten) hatte noch nicht begonnen und war noch nicht verloren. Die Alliierten waren noch nicht auf Sizilien gelandet. Bevor die Luftangriffe auf den rheinisch-westfälischen Raum Mitte Juni 1943 eskalierten, schienen unsere Flakstellungen eine Nische zu sein, an denen die Kriegsereignisse mit Verwundung und Tod, die wir in das Risiko unserer jungen Jahre durchaus einbezogen hatten, vorübergehen würden.

Am Nachmittag des 13. Mai kam ich von einem Wochenendurlaub zurück zur Stellung. Der Fußmarsch vom Bahnhof Weilerswist bis Müggenhausen dauerte eine Stunde. Ich hatte nur wenig Gepäck und genoß die schillernde Schönheit des unbeschwerten späten Sonntags. Über der weiten Ebene der Kölner Bucht wölbte sich hoch der Himmel. Der Weg führte durch ein Rapsfeld, das in leuchtendem Gelb erblüht war und kein Ende zu nehmen schien. Eine Lerche stieg jubilierend ins Blau.

In der Nacht zum Montag begann dann ein Bombenangriff auf Duisburg, bei dem versprengte Flugzeuge auf dem Rückflug auch über unser Gebiet kamen und den Rest ihrer Bombenlast in unserer Nähe über freiem Feld abwarfen. Es gelang unseren Scheinwerfern, eine der heimwärtsfliegenden Viermotorigen aufzufassen. Die 8,8-cm-Batterien in Liblar schossen den rechten Flügel in Brand. Als das Flugzeug sich mit den zwei verbliebenen Motoren dröhnend unserer Stellung näherte, sprang Bill an das Maschinengewehr und jagte ihm einige Feuerstöße entgegen. Der Pilot schien die Maschine noch einmal hochreißen zu können; dann aber schlug sie etwa zwei Kilometer weiter in einem explodierendem Feuerball auf. Die Idylle, die ich noch wenige Stunden vorher auf dem Weg durch das Rapsfeld erlebt hatte, war verloren.

Am nächsten Vormittag überredeten wir unseren Unteroffizier, statt der rund siebzig Schuß, die Bill abgegeben hatte, dreihundert in die Schießkladde einzutragen. Die anderen Patronen würden wir dann für Übungsschießen nutzen können.

Wir kamen überein, daß jeder Luftwaffenhelfer, der während der Mittagspause Wache stehen mußte, berechtigt sein sollte, bis zu fünf Schuß aus den langen belgischen Karabinern, die uns überlassen worden waren, auf Hasen oder auf zwei Bäume, die in der Nähe der Stellung standen, abzufeuern.

Als ich wenige Tage später Wache halten mußte, konnte ich in den nahen Feldern keine Hasen entdecken. Ich gab einige Schüsse auf die Bäume ab. Das Ergebnis war gut; Holz splitterte. Danach sah ich mich nach weiteren Zielen um. Ich erblickte unsere Latrine, ein Holzklosett, das etwas abseits vom Maschinensatz stand und dessen Tür mit einer herzförmigen Öffnung verziert war. Das schien ein lohnendes Objekt. Ich zielte sorgfältig und drückte ab. Der Schuß war noch nicht verklungen, da sprang die Tür der Latrine auf und Tim stürzte heraus, die Hosen zwischen den Knien und den »Westdeutschen Beobachter« in der Hand. Er brüllte: »Bist du verrückt? Du hättest mich beinahe in den Kopf geschossen!«

Ich hatte nicht bemerkt, daß Tim sich den anderen Luftwaffenhelfern und Soldaten nicht angeschlossen hatte, als diese nach Müggenhausen zum Mittagessen gegangen waren. Die Lektüre der »Zeitung für den NSDAP-Gau Köln-Aachen« hatte ihm das Leben gerettet. Er hatte seine Ellenbogen auf den Knien abgestützt und den Kopf gebeugt gehalten, um beim Scheißen besser lesen zu können. Meine Kugel war durch die herzförmige Öffnung gegangen und vierzig Zentimeter über seinem Schädel in die Rückwand der Latrine eingeschlagen.

Während wir in Müggenhausen Hasen jagten und auf Lokustüren schossen, wechselten die Kameraden in Groß-Vernich ins Schaustellergewerbe. Günther Münz, ein langer Schlaks mit roten Haaren, den wir »Znüm« nannten, hatte erkannt, daß man mit unseren Scheinwerfern Karussell fahren konnte. Beim Gerätereinigen probierte er es aus. Er lehnte sich mit der Brust in den Bügel des K2, der durch ein eineinhalb Meter langes Gestänge mit dem Werfer verbunden war. Znüm drückte die Stange nach vorn und drehte den Scheinwerfer zunächst langsam und dann im Laufschritt um seine Achse. Schließlich wurde das Gerät so schnell, daß es der Fliehkraft nachgab und auf die Erdumwallung kippte. Znüm lag hilflos eingeklemmt unter dem Gestänge, hatte sich aber nicht verletzt.

Die hintere Abdeckung des Werfers war eingedrückt, der Parabolspiegel Gott sei Dank noch ganz. Der Bügel war angebrochen.

Unteroffizier Menzel machte keine Meldung an die Batteriebefehlsstelle. Er kannte einen Schmied im Dorf. Dieser kam in die Stellung, beulte das beschädigte Hinterteil des Werfers aus und schweißte den Bügel des K2 wieder fest.

Die Luftwaffenhelfer schmirgelten die Bruchstellen glatt und legten neuen Lack auf. Der Schmied befestigte die Lafette des Werfers danach mit langen Schrauben an den Holzbohlen, die dem Gerät an sich hätten Stabilität geben sollen. Damit war der Schaden behoben und Znüm mit dem Schrecken davongekommen.

Köln hatte als erste deutsche Großstadt schon am 31. Mai 1942 ein Flächenbombardement erlebt. Ungefähr neunhundert feindliche Flugzeuge hatten 1460 Tonnen Bomben abgeworfen. Am 3. Februar 1943 folgte ein weiterer Angriff. Am 27. Februar 1943 warfen 372 Flugzeuge 1014 Tonnen Sprengbomben auf Köln. Bei diesem Angriff waren wir noch in Badorf in der Ausbildung. Am 17. Juni 1943 warfen 179 Flugzeuge insgesamt 656 Tonnen Bomben auf Köln. Am 29. Juni, am 4. und am 9. Juli 1943 flogen insgesamt 1384 Bomber Terrorangriffe auf Köln und warfen 5036 Tonnen Spreng- und Brandbomben.

Die amerikanischen und britischen Alliierten hatten damit das Zentrum der Stadt ausgelöscht und dem Erdboden gleichgemacht. Aus dem Schutt und den Trümmern ragten die Mauern der zerstörten Häuser mit ihren leeren Fensterhöhlen wie Skelette in den grauen Himmel. Die Eisenbahn war größtenteils unbeschädigt geblieben, der Hauptbahnhof nur angeschlagen. Der Dom – welch Wunder – stand noch. Aber das Herz von Köln hatte aufgehört zu schlagen.

Die Jungen der Flakstellung in Müggenhausen hatten sich – mit Ausnahme von Schittes – alle freiwillig zur Kriegsmarine gemeldet. Das war nicht abgesprochen; es ergab sich zufällig. Ein weiterer Reserveoffiziersanwärter der Kriegsmarine, Wilfred Simon, war in Groß-Vernich stationiert.

Wir freuten uns auf unseren kommenden Einsatz in der Seefahrt und waren überzeugt, daß uns dort das große Abenteuer erwarten würde. Mut mußte man haben, frühes Sterben war möglich. Tim und ich zitierten häufig einen Vers, der unsere damalige Seelenlage beschrieb. Der Verfasser, dessen Namen ich vergessen habe, kam wohl aus der Bündischen Jugend:

»Jubelt, ihr Brüder,
die Wolken der Sorgen
sind Boten der Tat;
jauchzet, ihr Brüder,
und weitet die Brust
dem Peitschen der Gischt.
Singet, ihr Brüder,
der göttlichen Lust,
der Gefahr.«

Im Juli wurden die Scheinwerferstellungen in Klein-Vernich, Groß-Vernich und Müggenhausen aufgelöst. Bei Metternich hatten wir eine größere Anlage erbaut, deren Zentrum ein Zwei-Meter-Scheinwerfer war. Unter dem Kommando von Leutnant Treide mußten wir in harter Fronarbeit für alle Geräte Erdwälle aufwerfen, die mit zwei Meter hohen Holzbohlen gestützt wurden und außen mit Grassoden abgedeckt waren. Tim, Bill, Jack, Schittes und ich wurden von Müggenhausen nach Metternich versetzt. Schittes war dadurch nur noch zwei Kilometer vom elterlichen Gut entfernt. Franz Roggendorf kam zur Stabsstelle nach Weilerswist. Von Klein-Vernich stieß August Dohm zu uns, von Groß-Vernich kamen Erich Strunk, Günther Münz und ein großer, kräftiger Bursche, den wir »Olle« nannten. Die anderen Luftwaffenhelfer von Klein- und Groß-Vernich wurden in die Stellung auf dem Swisterberg verlegt.

Wir waren in Metternich mit Luftwaffenhelfern und Soldaten jetzt so zahlreich, daß wir uns nicht mehr außerhalb der Stellung beköstigen konnten, sondern eine Baracke mit Speiseraum, Küche und Koch bekamen.

In dem Gelände um unsere Anlage gab es mehrere große Zuckerrübenfelder, auf denen einige Frauen und Mädchen arbeiteten, während wir schwitzend die Erde für die Wälle aufschütteten. Olle hatte ein Auge auf eines der Mädchen geworfen: eine dralle Bauernmagd mit hellen blauen Augen, die etwa fünf Jahre älter war als er. Jack hatte erkannt, daß dieses Interesse psychologischer Unterstützung bedurfte.

Die nationalsozialistische Phraseologie war nicht ohne Einfluß auf Olle geblieben. Manchmal faselte er davon, daß der deutsche Mann ständig bereit sein müsse, für Deutschland arische Kinder zu zeugen. Hier setzte Jack an. Er meinte – eher nebenher –, daß es nicht nur auf die »nordische Norm der Spermatozoen« ankomme, sondern auf die Zeugungskraft selbst. Es geschehe immer wieder, daß eine Erektion zusammenbreche, wenn sie sich im Ernstfall zu bewähren habe. Sehr problematisch sei auch, wenn der zeugungswillige Mann unter einer Spermatorrhöe leide, unter Samenfluß ohne geschlechtliche Erregung. Hier, bei den Landmädchen in den Zuckerrüben, habe Olle Gelegenheit, seine Zeugungsfähigkeit zu prüfen.

Leutnant Treide gibt Anweisungen zum Stellungsbau; von links: H.J. Horchem, Franz Roggendorf, Jack Ostermann, Bill Beyen, Tim Blindert.

Wir amüsierten uns. Olle nahm die Sache aber ernst. Möglicherweise brachte ihm die Argumentation den notwendigen ideologischen Schub, die Befriedigung seiner sexuellen Neugier vor sich selbst zu rechtfertigen. Jedenfalls verabredete er sich mit der jungen Frau zu einem Rendezvous. Die Begegnung sollte am darauffolgenden Sonnabend, um 20 Uhr, in der Baracke sein, in der unser Maschinensatz stand.

Olle war nervös. An dem betreffenden Abend hatte er kaum etwas gegessen. Er hatte sich, wie ein Chirurg vor seiner ersten Operation, mehrere Male die Hände gewaschen. Um viertel nach sieben begann er, breitbeinig und mit langen Schritten durch den Speiseraum zu gehen. Wir spotteten: »Der Mann mit den doppelten Hoden.« Olle stand offensichtlich vor seinem Jungfernflug.

An einem Nachbartisch saßen zwei Unteroffiziere, die ihre Ansichten über die Kriegslage austauschten. Amerikanische und britische Verbände waren am 10. Juli 1943 auf Sizilien gelandet. Am 22. Juli eroberte die 7. amerikanische Armee unter General Patton Palermo. Im Kursker Bogen war die letzte deutsche Großoffensive im Osten gescheitert. Die Sowjets hatten unserer Panzerwaffe das Kreuz gebrochen. Am 13. Juli befahl Hitler die Einstellung des Unternehmens »Zitadelle«. Danach traten die Russen im Mittelabschnitt und im Süden der Ostfront zur Gegenoffensive an.

Die Details waren den beiden Biertischstrategen sicher nicht bekannt. Aufmerksamen Auswertern der deutschen Wehrmachtsberichte konnte aber nicht entgangen sein, daß die Initiative an der Ostfront auf die Sowjets übergegangen war. Die lebhafte Diskussion der beiden Unteroffiziere gerade über diesen Punkt wurde dann plötzlich durch einen Aufschrei von Olle unterbrochen: »Verdammt, ich habe keinen Pariser!«

Die beiden Unteroffiziere blickten hoch. Sie fragten sich wohl, was ein Kondom mit der Kriegslage zu tun haben könnte. Ein Luftwaffenhelfer, der schon siebzehn war und in dem Rufe stand, die größten Erfahrungen von uns allen zu haben, winkte ab und griff gelassen in seine Brusttasche. Er nahm einen Gummi heraus, reichte ihn Olle und sagte: »Hoffentlich ist er dir nicht zu groß.«

Olle schnaubte, nahm das Präservativ und stampfte aus dem Raum. Wir ließen ihm einen kurzen Vorsprung; dann folgten wir ihm. Wir sahen noch, wie er in der Baracke des Maschinensatzes verschwand. Als er nach einigen Minuten nicht wieder herauskam, glaubten wir sicher sein zu können, daß das Mädchen schon vor ihm eingetroffen war. Wir schlichen in die Erdumwallung und preßten unsere Augen an einige Ritzen, die zwischen den Brettern der Baracke geblieben waren.

Olle hatte seine großen Hände um die Hüften des Mädchens gelegt. Das Mädchen hatte seine Arme um den Hals von Olle geschlungen und mußte sich auf die Zehenspitzen heben, als er sie immer wieder küßte. Schließlich blieb Olle regungslos stehen und preßte seinen Mund ununterbrochen auf die Lippen des Mädchens. Seine Hände wanderten unruhig über ihren Hintern und über ihre Brüste. Als er ihr unter den Rock fassen wollte, stieß sie ihn zurück, holte Atem und sagte: »Moment, Moment. Ich kriege keine Luft mehr. Wir gehen doch nicht ins Heu. Wir haben Zeit genug.« Olle schien die Worte nicht gehört zu haben. Er griff erneut ungestüm nach ihr und bog den Rücken der jungen Frau, die um zwei Kopf kleiner war als er, nach hinten. Er beugte sich über sie und knurrte: »Weib, sei willig!«

Wir rannten aus dem Erdwall, um in sicherer Entfernung von der Baracke lauthals loslachen zu können.

Tim hatte einige Wochen vorher über eine zufällige dienstliche Telefonverbindung Kontakt zu einer Luftwaffenhelferin bekommen, die in Heimerzheim stationiert war, etwa 20 km von unserer Stellung entfernt. Seither telefonierte er fast täglich mit ihr. Die beiden verabredeten, daß das »Blitzmädchen« Tim in unserer Stellung besuchen würde. Sie hatte vorgeschlagen, bis Metternich mit dem Bus und von dort aus den letzten Kilometer zu Fuß zu uns zu kommen. Tim brauche sie nicht abzuholen, weil noch nicht sicher sei, welchen Bus sie nehmen könne.

Wir hatten uns zur vereinbarten Zeit, einem sonnigen und wunderbar warmen Sonntagnachmittag, mit Feldstechern hinter den Wällen auf die Lauer gelegt. Jeder wollte Tims Bekanntschaft als erster erfassen.

Und dann kam sie: eine große, schlanke junge Frau mit vollem rotem Haar und Sommersprossen, langen Beinen in Seidenstrümpfen und mit hochhackigen Schuhen. Sie trug ein dezent gemustertes Kleid in hellem Blau, das vorne durchgehend geknöpft war und bei ihren langen, lässigen Schritten verspielt um ihre Schenkel schwang. Hinter den Erdwällen hörte man hier und dort ein unterdrücktes Stöhnen. Wir waren alle gespannt, wie Tim die Sache in die Hand nehmen würde.

Tim hatte sich von Wachtmeister Hartje, der genauso groß und schlank wie Tim war, ein »Affenjäckchen« geliehen. Diese Ausgehuniform trug auch die Rangabzeichen. »Wachtmeister Blindert« begrüßte die Luftwaffenhelferin mit artiger Höflichkeit. Wir blieben in Deckung. Darum hatte Tim auch gebeten. Dann schlenderten die beiden zu dem nahegelegenen Wald.

An sich hätte sich die junge Frau darüber wundern müssen, daß ein so junger Mensch wie Tim schon Feldwebel war. Wie Tim später erzählte, äußerte sie sich aber mit keinem Wort zu der Kostümierung.

Nach etwa zwei Stunden kamen die beiden aus dem Wald zurück. Tim brachte die Luftwaffenhelferin nach Metternich zum Bus. Als er wieder in der Stellung war, bestürmten wir ihn mit Fragen, ob er Erfolg gehabt hätte. Tim wiegelte ab. Schließlich sagte er: »Es war sehr schön. Erfolg in dem Sinne, den ihr meint, habe ich nicht gehabt. Als wir im Gras lagen, habe ich ihr mehrmals die Knöpfe am Kleid aufgemacht. Wenn ich aber an den unteren Knöpfen angelangt war, hatte sie sich oben schon wieder zugeknöpft.«

Ein paar Tage später erzählte er Jack Ostermann und mir, daß er sich bei Marianne – so hieß das »Blitzmädchen« – blamiert habe. Als er zudringlich geworden sei, habe Marianne seine Hand festgehalten und gesagt: » Das geht heute nicht. Ich bin krank.« Er habe dann erstaunt gefragt: »Tatsächlich? Das sieht man dir aber nicht an.« Sie habe geantwortet: »Ja, weiß du, das ist die Krankheit, die nur Frauen haben.« Dies habe ihn – Tim – verwirrt. Er habe nur noch sagen können: »Ich wußte gar nicht, daß es Krankheiten gibt, die nur Frauen haben.«

An den warmen Sommerabenden suchten auch andere Liebespärchen den Wald in der Nähe unserer Stellung auf. Sie gingen allerdings nicht in die Büsche hinein, sondern lagerten sich – nach Einbruch der Dunkelheit – am Waldrand. Wir beobachteten das durch unser Nachtsichtgerät und konnten im Infrarotlicht genau erkennen, wie weit sich das Liebesspiel entwickelte. Sobald wir den Eindruck gewannen, daß die Pärchen ihre Umgebung völlig vergessen hatten, blendeten wir den Scheinwerfer auf. Wir konnten die Schreckensrufe nicht hören, mit denen die Liebenden auf das grelle Licht reagierten; dafür war der Waldrand zu weit von unserer Stellung entfernt. Aber wir sahen mit Vergnügen, wie sie hastig die Kleidungsstücke, die sie inzwischen abgelegt hatten, vom Boden auflasen und mit großen Sprüngen und blanken Popos hinter den Büschen verschwanden.

Es war üblich, bei Beginn der Dämmerung eine Leuchtprobe zu machen. Zielobjekt war der Kirchturm eines Nachbardorfes, das weiter entfernt war als Metternich. Die Koordinaten für den Kirchturm waren auf Dauer in das Kommandogerät eingegeben, so daß wir den Scheinwerfer zur Leuchtprobe nur entsprechend zu justieren brauchten. Wenn der Leuchtstrahl den Turm voll erfaßte, war gewährleistet, daß die Meßwerte den Scheinwerfer auch bei einem nächtlichen Fliegerangriff ins Ziel bringen würden.

Ende August versuchte die Royal Air Force, die Eisenbahnstrecke Köln-Euskirchen mit einem Bombenteppich zu zerstören. Die meisten Sprengbomben gingen bei Weilerswist nieder, in der Nähe unserer Stellung. Der Angriff lief am späten Nachmittag; die Dämmerung hatte noch nicht eingesetzt. Wir waren deshalb – als Scheinwerferbatterie – zur Untätigkeit verurteilt. Die 8,8-cm-Flak von Liblar schoß aus allen Rohren. Wir hatten, den Stahlhelm auf dem Kopf, hinter unseren Geräten Deckung gesucht. Als die Bombenketten immer näher kamen, hörten wir mit neugieriger Beklemmung das hohe Sirren der Splitter, das in der Tonhöhe variierte und wie Sphärenmusik klang. Wir zuckten immer wieder zusammen, wenn das Eisen mit dumpfem Klatschen in die Erdwälle, die uns schützten, einschlug. Es war das erste Mal, daß wir uns vor Blessuren und Sterben fürchteten.

Im September wurden wir wieder versetzt. Die Abteilung wurde umstrukturiert. In Friesheim war eine neue Anlage mit einem Zwei-Meter-Scheinwerfer, einem Funkmeßgerät (FuMG) und einem Kommandogerät errichtet worden, von der aus unsere Scheinwerferbatterie die von Westen und Südwesten anfliegenden feindlichen Verbände als erste auffassen und an die in Liblar, Knapsack und Hürth stationierten Flakbatterien mit ihren 8,8-cm und 10,5-cm Geschützen weiterbegleiten sollte.

Der Zwei-Meter-Werfer, das FuMG und das Kommandogerät waren neue Entwicklungen. Das FuMG war ein Radargerät, das von einem Dipol Impulse ausstrahlte, die zurückgeworfen wurden, wenn sie auf einen Gegenstand oder einen Körper trafen. Ein Parabolspiegel fing die Strahlen wieder auf; eine Braunsche Röhre machte den Vorgang durch fluoreszierende Zacken sichtbar. Das Ganze unterlag strikter Geheimhaltung. Wir hatten ein sogenanntes Würzburggerät.

Das neue Kommandogerät war ein mechanischer Analogrechner, der so schnell arbeitete wie heute leistungsstarke Computer. Ergänzt wurde es durch das Flakumwertungsgerät Malsi, mit dem es möglich war, die Werte anderer Batterien an das Kommandogerät weiterzugeben, wenn die eigenen Ortungsgeräte ausgefallen waren. Die mathematischen Konklusionen des Malsigerätes wurden in das Kommandogerät eingespeist. Dort wurden Geschwindigkeit, Flugrichtung und Flughöhe der Ziele hinzugerechnet und mit den Grundwerten sowohl an den Scheinwerfer als auch – als Schußwerte – an die Geschütze übermittelt. Mit den von FuMG, Malsi- und Kommandogerät ermittelten Zahlensystemen konnten die Geschütze auch schießen, ohne daß das Ziel von einem Scheinwerfer erfaßt war.

Der Batterie war noch ein Horchgerät beigegeben. Wenn der Scheinwerfer, geführt vom FuMG und vom Malsigerät, eingesetzt war, arbeitete auch das Horchgerät mit. Falls das Radarsystem ausgefallen wäre, hätte man nahtlos auf die alte Technik der Flugabwehr zurückgreifen können.

Wir waren in Friesheim zwölf Luftwaffenhelfer und fünfzehn Soldaten, darunter zwei Kroaten, die auf dem linken Uniformärmel das rotweiß-gewürfelte Wappen ihres 1941 gegründeten Staates trugen, abhängig von der Gnade Hitlers und Mussolinis.

Außerdem hatten wir noch einen Hiwi, einen »Hilfswilligen« aus Charkow. Das war ein junger, intelligenter Mann, der in den ersten Wochen des Rußlandfeldzuges in deutsche Gefangenschaft geraten war und sich freiwillig zum Dienst in der Wehrmacht gemeldet hatte. Er sprach sehr gut deutsch. In Rußland hatte er Mathematik und Physik studiert. Er war davon überzeugt, daß die Sowjetunion den Krieg gewinnen würde. Ich unterhielt mich häufig mit ihm. Er schlief im sogenannten Finnenzelt, einer Aluminiumkonstruktion, die mit Zeltplanen abgedeckt war und in der einige Ersatzstücke für unsere Ausrüstung lagerten. Dort suchte ich ihn auf und fragte nach den Gründen für seine Zuversicht. Sein Hauptargument war, daß wir in Deutschland noch immer zu viel Wert auf humanistische Bildung legen würden. In Rußland habe sich der Schwerpunkt der Erziehung jetzt eindeutig auf die naturwissenschaftlichen Fächer verschoben. Nur damit könne man die Zukunft bewältigen. Außerdem würden in der Sowjetunion inzwischen ungefähr genauso viele Frauen wie Männer studieren. Dadurch habe sich die verfügbare Intelligenzreserve verdoppelt. Die Sowjetunion werde, wenn der Krieg vorbei sei, in jedem Falle den künftigen politisch-ökonomischen Wettbewerb gewinnen.

Wie in Metternich waren wir auch in Friesheim wieder so zahlreich, daß wir eine eigene Kantine mit Küche hatten. In der Baracke, in der wir aßen, waren ein zentrales Telefon und ein Lautsprecher untergebracht, mit dessen Hilfe wir die Meldungen über feindliche Flugzeugverbände mithören konnten, die vom Luftgaukommando übermittelt wurden. Der Koch, Unteroffizier August Rodalski, war während der Fliegeralarme am Maschinensatz und nur tagsüber in der Küche tätig. Er verstand sein Handwerk. Auch wenn die Lebensmittellage einmal etwas knapper war, konnte er Mahlzeiten zaubern, die uns schmeckten.

Der Scheinwerfer, das FuMG und das Kommandogerät waren ebenfalls je einem Unteroffizier unterstellt. Die Gesamtanlage wurde geführt von Wachtmeister Ley. Diesem war in der militärischen Rangordnung Leutnant Taschner vorgesetzt, ein Student aus Berlin, der durch ein Brillengestell mit runden Gläsern auffiel, das einer Gasmaskenbrille ähnelte.

Der maßgebende Mann am Umwertungsgerät Malsi war der Obergefreite Fips Bussacker, der auch aus Berlin kam. Er hatte Abitur, war aber nicht zur Universität gegangen, sondern Kunstmaler geworden.

In den Monaten, in denen wir in Friesheim lebten, gewann Fips nachhaltigen Einfluß auf unsere Entwicklung. Er hatte vor 1933 dem Nerother Wandervogel angehört und war von dieser schwärmerisch-romantischen Bewegung geprägt.

Nach der Machtübernahme wurde auch der Nerotherbund verboten. Am 14. Februar 1936 verhaftete die Gestapo in Berlin Bundesführer Robert Oelbermann. Am 2. Juli 1936 wurde Oelbermann wegen Vergehens gegen Paragraph 175 StGB (Homosexualität) zu achtzehn Monaten Zuchthaus verurteilt. Nach Verbüßung der Strafe wurde er in »Schutzhaft« genommen und in das KZ Sachsenhausen eingewiesen. Später wurde er nach Dachau verlegt. Dort starb er am 29. März 1941 an Herz- und Kreislaufversagen. Einige Freunde beerdigten ihn auf dem Friedhof in Dorweiler im Hunsrück, in der Nähe von Burg Waldeck, die von den Nerothern aufgekauft und restauriert worden war.

Die Ideen der Nerother wurden während des Krieges von den Kölner Edelweißpiraten übernommen, einer lose organisierten Jugendgruppe, die sich in der Abneigung gegen die Nationalsozialisten und später im Widerstand gegen das NS-System zusammengefunden hatte.

Das Verhältnis zwischen Luftwaffenhelfern und Soldaten war nicht ohne Reibungsflächen. Viele Soldaten sahen in uns nur jugendliche Klugscheißer oder besserwisserische Schnösel. Einige von uns betrachteten die Soldaten – in der Arroganz von Halbstarken – als dumme Torfköppe. Durch Fips kamen wir zum Ausgleich. Ohne zu predigen, verstand er es, mit seinen Erzählungen und durch sein Verhalten eine Kommunikation auch zu anderen Soldaten zu vermitteln, die über die notwendige Zusammenarbeit bei den nächtlichen Einsätzen hinausging und Bestand auch in der Freizeit hatte.

Seine Bemerkungen über die Wertvorstellungen der Nerother, die er an manche Story anknüpfte, neutralisierten einige unserer Vorstellungen von den Idealen der Hitler-Jugend. Dabei ließ er sich manchmal dazu hinreißen, auch bissig zu formulieren, nahm seinen Argumenten aber die Schärfe durch ein schnelles Lächeln, das er ständig parat hatte.

Wenn wir abends im Speiseraum zusammensaßen und nach dem Essen noch ein wenig erzählten, holte Fips oft seine Klampfe und unterhielt uns mit Gesängen über die weiten Steppen Rußlands oder die spärlichen Schnapsrationen in Nischnij-Nowgorod. Er stellte den linken Fuß auf einen Schemel, legte das Instrument auf sein Knie und griff mit der rechten Hand, den Kopf leicht nach vorn geneigt, in die Saiten. Dann erklang die Ballade von Admiral Koltschak, der im russischen Bürgerkrieg gegen die Bolschewiken gekämpft hatte, oder das Nomadenlied vom stolzen Kasbek, einem Berg im Kaukasus, der Mittelpunkt von Legenden über tapfere Krieger war.

Wenn Fips sang, verengten sich seine blauen Augen zu asiatischem Zuschnitt; seine schmale Nase unter der hohen Stirn wurde geradezu friderizianisch; der scharf ausrasierte Oberlippenbart betonte sein asketisches Gesicht.

Den Abschluß bildete stets das Lied von der »Kneipe am Moor«, in der sich Kameraden zu Gesang und zum Trunke zusammenfanden, die sich vorher »in Madagaskar, in Rio und in Alaska« begegnet waren. Das intonierten wir gemeinsam.

Kameraden, wann sehen wir uns wieder

Kameraden, wann sehen wir uns wieder,
Kameraden, wann kehren wir zurück,
wann sitzen zum Trunke wir nieder
und genießen ein traumhaftes Glück?

In der Kneipe am Moor
singt und spielt einer vor,
klirren Gläser und Klampfen,
die Gesellen, sie stampfen zu dem Sang,
und der Klang, läßt die Männer lauschen.

Der eine liebt Gin oder Wodka,
der andere, der liebt gar ein Weib,
der dritte liebt Schwerter und Kämpfe,
doch in einem sind alle sich gleich:
In der Kneipe am Moor …

Und sehen wir uns in Madagaskar,
und treffen wir uns in Rio,
und trennen wir uns in Alaska,
ja dann heißt es: das nächste Mal, Wo?
In der Kneipe am Moor …

Nerother Lieder (Okt./Nov. 1943)

Vor diesen romantischen Melodien und poetischen Texten verblaßten die Marschlieder, die wir vom Jungvolk her kannten.

Tim und Övvi waren so angetan von Fips' Darstellungskunst, daß sie auch lernen wollten, Klampfe zu spielen. Fips brachte ihnen die Anfangsgriffe bei.

In einem kleinen Bunker neben der Umwertung stand ein hochempfindliches und leistungsstarkes Rundfunkgerät, mit dem wir die ersten Vorausmeldungen über die anfliegenden feindlichen Bomberverbände empfingen. Wir konnten damit aber auch die für Deutschland bestimmten britischen Nachrichten abhören – Soldatensender Calais, Radio London –, und zwar mit beliebiger Lautstärke und äußerster Präzision.

Vor den Nachrichten brachten die britischen Sender Jazzmusik, vorwiegend Glenn Miller: Moonlight Serenade, In the Mood, Tuxedo Junction oder Pennsylvania 6–5000. Nach Abschluß der Nachrichten kam wieder Jazz.

Znüm, begnadeter Pianist, spielte die Rhythmen und Melodien auf dem Klavier nach, das im Aufenthaltsraum stand. Für uns war Glenn Millers Musik eine neue, elektrisierende Welt. Tim meinte später: »Je nun, was hatten wir denn schon? Bei den deutschen Melodien, die uns geboten wurden, war das aufregendste ›Im Frühtau zu Berge‹, und auch das konnte man nur als Marschlied singen.«

Znüm war es auch, der abends regelmäßig in den kleinen Bunker ging, um die Nachrichten aus Großbritannien mitzuhören. Wenn er danach in die Kantine zurückkam, erzählte er uns die neuesten Meldungen von den Rückzugsschlachten an der Ostfront.

Alle wußten davon, auch Wachtmeister Ley und Leutnant Taschner; allen war bekannt, daß Znüm sich durch sein Verhalten strafbar machte und vor ein Kriegsgericht hätte kommen können; aber niemand meldete die Mithöraktion nach oben. Möglicherweise hatte die rheinische Grundüberzeugung, daß unsinnige Verbote nicht beachtet werden dürfen, auf die Nicht-Rheinländer unter den Soldaten abgefärbt.

Die Berichte des Britischen Rundfunks, die »Znüm« abhörte und deren Inhalt er uns mitteilte, enthielten keine Meldungen von KZs und von Vernichtungslagern; sie sprachen niemals von Judenmorden und von der Shoa, d. h. von dem, was wir heute vom Holocaust wissen.

Unser Umgang mit Radio London war tatsächlich nicht ungefährlich. Ich habe erst nach dem Krieg erfahren, daß um die Jahreswende 1943/1944 gegen sechzehn Marinehelfer Anklage wegen Abhörens von Feindsendern und Wehrkraftzersetzung erhoben worden war. Ein Marinesoldat hatte die Jungen denunziert. Unter den Angeklagten befand sich auch der Sohn des Schriftstellers Ernst Jünger, der den gleichen Vornamen wie sein Vater trug. Ernst Jünger und ein Kamerad wurden mit sechs bzw. mit neun Monaten Gefängnis bestraft. Die Strafe wurde zur Bewährung ausgesetzt. Die anderen Jungen wurden zum Teil disziplinarisch bestraft, zum Teil freigesprochen. Die Marine hatte das Gerichtsverfahren nicht aus der Hand gegeben und dadurch härtere Strafen vermieden, die mit Sicherheit verhängt worden wären, wenn man die Strafverfolgung in die Hände der Gestapo übergeben hätte. Den jungen Ernst Jünger kostete das Abhören von Radio London dennoch das Leben. Nach seiner Verurteilung mußte er sich zur Front melden. Er trat in das Regiment seines Vaters ein und ist bei Carrara gefallen.

Wenn man die Angaben zu den anfliegenden Feindflugzeugen von dem Lautsprecher, der in unserer Kantine an der Wand hing, mithören wollte, mußte man das Gerät von dem Flakempfänger aus, mit dem Znüm Radio London abhörte, zuschalten. Wir überlegten, ob man nicht auch das Feldtelefon, das in dem Bunker für die Umwertung stand, mit dem Lautsprecher koppeln könnte. Willi Jonas, genannt William, war technisch begabt. Er besorgte sich ein Elektrokabel und verband den Lautsprecher auch mit dem Fernsprecher im Umwertungsbunker. Danach konnten wir von diesem Telefon aus auch den Lautsprecher benutzen und so Radio London imitieren.

Wir warteten jeweils ab, bis London – wie vor den Nachrichten üblich – die vier Noten des Leitmotivs der Symphonie Nr. 5 von Ludwig van Beethoven brachte (»So klopft das Schicksal an die Tür«, soll Beethoven dazu gesagt haben), und waren damit allgemeiner Aufmerksamkeit gewiß. Sobald die Sequenz aus dem Lautsprecher dröhnte, erstarb in der Kantine jedes Gespräch. Ich saß in dem kleinen Bunker und wartete bis der letzte Ton verklungen war, und schaltete dann den Flaksender ab. Tim stieg mit dem Feldtelefon nahtlos in die Sendung ein und übermittelte – in Deutsch und mit nasalem englischen Akzent – das Neueste von den deutschen Fronten. Dabei konnte es dann passieren, daß eine neuseeländische Elite-Einheit aus Maoris plötzlich auf deutscher Seite in Süditalien kämpfte oder ein Sonderkommando von Botokuden, frisch eingeflogen aus Brasilien, zur Befreiung von Rudolf Heß in Edinborough gelandet war.

An einem Wochentag im Spätherbst, als wir wieder mit dem Lautsprecher und dem Feldtelefon experimentierten, besuchte Batteriechef Oberleutnant Vinzel überraschend unsere Stellung. Er hörte aus dem Lautsprecher zunächst Glenn Millers »American Patrol«, einen »New Orleans Swinging March«, dann die vier Paukenschläge von Radio London und schließlich Tims Oxford-Akzent, mit dem er den Anflug größerer Bomberverbände auf Köln ankündigte. Der Oberleutnant schrie: »Stellt sofort den Sender ab!«

Inzwischen war Znüm zu Tim gelaufen und hatte ihm ins Ohr geflüstert, daß »der Alte« da sei. Daraufhin fügte Tim hinzu: »Die letzte Gruppe des Verbandes, geführt von Wing Commander Stanley Shakleton, hat den Auftrag, dreißig Luftminen über der Radarstellung Friesheim abzuwerfen. In Friesheim sind fünfzehn tapfere Soldaten und zwölf ausgezeichnete Luftwaffenhelfer eingesetzt.« Oberleutnant Vinzel stutzte.

Dann kam es aber noch dicker: »Vor einigen Tagen versuchten britische Fallschirmjäger, die Flakstellung Friesheim zu überrumpeln. Zwei Paratroopern gelang es, auf dem Sattel des Fahrrads von Luftwaffenhelfer Bachem zu landen. Der Luftwaffenhelfer war von diesem Punktsprung so beeindruckt, daß er sofort zu den Briten überlief.«

Leutnant Taschner, Wachtmeister Ley, der Obergefreite Bussacker, die mit einigen anderen Soldaten und Unteroffizieren mitgehört hatten, fingen an zu lachen. Schließlich stimmte auch der Batteriechef in das Gelächter ein. Dann bemerkte er aber noch (er war Jurist): »Bei Gott, wenn uns ein Zivilist hört, dann muß der denken, daß wir das Heimtückegesetz gar nicht ernst nehmen.«

Falls Tims Verhalten und unsere Unterstützung dazu überhaupt strafbar gewesen wären, hätte man das mit Sicherheit nicht als Verstoß gegen das Heimtückegesetz vom 20. Dezember 1934 anklagen können.

Auch von Friesheim mußten wir nach Weilerswist zur Schule. Dort erwarteten uns unsere alten Lehrer, die von Euskirchen mit der Bahn angereist waren. Wir gingen die fünf Kilometer von Friesheim nach Weilerswist zu Fuß. Vor dem Dorf nahmen wir manchmal Aufstellung und marschierten mit einem flotten Lied bis in den Schulhof.

Besonders motiviert waren wir von Märschen, die nicht in dem Liederbuch der Hitler-Jugend (»Uns geht die Sonne nicht unter«) zu finden waren. Wir sangen die »Internationale«, »It is a long way to Tipperary« und »We are going to hang our washing on the Siegfried-line«.

Die Siegfried-Linie war im Jargon der Briten unser Westwall, an dem sie schon 1940 ihre Wäsche aufhängen wollten.

Wir brachten diese Lieder nicht, weil wir uns vom NS-System distanzieren wollten. Halbwüchsige machen manchmal Dinge nur deshalb, weil sie damit aufzufallen hoffen. Das taten auch wir. Vielleicht wollten wir darüber hinaus auch eine Reaktion von älteren Leuten, von Nazi-Funktionären oder von Flakoffizieren provozieren.

Ich war erstaunt, daß die Passanten, die uns lächelnd nachschauten, bei dem Text und der Melodie der Internationale nicht zusammenzuckten. Während

Nach der Gerätepflege am 2-Meter-Scheinwerfer;
von links: William Jonas, Hein Mirgel, Uffz. Huppertz, H.J. Horchem, Karl Noster

Quelle: Privat-Archiv

zweitausend Kilometer weiter im Osten die »Entscheidungsschlachten gegen die Horden aus der Steppe« geschlagen wurden, hatten die Bürger im Westen Deutschlands offensichtlich vergessen, daß erst vor zehn Jahren die Kolonnen des Rotfrontkämpferbundes mit diesem Lied auf den Lippen zu den Straßenkämpfen und Saalschlachten mit der SA marschiert waren.

Nur unser Lehrer für Latein und Geschichte, Oberstudienrat Dr. Weyda, erinnerte sich. Er hatte aus dem Ersten Weltkrieg ein steifes Bein mit nach Hause gebracht und sowohl die »Systemzeit« mit französischer Besatzung als auch die Unruhen Ende der zwanziger und Anfang der dreißiger Jahre miterlebt und kritisch begleitet. Er stand auf der Treppe des Schulgebäudes und grinste, als wir unseren Marsch mit dem Vers beendeten: »Die Internationale erkämpft das Menschenrecht!« Dann sagte er: »Nun, meine Herren, die Internationale und die Siegfried-Linie sind nicht die Lieder, mit denen sie zur Zeit Beifall gewinnen können.«

Gegenüber der Schule gab es eine Gastwirtschaft, die man einige Monate zuvor geschlossen hatte. In ihr waren drei Luftwaffenhelferinnen untergebracht, die in der Telefonzentrale in Gut Neuheim, zwischen Friesheim und Weilerswist, arbeiteten. Karl Noster und ich hatten die Mädchen zufällig auf dem Weg nach Weilerswist kennengelernt und uns mit ihnen angefreundet. Nach dem Schulunterricht, wenn die anderen Luftwaffenhelfer schon nach Friesheim unterwegs waren, besuchten wir sie regelmäßig und plauderten mit ihnen. Wenn wir Wochenendurlaub hatten, fuhren wir in Zivilkleidung von unseren Heimatorten nach Weilerswist, um den Sonntag mit unseren Freundinnen zu verbringen. Karl wohnte in Birgel in der Eifel und brauchte fast zwei Stunden, um mit der Bahn zum Rendezvous zu kommen.

Die jungen Frauen waren achtzehn, zwanzig und zweiundzwanzig Jahre alt und stammten aus Sachsen, aus dem Sudetenland und aus Hagen in Westfalen. Wenn wir sie sonntags besuchten, trugen auch sie Zivil. Karl war damals siebzehn und ich sechzehn Jahre alt.

Wir brachten Feldblumen mit und etwas Gebäck. Das Mittagessen war vorbereitet und stand schon auf dem Herd, wenn wir ankamen. Es gab Rheinischen Sauerbraten, oder Frikadellen, oder Schweinekotelett. Die Mädchen hatten einige Male sogar eine Flasche Rotwein organisieren können.

Wir tafelten lange und erzählten ausführlich über unsere Zukunftspläne. Karl wollte zur Panzertruppe und ich möglichst bald zur Kriegsmarine.

Die junge Dame aus Hagen rauchte nach dem Essen immer eine Zigarette. Danach legte das Mädchen aus Sachsen eine Schallplatte auf das Grammophon, das mit einer Handkurbel aufgezogen werden mußte. Karl und ich konnten nicht tanzen. Die Mädchen brachten uns aber innerhalb von wenigen Wochen Wiener Walzer (auch linksherum), Langsamen Walzer und Foxtrott bei. Damit waren wir unseren Kameraden in Friesheim haushoch überlegen.

Später tranken wir noch einen Kaffee, d.h. Bohnenkaffee, der mit Spitzbohnen gestreckt war. Wir machten einen Spaziergang zu einem nahegelegenen Wäldchen und hofften, daß die jungen Frauen uns erlauben würden, sie zu küssen. Alle drei brachten uns dann zum Bahnhof. Wir fuhren nach Hause, weil wir erst am Montagmittag wieder in der Stellung sein mußten.

Die Mädchen waren wahrscheinlich froh, daß sie von zwei so harmlosen Burschen, wie wir es waren, umworben wurden. Wir überlegten auf der Heimfahrt, ob wir den Spaziergang zum Wald beim nächsten Mal nicht doch lieber zu viert anstatt zu fünft, d.h. mit zwei anstatt mit drei Mädchen, machen sollten.

Am 3. November 1943 wurden wir zur Tetanus-Impfung in die Sanitätsstelle nach Merten befohlen. Wir kamen erst am Abend zurück. Einigen war von der Injektion der Brustmuskel angeschwollen. Die meisten waren schlapp und wirkten angeschlagen. August Rodalski hatte einen kalten Imbiß für uns vorbereitet. Während wir aßen, noch in Ausgehuniform und mit der Hakenkreuzbinde am linken Oberarm, kam Fliegeralarm: L 15, d.h. noch fünfzehn Minuten bis zum Eintreffen der ersten Bomber.

Wir zogen unsere langen Flakmäntel über, setzten den Stahlhelm auf und rannten zu unseren Gefechtspositionen. Nicht alle Luftwaffenhelfer konnten eingesetzt werden. Einige blieben in Reserve; sie saßen auf der »Ersatzbank«. Theo Rehling war zu einem Einmann-Erdloch abgestellt, das etwa zehn Meter außerhalb der Erdumwallung des Radargeräts lag. Er sollte von dort aus Leutnant Taschner, der am Nachtsichtgerät stand, die Position der anfliegenden Feindbomber zurufen. Die taktische Notwendigkeit dieser Übung – bei Radar- und Horchgerät – war uns damals nicht klar und ist für mich auch heute noch nicht nachvollziehbar.

Schon nach wenigen Minuten hörten wir das Dröhnen der Flugzeugmotoren. Das mußten mehrere hundert Bomber sein. Etwa einen Kilometer vor unserer Stellung lösten sich zwei kleinere Jagdbomber, wahrscheinlich Mosquitos, aus dem Verband und gingen von der Flughöhe 7000 auf 5000 Meter herunter. Der erste setzte sofort ein rotes Leuchtsignal, der zweite zeigte grünes Licht, als er über unserer Stellung war. Theo Rehling schrie etwas, das wir nicht verstanden.

Wir konnten den Pfadfinder, einen viermotorigen britischen Lancaster-Bomber, mit unserem Zwei-Meter-Werfer auffassen.

Der Brite setzte trotzdem als Markierung für den geplanten Bombenteppich einen »Christbaum«, d.h. eine Leuchtkugelpyramide an den Himmel. Die folgenden Flugzeuge ließen sofort Millionen Stanniolstreifen ab, die unsere Radarstrahlen reflektierten, ehe sie auf den Bomberverband trafen. Dies war das erste Mal, daß Briten und Amerikaner im Westen Deutschlands diese Methode anwandten, um die Flugabwehr zu stören. Unser Würzburggerät fiel praktisch aus. Es drehte sich ziellos in verschiedene Himmelssektoren, und der von ihm gesteuerte Zwei-Meter-Werfer verlor den Pfadfinder aus dem Scheinwerferstrahl.

Und dann fielen die ersten Bomben. Unsere Stellung lag etwa einen Kilometer von dem kleinen Dorf entfernt und war von Äckern und Wiesen umgeben. Im Süden grenzten die Wiesen an ein größeres Waldstück. Die meisten Bomben gingen auf den Ackerflächen, auf den Weiden und im Wald nieder. Einige fielen in Friesheim und zerstörten dort mehrere Häuser und die »Weiße Burg«. Eine weitere Burganlage, deren Gebäude aus dunkelbraunen Ziegeln gemauert waren, blieb unversehrt. Sechs Einwohner wurden getötet.

In unsere Stellung fielen keine Bomben. Einige Fenster an den Baracken zerbarsten von dem Luftdruck der Bombenexplosionen außerhalb der Stellung. Die Dächer und Wände hatten geringfügige Splitterschäden. Theo brüllte aus seinem Einmann-Loch weitere Informationen, die in dem Bombenhagel nicht zu verstehen waren. Wir hatten – bis auf einen Ausfall – weder Tote noch Verwundete. Ein »Flakmann« – ein Bauer von einem Hof in der Nähe unserer Stellung, der bei uns Hilfsdienste verrichtete – wollte über das freie Feld nach Hause laufen, um bei seiner Frau zu sein. Nach fünfzig Metern wurde er von Splittern einer Bombe zerfetzt.

Als die erste Gruppe der feindlichen Flugzeuge nach Nordwesten abdrehte, rief Theo Rehling in Richtung Nachtsichtgerät: »Weiterer feindlicher Bomberverband im Anflug aus Richtung neun.« Leutnant Taschner sprang auf und schrie: »Rehling, halten sie endlich Ihre Schnauze und nehmen sie volle Deckung.« Theo verstummte und duckte sich in sein Einmann-Loch.

Die zweite Gruppe des Verbandes setzte das Inferno fort. Die Flugzeuge warfen ihre Bomben und ließen gleichzeitig wieder Unmengen von Stanniolstreifen ab. Unser Scheinwerfer ruckte nach oben, senkte sich wieder und blieb dann endgültig stehen, mit einer langen und breiten Lichtbahn, die sich auf den Wald in Richtung Süden richtete und die Bäume in Tageslicht tauchte. Der für den Scheinwerfer zuständige Unteroffizier sprang trotz des Bombenhagels auf und schaltete das Gerät ab.

Währenddessen heulten und pfiffen die Bomben weiter auf uns herunter. Nach dumpfem Aufschlag und kreischender Explosion surrten die Splitter in die Wände unserer Baracken und in die Erdwälle unserer Stellung. Wir versuchten, uns im Boden festzukrallen, wurden durch die Bombenaufschläge aber immer wieder hochgeschleudert. Einige beteten mit lauter Stimme.

Und dann fielen die Luftminen. Jede der vier Flugzeugwellen, die uns mit einem Bombenteppich überzogen, warf 250 schwere Sprengbomben und 100 Minen. Bei diesen gab es keinen Knall und keine Erschütterung, sondern einen fast unerträglichen Luftdruck, bei dem Trommelfell und Lunge zu platzen drohten. Wenn man glaubte, alles überstanden zu haben, folgte dem Druck ein Sog, der einen aus der Umwallung herauszuziehen schien. Wir flogen in einer Höhe von etwa einem Meter von einer Ecke in die andere und schlugen mit Kopf oder Kreuz an die Gestänge von Werfer und Würzburggerät.

Das ganze schien eine Ewigkeit zu dauern, währte aber nur ungefähr dreißig Minuten. Als die letzte Welle der Lancaster-Bomber abgedreht hatte, rief Leutnant Taschner nach Verlustmeldungen. Von den einzelnen Stationen hieß es dann: »Alles in Ordnung« oder »keine Verwundeten, keine Toten.«

Ein Teil der weißen Burg – wir konnten das von der Stellung her sehen – stand in Flammen. Für uns gab es nur einige Aufräumungsarbeiten zu tun; die Reparaturen der Fenster mußten bis zum nächsten Tag warten. Wir fragten den Leutnant, ob wir im Dorf bei den Löscharbeiten helfen könnten. Er war einverstanden, und wir rannten nach Friesheim.

Das Feuer war bald erstickt. Wir stiegen in den Luftschutzkeller herunter. Der größte Teil war verschüttet; ein Gang, der in einen Nebenkeller führte, war mit großen Trümmern versperrt. In mühevoller, schweißtreibender Schufterei gelang es uns, zunächst den Luftschutzkeller freizuschaufeln und dann wenigstens einige Trümmerbrocken aus dem Verbindungsgang wegzuräumen.

Znüm war immer an der Spitze der Rettungsmannschaft. Er kroch als erster in den Nachbarkeller und holte die Zivilisten, die dort Schutz gesucht hatten, heraus. Die meisten standen unter Schock, einige wirkten paralysiert, zwei waren verwundet. Die Gelähmten und Verletzten konnten nicht gehen und mußten aus dem Keller herausgezogen werden.

Als wir die Leute draußen hatten, kamen Feuerwehrleute und der örtliche Rettungsdienst. Der Verwalter der Burg gab den Verschütteten und Verletzten einige Schnäpse. Das stabilisierte. Wir gingen zurück in die Stellung und fielen, ohne uns auszukleiden, todmüde in unsere Betten.

Znüm und einige andere Jungen gingen am nächsten Morgen – diesmal allerdings in Drillich – noch einmal nach Friesheim hinein, um bei den Aufräumungsarbeiten zu helfen. Als sie nach mehreren Stunden harter Arbeit verschwitzt und verschmutzt auf den Mauerresten eines zerstörten Hauses saßen, um eine Zigarette zu rauchen, näherte sich Batteriechef Oberleutnant Vinzel. Er saß auf dem Bock einer Gig und hielt die Zügel seines Pferdes locker in den behandschuhten Händen. Er hatte nicht die üblichen Breeches mit Stiefeln an, sondern lange Hosen. Das sollte wohl mehr Eleganz vermitteln. Seiner Mütze, etwas schräg aufgesetzt, hatte er den verwegenen Kniff gegeben, den man damals bei Jagdfliegern als besonders schick bewunderte.

Vinzel zügelte sein Pferd; der Einspänner stand. Die Luftwaffenhelfer sprangen auf und Znüm machte Meldung. Vinzel legte die Hand kurz an seine Mütze und blaffte sofort los: »Weshalb sind sie nicht in der Stellung? Gestern waren sie zu feige, den Scheinwerfer zu bedienen, und heute lungern sie hier bei der Zivilbevölkerung herum.«

Diese unverdiente und völlig unmögliche Kritik traf zusammen mit den Vorwürfen, die uns von einem Teil der Dorfbewohner gemacht wurden. Der Bürgermeister und zwei Bauern waren zufällig auf Leutnant Taschner gestoßen und hatten dem erklärt, daß Friesheim nur deshalb von einem Bombenteppich getroffen worden sei, weil die deutsche Luftwaffe eine Radarstellung am Rande des Dorfes errichtet hätte.

Mit dem Erlebnis gemeinsam bestandener Gefahr war das Zusammengehörigkeitsgefühl zwischen Luftwaffenhelfern und Soldaten gewachsen. Das betraf nicht nur die Mannschaften, sondern ging bis zu den Unteroffizieren und zu Wachtmeister Ley. Leutnant Taschner, dessen Erinnerungen an seine eigene Pennälerzeit noch verhältnismäßig frisch sein mußten, zeigte ohnehin immer wieder Verständnis für uns. Eine Ausnahme war Unteroffizier Merton.

Merton war der maßgebende Mann am Würzburggerät, und ihm unterstanden auch einige Luftwaffenhelfer. Er stammte aus dem sechzehnten Bezirk von Wien, und so sprach er auch.

Sein angeborenes und klassenkämpferisch geschultes Mißtrauen gegen junge Gymnasiasten gedieh zu zorniger Abneigung, als Tim und auch wir begannen, seine Sprechweise zu imitieren.

Das ergab sich zufällig. Der Unteroffizier hatte sich an Tim mit den Worten gewandt: »Sagen's amol, Luftwaffenhelfer Blindert, i hätt do amol a Frage«, und dann kam die Fragestellung! Tim nahm Haltung an mit einer Mischung zwischen lässig und schneidig, die er wohl für die Umgangsform in der früheren österreichischen K-. u. K.-Armee hielt. Er schaute von seinen einhundertzweiundachtzig Zentimetern auf den kleineren Merton herunter und antwortete in der Dialektfärbung und im Satzbau des Soldaten Schweijk: »Bitte sähr, Herr Unteroffizier, da mecht ich entgegnen, daß es dazu zwei Meglichkeiten geben kennte.«

Merton lief rot an und brüllte: »Hinlegen und zwanzig Liegestütz.« Tim folgte dem Befehl. Als er bei der zehnten Pumpübung angelangt war, kam Leutnant Taschner vorbei. Er bedeutete Tim, aufzustehen und zu verschwinden. Dann fragte er Merton, was los gewesen sei. Der stotterte etwas von »Insubordination«. Er wollte wohl nicht erläutern, wie Tim ihn verarscht hatte. Taschner sagte: »Herr Unteroffizier, machen se mit den Jungen hier keene Fisimatenten, ooch wenn die mal Zicken machen.« Dann ging er weiter zur Kantine.

Wenn wir danach mit Unteroffizier Merton sprachen oder Weisungen von ihm bekamen, antworteten auch wir mit »Bitte sähr, Herr Unteroffizier« oder sogar mit »Habe die Ehre, Herr Unteroffizier.« Merton vergalt uns das mit gnadenloser Schleiferei, wenn das disziplinarmäßig nur irgendwie möglich war.

Einige Tage nach dem Bombenangriff fragten wir Leutnant Taschner und Wachtmeister Ley, ob wir uns mit Unteroffizier Merton einen Scherz erlauben dürften. Die »körperliche Unversehrtheit« des Unteroffiziers sei garantiert; wir würden ihn nicht anfassen, sondern nur versuchen, ihn ein bißchen zu blamieren.

Merton war bei seinen Unteroffizierskollegen nicht beliebt. Taschner und Ley schätzten ihn wohl auch nicht. Mit Fips Bussacker hatten wir die Aktion abgesprochen. Er sagte zu Leutnant Taschner: »Ich weiß Bescheid; es ist harmlos.« Taschner und Ley schauten sich an. Dann meinte Taschner: »Nun ja – ich will nicht wissen, was ihr vorhabt – aber bleibt im Rahmen.« Wir bedankten uns für die Genehmigung, die schon an eine Generalerlaubnis grenzte, und Tim sagte nur noch: »Es wäre zu empfehlen, daß sie sich morgen abend um zehn Uhr – wenn kein Fliegeralarm sein sollte – in der Kantine aufhalten würden.«

Zur verabredeten Zeit saßen Tim und ich in dem Bunker der Umwertung am Telefon. Ich spielte Vermittlung und rief auf dem Feldfernsprecher im Aufenthaltsraum an. Fips Bussacker meldete sich vereinbarungsgemäß. Ich sagte: »Hier ist das Luftgaukommando Münster. Oberst Fahrenholz möchte Unteroffizier Merton sprechen.« Fips legte die linke Hand über die Sprechmuschel und rief in den Raum: »Ruhe bitte, hier ist das Luftgaukommando.« Die Gespräche erstarben. Fips nahm die Hand wieder weg und sagte zu mir: »Augenblick bitte, ich werde Unteroffizier Merton holen.«

Beim Luftgaukommando gab es tatsächlich einen Oberst Fahrenholz. Merton hatte sich schon schlafen gelegt und Fips mußte ihn aus dem Bett holen. Er machte das Ganze so dringend, daß Merton in ungewöhnlicher Kleidung auftauchte; er hatte ein Nachthemd an, das bis zu den Knien reichte und die stark behaarten, dünnen Waden freiließ; über dem Nachthemd trug er seine Uniformjacke, an den Füßen Filzpantoffeln.

Übung am 2-Meter-Scheinwerfer November 1943 Quelle: Privat-Archiv

Merton meldete sich am Telefon. Ich sagte mit verstellter Stimme: »Augenblick bitte, ich verbinde mit Herrn Oberst Fahrenholz.« Die Soldaten und Unteroffiziere, die in der Kantine saßen, hörten gespannt zu und wollten wissen, was das Luftgaukommando von Merton wünschte. Leutnant Taschner und Wachtmeister Ley waren auch gekommen. Dann übernahm Tim das Telefon und fragte: »Unteroffizier Merton?« Der drückte seine Fersen in den Pantoffeln zusammen und rief: »Jawohl, Herr Oberst.« Tim fuhr fort: »Sie sind doch verantwortlich für das Funkmeßgerät in der Stellung Friesheim?«

Als Merton bejahte, wurde Tims Stimme so laut, daß auch die anderen Gäste in der Kantine aus der Hörmuschel des Fernsprechers alles verstehen konnten, was jetzt folgte. Tim räsonnierte im besten Kasernenton: »Ja sagen sie mal Herr Unteroffizier, wo sind wir denn eigentlich? Haben wir Krieg oder sind wir im Prater? Der von Ihrem – und ich wiederhole das – der von Ihrem FuMG gesteuerte Scheinwerfer hat überall hingestrahlt, nur nicht auf die britischen Bomber. Das war ein Lichtspektakel wie auf dem Jahrmarkt. Das hätte noch nicht einmal für den Reichsparteitag gereicht. Sie haben sogar den Wald angestrahlt. Waren Sie besoffen? Wissen Sie eigentlich, was Ihre Blödheit gekostet hat? Die 8,8- und 10,5-Batterien in Liblar und in Knapsack haben am Schluß in einem Salventakt von 18 Schuß pro Minute gefeuert – und wohin? In die Luft haben die geballert. Kein einziges feindliches Flugzeug ist getroffen worden.« Tim holte Atem und brüllte dann sofort wieder los: »Sie sind ein solcher Trampel, daß man sie notschlachten sollte. Aber sie können sicher sein: ich werde dafür sorgen, daß sie jede einzelne Granate bezahlen müssen.« Dann brach die Verbindung ab.

Merton hatte mehrmals versucht, zu Wort zu kommen, bekam aber bei Tim keine Chance. Er wurde immer kleiner, Schweiß stand ihm auf der Stirn, und seine behaarten Beinchen schienen noch dünner zu werden als sie ohnehin schon waren. Als Tim das Gespräch so abrupt beendete, zuckte Merton zusammen. Er zog den Kopf ein und schlich wortlos aus der Kantine.

Leutnant Taschner sagte zu Fips: »Das war starker Tobak. Ich weiß nicht, wie Merton das verkraften wird.« Merton hatte aber wohl noch in der gleichen Nacht, spätestens am nächsten Morgen realisiert, daß man ihn auf den Arm genommen hatte. Er selbst kam niemals auf das angebliche Telefongespräch vom Luftgaukommando zurück. Die anderen Soldaten und Unteroffiziere, die Zeugen des Telefonats gewesen waren, erwähnten den Vorgang auch nicht. Da Leutnant Taschner und Wachtmeister Ley sich zu der fraglichen Zeit in der Kantine aufhielten, konnte Merton davon ausgehen, daß die beiden schon vorher von der beabsichtigten Vorführung unterrichtet waren. Bei Fips Bussacker und dessen enger Verbindung zu den Luftwaffenhelfern durfte er vermuten, daß Fips an den Plänen der Jungen mitgewirkt hatte. Die Tatsache, daß Fips in der Kantine neben dem Telefon stand und sofort den Hörer abnehmen konnte, als der angebliche Anruf vom Luftgau kam, mußte diese Vermutung verstärken.

So sah sich Merton einer geschlossenen Front von Luftwaffenhelfern, Soldaten, Unteroffizieren und Vorgesetzten gegenüber. Er verzichtete danach darauf, die Luftwaffenhelfer mit unnötigen Exerzierübungen zu belasten.

Für die Weihnachtsfeiertage sowie für Silvester und Neujahr waren die Luftwaffenhelfer in zwei Gruppen eingeteilt worden. Die eine Hälfte hatte Urlaub am Heiligen Abend sowie am Ersten und am Zweiten Weihnachtstag. Für die andere Hälfte begann die Freizeit an Silvester und endete nach Ablauf des zweiten Januars. Das waren in beiden Abteilungen je drei Tage Heimaturlaub, und zwar jeweils von Freitagmittag bis Montagmorgen.

Ich war der Gruppe zugeteilt, die über Silvester und Neujahr nach Hause fahren durfte. Dadurch verpaßte ich das »größte Besäufnis aller Zeiten«, wie die in Friesheim verbliebenen Kameraden später formulierten.

Nach der üblichen Ansprache mit Jahresrückblick, die von Leutnant Taschner präsentiert wurde, versuchte Wachtmeister Ley, die Mannschaft zu einigen getragenen Liedern anzuregen. Das fand nur wenig Interesse. Fips rettete den Abend, als er seine Klampfe holte. Bei Fahrtenliedern und Landsknechtsgesängen besserte sich die Stimmung. Erster Beifall kam auf, als zwei Leute aus dem Kader der Luftwaffenhelfer, einem Wink von Fips folgend, Schnapsflaschen herbeibrachten und auf die Tische der Kantine verteilten.

Fips hatte im Finnenzelt eine private Brennerei eingerichtet. Das war nur wenigen bekannt. Der Brennofen mit Kühlschlange war eine Eigenkonstruktion. Mit ihm konnte man auch große Materialmengen bewältigen. Im Spätsommer und im Herbst hatte Fips bei den Friesheimer Bauern verschiedene Sortimente von Früchten aufgekauft; zum Teil hatte man sie ihm auch geschenkt. Das waren Äpfel, Pflaumen, Kirschen und Himbeeren. Die hatte Fips in ausladenden Bottichen im Finnenzelt zur Gärung gebracht und dann gebrannt. Aus den Pflaumen war Sliwowitz geworden, aus den Kirschen Kirschwasser und aus den Himbeeren Himbeergeist. Das waren alles klare Schnäpse. Für den Apfelschnaps hatte sich Fips aus der Apotheke in Liblar einen Farbstoff besorgt, der dem Getränk nach Fertigstellung die sanfte bräunliche Farbtönung von Calvados gab.

Mannschaften und Luftwaffenhelfer hielten sich zunächst zurück. Man konnte nicht wissen, ob die Briten nicht auch zu Silvester ins Reich einfliegen würden. Nach Mitternacht, etwa um ein Uhr am 1. Januar, glaubte man sicher zu sein, daß bis zum nächsten Abend kein Angriff mehr zu erwarten war.

Die Soldaten waren die ersten, die kräftig zulangten. Für die Luftwaffenhelfer war Alkohol ungewohnt. Sie hielten sich lieber an die Fleischwurst- und Schinkenschnittchen, die August Rodalski zubereitet hatte. Die beiden Luftwaffenhelfer, die als Stewards wirkten, und Fips Bussacker schleppten in der Zwischenzeit weitere Flaschen aus dem Finnenzelt heran.

Jetzt begannen auch die Luftwaffenhelfer zu saufen. Leutnant Taschner versuchte, Wachtmeister Ley zum Kampftrinken zu überreden. Der verzichtete und verschwand kurze Zeit darauf in seiner Baracke. Taschner trank nur noch gegen sich selbst. Er versuchte die Unterschiede zwischen den einzelnen Schnäpsen zu erkennen. Zwischendurch lobte er lautstark die Fertigkeiten des Obergefreiten Bussacker, die dieser bei der Schnapsproduktion überzeugend unter Beweis gestellt habe. Er redete Fips immer wieder mit den Worten an: »Mein lieber Brandmeister.«

Als er nicht mehr in der Lage war, zwischen Calvados und Himbeergeist zu unterscheiden, stolperte er aus der Kantine, um sich zu erleichtern. Hein Mirgel, stets um das Wohl seiner Mitmenschen besorgt, folgte ihm. Er konnte ihn gerade noch auffangen, bevor er zu Boden ging. Bei den ersten Würgegeräuschen hielt er ihm den Kopf fest und achtete darauf, daß er sich nicht die Uniform bekotzte. Dann rief er William hinzu, um Taschner, der sich nicht mehr auf den Beinen halten konnte, zu dessen Baracke zu bringen.

Hein und William faßten ihren Leutnant unter den Achseln und schleppten ihn mehr als ihn zu tragen bis zur Barackentür. Dort stellten sie ihn ab. Als sie wieder auf dem Wege zur Kantine waren, meinte William: »Komm Hein, wir können den doch nicht so stehen lassen. Ohne uns findet der doch nie ins Bett.«

Als die beiden zu Taschners Baracke zurückkamen, war der Leutnant verschwunden. Vorsorglich öffnete Hein die Tür, um zu prüfen, ob Taschner schon schlief. Der Leutnant stand am Bett. Er hielt sich mühsam am Bettpfosten fest und lallte unverständliches Zeug. Vor ihm knieten zwei junge Frauen aus Friesheim, die in dem Ruf standen, sehr gesellig zu sein. Sie hatten sich zu Silvester in die Stellung geschlichen und hofften jetzt wohl auf leichte Beute. Sie waren dabei, Taschner die Hosen auszuziehen. Seine Stiefel lagen schon auf dem Boden.

Heins blaue Augen schärften sich. Er wirkte wie Erzengel Gabriel, als dieser Adam und Eva aus dem Paradies vertrieb. In Euskirchener Platt wandte sich Hein an die beiden Damen und schnauzte: »Schluß jetzt! Der Mann muß ins Bett, und das machen wir. Und was euch beide angeht: Seht zu, daß ihr Land gewinnt.« Er hielt die Tür offen; die Mädchen rafften Handtaschen und Mäntel auf und drückten sich eilig aus der Baracke.

Die fürsorgliche Betreuung machte sich bezahlt. Mitte Januar 1944 verfügte das Luftgaukommando, daß unter den Angehörigen der Stellung Friesheim wegen ihres tadellosen Einsatzes beim Bombenangriff vom 3. November 1943 einige Orden zu verteilen seien. Für die Luftwaffenhelfer fiel ein Kriegsverdienstkreuz ab. Das bekam Hein Mirgel. Tim und ich hörten am Feldtelefon mit, wie Leutnant Taschner sich mit Vehemenz für Hein einsetzte, obwohl Oberleutnant Vinzel andere Vorstellungen hatte.

Im Februar und März 1944 wurden die Jungen des Jahrgangs 1926 zum Reichsarbeitsdienst eingezogen und später zur Wehrmacht übernommen. Das waren von Friesheim Övvi Bachem, Tim Blindert, August Dohm, Günter Münz (»Znüm«), Karl Noster, Theo Rehling und Karl Wawer (»Wavell«). Für mich war das ein herber Verlust – nicht deshalb, weil die Kameraden weggingen, sondern weil mit der Einberufung Tims eine wichtige Nahrungsquelle für mich wegfiel. Die Mutter von Tim war eine resolute Frau, die neben ihrem einzigen Kind Tim auch mich in ihr Herz geschlossen hatte. Wenn wir mit der Flutsch (der Kreisbahn) zum Physik- und Chemieunterricht nach Euskirchen ins Gymnasium gefahren waren, kam sie nach dem Unterricht zum Bahnhof, um ihrem Sohn Butter, Weck und Wurst zu übergeben. Da ich der jüngste Luftwaffenhelfer aus unserem Beritt war, steckte sie auch mir häufig etwas zu, meistens Griesmehltorte; sie wußte, daß ich die besonders gerne mochte.

Tims Mutter setzte bei ihrem Sohn die »Truppenbetreuung« sogar noch fort, als Tim schon bei der Marine war. Während seiner Grundausbildung auf dem Dänholm bei Stralsund im August 1944 gelang es ihr, bis in die Mannschaftsstube vorzudringen und ihm Lebensmittel aus der Heimat zu bringen. Das war für Zivilisten verboten – auch wenn es sich bei den Zivilisten um Mütter der Matrosen handelte. Tim erhielt drei Tage verschärften Arrest. Da er und seine Crew sich zwei Tage später auf einem Zerstörer einschiffen mußten und die Strafe deshalb auf dem Dänholm nicht mehr vollzogen werden konnte, wurde Tim verdonnert, die drei Tage Arrest im Krähennest des Zerstörers abzusitzen, als dieser auf dem Weg ins Eismeer war.

Anfang April 1944 hatte ich acht Tage Heimaturlaub. Bernd Michels, der inzwischen ebenfalls zur Heimatflak eingezogen worden war, hatte auch Urlaub. Johannes Reidenbach und Karl Heinz Vossel waren zu Hause. Am Sonntag, dem 2. April, trafen wir uns auf dem Elefantenkopf, dem Herzstück unserer Abenteuerspiele seit früher Kindheit. Wir saßen unter einem der beiden Eichenbäume, die auf der Schädeldecke des Elefanten standen, und erzählten uns, was wir von der Zukunft erwarteten. Alle gingen davon aus, daß der Krieg noch fünf bis sieben Jahre dauern würde. So lange mußte er auch noch dauern, wenn wir »richtige« Soldaten werden sollten. Wir wollten größere Verantwortung erwerben – etwa als Offizier – und mit Tapferkeitsauszeichnungen auf der Brust nach Hause kommen. Ich träumte davon, als U-Boot-Kommandant mit einer verschworenen Mannschaft auf Feindfahrt gehen zu können.

In der Vorfrühlingsstimmung an diesem heiteren Sonntagnachmittag beschlossen wir, uns sechs Jahre später an gleicher Stelle wiederzutreffen. Unter dem Datum vom 4. April 1944 schrieb ich zu Hause auf einem DIN-A4-Blatt mit schwarzer Tusche und in großen gotischen Buchstaben: »Die Unterzeichneten verpflichten sich hiermit, sich am 5. Mai 1950, um 5 Uhr p.m., auf dem Elefantenkopf zu treffen.« Jeder von uns Vieren unterschrieb, und dann siegelte ich das Papier mit einem Vier-Pfennig-Stück, das 1932 in Umlauf war und von dem ich ein Exemplar aufgehoben hatte. Wir tranken eine Spätlese Trittenheimer Altärchen, die ich dem Weinvorrat meines Vaters entnommen hatte. Wir steckten die Urkunde – eingerollt und mit einem roten Band verschnürt – in die leere Flasche und versiegelten sie. Ich fertigte für jeden von uns eine Kopie auf einem Blatt DIN-A5. Wir unterschrieben und siegelten auch die Kopien. Am Nachmittag des 4. Aprils 1944 marschierten wir erneut auf den Elefantenkopf und vergruben die Flasche mit dem Dokument unter der Eiche, unter der wir uns so häufig zusammengesetzt hatten.

Für Reidenbachs Johannes hatte die Urkunde beinahe böse Folgen. Er wurde im Juli 1944 zum Arbeitsdienst und im Oktober zur Wehrmacht eingezogen. Nach der Ausbildung kam er zum Infanterieregiment 1243, das an der Ostfront kämpfte. In der Nacht vom 25. zum 26. März 1945 wurde er mit einigen Kameraden bei Ratibor zu einem Stoßtrupp befohlen. Dabei fiel er in sowjetische Gefangenschaft.

Vor Beginn des Stoßtrupps hatte er – wie üblich – sein Soldbuch abgeben müssen. Nach der Gefangennahme befahl ihm ein sowjetischer Korporal, die Taschen zu leeren. In seiner Geldbörse, in dem Fach für Geldscheine, steckte die Kopie unserer Urkunde. Als der Russe das Papier auseinanderfaltete, sah er das Siegel und die fremdartigen Buchstaben. Er glaubte offensichtlich, eine amtliche Urkunde vor sich zu haben. Er schrie: »Stotakoi – Dokument – Du Spion!« Andere Russen sprangen hinzu. Hannes erschrak. Er fragte nach einem Dolmetscher. Der kam nach einiger Zeit. Hannes konnte ihm erklären, daß die Urkunde nur das Versprechen von vier Freunden bedeute, sich im Jahre 1950 wiederzusehen; das Papier sei in einer Stimmung von Jugendromantik verfaßt worden; es sei rein privat und vielleicht mit Karl-May-Träumen zu erklären. Der Dolmetscher wußte, wer Karl May war. Er beschlagnahmte die Urkunde, ließ Hannes aber unbehelligt.

Johannes Reidenbach kam erst im September 1949 aus sowjetischer Gefangenschaft zurück. Am 5. Mai 1950, nachmittags um 5 Uhr, trafen sich die vier Signatare des Dokuments auf dem Elefantenkopf wieder. Wir gruben die Flasche aus. Die Urkunde war unversehrt. Wir feierten die Freude, uns nach dem langen Krieg gesund wiedergefunden zu haben, mit vielen Schnäpsen.

In Friesheim war unsere Zeit im Frühjahr 1944 zu Ende gegangen. Am Dienstag, dem 23. Mai, wurden wir zu einer Flakbatterie mit 3,7-cm-Geschützen versetzt, die am Flugplatz Bonn-Hangelar stationiert war. Wir waren nur noch acht Luftwaffenhelfer.

Die neue Geschützstellung mußte erst noch gebaut werden. Bis zu ihrer Fertigstellung brachte man uns im Kloster St. Augustin unter, Zentrale und Ausbildungsstätte des katholischen Ordens der »Steyler Missionare«. Mönche und Seminaristen waren verlegt worden. Das riesige Gebäude gehörte uns allein.

Morgens marschierten wir zu dem nahen Stellungsgelände und warfen die Wälle auf, mit denen die Baracken, die in einer Senke plaziert waren, geschützt werden sollten. Später befestigten wir die drei Hügel für die Flakgeschütze, die wir zu bedienen hatten. Die Hügel lagen etwas höher als das Niveau, mit dem die Senke abschloß. Abends kehrten wir müde ins Kloster zurück.

Dennoch fanden wir immer wieder Zeit, durch die langen Gänge des Gebäudes zu toben und die einzelnen Räume des Seminars zu erkunden, etwa den Chemieraum oder den Physiksaal. In der Aula stand ein großer Bechsteinflügel. Hier übte Wilfred Simon manchmal Jazzmelodien.

Wir sprachen Wilfreds Familiennamen aus wie den des damaligen britischen Lordkanzlers Sir John Simon.

Wir versuchten auch, die Luftlöcher der Spinde, die in den Schlafsälen der Seminaristen standen, mit Gardinenstangen zu treffen, die wir als Speere benutzten.

An einem heißen Nachmittag, als wir zurück waren von der Schufterei in unserer Stellung, hatte sich Schittes den Unwillen einiger Kameraden zugezogen. Wir hatten geduscht, nur Schittes nicht. Er war im Schlafraum geblieben. Bill war der erste von uns, der von den Duschen in den Schlafraum zurückkam. Er sah Schittes, ein offenes Paket auf den Knien, das ihm vor einigen Tagen von

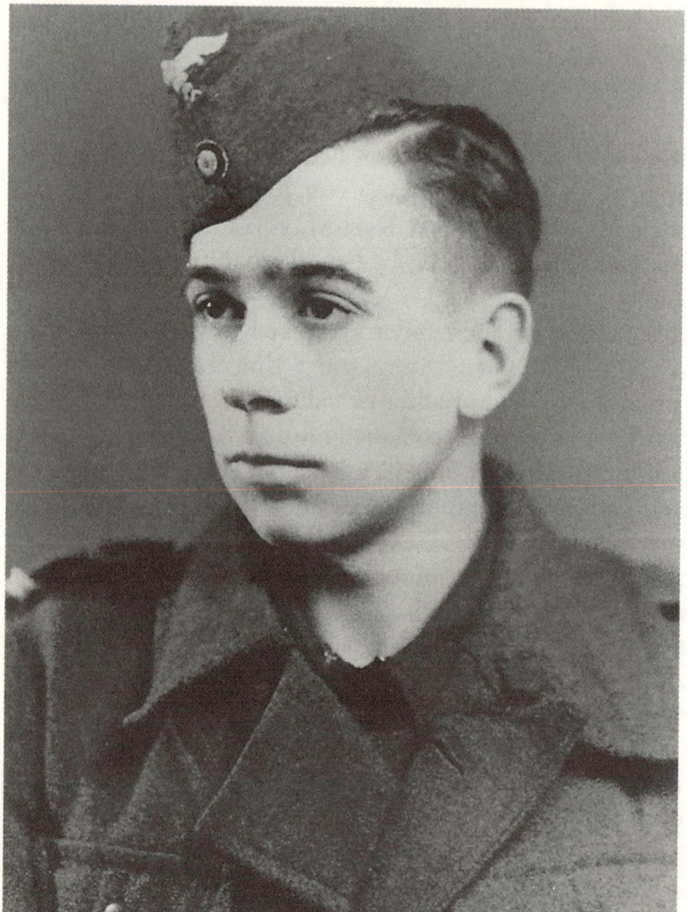

Als Luftwaffenhelfer in Friesheim November 1943
Quelle: Privat-Archiv

seinen Eltern zugeschickt worden war. Er hatte eine Schachtel mit Keksen in der Hand und stopfte sich gierig das Gebäck in den Mund. Johnny Bauer betrat als nächster den Raum und kletterte in sein Bett in der obersten Etage der dreistöckigen Lagerstatt. Schittes blickte ängstlich auf Bill, stellte die Keksdose wieder in das Paket und wollte das Paket verschließen. Bill hinderte ihn daran. Inzwischen waren wir alle im Schlafraum eingetroffen. Bill blickte zu uns herüber und rief: »Seht mal her! Das Schwein hier schlägt sich den Wanst voll und wir müssen hungern.« Die letzte Feststellung war eine Übertreibung. Wir hatten alle genug zu essen. Aber Schittes hatte von den Nahrungsmitteln, die er vom Urlaub in die Stellung mitgebracht hatte oder die ihm von zu Hause geschickt worden waren, bisher noch niemals etwas abgegeben.

Johnny blickte nach unten in das Paket und sah neben den Keksen eine Schachtel mit Butter und mehrere Würste liegen. Er stieß sich von der Bettkante ab und sprang Schittes auf den Rücken. Der brach schreiend zusammen. Die Kekse flogen durch die Luft, die Butter und die Würste schlitterten unter das unterste Bett. Johnny versetzte Schittes einen derben Tritt in den Hintern, so daß er mit dem Kopf gegen die Wand knallte. Schittes sprang auf und stürzte schreiend davon.

Johnny schnappte sich ein Handtuch, rief: »Los, dem verpassen wir eine Abreibung«, und rannte hinterher. Auch wir griffen uns die Frottiertücher, die wir beim Duschen benutzt hatten, und folgten den beiden. Wir waren barfuß und hatten nur unsere Drillichhosen an. Wir wirbelten die Tücher durch die Luft und schrien: »Handtuchmänner, vor!«

In einem der Innenhöfe des Klosters hatte man einen Feuerlöschteich angelegt. Das Wasser war brackig und am Rande des Teichs mit Algen bedeckt. Dort holten wir Schittes ein. Wir prügelten mit den zusammengefalteten Handtüchern auf ihn ein, während er schützend Arme und Hände über seinen Kopf hielt. Dann rissen Johnny und Bill ihm die Drillichjacke und das Hemd vom Leib, faßten ihn an Armen und Beinen und warfen ihn in hohem Bogen in den Teich.

Er kam prustend wieder hoch und rief: »Helft mir, ich kann nicht schwimmen.« Er strampelte bis an den Rand des Beckens, das mit schrägen, glitschigen Wänden zur Mitte hin abfiel, aber höchstens einen Meter sechzig tief war. Als Schittes versuchte, die Schräge hochzukriechen, immer wieder zurückrutschte und es dann – keuchend – beinahe geschafft hatte, trat Bill ihm auf den Kopf und drückte ihn unter Wasser. Nach dem zweiten Versuch, bei dem er wieder gurgelnd unterging, zog er sein Portemonnaie aus der Gesäßtasche, hielt es hoch und schrie: »Ich geb euch das. Ihr könnt alles behalten, was drin ist.« Auch beim dritten Versuch tauchte Bill ihn wieder ein. Schließlich hielt Jack ihm die Hand hin und zog ihn heraus.

Wir trieben ihn in den Duschraum. Ich las noch seine Jacke, sein Hemd und seine Geldbörse auf. Im Duschraum spritzten wir ihn mit eiskaltem Wasser ab.

Nur Hein hatte sich nicht an der Hetzjagd beteiligt.

Am Dienstag, dem 6. Juni 1944, landeten alliierte Truppen in der Normandie. Es war D-Day (Decision-Day), der Tag der Entscheidung. Die Invasion hatte begonnen.

Das hatte für uns zunächst noch keine Auswirkungen. Unsere Stellungen waren fertig und unsere drei Geschütze waren plaziert und verankert. Wir benötigten noch weitere acht Tage, um die Ausbildung an der neuen Waffe abzuschließen. Aber auch danach vergingen noch mehrere Wochen, bis wir die ersten Angriffe amerikanischer Jagdbomber auf den Flugplatz Hangelar abwehren mußten.

Aus den vorsichtigen Formulierungen der Wehrmachtsberichte konnten wir entnehmen, daß die Alliierten ihren Brückenkopf ausgeweitet und stabilisiert hatten. Nach den ersten acht Tagen war die deutsche Luftwaffe in Nordfrankreich nicht mehr einsatzfähig. Der Wehrmacht war es trotz des rücksichtslosen Einsatzwillens, den alle Einheiten zeigten, nicht gelungen, die Alliierten wieder zurückzudrängen. Die Materialüberlegenheit des Gegners war zu groß.

Damals wurde es üblich, Divisionen und Kampfgruppen, die sich durch große Tapferkeit ausgezeichnet hatten, im Wehrmachtsbericht zu erwähnen. Am 29. Juni 1944 notierte der Wehrmachtsbericht, daß sich bei den Kämpfen südlich von Caen die 12. SS-Panzerdivision »Hitler-Jugend« unter Führung von SS-Standardenführer Meyer besonders ausgezeichnet hätte.

Die SS-Division »Hitler-Jugend« war ein Geschenk von Reichsjugendführer Artur Axmann an Adolf Hitler. Axmann hatte sie Anfang 1944 zusammenstellen lassen. Die Rekruten waren überwiegend Oberschüler und HJ-Führer, die sich freiwillig gemeldet hatten. Acht Tage nach Beginn der Invasion kamen sie zu ihrem ersten Einsatz. Innerhalb von wenigen Wochen war die Division aufgerieben.

Die amerikanischen Soldaten, die ihr gegenüberstanden, belächelten die SS-Einheit zunächst als »Baby-Division«, wurden durch den fanatischen Kampfeswillen der Hitler-Jungen aber bald eines anderen belehrt. Ein amerikanischer Freund, der damals an diesem Frontabschnitt eingesetzt war, erzählte mir Jahre nach dem Krieg, daß die Jungen auch dann noch weiter gekämpft hätten, als sie keine Munition mehr gehabt hätten und die Lage aussichtslos gewesen sei. Sie wären dann mit bloßem Spaten gegen die Invasionstruppen vorgegangen und hätten niemals aufgegeben. Man hätte jeden einzelnen überwältigen oder umbringen müssen.

Dieser ungewohnte Fanatismus hat sicher dazu beigetragen, daß sich bei den amerikanischen Truppen später ein »Werwolf«-Trauma entwickelte. Goebbels rief diese Partisanen-Aktion im November 1944 ins Leben. Die Ansprüche, die Goebbels stellte, konnten aber nicht umgesetzt werden; seine Hoffnung, der »Werwolf« werde den Widerstand gegen die Alliierten stärken und einen wichtigen Beitrag zum Kriege bringen, wurde nicht erfüllt. Nur eine einzige spektakuläre

Kommando-Operation in den von den Amerikanern eroberten deutschen Gebieten hatte Erfolg. Das war die Ermordung des ersten Nachkriegsbürgermeisters im besetzten Aachen, Franz Oppenhoff, am 25. März 1945. Andere Aktionen scheiterten. Sie blieben Einzelunternehmen und lösten nicht – wie von Goebbels erwartet – eine Partisanenbewegung aus. Sie führten aber dazu, daß die amerikanische Armee sechzehnjährige Hitler-Jungen, die sich an derartigen Unternehmungen beteiligt hatten, zum Tode verurteilen und erschießen ließ.

Die Waffen-SS nutzte den Opfermut ihrer jüngsten Division für Propagandazwecke. Johnny Bauer war davon so beeindruckt, daß er überlegte, seine Meldung zur Infanterie des Heeres zurückzunehmen und sich statt dessen für eine Laufhahn in der Waffen-SS zu bewerben. Johnny wollte Berufsoffizier werden. Seine Größe hätte für die SS gereicht; man mußte dafür mindestens 1,70 m groß sein. Er zögerte die Entscheidung aber so lange hinaus, bis ihn im Herbst 1944 die Einberufung zur Infanterie erreichte. Er ist bei seinem ersten Einsatz nach der Grundausbildung gefallen.

Für den Bonner Raum brachten die letzten Juni- und die ersten Juliwochen 1944 einige der ruhigsten Tage des gesamten Krieges. Die feindlichen Bomberflotten flogen bei ihren Nachteinsätzen, die sich häufig gegen Ziele im Ruhrgebiet richteten, so hoch, daß sie für unsere 3,7cm-Kanonen unerreichbar waren. Tagsüber passierte nichts. Das ermöglichte uns übermütige Übungen in Albernheit und Schabernack.

An einem sehr heißen Sonntagnachmittag Anfang Juli 1944 waren wir alle in der Stellung. Das Luftgaukommando hatte nach der Landung der alliierten Truppen an den Stränden der Normandie totale Urlaubssperre verhängt. Die Mannschaften und Unteroffiziere und auch unser Stellungskommandant, Wachtmeister Fuest, waren vor der Hitze, die draußen herrschte, in ihre Baracken geflohen. Schittes, der Flugmeldedienst machen mußte, saß in einem Einmannloch neben dem Flakgeschütz Nr. 2. Er hoffte, daß er dort unbemerkt auch einmal die Augen schließen könnte.

Die Baracke der Luftwaffenhelfer hatte zwei Räume mit einem flurähnlichen Entree. In dem größeren Zimmer standen vier zweistöckige Betten für uns acht Jungen, acht Spinde und zwei Tische mit je vier Hockern. Der andere Raum war verkürzt um das 2 mal 3 Meter große Entree und diente für Schulungszwecke. Hier sagten wir in monotoner Leier die Einzelteile der 3,7-Flak-18-Waffe auf und erläuterten ihre Funktionen. An den Wänden hingen die Silhouetten der feindlichen Bomber, die wir im Anflug erkennen sollten: die britischen Lancaster-Flugzeuge etwa mit sieben Mann Besatzung und einer Flughöhe von 7400 Metern, angetrieben von vier Rolls-Royce-Motoren mit jeweils 1460 PS, die in 3500 m Höhe mit einer Geschwindigkeit von 460 km/h flogen; oder die amerikanischen Boeing B-17 »Flying Fortress« mit zehn Mann Besatzung und einer Flughöhe von 11 400 Metern, angetrieben von vier Wright-Cyclone-Motoren mit jeweils

1200 PS, die in 9150 m Höhe mit einer Geschwindigkeit von 480 km/h flogen. Die Lancaster konnte eine Bombenlast bis zu 6350 kg tragen, die Flying Fortress bis zu 7850 kg.

Nach dem 6. Juni 1944 kamen zu den Silhouetten der Langstreckenbomber die Fotos von Jagdbombern hinzu: der amerikanischen Thunderbolt mit nur einem Mann Besatzung, mit einem Pratt-&-Whitney-Doppelsternmotor mit 2535 PS, einer Geschwindigkeit von 686 km/h in 9150 m Höhe und einer Reichweite von rund 1000 km; oder der britischen Spitfire mit einem Mann Besatzung, einer Geschwindigkeit von 598 km/h in 4000 m Höhe und einer Reichweite von 1800 km.

Die beste und für uns lästigste und gefährlichste Konstruktion war der amerikanische Lockheed P-38 »Lightning« Jagdbomber. Das war eine Doppelrumpfmaschine mit nur einem Mann Besatzung, mit einer Dienstgipfelhöhe von 13 390 Metern und einer Geschwindigkeit von 663 km/h in 7620 m Höhe. Sie hatte die erstaunliche Reichweite von 3620 km und war mit einer 20-mm-Hispano-Kanone und vier 12,7-mm-Browning Maschinengewehren bewaffnet. Sie konnte eine Bombenlast bis zu 1820 kg tragen.

Wir hatten unseren Sonntagsnachmittags-Kaffee im Schulungsraum zu uns genommen. Hein und Jack hatten das durch einige Plätzchen bereichert, die von zu Hause stammten und verteilt werden konnten. Nun überlegten wir, wie wir Mannschaften und Unteroffiziere, vor allem aber Wachtmeister Fuest, aus ihrer Lethargie reißen konnten. Fuest war ein gebildeter Mensch, manchmal von grüblerischer Zurückhaltung, und stammte aus Norddeutschland. Er spielte Geige und liebte das Adagio, Musikstücke mit langsamer und ruhiger Vortragsweise.

Wir entschieden uns für eine lärmende Persiflage von Propagandasendungen »zur Stärkung des Durchhaltewillens bis zum Endsieg«. Dabei sollten die Zurufe des Publikums so laut sein, daß auch die größten Schläfer aus den Betten fallen mußten.

Vorher präparierten wir den Raum. Johnny schrieb auf die grüne Wandtafel in großen Lettern: »Laß Dich nicht aus der Ruhe bringen – Denk an Götz von Berlichingen«. Dann nahm er das Tischtuch und verhängte damit die Tafel. Auf dem Tisch standen jetzt nur noch die Kaffeekanne, unsere leeren Tassen und zwei große Blumenvasen. Die Blumen waren verwelkt. Jack warf sie in den Mülleimer und goß das Wasser aus den Vasen vor die Barackentür.

Bill und William nutzten die Chance, auf ihre Weise zur kommenden Unterhaltung beizutragen. Die beiden verfügten über die größten Methangasreserven von uns allen. Sie waren jederzeit in der Lage, längere und auch voluminöse Fürze von sich zu geben. Das taten sie jetzt. Jeder nahm sich eine der beiden Vasen und furzte dann langsam, lange und lautstark in sie hinein. Dann stellten die beiden die Vasen mit der Öffnung nach unten wieder auf den Tisch.

Ich hatte die Tür zwischen dem Flur und dem Schulungsraum ausgehängt und quer vor die Öffnung gestellt. Dies war das Podium, von dem aus ich sprechen wollte. Die anderen Luftwaffenhelfer saßen im Schulungsraum und waren das Publikum, dessen Beifall wesentlicher Bestandteil der Veranstaltung sein sollte. Ich öffnete die Außentür der Baracke, damit man unser Geschrei auch draußen hören konnte.

Dann trug ich in stark verkürzter Fassung die Rede vor, mit der Goebbels am 18. Februar 1943 im Berliner Sportpalast den »Totalen Krieg« verkündet hatte. Ich begann langsam und bemühte mich, den demagogischen Singsang zu treffen, der für seine Ansprachen charakteristisch war. Ich gab – wie Goebbels – ein »ungeschminktes Bild der Lage« und schilderte die Bedrohung durch »den Ansturm der Steppe gegen unseren ehrwürdigen Kontinent«. Jetzt müsse Schluß sein mit »bürgerlicher Zimperlichkeit«; es gelte, »die Glacéhandschuhe auszuziehen und die Faust zu bandagieren«.

An dieser Stelle war es im Sportpalast zu – offensichtlich – organisierten Sprechchören gekommen. Meine sechs Kameraden imitierten das. Sie sprangen auf und riefen: »Deutsche Männer, ans Gewehr! Deutsche Frauen, an die Arbeit!«

Dann zählte ich die Gruppen auf, die zu der Veranstaltung im Sportpalast eingeladen worden waren. Goebbels hatte – unter rasendem Beifall – »jeden Stand des deutschen Volkes« aufgerufen. Als ich meine Auflistung abgeschlossen hatte, hob ich erneut meine Stimme und stellte – auch hier der Rede-Regie von Goebbels folgend – mit abgehackter Sprechweise gegenüber meinen vor mir sitzenden Kameraden fest: »Ihr also, meine Zuhörer, repräsentiert in diesem Augenblick die Nation.« Die Jungen sprangen wieder auf und brüllten »Heil, Heil, Heil.«

Jetzt kamen die berühmten zehn Fragen: »Die Engländer behaupten … Ich frage Euch …« Goebbels hatte für die nun folgende Schlußphase seiner Rede eine ganze Stunde gebraucht. So viel Zeit hatte ich nicht. Ich beschränkte mich auf die Fragen vier und fünf.

Bei der vierten Frage hieß es: »Wollt ihr den totalen Krieg? Wollt ihr ihn, wenn nötig, noch totaler und noch radikaler als wir ihn uns heute überhaupt vorstellen können?« Von den Freunden kam wilder Beifall: »Jawohl, wir wollen.«

Die Frage fünf zielte auf die Verehrung, die jeder Deutsche dem »Führer« schulden sollte. Ich versuchte, meiner Stimme durch eine Moll-Modulation das dazu notwendige Pathos zu geben und fragte: »Ist euer Vertrauen zum Führer heute größer, gläubiger und unerschütterlicher denn je?« Im Sportpalast war es danach zu »orkanartiger Zustimmung« gekommen. Jetzt trampelten die Luftwaffenhelfer mit den Füßen, sprangen dann auf ihre Stühle und brüllten: »Heil«, »Heil« und immer wieder »Heil«.

Schließlich beendete ich die Vorstellung – skandierend wie Goebbels – mit der Phrase, die an Theodor Körner, den Dichter der Freiheitskriege angelehnt war: »Nun Volk, steh auf und Sturm brich los!«

Die sechs Kameraden sprangen noch einmal auf die Füße und hörten nicht auf, »Heil« zu schreien. Ich brüllte mit.

Der Sturm, der dann über uns hereinbrach, war unser Stellungskommandant. Er stürzte durch die offene Außentür in die Baracke und schrie: »Warum macht ihr solchen Krach? Seid ihr verrückt geworden?« Er sah mich neben der umgekippten Zimmertür stehen und befahl: »Schieben sie die Tür weg!« Ich tat wie geheißen. Wachtmeister Fuest rannte in den Schulungsraum, sah die beiden Vasen umgestülpt auf dem Tisch stehen und rief: »Was soll der Quatsch?« Dann hob er die Vasen mit beiden Händen gleichzeitig an, um sie korrekt plazieren zu können. Im Nu verbreitete sich durchdringender Latrinenduft. Fuest trat einen Schritt zurück, rang nach Atem und krächzte: »Herrgott noch mal, das stinkt ja fürchterlich.« Dann sah er das Tischtuch, das Johnny Bauer über die Tafel gezogen hatte. Er befahl, das Tuch wegzunehmen. Johnny gehorchte, und der Wachtmeister konnte lesen: »Laß Dich nicht aus der Ruhe bringen – Denk an Götz von Berlichingen«.

Fuest holte noch einmal Luft. Er wandte sich zu mir und sagte: »Horchem, Gasmaske auf und zwanzig Runden um den Platz.« Dann verließ er die Baracke.

Ich setzte die Gasmaske auf und trabte los.

Wachtmeister Fuest hatte sich seinen »Kampfsessel« aus der Baracke geholt und vor die Tür gestellt. Das war ein ganz normaler Autosessel, den ein mit Fuest befreundeter Autohändler gespendet hatte und der nur von uns mit diesem kriegerischen Namen belegt worden war. Jetzt saß Fuest in dem Sessel, um beobachten zu können, ob ich tatsächlich die zwanzig Runden mit Gasmaske laufen würde.

Nach zwei Runden öffnete sich plötzlich die Außentür unserer Baracke und Hein, William und zwei weitere Freunde stürzten heran, die Zimmertür, von der aus ich gepredigt hatte, auf den Schultern. Sie hielten vor mir an, legten die Tür auf die Erde, und ich mußte mich mit gekreuzten Beinen draufsetzen. Dann hoben sie die Tür wieder an und trugen mich im Laufschritt zwei weitere Runden um den Platz. Ich wirkte wie Münchhausen auf dem fliegenden Teppich, nur mit Gasmaske.

Als wir vor Wachtmeister Fuest ankamen, stand der auf. Wir stoppten. Fuest mußte jetzt auch lachen. Er sagte: »Haut ab! Aber macht keinen Krach mehr.«

Wenige Tage später, am 20. Juli 1944, kam es im Führerhauptquartier »Wolfschanze« bei Rastenburg in Ostpreußen zu dem Sprengstoffattentat gegen Hitler. Dieses Ereignis, dessen historische Bedeutung offenkundig war, berührte uns seltsamerweise nur wenig. Wir waren wohl zu jung, um ermessen zu können, welche Gewissensprozesse vieler Persönlichkeiten zu einer solchen Entscheidung geführt, welche Energie, welche organisatorische Kraft und welche Konspiration die Vorbereitung des Unternehmens erfordert haben mußte und welche politischen Auswirkungen das Attentat bis weit über das Kriegsende hinaus haben würde. Wir fragten uns nicht, ob Hitler wirklich ein solcher Tyrann war, daß man ihn ermorden durfte und mußte. Die Floskeln der Goebbelschen Propaganda (»ein feiger Anschlag einer Clique ehrloser Offiziere«) ließen uns ebenfalls kalt. Wir überlegten allerdings, ob ein gewaltsamer Regierungswechsel mitten in einem Krieg, von dessen Ausgang die Existenz des Volkes abhing, überhaupt eine Chance haben konnte. Durften die neuen Herren, die durch einen Putsch (nicht durch einen Aufstand) an die Macht gelangen wollten, mit der Loyalität der kämpfenden Truppe rechnen? Oder wären – nach dem Tode Hitlers – vielleicht ganze Frontabschnitte zusammengebrochen, und hätten damit die Alliierten nicht sofort bis in das Herz Deutschlands durchstoßen können?

Nachhaltig beeindruckte uns die Tatsache, daß die Soldaten und Offiziere der Wehrmacht nach dem 20. Juli 1944 nicht mehr mit der Hand an der Kopfbedeckung grüßen durften, sondern die »Ehrenbezeugung« mit ausgestrecktem Arm erweisen mußten. In der Außendarstellung unterschieden wir uns dadurch kaum noch von »richtigen« Soldaten. Wir bewerteten die neue Regelung der Grußpflicht deshalb positiv.

Gegenüber der seit Ende Juli zunehmenden Zahl der Jagdbomberangriffe auf den Flugplatz Hangelar traten unsere Überlegungen zum Attentat bald in den Hintergrund.

Die Reaktionen im Lande waren unterschiedlich. In Mechernich beaufsichtigte Frau Maintz, eine couragierte Großbäuerin und damals 51 Jahre alt, am Tag des Attentats eine Gruppe von Frauen und Mädchen, die auf einem Felde in der Nähe der Steinrausch Erbsen pflückte. Heinz Maintz, ihr drittältester Sohn, war 1943 in Rußland gefallen. Der zweitälteste Sohn, Leo Everhard, kämpfte im Sommer 1944 an der Ostfront und sollte im September 1944 in Polen fallen. Gottfried, der älteste, war im Juli 1944 als Stabsarzt tätig. Der jüngste Sohn, Hans Ferdinand, war wie ich Jahrgang 1927 und ein Schulkamerad von mir. Er war im Juli 1944 als Luftwaffenhelfer im Raum Liblar eingesetzt.

Frau Maintz war sich nicht zu schade, auch selbst Hand anzulegen. Auch sie pflückte Erbsen und schob sie in die bereitgelegten grobgewirkten Papiersäcke. Wenn die Pflückerinnen ihre gefüllten Säcke ablieferten, bediente sie die Waage.

Am späten Nachmittag des 20. Julis kam ein Knecht des Hofes Maintz auf die Frauengruppe zugerannt und rief schon von weitem: »Im Führerhauptquartier ist ein Attentat auf Hitler gemacht worden. Der Führer lebt. Er ist nur leicht verletzt.«

Als der Knecht, noch laufend, die Nachricht zum zweiten Mal gerufen hatte, sprang Louise Maintz auf und schrie aus vollem Hals: »Der Schweinehund, der Hitler! Warum lebt der noch? Der ist schuld am Tod von unserem Heinz. Wenn die anderen ihn nicht töten können, diesen Verbrecher, dann werde ich das machen. Ich werde ihm den Hals mit dem Küchenmesser durchschneiden.«

Übung an der 3,7-cm-Flak, Juli 1944 **Quelle: Privat-Archiv**

So ging das noch eine ganze Weile. Die anderen Frauen tuschelten. Sie beteiligten sich nicht an dem unerwarteten Ausbruch. Niemand von ihnen sprach später darüber, und niemand von ihnen ging zu den Behörden oder zur Partei, um Frau Maintz zu denunzieren.

Anfang August hatte Schittes wieder Flugmeldedienst. Er stand mit dem Megaphon an Geschütz 2 und bemühte sich um Wachsamkeit. Wir dösten in der Baracke vor uns hin. Es war ungefähr sechs Uhr nachmittags, als Schittes plötzlich die Flüstertüte an den Mund setzte und zu uns herunterschrie: »Feindliche Flugzeuge aus Richtung neun!« Wir stürzten zu den Geschützen und sahen einen Pulk Jagdbomber aus der Sonne in etwa 200 Metern Höhe auf den Flugplatz zurasen. Es handelte sich offensichtlich um Thunderbolts, vier Stück, die normalerweise in 9000 m Höhe flogen, um dann herunterzustoßen und zu schießen oder Bomben zu werfen.

Wachtmeister Fuest hatte kaum gerufen »Feuer frei«, als wir schon losballerten. Drei Maschinen drehten ab, die vierte wurde getroffen. Sie versuchte auf dem Flugplatz notzulanden. Bevor sie in einem Bogen zur Landung ansetzte, schoß der Pilot noch eine rot-grüne Leuchtkugel ab. Und das waren die Farben des an diesem Tage gültigen Erkennungssignals für deutsche Flugzeugführer, die unter den Beschuß der deutschen Flak geraten waren. Die Maschine landete, der Pilot blieb unverletzt.

Wir hatten also einen Deutschen abgeschossen.

Die vier Maschinen waren keine Thunderbolts gewesen, sondern italienische Macchi C 200 Saetta. Sie ähnelten den amerikanischen Maschinen und wurden manchmal auch von deutschen Flugzeugführern geflogen. Schittes hatte die Macchis, die auf den Hangelarer Flugplatz zugerast waren, nur unzureichend erkennen können. Die Maschinen waren aus der Sonne gekommen und im Pulk geflogen, also nicht in Formation, wie das die vom Einsatz heimkehrenden deutschen Flugzeuge üblicherweise taten. Wir waren von der Sonne fast geblendet. Über diese Einschränkung hinaus blieb uns zur Identifizierung des Flugzeugtyps nur der Blick auf den rechten Flugzeugflügel und auf den Motor mit Propeller. Und bei dieser Sicht konnte man die Macchis durchaus für Thunderbolts halten. Zu diesem Ergebnis kam auch die Untersuchung, die am nächsten Morgen eingeleitet wurde. Für Schittes bedeutete das: die unrichtige Identifizierung der Flugzeuge und der daraus resultierende Fehlalarm hätte jedem anderen ebenfalls passieren können.

Im August war die Herrlichkeit der Luftwaffenhelfer in Hangelar vorbei. Jetzt erreichten die Einberufungen zum Arbeitsdienst auch die Jungen des Jahrgangs 1927. Hein und William blieben zusammen und kamen in ein Lager im Emsland. Bill und Jack blieben ebenfalls zusammen. Simon kam in ein Lager bei Thorn. Wohin Jonny und Schittes einberufen wurden, weiß ich nicht. Jonny ist 1945

Thunderbolts **Quelle: Privat-Archiv**

Macchi C 200 Saetta Quelle: Privat-Archiv

als Infanterist gefallen, Schittes ist nach dem Krieg verstorben. Ich kam zum Arbeitsdienst nach Norderney.

Von den Jungen, die 1926 geboren wurden, sind 153 000 als Luftwaffenhelfer oder als Soldat gefallen. Vom Jahrgang 1927 waren es 105 000 und vom Jahrgang 1928 33 000.

Wir hatten die anderthalb Jahre bei der Flak ohne Verluste überstanden. Manchmal hatte uns die Angst berührt, getötet oder verwundet zu werden. Dennoch war die Zeit für uns ein großes Abenteuer gewesen. Wir waren nie in Versuchung gekommen, ideologischer Fixierung zu erliegen. Das hohle Pathos, das sich in den Empfehlungen der Parteikanzlei für den »Kriegshilfseinsatz« von Jugendlichen niedergeschlagen hatte, war uns fremd geblieben.

Rundschreiben Nr. 7/43g des Leiters der Parteikanzlei, Martin Bormann, aus dem Führerhauptquartier vom 27. Januar 1943 (Betrifft: Kriegshilfseinsatz der deutschen Jugend in der Luftwaffe):

Das deutsche Volk steht im größten Existenzkampf seiner Geschichte. Dieser Kampf, seine Härte und seine Unerbittlichkeit kann nur verglichen werden mit dem Abwehrkampf Europas gegenüber den Mongolen- und Hunnenstürmen vergangener Jahrhunderte. ...

Unsere Wehrmacht, unsere Soldaten, unsere Väter und Brüder kämpfen an der Front einen schweren Kampf. Ihrer Einsatzbereitschaft, ihrem Mut und ihrer Opferwilligkeit ist es zu verdanken, daß das deutsche Volk bisher von schwersten Kriegssorgen und Kriegslasten verschont geblieben ist, und der Kampf sich im wesentlichen weit jenseits unserer Grenzen abgespielt hat. ...

Nach mehr als dreieinhalb Jahren Krieg, nach gewaltigen Siegen der deutschen Truppen, nach Sicherung der deutschen Lebenshaltung in der Heimat tritt nunmehr für das deutsche Volk der Krieg in eine wichtige Phase. Diese Phase des Krieges kann die Entscheidung bringen. Die Entscheidung muß und wird zu unseren Gunsten fallen. Dazu ist es nötig, daß wir begreifen, daß das ganze Volk ausnahmslos für die Kriegführung eingesetzt werden muß. Wir befinden uns seit geraumer Zeit im Zustand des totalen Krieges. In diesem Zustand darf es keinen deutschen Mann und keine deutsche Frau, keinen Jungen und kein Mädel geben, das nicht für die Kriegführung arbeitet und schafft. Die gesamte Tätigkeit und Beschäftigung der deutschen Menschen hat sich allein auf diesen Teil einzustellen. ...

Im Sinne dieser Maßnahmen liegt zum Beispiel der Auf- und Ausbau der Heimatflak. Deutsche Männer und deutsche Jungen müssen neben ihrer beruflichen und schulischen Tätigkeit in den freien Stunden für die Bedienung der Flakbatterien zur Verfügung stehen. Alle Männer und Frauen in einem bestimmten Alter sind einer Kriegsdienstpflicht unterworfen. Nicht das kann im Krieg maßgebend sein, ob jemand es nötig hat, zu arbeiten, sondern maßgebend allein ist die Notwendigkeit des Kriegseinsatzes. ... Dieser Dienstpflicht sind auch Frauen, die gesund und arbeitseinsatzfähig sind, in den festgelegten Altersjahrgängen unterworfen, wenn sie nicht für kleine Kinder zu sorgen haben. ...

Im Zuge dieser Notwendigkeit muß auch die Einziehung der Jugendlichen der Höheren und Mittleren Schulen von dem vollendeten 15. Lebensjahr an erfolgen. Zweck dieser Einziehung ist, mit diesen Jugendlichen Flakbatterien in der Heimat, die dauernd besetzt sein müssen, zu besetzen. ...

Der Einsatz der Jugendlichen erfolgt klassenweise in Begleitung von möglichst zweier ihrer bisherigen Lehrer. Der Schulunterricht wird trotz der Einziehung fortgeführt und soll nach Möglichkeit 18 Stunden in der Woche betragen. Nur in den ersten vier Wochen während der Ausbildung in den Flakbatterien erfolgt kein Schulunterricht.

Möglichst oft, mindestens einmal wöchentlich, sollen die Eingezogenen Urlaub zu einem mehrstündigen Besuch im Elternhaus erhalten. ...

Die eingezogenen Jugendlichen sind im rechtlichen Sinne keine Soldaten, sondern Schüler. Kommen sie aber zu Schaden, werden sie wie Soldaten versorgt, behandelt und betreut. ...

Der Führer hält diesen Weg zur Stärkung unserer Kampfkraft für nötig. Die Vergangenheit hat gezeigt, daß wir dem Führer blind vertrauen konnten. Es ist auch jetzt nötig, bei dieser Maßnahme dem Führer zu vertrauen. Es wird alles getan, um die Jugendlichen weiterhin gut zu erziehen, zu hüten und vor Schaden zu bewahren.

Es ist aber Krieg, und dieser Krieg entscheidet über die Existenz des deutschen Volkes. Wir kämpfen um das Leben des Volkes und damit auch um unser eigenes Leben, das Leben unserer Familien und unserer Nachkommen. Wenn der Führer nicht gewesen wäre und hätte nicht den gewaltigen Gegenschlag gegen den heimlich rüstenden Bolschewismus getan, hätte sich zu einem gefährlichen Zeitpunkt der Koloß im Osten mit seinen Tanks und Fliegern gegen uns in Bewegung gesetzt. Dann wäre Deutschland vielleicht schon verloren gewesen, und wir hätten unser Leben und damit unsere Kraft, um uns zu wehren, nicht mehr. Vor diesem Einfall bereitgestellter ungeheurer Massen an Menschen und Material hat uns der Führer bewahrt. Darum stehen wir auch jetzt zum Führer und tun unsere Pflicht, wie es der Führer verlangt und erwartet. …

Ich weiß, daß das ganze deutsche Volk immer zum Führer gestanden hat, wenn er es aufrief. Ich weiß daher auch, daß jetzt alle Eltern die Notwendigkeit dieser Maßnahme einsehen und daß alle Jungen, die einen Gestellungsbefehl bekommen haben, begeistert ihren Dienst antreten werden.

Was wir tun, tun wir für Deutschland, was wir haben, geben wir und setzen wir für Deutschland ein. Der Führer führt uns, wir glauben an ihn, wir glauben an seinen Sieg und deshalb werden wir überall, wohin wir gestellt werden, unsere Pflicht tun. In diesem Sinne grüßen wir unseren Führer; unser Siegheil soll gleichzeitig die Verpflichtung sein, überall, wo und wann es sei, unsere Pflicht in diesem Kampf zu tun. Das geloben wir unserem Führer.

(Hans-Dietrich Nicolaisen, Die Flakhelfer, Luftwaffen- und Marinehelfer im Zweiten Weltkrieg, Ullstein-Verlag, Berlin 1981, S. 123 ff.).

Die letzte Offensive

Meine Zeit im Reichsarbeitsdienst dauerte nur sechs Wochen. Ich war noch im Juli 1944 zum Wehrbezirkskommando gefahren und hatte gebeten, mir möglichst schnell meine Einberufung zur Kriegsmarine zukommen zu lassen.

In Norderney waren die Anlagen zur Verteidigung der Insel schon einige Monate vor unserer Ankunft fertiggestellt worden. Deshalb brauchten wir keine harten Schanzarbeiten mehr zu machen. Die Aufgaben unserer Einheit erschöpften sich in Exerzierübungen, in langen Märschen, bei denen laut und ausdauernd gesungen wurde, und in militärischer Grundausbildung. Zweimal während meiner RAD-Zeit durften wir mit Platzpatronen und Übungshandgranaten Grabenkämpfe simulieren.

Unter den Arbeitsmännern in Norderney gab es nur drei Gymnasiasten. Ich war dem Feldmeister, dem Chef unserer Einheit, als Ordonnanz zugeteilt. Die beiden anderen Oberschüler arbeiteten im Casino. Manchmal mußte auch ich dort aushelfen, etwa wenn der Feldmeister oder einer seiner Truppführer Geburtstag hatten und eine kleine Feier veranstalteten. Ich servierte dann Kaffee, Bier oder Wein. Durch meine Verpflichtungen als Ordonnanz war ich weitgehend von dem öden Militärdrill befreit.

Der BDM in Norderney hatte eine Gruppe »Glaube und Schönheit«. Das waren Mädchen, älter als achtzehn Jahre alt, fast alle gut gewachsen und – hier im Norden – meist blond und blauäugig.

Diese Organisation hatte mit unseren Vorgängern eine Volkstanzgruppe gegründet. Der Feldmeister hatte jetzt 15 Arbeitsmänner unserer Einheit abgeordnet, damit die Folklore ihren Fortgang nehmen konnte. Wir hatten zweimal in der Woche Trainingstanzen und stampften und sangen dann zu den Klängen eines Akkordeons Lieder wie »Beim Kronenwirt, da ist heut' Jubel und Tanz«.

Es war geplant, daß wir bei einer größeren Veranstaltung für Arbeitsdienst, Marine und NSDAP – vorgesehen für Oktober – auftreten sollten. Vorher erreichte mich der Gestellungsbefehl zur Kriegsmarine. Mein Vater hatte ihn mir nachgeschickt. Ich fuhr nach Hause zurück. Dort hatte ich gerade noch zwei Tage Zeit, einige Freunde zu sehen und meine Klamotten zu packen. Dann fuhr ich über Berlin nach Stralsund und meldete mich in der Kaserne auf dem Dänholm.

Heinz »Jack« Ostermann war einige Tage vor mir eingetroffen. Nach den ersten vier Wochen Grundausbildung wurde unsere Crew getrennt. Ich kam mit etwa fünfzig anderen Matrosen nach List auf Sylt. Jack blieb auf der Insel Rügen. Als er mit dem Rest der Crew im März 1945 die Kadettenprüfung abgelegt hatte, wurden er und seine Kameraden an die Ostfront geworfen und im Erdkampf eingesetzt. Dabei kam er in sowjetische Gefangenschaft und erst Ende 1947 nach Hause zurück.

Wir hatten in unseren jungen Jahren schon mehrfach militärische Bewegungsarten lernen müssen – sehr früh beim Jungvolk und in der Hitler-Jugend, dann bei der Flak und im Arbeitsdienst und jetzt bei der Marine. Das ging von einfachen Marschübungen bis zu »Hinlegen!« und »Sprung auf, marsch, marsch!« Einer unserer Ausbilder, ein älterer Maat, erkannte bald, daß es neuer Herausforderungen bedurfte, um uns motiviert zu halten. Auf seine Veranlassung wurde das Sportprogramm auf Kosten der Exerzierrituale ausgeweitet. Jeden zweiten Tag gab es zwei Stunden Boxen in der Sporthalle, darüber hinaus Geräteturnen. Als besonderen Höhepunkt wurde der Drill auf »Griffe-kloppen« ausgedehnt, d.h. wir mußten mit unseren Karabinern – exakt nach rechts ausgerichtet – »Das Gewehr über« und »Präsentiert das Gewehr« üben. Schließlich versuchte man, uns auch noch das Marschieren im Stechschritt beizubringen.

An sich waren derartige Übungen in dieser Spätphase des Krieges nicht mehr üblich. Wir genossen sie dennoch; sie verbanden sich in unseren Augen irgendwie mit besonderer Disziplin, Elitehaltung und Soldatentum. Den Ausbildern erleichterte es die Arbeit. Wir waren jedesmal völlig erschöpft, wenn wir in unsere Baracken entlassen wurden, und viel zu müde für Krawall und Streiche.

Am Sonnabend, dem 14. Oktober 1944, waren die Panzerverbände der 9. US-Armee (Lt.Gen. Simpson) nördlich und südlich an Aachen vorbeigestoßen und hatten die Stadt am 16. Oktober eingeschlossen. Am 13. Oktober hatte Oberst Gerhard Wilck , Befehlshaber der 246. Volksgrenadierdivision, das Kommando in Aachen übernommen. Ihm unterstanden 5000 Soldaten. Er hatte aber nur noch fünf Panzer und 33 Geschütze. Am 19. Oktober trafen bei Wilck Funksprüche mit Durchhalteparolen ein von Heinrich Himmler, Reichsführer der SS, Generalfeldmarschall Walter Model und dem Oberbefehlshaber der 7. Armee, General Erich Brandenberger. Am Vormittag des 21. Oktobers, einem Samstag, setzte Oberst Wilck folgenden Funkspruch ab: »Nach verbissenem Ringen Haus um Haus, Mann um Mann, hat die Kampfgruppe Aachen letzte Munition verschossen, Wasser und Verpflegung aufgebraucht. Reste der Verteidiger der deutschen Kaiserstadt im Nahkampf unweit Gefechtsstand. Funkgeräte zur Sprengung vorbereitet. Vorher gilt letzter Gruß in unerschütterlichem Glauben an unser Recht und unseren Sieg unserer geliebten deutschen Heimat. Wilck.« Dann kapitulierte Oberst Wilck. Aachen war als erste deutsche Großstadt in Feindeshand.

Nicht kapitulierte die Kampfgruppe Herbert Rink der SS-Division »Leibstandarte Adolf Hitler«, die Oberst Wilck zur Verstärkung beigegeben war. Obersturmführer Rink durchbrach mit 80 seiner SS-Männer den Ring um Aachen nach Westen und erreichte Würselen.

In Aachen gerieten rund 3500 deutsche Soldaten in amerikanische Gefangenschaft. Die Amerikaner verloren in den sechs Wochen, die die Schlacht um Aachen gedauert hatte, 8000 Soldaten an Toten, Verwundeten und Vermißten.

Nach der Besetzung von Aachen befahl General Omar Bradley, Chef der amerikanischen Heeresgruppe 12, dem die US-Armeen 1, 9 und 3 unterstanden, weiter nach Westen vorzustoßen. Die 1. und die 9. Armee sollten zwischen Aachen und Trier angreifen, die 3. Armee unter General Patton sollte auf Saarbrücken und Straßburg vorgehen. Nach anfänglichen geringen Geländegewinnen blieb das Unternehmen stecken. Daraufhin konzentrierte Bradley die amerikanische Offensive auf das Gebiet von Geilenkirchen und auf den Hürtgenwald, östlich und südöstlich von Aachen. Nach mehrstündigen Bombardements und Tiefangriffen von 2500 Bombern, Jabos und Jägern traten vier Divisionen der 1. und 9. US-Armee zum Angriff an.

Es kam zu erbitterten Kämpfen. Die Deutschen verteidigten zäh und verbissen jeden Fußbreit Boden. Es mußte Zeit gewonnen werden zur Vorbereitung der letzten großen deutschen Offensive, die unter dem Codewort »Wacht am Rhein« lief und später »Ardennenschlacht« genannt wurde.

Die Amerikaner brauchten vier Wochen, um die zwölf Kilometer von Aachen bis zur Rur zu überwinden. Hier stoppten sie. Das amerikanische Oberkommando wußte, daß die Rur im mittleren und oberen Lauf mit sieben Talsperren gestaut war. Bei einer Überquerung der Rur ohne Vorbereitung hätten die Deutschen nur die Staumauern zu öffnen brauchen, um die Amerikaner mit einer riesigen Flutwelle einfach hinwegzuspülen. Die Verbände, die die Rur dann schon überschritten hätten, wären ohne Verbindung zu ihren Stäben und Logistik gewesen und ein leichtes Opfer der deutschen Panzereinheiten geworden, die im Hürtgenwald stationiert waren.

Im Hürtgenwald bissen sich die Amerikaner fest. Dieser Höhenrücken zwischen Stolberg und Lammersdorf war mit rund 1000 Westwallbunkern bestückt. Hinter den Bunkern hatte man Artilleriestellungen gestaffelt. Vor den Befestigungen war das größte Minenfeld der Westfront angelegt.

Der Wald bot den deutschen Einheiten Deckung vor den sonst üblichen Angriffen der amerikanischen Jagdbomber. Die Bäume standen so dicht, daß sie Panzerangriffe erheblich erschwerten, wenn nicht unmöglich machten. Die materielle Überlegenheit der Amerikaner kam nicht zum Tragen. Im Hürtgenwald mußte »Mann gegen Mann« gekämpft werden.

Am 16. November traten die Amerikaner erneut zu einem Großangriff an. Das Ringen währte zehn Wochen und überdauerte die Ardennenoffensive, die am 16. Dezember begann und am 16. Januar 1945 als gescheitert gelten mußte. Am 16. Januar hatten Einheiten der 1. und 3. US-Armee Houffalize eingeschlossen und zurückerobert.

Die Amerikaner versuchten im Hürtgenwald immer wieder, vorbereitet durch massives Artilleriefeuer, die Deutschen aus ihren Stellungen zu werfen. Das Dorf Hürtgen wechselte vierzehnmal den Besitzer. Am 2. November kam es bei den Kämpfen um Vossenack zur sogenannten »Allerseelenschlacht«. Das Dorf geriet

Denkmal in der Kriegsgräberstätte Hürtgenwald
Quelle: Privat-Archiv

achtundzwanzigmal in amerikanische und dann wieder in deutsche Hand. Die 28. US-Infanteriedivision erlitt bei diesen Gefechten innerhalb einer Woche die höchsten Verluste aller amerikanischen Einheiten im Zweiten Weltkrieg. Das 22. Regiment der 4. US-Infanteriedivision verlor von seinen 3000 Soldaten 2700 Mann.

Als die Kämpfe um den Hürtgenwald Anfang Februar 1945 zu Ende gingen, hatten sie 68 000 Soldaten das Leben gekostet, 55 000 Amerikanern und 13 000 Deutschen.

Am 3. November 1944 wurde der Hürtgenwald zum ersten Mal im Wehrmachtsbericht genannt. Nach dem 16. November häuften sich die Meldungen. Es war von »schweren Waldkämpfen« im »Hochwald bei Hürtgen« die Rede. Am 27. November hieß es, daß sich um die Ostausgänge des Waldes von Hürtgen schwere Gefechte entwickelt hätten. Am 3. Dezember meldete der Wehrmachtsbericht, daß »die Regimenter der 8. amerikanischen Division, die gestern erneut in dem seit fünf Wochen umkämpften Gebiet der Dörfer Hürtgen und Vossenack bis zu zehnmal angriffen, ... durch Gegenangriffe wieder geworfen (worden) oder ... im Trichtergelände liegengeblieben« seien.

Am 5. Dezember bat ich unseren Kompaniechef um ein Gespräch. Ich sagte: »Herr Kapitänleutnant, ich möchte beantragen, mich zur Waffen-SS zu versetzen.« Er schaute mich zunächst wortlos an und meinte dann: »Gut, ich habe das gehört. Sagen sie mir bitte, warum sie das wollen?« Ich antwortete: »Seit Wochen finden im Hürtgenwald schwere Kämpfe zwischen Amerikanern und Deutschen statt. Das ist 30 km von meinem Heimatort entfernt. Es ist möglich, daß die Amerikaner durchbrechen. Die Waffen-SS wird immer da eingesetzt, wo absolute Kampfbereitschaft gefordert ist. Ich möchte dabei sein, wenn meine unmittelbare Heimat verteidigt werden muß.«

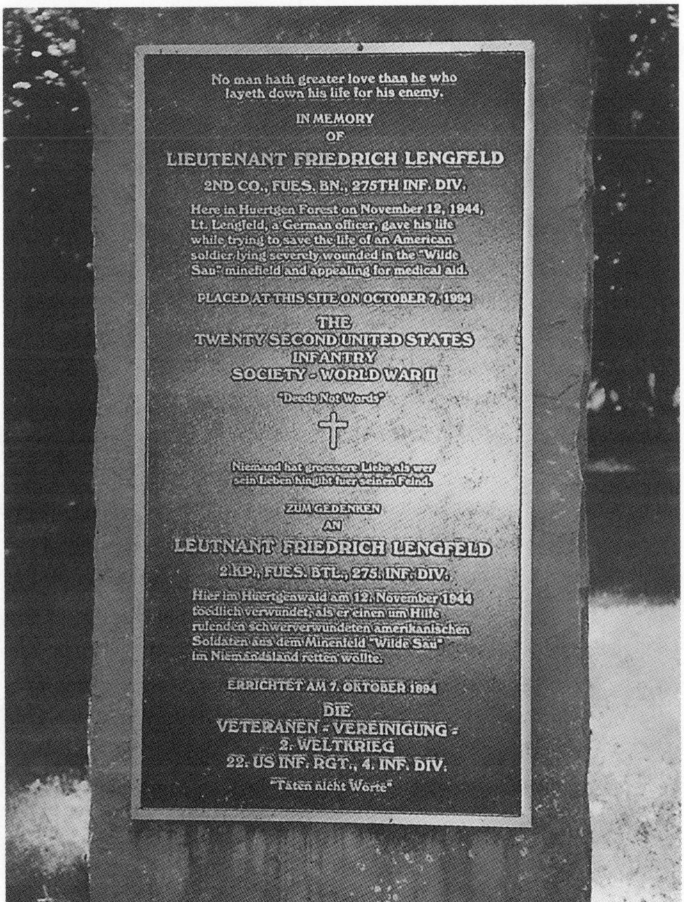

Gedenkstein in der Kriegsgräberstätte Hürtgenwald
Quelle: Privat-Archiv

Der Kaleu legte die Hände auf die Schreibtischkante, schob seinen Stuhl zurück und stand auf. Er kam um den Schreibtisch herum auf mich zu, blieb vor mir stehen und sagte: »Matrose Horchem, ich muß das ablehnen. In drei bis vier Monaten werden sie wissen, warum.« Während ich noch überlegte, wie das gemeint sein könnte, fügte er hinzu: »Aber ich gebe Ihnen ab nächste Woche vierzehn Tage Heimaturlaub.«

Der Kompaniechef hatte sich mit seiner Zeitangabe um gut zwei Monate verschätzt. Zur Kapitulation der deutschen Streitkräfte kam es erst Anfang Mai 1945.

Ich fuhr am 13. Dezember 1944 in Urlaub. Dabei nutzte ich die Gelegenheit, von Bonn aus mit der Straßenbahn nach St. Augustin zu fahren und meine alte Flakstellung zu besuchen. Wachtmeister Fuest und die Unteroffiziere und Mannschaften begrüßten mich mit großem Hallo. Luftwaffenhelfer gab es nicht mehr in der Stellung. Ich übernachtete in einem freien Bett in der Mannschaftsbaracke. Wir erzählten bis weit in die Nacht, was jedem seit dem Sommer, als ich die Stellung verlassen hatte, geschehen war.

Als ich mich am späten Vormittag verabschieden wollte, um noch einen Besuch bei Onkel Hubert und seiner Familie in Brühl zu machen, kam Fliegeralarm. Ich fragte Wachtmeister Fuest, ob ich noch einmal ans Geschütz könnte. Fuest zögerte, sagte dann aber: »Na los, machen sie den K1 an Geschütz Nr. 2!« Ich schnappte mir einen Stahlhelm, schwang mich in den Sessel des Richtkanoniers und drehte das Geschütz in Richtung neun, d.h. nach Westen. Von dort näherte

Kriegsgräberstätte Hürtgenwald **Quelle: Privat-Archiv**

sich eine Formation »Lightnings«, die über dem Flughafen von Hangelar Bomben geworfen hatten und jetzt, als sie sich unserer Stellung näherten, aus ihren Bordkanonen schossen. Auch wir feuerten aus allen Rohren. Die Jagdbomber drehten unversehrt ab. Wir hatten keine Verluste.

Nach dem Angriff stand ich noch einige Zeit mit Unteroffizier Klumpp zusammen. Klumpp stammte aus Frankfurt am Main und war ein ruhiger und nüchterner Mann. Er zündete sich eine Zigarette an und meinte: »Verdammt noch mal, ich bin froh, wenn dieser Mist endlich vorbei ist.« Ich fragte: »Du glaubst wohl nicht mehr, daß wir den Krieg gewinnen können?« Er schaute mich an und meinte in schönstem hessischen Dialekt: »Ja womit denn und wie denn? Die Wunderwaffen, von denen Goebbels dauernd faselt, wenn es sie tatsächlich geben sollte, kommen sicherlich zu spät!« Ich holte weit aus, ging zurück in die Geschichte und erklärte: »Roosevelt ist ein alter und kranker Mann. Wenn der jetzt sterben würde, könnte sich das Wunder wiederholen, das dem Großen Fritz am Ende des Siebenjährigen Krieges passiert ist. Damals starb die russische Zarin Elisabeth Petrowna. Dadurch scherte Rußland aus der antipreußischen Koalition aus und Friedrich konnte den Krieg noch gewinnen.« Klumpp winkte ab und sagte: »Ach hör doch auf mit diesem historischen Quatsch. Ich bin dem lieben Gott dankbar, wenn dieser Krieg möglichst bald zu Ende ist und ich ihn unversehrt überstanden habe.«

Um zwei Uhr nachmittags war ich endlich bei Onkel Hubert in Brühl. Tante Lieschen, die früher auch Lehrerin gewesen war, machte mir ein paar belegte Brote. Während ich aß, versuchte sie mir darzulegen, daß Friedrich Schiller wertvollere Dichtungen geschrieben hätte als Goethe und daß sein Werk und sein Lebensweg eher dem deutschen Wesen entsprechen würden als die des anderen »Dichterfürsten«. Ich dachte: Mein Gott, ringsum geht die Welt in Trümmer und hier versucht eine ältere Dame mit feinsinnigen Formulierungen eine neue Bewertung der deutschen Poesie!

Onkel Hubert brachte mich mit dem Fahrrad zur Straße nach Pingsdorf, die über Weilerswist und Euskirchen nach Mechernich und von dort weiter in die Eifel führte. Er hatte meinen Seesack auf die Lenkstange geladen, weil er meinte, der sei für diese Wegstrecke zu schwer, und balancierte das Rad mühsam am Rand des Fahrwegs.

Als wir an der Straßenkreuzung, an der wir auf eine Fahrgelegenheit für mich warten wollten, angekommen waren, stellte er den Seesack ab und holte tief Luft. In der aufkommenden Abendkühle bildeten sich beim Sprechen leichte Atemwolken. Onkel Hubert sagte: »Der Krieg geht zu Ende, und wir haben ihn verloren. Hitler hat die Juden wie Unmenschen behandelt, ausgeraubt und vertrieben. Die Kirche würde er vernichtet haben, wenn er den Krieg gewonnen hätte. Ich habe aber schon 1933 gesagt: ›Wer sich mit Knoblauch und mit Weihrauch anlegt, der hat verloren!‹«

Nach einer halben Stunde näherte sich von Köln her eine Panzerkolonne. Es handelte sich um zwölf Königstiger mit dem mächtigen Henschelturm und der langen 8,8-cm-Kanone. Das war der schwerste, stärkste und bestgepanzerte Kampfpanzer des Zweiten Weltkrieges. Ich hatte diese Ungetüme noch nie in Natur gesehen.

Ich hob den linken Arm und winkte. Die Kolonne hielt an. Aus dem Turmluk des ersten Panzers blickte mich ein Obersturmführer der Waffen-SS an. Er mag sich gewundert haben, hier bei Köln einen winkenden Matrosen zu sehen. Er fragte aber nur: »Wo willst du hin?« Ich antwortete: »Nach Mechernich.« Er sagte: »Gut, da kommen wir vorbei. Du kannst aufentern!« Ich kletterte hoch. Onkel Hubert reichte mir den Seesack. Ich setzte mich hinter den Turm, den Seesack neben mir, um so besser gegen den Wind, der von Westen kam, geschützt zu sein. Nachdem ich Onkel Hubert noch einmal zugewinkt hatte, fragte ich den SS-Offizier, ob es zu einer deutschen Offensive im Westen kommen würde. Er meinte: »Es sieht so aus.« Ich fragte nach: »Und wo geht die hin?« Er antwortete: »Das kann ich dir nicht sagen.«

Später erfuhr ich, daß die Königstiger zu der 6. SS-Panzerarmee von Sepp Dietrich, einem alten Gefolgsmann von Hitler, gehörten und auf dem Wege zu ihren Bereitstellungen bei Monschau waren. Am 16. Dezember sollten sie über Büllingen und Stavelot nach Spa zum Hauptquartier der 1. US-Armee vorstoßen. Zwei Kilometer vor dem riesigen Nachschubdepot der Amerikaner, wo rund 15 Millionen Liter Treibstoff gebunkert waren, blieben die deutschen Panzer stecken.

Als ich den Obersturmführer so wortkarg fand, schlug ich den Kragen meines Colani hoch und versuchte zu schlafen. Colani ist das hüftlange »Marinejackett« für Mannschaften und Maate. Es war mir nicht zu kalt. Ich hatte eine lange Unterhose an und trug unter dem Colani einen Troyer, einen dicken blauen Pullover mit Rollkragen.

Ich weiß nicht, wie lange ich die Augen geschlossen hatte. Es mögen gute zwei Stunden gewesen sein. Der SS-Obersturmführer rief mich an: »Wir sind jetzt bei Mechernich, du kannst abspringen.« Ich wachte auf, warf meinen Seesack auf die Straße, winkte dem SS-Offizier noch einmal zu und sprang hinterher. Während die Panzer weiter nach Westen rasselten, schulterte ich meinen Seesack. Es war stockdunkel, als ich von der Kreuzung bei Roggendorf in Richtung Mechernich ging. Ich brauchte eine halbe Stunde bis nach Hause.

Meine Eltern schliefen schon, als ich in der Arenbergstraße ankam. Sie wußten nichts von meinem Kommen. Der Brief, in dem ich in meinen Urlaub angekündigt hatte, war verlorengegangen. Als ich meine Eltern herausgeklingelt hatte, waren sie zunächst bestürzt und dann erfreut. Meine Mutter weinte und ging sofort wieder ins Bett. Mein Vater holte eine Flasche Wein aus dem Keller. Ich mußte ihm alles über meine Ausbildung erzählen, während wir tranken.

Dann sprachen wir über unsere Verwandten und darüber, welche Bombenschäden die einzelnen an ihren Häusern gehabt hatten. Wir redeten nicht über die Kriegslage, und mein Vater sagte mir nicht, ob er den Krieg auch für verloren hielt. Ich fragte ihn auch nicht danach.

In den vier Monaten, die Arbeitsdienst und Marine mich von zu Hause ferngehalten hatten, war Mechernich zu einer Frontstadt geworden. Viele Häuser waren zerstört. Die Isolierstation des Kreiskrankenhauses, die durch ein großes rotes Kreuz mit weißem Grund auf dem Dach als Lazarett gekennzeichnet war, hatten amerikanische Jabos schon am 9. November 1944 zerbombt. Der Angriff war vormittags zwischen elf und zwölf Uhr. Sechsundzwanzig Kinder, drei Krankenschwestern (Nonnen vom Orden der Franziskanerinnen aus Salzkotten) und eine Ärztin starben. Die Ärztin, Frau Dr. Elsbeth Schmitz aus Nettersheim, war während des Angriffs noch einmal in die Isolierbaracke für Kleinstkinder zurückgelaufen, um zwei Babys aus den Bettchen zu holen, die man vergessen hatte. Sie trug die beiden Kinder auf den Armen, als sie wieder ins Freie kam. Ein Bombensplitter traf sie in der Halsschlagader. Andere Splitter zerschmetterten das Köpfchen des Kindes, das sie auf dem rechten Arm trug. Das andere Baby überlebte.

Das Krankenhaus selbst und das Waisenhaus, ebenfalls durch die Aufmalung von riesigen roten Kreuzen als Krankenanstalten ausgewiesen, wurden um die Jahreswende dem Erdboden gleichgemacht. Die Pfarrkirche wurde am 24. Februar 1945 durch einen gezielten Angriff der Amerikaner völlig zerstört.

Die amerikanischen und britischen Flugzeuge hatten bis zum Rhein hin völlig freies Flugfeld. Die Flak war um die Großstädte konzentriert. Da Mechernich die letzte Verladestation der Eisenbahn vor der Ardennenoffensive und für die im Hürtgenwald kämpfenden deutschen Soldaten war, wurde um den Ort in wechselndem wöchentlichen Turnus eine 8,8-cm-Flakbatterie der Waffen-SS stationiert. Die Abschußquote der Kanoniere war bei den Langstreckenbombern, die inzwischen auch am hellen Tag von Westen kommend tief ins Reich flogen, sehr hoch. Die Flakbatterie wechselte während ihrer Einsatzzeit täglich die Position ihrer Geschütze, um dem Flächenbombardement, mit dem die Alliierten gewöhnlich auf die Abschüsse reagierten, ausweichen zu können.

Die Erfolge gegenüber den amerikanischen Jagdbombern waren weitaus geringer. Die Jabos flogen so tief, daß sie auch von den besonders geschulten Soldaten der Waffen-SS mit den schweren 8,8-cm-Geschützen nicht erfaßt werden konnten.

Die Straßen Mechernichs und der umliegenden Dörfer waren tagsüber wie leergefegt. Alle hatten Angst vor den Jabos. Die Lightnings, die ab Herbst 1944 vermehrt eingesetzt wurden, machten Jagd auf jeden einzelnen Fußgänger. Es gab keine Tagesstunde, in der die Amerikaner nicht am Himmel waren. Wenn zwei Lightnings zusammenflogen, veranstalteten sie manchmal regelrechte Treibjagden auf einzelne Passanten.

An einem Nachmittag kurz vor Weihnachten war ich noch einmal auf den Altus Knipp gegangen. Das ist der zweithöchste Berg bei uns, nicht weit vom Elefantenkopf, dem Zentrum unserer früheren Abenteuerspiele. Ich stand auf dem kahlen Gipfel und hatte einen befreienden Blick nach Westen, wo sich die schneebedeckten Berge der Nordeifel in sanften Wellen in den dunklen Wäldern um Schleiden und um die Talsperren von Urft und Rur verloren.

Ich dachte an unsere Soldaten, die an der Ardennenoffensive beteiligt waren, und an die, welche ihre Stellungen im Hürtgenwald zu halten versuchten.

Von Südwesten näherte sich ein Doppelrumpfflugzeug. Es war eine Lightning. Während ich noch überlegte, wohin die Maschine wohl fliegen mochte, eröffnete der Pilot plötzlich das Feuer. Ich realisierte: ›Mein Gott, der meint mich!‹ Und ich fand gerade noch Zeit, hinter einen Sandsteinfelsen zu springen, der zwischen den Bäumen unterhalb der Höhe versteckt war.

Nicht nur Militärtransporte und Güterzüge, die in den Bahnhof Mechernich einfuhren, waren Ziele der Jaboangriffe, sondern auch Personenzüge. Manchmal hatte man den Eindruck, daß gerade Transporte von Menschen die bevorzugten Objekte waren, an denen die Amerikaner ihre Flugschüler ausbildeten. Wenn die Personenzüge mit den dichten Dampfwolken ihrer Lokomotiven von Euskirchen her langsam die Höhe nach Mechernich heraufkrochen, überflogen die Lightnings, aus allen Rohren feuernd, die Züge immer wieder in Fahrtrichtung, bis die Transporte im Bahnhof ankamen oder zerstört auf freier Strecke liegenblieben.

Willi Reckhaus, ein Schulkamerad aus der Volksschule, wurde Opfer eines solchen Angriffs. Der Pilot einer Lightning schoß ihn in die Beine. Der Junge blieb in der Tür des Eisenbahnwaggons hängen, durch die er dem Feuerhagel hatte entfliehen wollen, und verblutete.

Die Einwohner Mechernichs trauten sich in den Monaten, in denen der Krieg zu Ende ging, nur noch nachts auf die Straßen. Die meisten von ihnen hatten Zuflucht in den Stollen des Bleibergwerks gefunden. Viele hatten ihre Betten von zu Hause mitgebracht und sich im Bergwerk häuslich eingerichtet. Sie nutzten die Nacht, um in ihren Häusern und Wohnungen nach dem Rechten zu sehen und sich eine warme Mahlzeit zu bereiten. Plünderungen leerstehender Wohnungen oder von Häusern, die teilweise zerstört waren, gab es bis zum Kriegsende kaum.

Im Stollen »Günnersdorf« an der Heerstraße waren rund 3300 Menschen untergebracht. Die Kommunalverwaltung und der Ortsgruppenleiter der NSDAP hatten darauf gedrängt, daß auch tagsüber die krankenhausmäßige Versorgung von Patienten gewährleistet sein müsse. Deshalb wurden im Günnersdorfer Stollen mehrere Räume als Krankenzimmer möbliert und ein größerer Raum mit Kacheln gefliest und als Operationssaal hergerichtet.

Im Elefantenkopf und in dem Stollen der Konzession »Gottessegen« bei Kommern fanden je 500 Bürger Zuflucht. Andere gingen tagsüber in zwei

Höhlen, in denen früher die Metzger das Blockeis für ihre Kühlhäuser gelagert hatten. Auf der Ley hatten die Bewohner dieser Straße und der Nachbarhäuser unter Anleitung von Bergleuten selbst einen Stollen in einen Sandsteinfelsen getrieben, um tagsüber Schutz vor den Angriffen der Jabos zu finden. In der Filzkaul, in der um 1800 Johannes Bückler, der unter dem Namen »Schinderhannes« bekannt wurde, mit seinen Räubern Unterschlupf gesucht hatte, fanden weitere 200 Einwohner Zuflucht.

In einigen unzerstörten Häusern lag Einquartierung. Es handelte sich um Soldaten, die man vorübergehend aus den harten Gefechten im Hürtgenwald herausgeholt hatte, damit sie sich in der Mechernicher Etappe für einige Tage erholen konnten. Danach kamen sie wieder an die Front. Den Soldaten war der Zutritt zu den Bunkern im Bleibergwerk untersagt. Nur Urlauber der Wehrmacht, die in Mechernich und Umgebung wohnten, durften in den Stollen. Wenn ich in diesen Tagen ins Bergwerk ging, trug ich Zivil.

Am 16. Dezember 1944 begann die Ardennenoffensive. Zwischen Monschau und Trier, auf einer Frontbreite von 130 km, standen 70 000 Amerikaner 250 000 deutschen Soldaten gegenüber.

Auf deutscher Seite waren 23 Infanteriedivisionen, vier motorisierte Divisionen des Oberkommandos der Wehrmacht und zehn Panzerdivisionen in Bereitschaft. Dazu gehörten 1900 Geschütze und rund 1000 Panzer. Etwa 1800 Flugzeuge standen startfertig.

Auf amerikanischer Seite standen 16 Divisionen und vier Panzerdivisionen. Die Amerikaner verfügten über rund 5000 Flugzeuge.

Um 5 Uhr 30 eröffneten die Deutschen das Trommelfeuer. Die Einschläge brachten die Erde in den amerikanischen Stellungen zum Beben. Aus dem Hinterland schossen Eisenbahngeschütze des Kalibers 28-cm und 35-cm, die auf der Strecke Trier–Bitburg–Gerolstein stationiert waren.

Es war der härteste Winter, den die Eifel in den letzten zwanzig Jahren erlebt hatte. Der Morgen war eisig, und es lagen 60 cm Schnee. Das diesige, dunkle Wetter und der bewölkte Himmel schützten die Deutschen vor den Attacken der amerikanischen Jagdbomber.

Tausende Motoren heulten auf, als sich die deutschen Panzer, Panzerspähwagen und Selbstfahrlafetten in Bewegung setzten. Grelle Schweinwerferstrahlen beleuchteten das Gefechtsfeld, um den Sturmtruppen eine bessere Orientierung zu ermöglichen. Überall traten die mit Schneehemden bekleideten Grenadiere aus ihren Stellungen zum Angriff an.

Die deutschen Panzer hatten für ihren geplanten Vorstoß an die Maas 8000 Tonnen Treibstoff zur Verfügung und für den beabsichtigten Durchbruch in der Ebene zwischen Maas und Antwerpen weitere 8 000 Tonnen. Als Reserve waren 4000 Tonnen vorgesehen. In dem schwierigen Gelände der Ardennen verbrauchten die Panzer aber doppelt soviel Sprit wie vorausberechnet. Es gelang den deutschen Truppen nicht, das Treibstoffdepot der Alliierten in Spa zu erreichen. Die dort gelagerten Vorräte an Benzin und Diesel hatten sie aber in die Logistik der Offensive einkalkuliert.

Die Deutschen kamen bis Weihnachten nur bis Laroche, Rochefort, St. Hubert und Libramont. Bastogne wurde eingekesselt, konnte aber nicht erobert werden.

Am 23. Dezember brach über dem Gefechtsfeld die Sonne hervor. Die Amerikaner und Briten konnten ihre Luftherrschaft wieder nutzen. Sie setzten zur Gegenoffensive an. Am 16. Januar 1945 eroberten sie Houffalize zurück, Ende Januar waren sie wieder an der deutsch-belgischen Grenze.

Ein Freund und ein Vetter wurden Opfer der Offensive. Günther Münz, genannt »Znüm«, Schulfreund und Kamerad bei den Einsätzen als Luftwaffenhelfer, war im Februar 1944 zum RAD und am 5. Juli zur Wehrmacht gekommen. Als Soldat der 26. Volksgrenadierdivision war er an dem Wintervormarsch im Westen beteiligt. Am Weihnachtsmorgen traf ihn vor Bastogne ein Granatsplitter im linken Unterschenkel. Man brachte ihn zurück über Echternach und Bad Nassau nach Fritzlar. Inzwischen waren durch den Transport die Blutungen so stark geworden, daß sich sein Zustand erheblich verschlimmert hatte. Am 12. Januar 1945 amputierte man ihm das Bein bis auf einen Stumpf des Oberschenkels.

Mein Vetter Johannes Schröder, ebenfalls Jahrgang 1926, hatte sich freiwillig zur Luftwaffe gemeldet. Er wurde im Dezember 1943 eingezogen. Mitte November 1944 kam er als Fallschirmjäger bei der Schlacht um Aachen zu seinem ersten Fronteinsatz. Nach acht Tagen hatte seine Kompanie, ursprünglich 200 Mann stark, nur noch zehn Soldaten. Anfang Dezember wurde sie bei Eschweiler wieder aufgefüllt und am 14. Dezember nach Eupen verlegt. Von dort aus beteiligte sie sich an der Ardennenoffensive. Bei den Rückzugsgefechten erhielt Johannes am 28. Januar 1945 bei Heppscheid in der Nähe von Malmedy einen Kopfschuß. Sein Kompaniechef und seine Kameraden ließen ihn für tot liegen. Er überlebte und kam in amerikanische Gefangenschaft.

Die Gefangenen des Lagers in den USA, in dem Johannes untergebracht wurde, waren überwiegend ehemalige Soldaten des Afrika-Korps. Die feierten noch am 20. April 1945 Hitlers Geburtstag. Der amerikanische Kommandant hatte ihnen sogar erlaubt, dabei eine Hakenkreuzflagge zu hissen.

Die Eltern von Johannes hatten keine Nachricht von ihrem Sohn. Der Spieß der 15. Kompanie, Hauptfeldwebel Wilhelm Wiedenfeld, hatte der Familie Schröder den Tod von Johannes mitteilen wollen. Der Brief war aber nach dem Rückzug über den Rhein in einem Waldstück bei Bergisch-Gladbach verlorengegangen. Er wurde Anfang Juni zufällig von einem jungen Mädchen, das in der Nähe wohnte, gefunden. Das Mädchen brachte den Brief kurze Zeit später zu den Eltern von Johannes nach Glehn bei Neuss.

Wiedenfeld hatte die üblichen Ergebenheitsfloskeln für »Führer und Volk« weggelassen. In dem Schreiben, das vom 23. Februar 1945 datierte, hieß es:

»Ich habe heute die traurige Pflicht, Ihnen vom Heldentod Ihres Sohnes Johann Mitteilung zu machen. ... Seien Sie stolz in Ihrer Trauer. Ihr Sohn Johann gehörte einer der besten deutschen Divisionen an. Er war Fallschirmgefreiter in einer Fallschirmpionierkompanie der ruhmreichen 3. Fallschirmjägerdivision. ... Er hat sein junges Leben für den Bestand seines geliebten Vaterlandes gegeben.«

Es muß im Sommer 1945 gewesen sein – ich war gerade aus britischer Gefangenschaft nach Hause gekommen – als auch uns die Nachricht erreichte, daß Johannes gefallen sei. Meine Eltern und ich fuhren nach Glehn, um an der Trauerfeier teilzunehmen. Ich habe noch heute den Totenzettel, der uns nach den Exequien übergeben wurde. Als wir im Herbst zum Sechswochenamt noch einmal nach Glehn kamen, traf der erste Brief von Johannes ein. Er teilte mit, daß er überlebt habe, daß er in den USA in Gefangenschaft sei und daß es ihm gut gehe. Am 11. Januar 1946 kehrte er nach Hause zurück.

Die Deutschen verloren in der Ardennenoffensive rund 110 000 Soldaten. Darunter waren 12 562 Tote, 38 600 Verwundete, 30 582 Vermißte und 28 000 Soldaten, die in Kriegsgefangenschaft gerieten.

Die Alliierten verloren 75 685 Mann: 10 733 Tote, 42 316 Verwundete und 22 636 Vermißte.

Die Deutschen vernichteten 733 alliierte Panzer und verloren 550 Panzer und Sturmgeschütze. Als der dunkle Himmel, der den Beginn der Offensive begünstigt hatte, mit dem ersten Weihnachtstag strahlendem Sonnenschein gewichen war, erhöhten sich die Verluste der deutschen Luftwaffe. Die Alliierten schossen von den 1800 deutschen Flugzeugen, die bei der Ardennenschlacht im Einsatz waren, 1280 Maschinen ab.

Die Ardennenoffensive war gescheitert. Der Zeitgewinn, mit dem die Deutschen kalkuliert hatten, hatte nicht den deutschen Streitkräften, sondern letztlich nur dem Feind geholfen. Durch die Bindung starker deutscher Truppenverbände im Westen und die Verzögerung der Generaloffensive der West- Alliierten wurde der Roten Armee die Eroberung Berlins leichter gemacht.

Nach dem Rückzug der Deutschen bis zur Reichsgrenze Ende Januar 1945 konnten sich die Einheiten im Hürtgenwald nur noch einige Tage halten. Am 7. Februar setzten die Alliierten zur Großoffensive nach Westen an. Vier Wochen später erreichten sie den Rhein. Am 7. März eroberten sie die Brücke von Remagen. In Mechernich waren sie am 6. März, einem Dienstag, einmarschiert.

Ich war zu dieser Zeit schon längst in der Marine-Kriegsschule in Flensburg-Mürwick. Der Rückblick auf den Urlaub – feindliche Flugzeuge, die einzelne Menschen wie Hasen jagten; ein Dorf, das unter der Erde leben mußte – wirkte aber immer noch wie ein Alptraum. Die Apokalypse schien nahe. Wenn die Alliierten den Plan des amerikanischen Finanzministers Henry Morgenthau »Program to prevent Germany from starting a World War III« (1. September 1944) verwirklichen würden, durch den man das Reich auf die Stufe eines

Agrarlandes zurückführen wollte, wäre Deutschland ins Mittelalter zurückgeworfen worden. Wir wußten nicht, daß Roosevelt und Churchill ihre Unterschrift unter den Plan schon am 22. September wieder zurückgezogen hatten.

Das Weihnachtsfest hatte ich noch in Mechernich erlebt. Der Urlaub endete erst am 27. Dezember. Eine Weihnachtsfeier gab es aber nicht. Die Pfarrkirche war zum Teil ohne Fenster. Deshalb feierte man auch keine Christmette. In Köln kamen – wie ich später hörte – manche Gläubige in den Krypten ihrer zerstörten Kirchen zusammen. Im Hürtgenwald bescherte eine Mutter ihrem Sohn sowie drei amerikanischen und vier deutschen Soldaten ein Weihnachtsessen.

Fritz Vincken, Zwischenfall im Hürtgenwald:

Am Heiligen Abend 1944, mitten in der Ardennenschlacht, hatten Mutter und ich unerwartete Gäste. Als es an diesem Weihnachtsabend an die Tür klopfte, ahnten Mutter und ich nichts von dem Wunder, das wir erleben sollten.

Ich war damals zwölf, und wir lebten in einem kleinen Häuschen in den Ardennen, nahe der deutsch-belgischen Grenze. Vater hatte das Häuschen vor dem Krieg benützt, wenn er an Wochenenden auf die Jagd ging, und als unsere Heimatstadt Aachen immer stärker unter Luftangriffen zu leiden hatte, schickte er uns dorthin. Ihn selbst hatte man in der sechs Kilometer entfernten Grenzstadt Monschau zum Luftschutzdienst eingezogen.

»In den Wäldern seid ihr sicher«, hatte er zu mir gesagt. »Paß gut auf Mutter auf. Du bist jetzt ein Mann.« Aber vor einer Woche hatte Generalfeldmarschall von Rundstedt mit der letzten, verzweifelten deutschen Offensive dieses Krieges begonnen, und während ich jetzt zur Tür ging, tobte ringsum die Ardennenschlacht. Wir hörten unablässig das dumpfe Wummern der Geschütze, über unsere Köpfe dröhnten Flugzeuge hinweg, und des nachts durchbrachen Scheinwerfer die Finsternis. Ganz in der Nähe kämpften und starben Tausende von deutschen und alliierten Soldaten.

Als es klopfte, blies Mutter rasch die Kerzen aus. Dann ging sie vor mir zur Tür und stieß sie auf. Draußen standen, vor dem gespenstischen Hintergrund der verschneiten Bäume, zwei Männer mit Stahlhelmen. Der eine redete Mutter in einer Sprache an, die wir nicht verstanden, und zeigte dabei auf einen dritten, der im Schnee lag. Sie begriff schneller als ich, daß es sich um Amerikaner handelte. Feinde!

Mutter stand, die Hand auf meine Schulter gelegt, schweigend da, unfähig sich zu bewegen. Die Männer waren bewaffnet und hätten sich den Eintritt erzwingen können, aber sie rührten sich nicht und baten nur mit den Augen. Der Verwundete schien mehr tot als lebendig.

»Kommt rein«, sagte Mutter schließlich. Die Soldaten trugen ihren Kameraden ins Haus und legten ihn auf mein Bett. Keiner von ihnen sprach Deutsch. Mutter versuchte es mit Französisch, und in dieser Sprache konnte sich einer der Männer einigermaßen verständigen.

Bevor Mutter sich des Verwundeten annahm, sagte sie zu mir: »Die Finger der beiden sind ganz steif. Zieh ihnen die Jacken und Stiefel aus und bring einen Eimer Schnee herein.« Kurz darauf rieb ich ihnen die blaugefrorenen Füße mit Schnee ab.

Der Untersetzte, Dunkelhaarige, erfuhren wir, war Jim. Sein Freund, groß und schlank, hieß Robin. Harry, der Verwundete schlief jetzt auf meinem Bett, mit einem Gesicht so weiß wie draußen der Schnee. Sie hatten ihre Einheit verloren und irrten seit drei Tagen im Wald umher, auf der Suche nach den Amerikanern, auf der Hut vor den Deutschen. Sie waren unrasiert, sahen aber ohne ihre schweren Mäntel trotzdem aus wie große Jungen. Und so behandelte Mutter sie auch. »Geh, hol Hermann«, sagte Mutter mir. »Und bring die Kartoffeln mit.«

Das war eine einschneidende Änderung in unserem Weihnachtsprogramm. Hermann war ein fetter Hahn, den wir seit Wochen mästeten, in der Hoffnung, Vater würde Weihnachten zu Hause sein. Und als es uns vor einigen Stunden klargeworden war, daß er nicht kommen würde, hatte Mutter gemeint, Hermann solle noch ein paar Tage am Leben bleiben, für den Fall, daß Vater zu Neujahr kam. Nun hatte sie sich wieder anders besonnen. Hermann sollte jetzt gleich eine dringende Aufgabe erfüllen.

Während Jim und ich in der Küche halfen, kümmerte sich Robin um Harry, der einen Schuß in den Oberschenkel abbekommen hatte und fast verblutet war. Mutter riß Laken in Streifen zum Verbinden der Wunde.

Bald zog der verlockende Duft von gebratenem Hahn durch das Zimmer. Ich deckte gerade den Tisch, als es wieder klopfte. In der Erwartung, noch mehr verirrte Amerikaner zu sehen, öffnete ich ohne Zögern. Draußen standen vier Männer in Uniformen, die nach fünf Jahren Krieg wohlvertraut waren: deutsche Soldaten – unsere! Ich war vor Schreck wie gelähmt. Trotz meiner Jugend kannte ich das Gesetz: Wer feindliche Soldaten beherbergt, begeht Landesverrat. Wir konnten alle erschossen werden! Mutter hatte auch Angst. Ihr Gesicht war weiß, aber sie trat hinaus und sagte ruhig: »Fröhliche Weihnacht!« Die Soldaten wünschten ihr ebenfalls eine frohe Weihnacht. »Wir haben unsere Einheit verloren und möchten gern bis Tagesanbruch warten«, erklärte der Anführer, ein Unteroffizier. »Können wir bei Ihnen bleiben?« »Natürlich«, erwiderte Mutter mit der Ruhe der Verzweiflung. »Sie können auch eine gute, warme Mahlzeit haben und essen, solange etwas da ist.« Die Soldaten lächelten, vergnügt den Duft schnuppernd, der ihnen durch die halboffene Tür entgegenschlug. »Aber«, fuhr Mutter energisch fort, »wir haben noch drei Gäste hier, die sie vielleicht nicht als Freunde ansehen werden.« Ihre Stimme war mit einemmal so streng, wie ich sie noch nie gehört hatte. »Heute ist Heiliger Abend, und hier wird nicht geschossen.«

»Wer ist drin?«, fragte der Unteroffizier barsch. »Amerikaner?« Mutter sah jedem einzelnen in das frosterstarrte Gesicht. »Hört mal«, sagte sie langsam,

»ihr könntet meine Söhne sein, und die da drin auch. Einer von ihnen ist verwundet und ringt um sein Leben. Und seine Kameraden: verirrt, hungrig und müde wie ihr. In dieser Nacht«, sie sprach jetzt zu dem Unteroffizier und hob die Stimme, »in dieser Heiligen Nacht denken wir nicht an Töten!«

Der Unteroffizier starrte sie an. Für zwei, drei endlose Sekunden herrschte Schweigen. Dann machte Mutter der Ungewißheit ein Ende. »Genug geredet!« sagte sie und klatschte in die Hände, »legen Sie ihre Waffen da auf das Holz – und machen Sie schnell, sonst essen die anderen alles auf.« Die vier Soldaten legten wie benommen ihre Waffen auf die Kiste mit Feuerholz im Gang: zwei Pistolen, drei Karabiner, ein leichtes MG und zwei Panzerfäuste. Mutter sprach indessen hastig mit Jim auf Französisch. Er sagte etwas auf Englisch, und ich sah verwundert, wie auch die Amerikaner Mutter ihre Waffen gaben.

Als nun die Deutschen und die Amerikaner Schulter an Schulter verlegen in der kleinen Stube standen, war Mutter in ihrem Element. Lächelnd suchte sie für jeden einen Sitzplatz. Wir hatten nur drei Stühle, aber Mutters Bett war groß. Dorthin setzte sie zwei der später Gekommenen neben Jim und Robin. Dann machte sie sich, ohne von der gespannten Atmosphäre Notiz zu nehmen, wieder ans Kochen. Aber Hermann wurde ja nun nicht mehr größer, und wir hatten vier Esser mehr. »Rasch«, flüsterte sie mir zu, »hole noch ein paar Kartoffeln und etwas Haferflocken. Die Jungen haben Hunger, wenn einem der Magen knurrt, ist man reizbar.«

Während ich die Vorratskammer plünderte, hörte ich Harry stöhnen. Als ich zurückkam, hatte einer der Deutschen eine Brille aufgesetzt und beugte sich über die Wunde des Amerikaners. »Sind Sie Sanitäter?« fragte Mutter. »Nein«, erwiderte er, »aber ich habe bis vor einigen Monaten in Heidelberg Medizin studiert.« Dann erklärte er den Amerikanern, in, wie mir schien, recht fließendem Englisch, Harrys Wunde sei dank der Kälte nicht infiziert. »Er hat nur sehr viel Blut verloren«, sagte er zu Mutter, »er braucht jetzt einfach Ruhe und kräftiges Essen.«

Der Druck begann zu weichen. Selbst mir kamen die Soldaten, als sie so nebeneinander saßen, alle noch sehr jung vor. Heinz und Willi, beide aus Köln, waren sechzehn. Der Unteroffizier war mit seinen Dreiundzwanzig der älteste. Er brachte aus seinem Brotbeutel eine Flasche Rotwein zum Vorschein, und Heinz fand einen Laib Schwarzbrot, den Mutter in Scheiben schnitt. Sie sollten zum Essen auf den Tisch kommen. Von dem Wein aber stellte sie einen Rest beiseite. »Für den Verwundeten.«

Dann sprach Mutter das Tischgebet. Ich sah, daß sie Tränen in den Augen hatte, als sie die vertrauten Worte sprach: »Komm, Herr Jesus, sei unser Gast ...« Und als ich mich in der Tischrunde umsah, waren auch die Augen der kriegsmüden Soldaten feucht. Sie waren wieder Buben, die einen aus Amerika, die anderen aus Deutschland, alle fern von zu Haus.

Gegen Mitternacht ging Mutter zur Tür und forderte uns auf mitzukommen und den Stern von Bethlehem anzusehen. Bis auf Harry, der friedlich schlief, standen wir alle neben ihr, und für jeden war in diesem Augenblick der Stille und im Anblick des Sirius, dem hellsten Stern am Himmel, der Krieg sehr fern und fast vergessen.

Unser privater Waffenstillstand hielt auch am nächsten Morgen an. Harry erwachte, verschlafen brummelnd, in den letzten Nachtstunden, und Mutter flößte ihm etwas Brühe ein. Bei Tagesanbruch war er dann sichtlich kräftiger. Mutter quirlte ihm aus unserem einzigen Ei, dem Rest Rotwein und etwas Zucker einen stärkenden Trank. Wir anderen aßen Haferflocken. Dann wurde aus zwei Stöcken und Mutters bestem Tischtuch eine Tragbahre für Harry gemacht.

Der Unteroffizier zeigte den Amerikanern, über Jims Karte gebeugt, wie sie zu ihrer Truppe zurückfinden konnten (in diesem Stadium des Bewegungskrieges erwiesen sich die Deutschen als überraschend gut informiert). Er legte den Finger auf einen Bach. »Da geht ihr lang«, sagte er. »Am Oberlauf trefft ihr auf die 1. Armee, die sich dort neu formiert.« Der Mediziner übersetzte alles ins Englische.

Mutter gab nun allen ihre Waffen zurück. »Seid vorsichtig, Jungens« sagte sie. »Ich wünsche mir, daß ihr eines Tages dahin zurückkehrt, wo ihr hingehört, nach Hause. Gott beschütze euch alle!«

Die Deutschen und die Amerikaner gaben einander die Hand, und wir sahen ihnen nach, bis sie in entgegengesetzter Richtung verschwunden waren.

Als ich wieder ins Haus trat, hatte Mutter die alte Familienbibel hervorgeholt. Ich sah ihr über die Schulter. Das Buch war bei der Weihnachtsgeschichte aufgeschlagen, bei dem Bericht von der Geburt in der Krippe und den drei Weisen, die von weit her kamen, um ihre Geschenke darzubringen. Ihr Finger glitt über die Zeile: »... und sie zogen über einen anderen Weg wieder in ihr Land.«

(Aus »Wunder der Liebe, acht Erzählungen zur Weihnacht«, Konstanz 1975, S. 103 ff.)

Mörder und Marodeure

Wo alte Ordnungen zerfallen, kriecht Ungeziefer aus dem bröckelnden Gemäuer. Das gilt auch dort, wo Ordnung sich auf Terror und Verbrechen gründete.

Am 6. September 1944 wurde der amerikanische Fliegermajor Quince L. Brown in der Nähe von Schleiden abgeschossen. Er hatte kurz vorher mit seiner Thunderbolt einen Tiefangriff auf eine Fahrzeugkolonne geflogen. Dabei waren mehrere Hitler-Jungen und Flakhelfer getötet worden.

Brown hatte sich mit dem Fallschirm retten können, war aber verletzt worden. Der Standortkommandant von Schleiden ordnete an, ihn zu einem ortsansässigen Arzt zu bringen. Nach der medizinischen Untersuchung und Behandlung sollte er im Gefängnis in Gemünd bleiben, bis er von Soldaten des Fliegerhorstes Hangelar abgeholt werden würde.

Auf dem Wege zum Arzt sammelten sich rund sechzig Menschen um den Air-Force-Offizier: Soldaten, Männer einer baltischen SS-Einheit, Zivilisten und auch einige Kinder. Die Menge war erregt. Eine andere Staffel der amerikanischen Luftwaffe hatte einen Luftangriff auf die Bahnanlagen in Gemünd und Schleiden geflogen, bei dem ebenfalls Zivilisten getötet worden waren.

Als der Gefangene und die Zuschauer vor dem Hause des Arztes angekommen waren, näherten sich zwei SS-Offiziere. Es handelte sich um den SS-Sturmbannführer Rudolf Seidel, der bei der Sicherheitspolizei in Düsseldorf stationiert war, und um den Amtsbürgermeister von Blumenthal, SS-Sturmbannführer Wilhelm Fischer, der gleichzeitig Leiter des Sicherheitsdienstes (SD) im Kreise Schleiden war.

In der Menge befand sich auch der Schleidener Kreisarzt Dr. Hübinger. Der rief Fischer zu: »Wir haben einen von den Lumpen, die unsere Frauen und Kinder beschossen haben.«

Seidel und Fischer stürmten durch die Ansammlung der Zuschauer auf den Piloten zu und schlugen ihn mit den Fäusten ins Gesicht und auf den Kopf. Die SS-Männer schlossen einen Ring um Brown und traten und prügelten ebenfalls auf ihn ein.

Fischer ging zu dem PKW zurück, mit dem er und Seidel nach Schleiden gekommen waren. Seidel beobachtete, wie der Air-Force-Pilot blutend zusammenbrach und sich vor Schmerzen krümmte. Die SS-Männer traten den Amerikaner mit Stiefeln gegen den Kopf. Als der Pilot sich nicht mehr bewegte und in den letzten Zügen zu liegen schien, nahm Seidel seine Pistole und tötete ihn durch Genickschuß.

Das Schwurgericht in Aachen verurteilte Seidel am 7. Dezember 1953 zu einem Jahr Gefängnis. Fischer wurde freigesprochen.

Im Spätherbst 1944 quartierte sich ein »Gestapo-Sonderkommando Schneider« auf Schloß Schleiden ein. Das Kommando war der Gestapoleitstelle Köln unterstellt und umfaßte dreißig SS-Männer. Seine Aufgabe war, Plünderer und Spione aufzuspüren, festzunehmen und »nach Standrecht zu behandeln«.

Außer dem Leiter des Kommandos, SS-Untersturmführer Arnold Schneider, stammten die führenden Leute aus der Polizei und waren noch im Sommer 1944 als Grenzpolizeibeamte in den Kreisen Eupen und Malmedy eingesetzt gewesen. Zwei von ihnen, die Kriminalassistenten Georg Heidorn und Karl-Heinz Hennemann, wurden später – offensichtlich wegen ihrer Ortskenntnisse im Raum Aachen – bei dem Mordauftrag gegen den Aachener Oberbürgermeister Franz Oppenhoff eingesetzt.

Franz Oppenhoff war das erste demokratische Oberhaupt einer deutschen Stadt. Er war am 31. Oktober 1944 – noch während des Krieges – von den Amerikanern auf Empfehlung des Aachener Bischofs Johannes Joseph van der Velden zum Bürgermeister ernannt worden.

Erstes Opfer des Kommandos Schneider war ein polnischer Kriegsgefangener, der angeblich geplündert hatte. Er wurde von einem SS-Mann Schneiders Ende November 1944 in der Nähe von Schleiden durch Genickschuß exekutiert. Bei Satzvey erschossen die Schneider-Leute einen weiteren angeblichen Plünderer. Bei Katzvey exekutierten sie vier polnische Zwangsarbeiter. In einer Kiesgrube bei Mülheim-Wichterich erschossen sie fünf Flamen, die der Spionage verdächtig waren.

Anfang Dezember 1944 hatte man vier russische Zwangsarbeiter, die beim Plündern gefaßt worden waren, in die Gefängniszellen im Bürgermeisteramt Mechernich eingesperrt. Am 10. Dezember brachten vier SA-Männer die Gefangenen zum Griesberg bei der Marienau, dem Gebiet, das wir als Kinder für unsere Abenteuerspiele benutzt hatten. Dort warteten weitere SA-Leute und der damals für Mechernich zuständige Landjägermeister (Gendarmerie). In dem Wald, der den Griesberg umgab, lagerten zahlreiche deutsche Soldaten. Einige Soldaten traten hinzu und fragten, was die Russen gemacht hätten. Einer der SA-Leute sagte ihnen, daß es sich um Plünderer handele. Daraufhin wollten die Soldaten die Russen totschlagen. Der Landjägermeister verhinderte das; er erklärte, alles müßte »nach Recht und Gesetz zugehen«; die Russen würden erschossen. Die Soldaten fragten, ob sie sich an der Exekution beteiligen dürften. Der Polizeiführer sagte das zu.

Die vier Russen mußten ein Grab schaufeln. Der Landjägermeister gab das Kommando, und SA und Soldaten erschossen die Gefangenen.

Am 24. Februar 1945 flogen die Amerikaner einen Bombenangriff gegen die Bahnanlagen von Mechernich. Ein Jabo machte einen Tiefangriff gegen die Pfarrkirche und traf das Langhaus und den Kirchturm mit je einer Bombe. Die Kirche wurde völlig zerstört. Ein anderer Jagdbomber warf zwei Bomben auf das Waisenhaus, das bis Ende 1944 als Lazarett gedient hatte und als solches auch gekennzeichnet war. Die Eisenbahngeleise blieben unbeschädigt.

In der Bahnstraße wurden mehrere Häuser zerstört. Im Schuhhaus Joisten fiel die Vorderfront des Gebäudes ein; zahlreiche Kartons mit Schuhen lagen auf dem Bürgersteig und auf dem Boden des Verkaufsraums. Eine junge ukrainische Arbeiterin hatte das bemerkt. Als der Luftangriff vorbei war, näherte sie sich vorsichtig dem Laden, nahm ein paar Schuhe auf und versteckte sie unter ihrem Kittel.

Eine Nonne aus dem gegenüberliegenden Waisenhaus hatte das gesehen und denunzierte das Mädchen bei der örtlichen Polizei. Die Ukrainerin wurde dem »Sonderkommando Schneider« zugeführt. Ein SS-Mann hängte sie auf Befehl Schneiders auf.

Der Nonne wurde zu spät bewußt, was sie mit ihrer Meldung bewirkt hatte. Sie verfiel in Weinkrämpfe. Nach dem Krieg ließ sie sich in ein anderes Kloster der Franziskanerinnen versetzen.

Die von der Schneider-Gruppe durchgeführten Exekutionen und die auf Befehl des Landjägermeisters von Mechernich vollzogenen Erschießungen der vier Russen geschahen ohne Gerichtsurteil.

Im Dezember 1965 verurteilte das Schwurgericht in Bonn Arnold Schneider wegen »Beihilfe zum Mord« zu sieben Jahren Zuchthaus und fünf weitere Angeklagte zu mehrjährigen Freiheitsstrafen. Auf die Revision der Verteidigung hob der Bundesgerichtshof das Urteil am 15. Oktober 1968 auf und verwies das Verfahren zur erneuten Verhandlung an das Schwurgericht in Köln. Inzwischen waren Arnold Schneider und ein weiterer Angeklagter verstorben. Zwei andere waren nicht mehr verhandlungsfähig. Gegen die zwei verbliebenen Beschuldigten wurde Anklage wegen »Beihilfe zum Mord« erhoben. Das Gericht befand aber, daß sich die Tatbestandsmerkmale für Mord nicht mit ausreichender Sicherheit nachweisen lassen würden; die Strafverfolgung wegen Totschlags sei verjährt. Das Verfahren sei deshalb einzustellen.

* * *

Im November 1944 wurde die Organisation »Werwolf« gegründet. Es ist nicht klar, ob die Initiative dazu von Joseph Goebbels oder von Heinrich Himmler ausging oder ob Goebbels sich nur Himmlers und dessen Waffen-SS bedienen wollte, um dem »Führer« mit einer neuen Partisanenarmee in seinem »Kampf um den Endsieg« zu helfen.

Himmler war am 10. September 1944 nach Aachen gekommen und hatte zu den Verteidigern der Stadt gesprochen. Dabei war zum ersten Mal angeklungen, daß eine neue Geheimorganisation Guerillaoperationen hinter der Front im besetzten Gebiet durchführen sollte. Ende November beauftragte Himmler den SS-Obergruppenführer (General der Waffen-SS) Hans-Adolf Prützmann, die Organisation aufzubauen. Offiziell erhielt sie den Namen »Generalinspektion für Spezialabwehr beim Reichsführer SS«. Der Stab, zu dem rund zweihundert Leute gehörten, war in einem Sonderzug der Reichsbahn untergebracht. Das sollte die notwendige Geheimhaltung mit Mobilität verbinden.

Auf ausdrückliche Empfehlung der NSDAP-Gauleiter meldeten sich innerhalb von wenigen Wochen 5000 junge Menschen zum Werwolf. Die meisten kamen aus der Hitler-Jugend, einige auch aus dem »Bund Deutscher Mädel« (BDM). In Berlin-Gatow wurde eine Spezialschule eingerichtet, in der man die Werwölfe in der Handhabung von Sprengstoffen und in Sabotagetechniken ausbildete. In Westdeutschland unterstand die Anwerbung und Ausbildung der Werwölfe dem »höheren SS-Polizeiführer West«, SS-Obergruppenführer Karl Gutenberger.

Erste Trainingslehrgänge fanden statt auf Schloß Hülchrath, das zwischen Grevenbroich und Neuss gelegen ist. Einige Jungen und wenige Mädchen aus der Nordeifel wurden im rechtsrheinischen Raum ausgebildet, zunächst in Gummersbach und später in einem Barackenlager in der Nähe von Eitorf. Einer der Ausbilder war Theo Sechtem aus Mechernich.

Theo Sechtem, Jahrgang 1919, hatte sich als Oberfeldwebel der Infanterie in den Kämpfen des Rußlandfeldzuges ausgezeichnet. Er war Inhaber des Eisernen Kreuzes beider Klassen und des Kriegsverdienstkreuzes mit Schwertern. Er trug das Infanteriesturmabzeichen, die goldene Nahkampfspange und andere Orden. Gegen Ende des Krieges war er als Kompanieführer eingesetzt. Eine Granate zerfetzte seine rechte Hand, so daß er nicht mehr kriegsverwendungsfähig war. Ende Januar 1945 versetzte man ihn als Ausbilder zur Organisation Werwolf.

Seiner Einheit, die aus insgesamt zwanzig Personen bestand, waren einige Hitler-Jungen aus Mechernich und Euskirchen zugeteilt, die aus den örtlichen Volksschulen kamen.

Zur Einheit gehörte auch Erich Morgenschweiss, damals sechzehn Jahre alt. Im Februar 1945 setzte Theo Sechtem ihn mehrfach zu Kurierfahrten zwischen Eitorf und Mechernich ein. Morgenschweiss brachte seinem Oberfeldwebel dann Lebensmittel, die er von Maria, der Ehefrau von Theo Sechtem, bekommen hatte. Anfang März wurde Erich Morgenschweiss nach Schloß Hülchrath versetzt. Dort stellte man den Werwolftrupp zusammen, der zwei Wochen später den Aachener Oberbürgermeister Franz Oppenhoff ermorden sollte. Morgenschweiss wurde Mitglied dieses Kommandos.

Theo Sechtem unterwies die ihm zugeteilten Werwölfe im Gebrauch von Plastiksprengstoff sowie im Einsatz der Panzerfaust und übte mit ihnen Pistolenschießen. Die Gruppe verfügte über vorgefertigte Holzkästen, die als Ein-Mann-Unterstände eingegraben und mit Grassoden abgedeckt werden sollten. Sie waren als Verstecke für die Werwölfe gedacht, mit Funkgerät und Waffen ausgerüstet, oder als Sprengstofflager vorgesehen und hätten von den feindlichen Truppenverbänden unbemerkt überrollt werden sollen.

Unter den Sprengstoffvorräten der Gruppe gab es Plastikstücke, die wie Briketts oder wie Bilderrahmen aussahen. Die Briketts wollte man in den Büros der amerikanischen Stäbe plazieren; sie wären explodiert, wenn die Amerikaner sie als Brennstoff gebraucht hätten. Die Sprengstoffbilderrahmen sollten gegen die in den Büros angebrachten Rahmen ausgetauscht werden; sie hätten ferngezündet werden müssen.

Weder die Briketts noch die Bilderrahmen und auch nicht die Ein-Mann-Unterstände der Gruppe Sechtem kamen zum Einsatz. Theo Sechtem löste seine Einheit Ende März 1945 auf. Er erklärte den Jungen, die noch bei ihm geblieben waren, daß sie sich Zivilkleidung anziehen und einzeln nach Hause durchschlagen sollten; der Krieg sei zu Ende. Dann requirierte er von einem benachbarten Bauern einen Ackergaul und eine Pferdekarre, lud den noch im Lager gestapelten Plastiksprengstoff – mehr als eine Tonne – auf die Karre, brachte den Sprengstoff zu einem Brunnen in der Nähe von Gummersbach und versenkte ihn dort.

Die Amerikaner hatten am 7. März die Brücke von Remagen erobert, den Rhein überquert und in den Tagen danach den Brückenkopf weit in den Westerwald hinein ausgedehnt. Theo Sechtem hatte sich noch bis in die Nähe von Bergisch-Gladbach durchschlagen können und dort Zuflucht in einem Bauernhaus gefunden. Von den Bauern bekam er Zivilkleidung. Damit ging er zurück zum Rhein. Ein Rheinfischer setzte ihn nachts auf das linke Ufer über. Im April 1945 kam er nach Mechernich zurück.

Vorher war das »Unternehmen Karneval« gestartet worden. Das war der Deckname für das Attentat gegen den Aachener Oberbürgermeister Franz Oppenhoff.

Als sich die amerikanischen und britischen Verbände dem Rhein näherten, hatte man den Werwolftrupp, der für diese Aktion vorgesehen war und den man auf Schloß Hülchrath zusammengestellt hatte, auf den Flugplatz Hildesheim verlegt. Von dort flogen zwei Piloten der deutschen Luftwaffe die Mitglieder der Gruppe – fünf Männer und eine Frau – in der Nacht zum 20. März 1945 in einer erbeuteten »Fliegenden Festung« der amerikanischen Luftwaffe bis zum »Dreiländereck« (Belgien, Deutschland, Niederlande) bei Aachen. Die Werwölfe sprangen mit Fallschirmen über einer Waldlichtung auf belgischem Gebiet ab.

Führer des Kommandos war SS-Untersturmführer Herbert Wenzel. Ihm beigegeben waren SS-Unterscharführer Leitgeb, die beiden ortskundigen ehemaligen Grenzpolizisten Heidorn und Hennemann, die dreiundzwanzigjährige BDM-Führerin Ilse Hirsch aus Euskirchen und der sechzehnjährige Hitler-Junge Erich Morgenschweiss, ebenfalls aus Euskirchen.

Noch in der Nacht zum 20. März erschoß die Gruppe einen niederländischen Zöllner. Ilse Hirsch und die fünf Männer waren dem Beamten zufällig über den

Weg gelaufen. Der hatte sie aufgefordert, stehenzubleiben und die Hände zu erheben. Die Werwölfe schossen sofort. Als die ersten Schüsse fielen, und der Zöllner schwerverletzt zusammenbrach, floh Ilse Hirsch laut schreiend durch die Büsche.

Die Gruppe brauchte mehrere Tage, bis sie auf Schleichwegen Aachen erreicht hatte. Am Abend des 25. März 1945, dem Palmsonntag, drangen die Männer durch ein Kellerfenster in Oppenhoffs Haus ein. Erich Morgenschweiss stand Schmiere. Die Eindringlinge gaben sich als deutsche Soldaten auf der Flucht aus. Sie zwangen das Dienstmädchen des Bürgermeisters, Franz Oppenhoff aus dem Nachbarhaus zu holen, in das er zu einem Gespräch gegangen war. Oppenhoff erkundigte sich nach den Wünschen der angeblichen Flüchtlinge; er ließ einige Butterbrote für sie zubereiten. Als er aus dem Hause trat, um wieder zu den Nachbarn zu gehen, sollte Kommandoführer Wenzel ihn erschießen. Das war so geplant. Wenzel zögerte. SS-Unterscharführer Leitgeb entriß ihm daraufhin die Pistole, setzte sie Oppenhoff an die Schläfe und erschoß ihn.

Die beiden ehemaligen Grenzpolizisten versuchten, die Mitglieder des Kommandos in zwei getrennten Gruppen heil über die Rur und die Urft und durch die verminten Wälder der Nordeifel bis nach Mechernich zu bringen. Es war vereinbart, daß die Gruppe sich trennen sollte, sobald sie auf eine Streife der Besatzungstruppen stoßen würde. Dann sollte sich jeder einzeln bis zum Gut Hombusch durchschlagen. Das Gut gehörte dem Grafen Nesselrode und lag in einem dichten Wald im Osten von Mechernich. Heidorn und Hennemann kannten Gut Hombusch; Ende November 1944 hatte sich das Gestapo-Sonderkommando Schneider, zu dem die beiden Grenzpolizisten damals noch gehörten, vorübergehend dort einquartiert.

Der Mörder Oppenhoffs, SS-Unterscharführer Leitgeb, lief schon im Hürtgenwald auf eine Mine und wurde zerfetzt. Ilse Hirsch kam bis in die Nähe von Schleiden. Dort versuchte sie, die Olef zu überqueren. Dabei explodierte wieder eine Mine. Ilse Hirsch wurde so schwer verletzt, daß sie sich nicht mehr weiterschleppen konnte. Sie wurde am nächsten Tag von einem Bauern aus der Umgebung von Schleiden entdeckt. Der brachte sie nach Vussem ins Krankenhaus. Der sechzehnjährige Erich Morgenschweiss schaffte es bis an das Ufer der Urft südlich von Kall. Dort brach er erschöpft zusammen. Am darauffolgenden Tag wurde er von einer Frau gefunden. Die Frau entwaffnete Morgenschweiss und brachte auch ihn in das katholische Krankenhaus von Vussem bei Mechernich.

Erich Morgenschweiss nahm von Vussem aus sofort Verbindung auf zu Maria Sechtem, der Frau seines ehemaligen Ausbilders, die ihm bei seinen Kurierfahrten im Februar 1945 noch Lebensmittelpakete für ihren Mann mitgegeben hatte. Maria Sechtem besuchte Morgenschweiss mehrere Male im Krankenhaus und versorgte ihn mit Brot und Wurst.

Schon nach kurzer Zeit konnte Morgenschweiss das Krankenhaus verlassen. Er kehrte noch vor Kriegsende zu seinen Eltern nach Euskirchen zurück.

Ilse Hirsch wurde in eine andere Klinik verlegt. Nach ihrer Genesung ging auch sie wieder zurück nach Euskirchen.

Heidorn, Hennemann und Wenzel trafen sich wie verabredet auf Gut Hombusch. Nach wenigen Tagen hatten sie sich von den Strapazen ihrer Flucht erholt und konnten weiter in Richtung Rhein marschieren.

Wenzel trennte sich von den beiden anderen und fand Unterschlupf auf einem Bauernhof in der Nähe von Stommeln bei Köln. Dort arbeitete er als Knecht bis August 1945. Bis dahin hatten die Alliierten die Kontrollen an den Rheinbrücken gelockert. Wenzel überquerte in Köln den Rhein und blieb seither verschwunden. Trotz intensiver Fahndungsbemühungen durch die Besatzungstruppen und später durch die Staatsanwaltschaft beim Landgericht in Aachen blieb sein Verbleib bis heute ungeklärt.

Heidorn und Hennemann durchschwammen Anfang April den Rhein in der Nähe von Köln. Sie wurden auf dem rechten Rheinufer von einer amerikanischen Streife festgenommen und nach zwei Tagen in ein Internierungslager bei Aachen verbracht. Den Vernehmungsbeamten verschwiegen sie ihre Beteiligung an dem Oppenhoff-Mord. Sie wurden schon kurz nach Kriegsende in ihre Heimatgemeinde entlassen.

Später hatten die Fahndungsmaßnahmen Erfolg. Im Herbst 1949 standen Ilse Hirsch und die meisten der Männer, die sich an dem »Unternehmen Karneval« beteiligt hatten, vor dem Schwurgericht in Aachen. Das Gericht ging davon aus, daß die Angeklagten militärisch Heinrich Himmler, der den Mord an Oppenhoff angeordnet hatte, unterstellt gewesen seien. Sie hätten also auf Befehl gehandelt. Deshalb könne die Tat nicht als Mord, sondern nur als »Beihilfe zum Totschlag« bewertet werden.

Der ehemalige SS-General Karl Gutenberger erhielt vier Jahre Zuchthaus, sein Verbindungsoffizier zum Ausbildungslager Schloß Hülchrath, SS-Standartenführer (Oberst) Karl Raddatz, bekam drei Jahre Gefängnis, Karl-Heinz Hennemann wurde mit einem Jahr und sechs Monaten Gefängnis bestraft und Georg Heidorn mit einem Jahr Gefängnis.

Ilse Hirsch, die ihren Tatbeitrag freimütig gestanden hatte, wurde freigesprochen.

Auf die Revision von Verteidigung und Staatsanwaltschaft hob der Bundesgerichtshof die Urteile wieder auf. In einer erneuten Verhandlung erkannte das Aachener Schwurgericht am 22. September 1952 auf eineinhalb Jahre Gefängnis für Karl Raddatz und auf je acht Monate Gefängnis für Heidorn und Hennemann. Die Strafe für Karl Gutenberg wurde am 10. Dezember 1952 auf zwei Jahre und sechs Monate Zuchthaus herabgesetzt.

Durch das Amnestiegesetz von 1954 wurden alle Strafen erlassen.

Gegen Erich Morgenschweiss, der bei der Tat erst sechzehn Jahre alt gewesen war, hatte man wegen seiner Jugend keine Anklage erhoben.

Anderen Werwölfen half ihre Jugend nicht, als sie gegen Kriegsende und nach dem Krieg vor alliierten Militärgerichten angeklagt wurden.

Von den dreißig Hitler-Jungen, die im August 1941 auf der Drachenburg in Königswinter eingeschult worden waren, wurden nur drei im Februar 1945 vom Werwolf übernommen. Zunächst aber – im Oktober 1944 – wurden alle zum Schanzeinsatz einberufen. Damals waren zahlreiche Hitler-Jungen aus dem Gau Köln-Aachen in der Eifel – von Blankenheim an der Ahr bis in die Nähe von Aachen – in Barackenlagern untergebracht worden, um an strategisch wichtigen Stellen, die von der Wehrmacht vorgegeben waren, Panzergräben auszuheben und Panzersperren zu errichten.

Die dreißig Jungen der Adolf-Hitler-Schule Nr. 3 (Drachenburg) und die dreißig Jungen von der Ordensburg Vogelsang (AHS Nr. 4), die 1941 ihre Kurse begonnen hatten, kamen nach Nierfeld bei Gemünd. Sie mußten – wie die anderen Hitler-Jungen – Schanzarbeiten verrichten, wurden aber jeden zweiten Tag als eine Art von Feldgendarmerie eingesetzt, die verhindern sollte, daß die zum Schanzen abkommandierten Jungen sich nach Hause absetzten. Die Adolf-Hitler-Schüler wurden dazu in Fünfergruppen zusammengefaßt; man stellte ihnen Fahrräder zur Verfügung, mit deren Hilfe sie das Hinterland nach »Fahnenflüchtigen« durchkämmen mußten; die »Deserteure« wurden festgenommen und zur Bestrafung in die Lager zurückgebracht.

Am 20. Dezember 1944 erhielten zehn der Adolf-Hitler-Schüler aus Königswinter neue Befehle. Man setzte sie zu einem »Sondereinsatz« nach Belgien in Marsch. Ziel und Inhalt ihres Auftrags blieben im Dunkeln. Die Jungen konnten nur vermuten, daß ihr Einsatz mit der Ardennenoffensive, die am 16. Dezember begonnen hatte, in Zusammenhang stand. Als die Offensive Weihnachten 1944 zusammenbrach und sich die deutschen Truppen wieder zurückziehen mußten, transportierte man die Adolf-Hitler-Schüler zurück nach Königswinter.

Von dort aus schickte man sie in einen kurzen Heimaturlaub. Drei Adolf-Hitler-Schüler des Einschulungsjahrgangs 1941 stammten aus Euskirchen: Artur Gronen, Klaus Lübold und Heinz Petry. Sie verbrachten Silvester und die ersten Tage des Jahres 1945 zu Hause.

Als sie nach Königswinter zurückkamen, erwarteten sie ein Unteroffizier der Wehrmacht, den sie schon von früheren Ausbildungsphasen kannten, und ein älterer HJ-Führer, der ihnen erst jetzt zugeteilt worden war. Der Unteroffizier und der HJ-Führer unterwiesen die Jungen im Schießen (Gewehr und Pistole) und in der Anwendung von Sprengmitteln. Schießen hatte man ihnen schon während des Sportunterrichts auf der Adolf-Hitler-Schule beigebracht. Deshalb lag der Schwerpunkt der Ausbildung jetzt darin, wie man Sprengstoffe (auch Plastiksprengstoffe) einsetzte und zündete.

Neben den für den Werwolf ausgewählten Adolf-Hitler-Schülern wurden auch andere Hitler-Jugendführer im Schießen und in Sprengtechniken unterrichtet. Dazu gehörte Josef Schöner.

Man sagte den Jungen, daß sie für die neue Geheimorganisation »Werwolf« ausgebildet würden. Die Ausbilder sprachen von künftigen Kommandounternehmen und von »Einsätzen hinter den feindlichen Linien«; sie betonten, daß Ausbildung und Einsatz der höchsten Geheimhaltungsstufe unterlägen.

Das Training dauerte vom 15. Januar bis zum 5. Februar 1945. Danach verlegte man die Jungen auf die Burg Zieverich bei Bergheim an der Erft. Dort gab man ihnen letzte Anweisungen. Oberfeldwebel Theo Sechtem, der von Eitorf an der Sieg nach Bergheim gekommen war, sammelte die Ausweise und andere Unterlagen ein, die – bei Gefangennahme – zur Identifizierung der Werwölfe hätten führen können. Dann teilte man die Jungen in Zweiertrupps ein. Die einzelnen Gruppen schickte man in verschiedene Dörfer, die in der Nähe der Front lagen. Wenn die Amerikaner mit ihrer Offensive, die man für Ende Februar erwartete, weiter nach Osten vorrücken würden, sollten sich die Werwölfe in den Kellern der zerstörten Häuser verstecken und sich von den Amerikanern überrollen lassen. Der eigentliche Werwolfeinsatz sollte beginnen, wenn die Dörfer, in deren Kellern sich die Jungen verkrochen hatten, zur amerikanischen Etappe geworden waren.

Einige Trupps hatten den Auftrag, Stabsunterkünfte, Treibstofflager und militärisches Material der Amerikaner in die Luft zu sprengen. Andere sollten ausspähen, welche amerikanischen und britischen Verbände sich zur Front bewegten und welche Stärke und Bewaffnung diese Einheiten hatten. Die Aufklärungsergebnisse sollten über Funk an die Wehrmacht weitergegeben werden.

Die Sprengstofftrupps bestanden in der Regel aus zwei gleichaltrigen Jungen. Bei den Spionagetrupps sollte der jüngere, meist erst sechzehn Jahre alte Hitler-Junge die Aufklärungsaufgaben durchführen. Ihm war beigegeben ein älterer Hitler-Junge, der funken konnte, oder ein Wehrmachtsfunker. Die Funkgeräte waren schon vor den Einsätzen in den im Boden eingegrabenen Ein-Mann-Unterständen deponiert.

Die Werwölfe hatten keine Uniform. Sie trugen in der Zeit, in der sie sich noch in den Gebieten bewegten, die von deutschen Truppen besetzt waren, als einzige Legitimation ein Papier bei sich, das eine codierte Zahlenreihe enthielt. Dieses Papier mußte vernichtet werden, sobald die Werwolfgruppen von den feindlichen Streitkräften überrollt worden waren. Bis dahin berechtigte der Zettel auch dazu, von Wehrmachtseinheiten Verpflegung zu bekommen. Über diese rein logistische Beziehung und über die geplanten Funkmeldungen hinaus sollten die Werwölfe keine Verbindungen zur Wehrmacht unterhalten.

Die Ausbildung der Werwölfe krankte an einem geradezu abenteuerlichen Dilettantismus. Der HJ-Führer, der die Adolf-Hitler-Schüler auf der Drachenburg im Umgang mit Sprengmitteln unterrichten sollte, hatte selbst noch nie Explosionen mit Dynamit oder mit Plastiksprengstoff durchgeführt. Den Jungen, die für die Ausspähung der feindlichen Streitkräfte vorgesehen waren, hatte man niemals Fotos gezeigt oder Beschreibungen gegeben von den verschiedenen amerikanischen und britischen Panzertypen. Die Sprengstoffpakete, die man den Werwölfen übergeben hatte, konnten nicht durch Funk, sondern nur durch Zündschnüre zur Explosion gebracht werden. Die Zündschnüre hatten in der Regel nur eine Zeitvorgabe von 25 Sekunden.

Die stärkste Waffe der Kinder, die hier in eine Schlacht geschickt wurden, in der sie weder Sieg noch Gnade erwarten konnten, war ihr – fehlgeleiteter – Idealismus.

Artur Gronen und ein AHS-Kamerad waren für einen Sprengstoffeinsatz vorgesehen. Ein Unterscharführer der Waffen-SS brachte sie von der Burg Zieverich nach Niederzier, einem Dörfchen zwischen Jülich und Düren. Dort erklärte er ihnen die topographischen Details ihres künftigen Operationsgebiets und wies sie an, die Sprengstoffpacken, die sie mitgebracht hatten, neben einem Trafohaus und neben einem Missionskreuz am Ortseingang zu verstecken. Dann ging der SS-Mann wieder zurück zur Burg Zieverich. Die beiden Jungen suchten vor den täglichen Jaboangriffen und den ständigen feindlichen Artillerieüberfällen Zuflucht im Keller eines zerstörten Hauses.

Zivilisten gab es in Niederzier nicht mehr. Die Bevölkerung war entweder evakuiert worden oder von sich aus über den Rhein nach Osten geflohen. Im Westen des Dorfes versuchten zwei deutsche Infanteriekompanien, die bis auf zehn Prozent ihrer Sollstärke zusammengeschmolzen waren, dem Ansturm der amerikanischen Offensive, die am 21. Februar begonnen hatte, standzuhalten.

Die Amerikaner bereiteten ihren Angriff – wie üblich – mit massivem Artilleriefeuer vor. Als sich ihre Einheiten Niederzier näherten, traf eine amerikanische Artilleriesalve sowohl das Trafohäuschen als auch das Missionskreuz, neben denen Artur Gronen und dessen Kamerad ihren Sprengstoff verborgen hatten. Die Artilleriegranaten brachten auch das Dynamit zur Explosion. Damit war der Werwolftrupp Gronen nicht mehr einsatzfähig. Artur Gronen und sein Freund gingen zurück nach Zieverich.

Der dortige Einsatzleiter fragte sie, ob sie weitermachen wollten. Gronens Kamerad verzichtete; ihm war das Risiko, verwundet oder getötet zu werden, zu groß. Der Einsatzleiter schickte ihn zurück zur Drachenburg. Artur Gronen meldete sich für einen weiteren Einsatz.

Mit mehreren anderen Werwölfen ging er bei Neuss zunächst auf die rechte Rheinseite und später wieder zurück auf das linke Rheinufer. Man teilte ihm einen anderen Werwolf zu, der nicht Adolf-Hitler-Schüler war. Es handelte sich um einen älteren HJ-Führer, der funken konnte. Aufgabe der beiden war nicht mehr die Sprengung feindlichen Kriegsmaterials, sondern die Ausspähung der amerikanischen und britischen Truppenbewegungen und die Weitergabe der Aufklärungsergebnisse über Funk.

Am 3. März 1945 trafen die beiden in Brühl ein. Man hatte ihnen befohlen abzuwarten, bis die Amerikaner in Brühl einmarschiert und von dort aus weiter zum Rhein vorgerückt seien; erst dann sollten sie sich zu ihrem Einsatzgebiet bei Düren in Marsch setzen. Das war am 7. März.

Die amerikanischen Fronttruppen bewegten sich ohne Aufenthalt weiter nach Osten. Zwei Stunden nach dem Einmarsch der Amerikaner machten sich Gronen und sein neuer Kamerad nach Westen auf den Weg. Sie gingen zunächst durch die Wälder bei Weilerswist und später über die Landstraßen bis nach Erp. Während sie am Straßenrand entlang marschierten begegneten ihnen – fast ununterbrochen – die langen Kolonnen des Nachschubs der amerikanischen Armee, Lastwagen hinter Lastwagen.

Man hatte ihnen beschrieben, an welcher Stelle bei Stockheim in der Nähe von Düren ein Ein-Mann-Unterstand in der Erde vergraben war und gesagt, daß in diesem Kasten auch ein Funkgerät für sie deponiert sei. Dem Funker hatte man ein Schaltgerät mitgegeben, das in die Funkstation eingebaut werden mußte, um mit dem Funkverkehr beginnen zu können. Das Schaltgerät war 20 mal 3 mal 2 cm groß.

In Erp wurden die beiden Jungen zum ersten Mal von einer amerikanischen Streife kontrolliert. Der GI, der kontrollierte, öffnete den Rucksack des Funkers und packte die wenigen Sachen, die in dem Rucksack waren, aus. Er nahm auch das Schaltgerät in die Hand, beguckte es und legte es wortlos zu den anderen Gegenständen, die er herausgenommen hatte.

Artur Gronen erklärte dem Streifenführer in stockendem Schulenglisch, er sei mit seinem Freund unterwegs nach Hause; sie wüßten nun nicht, wo sie hier in Erp übernachten könnten. Der Sergeant wies auf einen Bauernhof auf der anderen Straßenseite und meinte, sie sollten es dort versuchen.

Am nächsten Morgen gingen die beiden Jungen schon sehr früh weiter. Mittags erreichten sie den Dorfrand von Stockheim. Noch bevor sie den Ein-Mann-Unterstand mit Funkgerät gefunden hatten, wurden sie von einer anderen amerikanischen Streife angehalten. Sie waren aufgefallen, weil es in Stockheim und Umgebung keine Zivilisten mehr gab. Man durchsuchte sie. Auch diesmal gab man ihnen das Schaltgerät wieder zurück.

Danach transportierten die Amerikaner die beiden Jungen in das Zuchthaus Rheinbach. Später verlegte man sie in mehrere andere Lager, in denen auch deutsche Kriegsgefangene untergebracht waren. Am 1. April kamen sie in das Justizgefängnis in Aachen. Dort sah Gronen zwei Werwölfe wieder, die mit ihm im Januar auf der Drachenburg für den »Kampf hinter den feindlichen Linien« geschult worden waren: Heinz Petry aus Euskirchen und Josef Schöner aus Stolberg.

Heinz Petry auf dem Weg zur Exekution, 1.6.1945.
Quelle: Wolfgang Trees, Schlachtfeld zwischen Maas und Rhein, Aachen 1995

Unterhaltungen zwischen den Gefangenen waren verboten. Petry, der einige Zellen unter Gronen saß, konnte seinem Freund aber zurufen, daß man ihn – Petry – zum Tode verurteilt habe.

In der Nachbarzelle hatte man Gronens Funker untergebracht. Der trug immer noch das Schaltsystem für das bei Stockheim versteckte Funkgerät bei sich. Artur Gronen drängte ihn, endlich das verdammte Schaltgerät zu vernichten. Der Funker brach das Gerät auseinander, zerlegte es in kleine Teile und spülte das Ganze durch die Wassertoilette seiner Zelle in die Kanalisation.

Man hatte Artur Gronen und seinen Funker in Rheinbach und in den verschiedenen Lagern immer wieder vernommen. Die beiden Jungen hatten gestanden, daß sie für den Werwolf eingesetzt werden sollten. Die Vernehmungsprotokolle waren nach und nach zu einem Konvolut von zwei Zentimetern Dicke angewachsen. Nach einer eingehenden Befragung in Aachen verlegte man die beiden Werwölfe in das Gefängnis Klingelpütz in Köln.

Im Klingelpütz begegnete Gronen einem weiteren AHS-Kameraden von der Drachenburg, Klaus Lübold aus Euskirchen. Lübold war der Sohn des dortigen HJ-Bannführers. Er war am gleichen Tage wie Gronen, nämlich am 8. März 1945, von den Amerikanern aufgegriffen worden, als er mit dem ihm zugeteilten Kameraden nach dem Unterstand suchte, den man für sie vorgesehen hatte. Das war im Hombusch, einem großen Waldgebiet zwischen Mechernich und Satzvey. Beim Hofgang teilte Klaus Lübold seinem Kameraden mit, daß man

Heinz Petry wird an den Pfahl gebunden. Quelle: W. Trees

ihn wegen Spionage zu einer Gefängnisstrafe von fünfzehn Jahren verurteilt habe. Ende 1945 wurde er begnadigt.

Als Artur Gronen und sein Funker in Köln erneut befragt werden sollten, konnten die amerikanischen Vernehmungsoffiziere die früheren Protokolle nicht mehr auffinden. Von den zahlreichen Anhörungen und Vernehmungen war nur noch ein Stück Papier übriggeblieben, in dem dargestellt war, daß man die beiden Jungen in einem Sperrgebiet angetroffen habe, zu dem deutsche Zivilisten keinen Zutritt gehabt hätten. Die beiden jungen Leute wurden daraufhin am 20. Juli 1945 nach Hause entlassen.

Heinz Petry war etwas später als Artur Gronen auf die Burg Zieverich gekommen. Dort hatte man ihn mit Josef Schöner zusammengetan, einem HJ-Führer aus Alsdorf oder Stolberg bei Aachen.

Schöner war kein Adolf-Hitler-Schüler. Er wirkte seltsam zurückhaltend und verschlossen und hielt zu seinen Kameraden stets eine gewisse Distanz. Erst kurz vor seinem Einsatz erklärte er, weshalb er zu der Gruppe auf der Drachenburg gestoßen war.

Sein Vater hatte in Stolberg ein Hotel und ein Restaurant. Ende 1944 – so erzählte Josef Schöner seinen Kameraden – hatte ihn ein deutsches Gericht wegen Schwarzhandels zum Tode verurteilt. Josef Schöner meldete sich danach freiwillig zu »einem besonders gefährlichen Einsatz«, weil er durch persönliche Tapferkeit die »Schande«, die sein Vater seiner Meinung nach über die Familie gebracht hatte, tilgen wollte.

Die Gruppe Petry/Schöner wurde in der Nähe der Front zwischen Erkelenz und Geilenkirchen eingesetzt. Am 22. Februar 1945, einen Tag nachdem die amerikanischen Truppen ihren Standort überrannt hatten, wurden Petry und Schöner von einer US-Streife aufgegriffen. Die Amis brachten sie zunächst in ein Kriegsgefangenenlager bei Aachen und danach in das Aachener Justizgefängnis.

Am 29. März transportierte man sie nach Mönchengladbach. Ein amerikanisches Kriegsgericht, das sich aus Offizieren der 9. US-Armee zusammensetzte, verurteilte sie wegen Spionage zum Tode durch Erschießen. Die Verhandlung dauerte einen Tag.

Nach der Urteilsverkündung brachte man sie zurück nach Aachen. Von dort aus reichte ihr Verteidiger, ein amerikanischer Offizier, ein Gnadengesuch ein. Die Jungen warteten wochenlang auf eine Entscheidung.

Der Kommandierende General der 9. US-Armee, General Simpson, bestätigte das Urteil. Er lehnte das Gnadengesuch ab und befahl, das Todesurteil zu vollstrecken. Heinz Petry und Josef Schöner erfuhren davon zunächst nichts.

Am 30. Mai transportierte man die beiden Jungen nach Braunschweig. Erst am 31. Mai eröffnete ihnen ein Vertreter der amerikanischen Militärverwaltung,

Das Exekutionskommando geht in Stellung. **Quelle: W. Trees**

daß das Gnadengesuch abgelehnt worden sei; die Hinrichtung sei für den nächsten Tag, um 10 Uhr morgens, vorgesehen.

Noch in der Nacht erlaubte man ihnen, den Angehörigen einen letzten Brief zu schreiben. Heinz Petry schrieb an seine Eltern. Er schilderte seine Gefangennahme und seinen Prozeß. Seinen Einsatz erklärte er so: »Ich tat das nicht für eine Regierung, die uns verraten und betrogen hat, sondern in der gläubigen Hoffnung, meinem geliebten deutschen Vaterland und meinem Volke zu dienen.« Er betonte, daß er stolz darauf sei, für sein Vaterland zu sterben. Seine »leiblichen Überreste« würden auf einem Soldatenfriedhof bei Braunschweig beigesetzt werden. Wenn er im Grabe liege, solle man wissen, daß er »nicht für Himmler und Goebbels, sondern für Deutschland ... gestorben« sei.

Heinz Petry war, wie alle AHS-Schüler, aus der Kirche ausgetreten. Am Ende des Briefes schrieb er: »Ein Pfarrer war bei mir, und so bin ich auf alles vorbereitet. Ja, ich habe in den zwei Monaten meiner Gefangenschaft gemerkt, was es heißt, an Gott zu glauben, sagen zu können, da ist noch einer, der dir über alles hinweghilft, der dir beisteht in deiner größten Not, wo kein Mensch dich noch trösten kann.«

Am Morgen des 1. Juni 1945, einem Sonntag, banden amerikanische Soldaten die beiden Jungen in einer Kiesgrube bei Braunschweig an einen Pfahl. Neben den Pfählen stand je ein Holzsarg bereit. Um 10 Uhr fielen die Schüsse

Heinz Petry ist tot. **Quelle: W. Trees**

des Exekutionskommandos. Heinz Petry war sechzehn Jahre und fünf Monate alt, als er unter den Kugeln des Pelotons tot zusammenbrach. Josef Schöner war siebzehn.

Sein Tod erinnert an griechische Tragödien. Er hatte sich zum Werwolfeinsatz gemeldet, weil er glaubte, dadurch die »Ehre« seines Vaters wiederherstellen zu können. Als er starb, wußte er nicht, daß sein Vater am Leben geblieben war. Die Amerikaner hatten Alsdorf und Stolberg erobert, bevor die deutsche Justiz den Vater hinrichten konnte.

Die unverständlich harten Urteile gegen die Hitler-Jungen, die sich – halb freiwillig, halb geschoben – dem Werwolf zur Verfügung gestellt hatten, sind zum Teil wohl dadurch zu erklären, daß die amerikanischen Truppen am Kriegsende eine übertriebene Angst vor Partisanenanschlägen hatten. Diese Furcht war verstärkt worden durch die Propaganda, mit der Joseph Goebbels in dieser Zeit herausgekommen war. Die Ermordung des Aachener Oberbürgermeisters wurde vom Deutschen Rundfunk als Vollstreckung des Urteils eines »Deutschen Nationalgerichtshofs« gepriesen und als eine Art Schlachtensieg gefeiert. Das war am 24. März 1945. Das Kriegsgericht der 9. US-Armee, vor dem Heinz Petry und Josef Schöner angeklagt waren, stand bei der Verurteilung der beiden Jungen, die sechs Tage später stattfand, mit Sicherheit unter dem Eindruck des Attentats gegen Oppenhoff.

Am 27. März 1945 hatte Goebbels in seinem Tagebuch notiert: »Ich bin jetzt dabei, in großem Stil die sogenannte Aktion Werwolf zu organisieren. Die Werwolf-Aktion hat sich zum Ziel gesetzt, in den feindlichen Gebieten Partisanengruppen zu organisieren. Viel Vorbereitung ist dafür noch nicht getroffen. Das ist darauf zurückzuführen, daß die militärische Entwicklung im Westen so abrupt vor sich gegangen ist, daß wir überhaupt keine Zeit dazu fanden. Im allgemeinen ist es ja auch in den ehemals von uns besetzten Gebieten so gewesen, daß die Partisanentätigkeit erst nach einer gewissen Zeit anlief, dann aber auch sprungartig in die Höhe stieg. Ich will für unsere Werwolf-Organisation sowohl einen Sender freistellen als auch eine Zeitung herausgeben lassen, und zwar soll das ganz offen geschehen. Wir wollen hier nicht hinter dem Berg halten und etwa Geheimarbeit betreiben. Im Gegenteil, der Feind soll ganz genau wissen, was wir planen und was wir tun.«

Unter dem 31. März bemerkte Goebbels: »Im übrigen ist der Führer der Überzeugung, daß er in etwa acht bis zehn Tagen die Löcher im Westen wieder notdürftig zuflicken wird. Das ›Freikorps Adolf Hitler‹ könne dann auch langsam in Erscheinung treten. Ich verspreche ihm, daß ich die Partisanentätigkeit in kürzester Frist in den besetzten Westgebieten in die Höhe bringen werde. Nachdem der Bürgermeister von Aachen niedergelegt worden ist, sollen jetzt der jüdische Polizeipräsident von Köln und der Bürgermeister von Rheydt an die Reihe kommen. Jedenfalls bin ich der Überzeugung, daß es uns in nicht

Josef Schöner vor der Exekution. Ein Priester steht ihm bei. **Quelle: W. Trees**

allzuferner Zeit gelingen wird, jeden deutschen Verräter auf der westlichen Feindseite zur Strecke zu bringen.«

In Rheydt, der Heimatstadt von Goebbels, hatte sich der frühere stellvertretende Bürgermeister Vogelsang den Amerikanern als neues Stadtoberhaupt zur Verfügung gestellt. Goebbels hatte Berliner Hitler-Jungen ausbilden lassen, um Vogelsang zu liquidieren. Zu dieser Aktion kam es aber nicht mehr.

Am 31. März stellte Goebbels dem Werwolf auch eine kurze Sendezeit im Reichsrundfunk zur Verfügung. Der Sprecher verlas eine Proklamation der neuen »Partisanenorganisation« und schloß mit den Worten: »Haß ist unser Gebet und Rache unser Feldgeschrei!«

Es kam aber nirgendwo zu Unterstützungshandlungen der Bevölkerung für den Werwolf. Eine Partisanenbewegung konnte sich nicht entwickeln. Für die Bewohner der Gebiete, die der Feind bereits besetzt hatte, war der Krieg vorbei. Viele fürchteten Vergeltungsmaßnahmen der Alliierten, wenn der Werwolf Guerilla-Operationen durchgeführt hätte. Einzelaktionen, zu denen es später kam, lösten Abscheu und Entsetzen aus.

Am 17. April 1945 erschoß ein HJ-Bannführer in Quedlinburg einen angeblichen Deserteur. Wenige Tage vor Kriegsende ermordeten in Wilhelmshaven zwei Hitler-Jungen einen Kriminaldirektor als »Defätisten«.

Die Insassen der Werwolfschule Gatow – Hitler-Jungen, Soldaten, Zivilisten und einige Frauen – versuchten, sich in Einzelgruppen nach Westen durchzukämpfen. Als sie sahen, daß an dem westlichen Ufer der Elbe bereits amerikanische und britische Truppen auf sie warteten, drehten sie um und warfen sich den Russen entgegen. Sie wurden vollständig aufgerieben.

Am 5. Mai 1945 ließ Großadmiral Dönitz, den Hitler zu seinem Nachfolger als Reichspräsidenten bestimmt hatte, über den Rundfunk verkünden, daß die Organisation des Werwolfs aufgelöst sei. Weitere Aktivitäten des Werwolfs oder »ähnlicher Organisationen« könnten »dem deutschen Volk nur schaden«.

* * *

In den Trümmern von Köln hatten sich seit 1942 und verstärkt seit Herbst 1943 junge Leute zusammengefunden, die sich »Edelweißpiraten« oder »Navajos« nannten. Später kam es zu ähnlichen Zusammenschlüssen in Bonn und in Düsseldorf. Köln blieb aber Schwerpunkt und Zentrum dieser lose organisierten Gruppen.

Die meisten Edelweißpiraten waren Mitglieder der Hitler-Jugend und zwischen 15 und 17 Jahre alt. Sie wollten sich nicht mehr in die Disziplin der HJ einordnen. Seit Sommer 1944 fand in den HJ-Einheiten von Köln ohnehin kaum noch Dienst statt. Die HJ-Führer waren zur Wehrmacht eingezogen worden, und die HJ-Heime waren fast alle zerstört.

Ab Herbst 1944 wuchsen aus der kritischen Distanz zur HJ, die diese Jungen hatten, Aggression und Kriminalität. Was zunächst wie Jugendromantik und Abenteuerlust von Heranwachsenden anmuten konnte, die sich in einer von feindlichen Bomben zerstörten Stadt nicht mehr zu entfalten vermochten, entwickelte sich zu Gewalttaten und zu Verbrechen.

Die Edelweißpiraten erkannten sich an bestimmten Symbolen und an ihrer Kleidung. Sie trugen entweder Edelweißabzeichen oder – konspirativ – eine Stecknadel mit einem weißen Kopf am linken Rockaufschlag. Auf ihren Geldbörsen, ihren Brieftaschen und auf ihren Koppeln waren Totenkopfabzeichen eingebrannt oder eingestanzt. Sie führten Fahrtenmesser oder Hirschfänger mit sich, später auch Schußwaffen. Meistens kleideten sie sich mit karierten Flanellhemden, kurzen schwarzen Hosen und weißen Kniestrümpfen. Viele von ihnen hatten sich – wie wir in der Obertertia und Untersekunda (1941/1942) – angloamerikanische Vor- und Spitznamen gegeben. Wenn sie sich in den Kellern der Häuserruinen von Köln zusammenfanden – sie nannten das »Treffs« –, sangen sie bündische Lieder, in denen die Tapferkeit der Kosaken oder das Heldentum asiatischer Stämme verherrlicht wurden (»Wo im ewigen Schnee stolz der Kasbek thront ...«).

Die HJ-Streifen im Raum Bonn, Düsseldorf und Köln bis hin nach Euskirchen und Düren waren angewiesen, auf Jugendliche im HJ-Alter, die sich wie Edelweißpiraten kleideten, zu achten. Ihre Ausweise mußten kontrolliert werden. Wenn sich die Jungen nicht ausweisen konnten oder ortsfremd waren, wurden sie nach Waffen durchsucht und der Polizei übergeben.

In der Eifel gab es keine Edelweißpiraten. Im Sommer 1943 tauchten in Mechernich allerdings zwei sechzehnjährige Jungen auf, die mit ihren Eltern vom Niederrhein und aus dem zerstörten Köln zugezogen waren. Sie lungerten nachmittags und abends am Bahnhof herum und pöbelten die Reisenden an, die aus den ankommenden Zügen stiegen. Sie nannten sich »Navajos«, trugen aber nicht die für Edelweißpiraten typische Kleidung. Sie bewegten sich mit einer gewissen Kaschemmeneleganz und schienen ständig bereit, eine Schlägerei zu beginnen.

Anfang November 1943 besuchte ein Napola-Schüler, der Urlaub hatte, seine Eltern, die von Köln nach Kommern evakuiert worden waren. Der Junge war vierzehn Jahre alt und trug HJ-Uniform. Sein Zug traf um 20 Uhr 30 auf dem Bahnhof Mechernich ein, d.h. als es schon dunkel war. Als er die Sperre passiert hatte, sah er plötzlich die beiden Navajos vor sich. Sie lehnten lässig an dem Zaun, der den Bahnsteig vom Bahnhofsvorplatz und von der Bahnhofsgaststätte trennte. Der Napola-Schüler blieb stehen und schaute zu den beiden Schlägertypen hoch. Daraufhin nahm der ältere der beiden Navajos die Zigarette aus dem Mund und sagte: »Na, Du Pimpf; es wird Zeit, daß wir Dir mal die Uniform ausziehen.«

Es blieb bei der Drohung.

Anders war die Lage in Köln. Noch Anfang 1944 hatte die Gestapo die Jugendbanden als unpolitisch bewertet und keinen organisatorischen Zusammenhang zwischen den einzelnen Banden gesehen. Mitglieder der Gruppen, die straffällig geworden waren, z.B. durch Plünderungen oder Diebstahl von Lebensmitteln, wurden dem Jugendrichter vorgeführt, mit Jugendgefängnis bestraft und anschließend der Fürsorgeerziehung überwiesen. Mitglieder der Banden, die einer konkreten Straftat nicht überführt werden konnten, wurden in das Jugenddienstlager Burg Stahleck bei Bacharach eingewiesen, um dort einen sechswöchigen Wehrertüchtigungskurs zu absolvieren.

Der Oberreichsanwalt beim Volksgerichtshof, dem der Kölner Generalstaatsanwalt zwei Fälle von Rädelsführern vorgelegt hatte, hielt diese Verfahrensweise grundsätzlich für richtig. Er war der Meinung, daß es sich bei der Mehrzahl der jugendlichen Angeklagten um »anständige Jungen« handelte, von denen sich die meisten auch zu »den gefährlicheren Waffengattungen« der Wehrmacht gemeldet hätten.

Die Einstellung änderte sich, als der britische Rundfunk kurze Zeit später eine Sendung über die Kölner Edelweißpiraten brachte und sie als bedeutende politische Opposition gegen das Nazi-Regime schilderte.

Als mitgliederstärkste und aktivste Einheit hatte sich seit Frühjahr 1944 die Navajo-Gruppe in Köln-Ehrenfeld entwickelt. Sie hatte insgesamt 120 Mitglieder.

Ihr gehörten auch einige französische, polnische und russische Zwangsarbeiter an, die entflohen waren, und deutsche erwachsene Zivilisten. Den Kern bildeten die Edelweißpiraten.

Diese Gruppe war tatsächlich politisch motiviert und konnte als echte Opposition gegen HJ und NSDAP angesehen werden. Bei ihren Zusammenkünften, die immer nur in kleineren Teilgruppen stattfanden, sangen die Piraten häufig das Lied:

»Des Hitlers Zwang, der macht uns klein,
Noch liegen wir in Ketten.
Doch einmal werden wir wieder frei,
Wir werden die Ketten zerbrechen.
Denn unsere Fäuste, die sind hart,
Ja – und die Messer sitzen los,
Für die Freiheit der Jugend kämpfen Navajos.«

Die Mitglieder dieser Gruppe begannen die Serie ihrer Straftaten mit Einbrüchen, um sich Lebensmittel zu beschaffen; dann kamen Autodiebstähle und Diebstahl von Kraftstoff hinzu; es folgten Schlägereien mit HJ-Streifen, die sich bald zu regelrechten Schlachten entwickelten.

Bei einem Überfall auf einen HJ-Trupp gelang es einem Hitler-Jungen, eine Streife zur Verstärkung herbeizurufen. Die Edelweißpiraten gerieten in Bedrängnis. Sie mußten fürchten, von den Hitler-Jungen überwältigt zu werden. Ein Edelweißpirat, auf den sich mehrere Hitler-Jungen unter dem Kommando des Streifenführers gestürzt hatten, zog sein Fahrtenmesser und rammte es dem HJ-Streifenführer in den Bauch. Der Hitler-Junge starb noch am Tatort. Die Piraten konnten in dem unbewohnten Trümmergelände entkommen.

Danach war für die Navajos der Damm gebrochen. Andere Mitglieder der Ehrenfelder Bande ermordeten noch im Oktober 1944 einen Polizei-Inspektor, einen NSDAP-Ortsgruppenleiter und einen HJ-Scharführer.

Am 1. November verhaftete die Gestapo in Weiden, einem westlichen Vorort von Köln, drei Ostarbeiter, die den Wächter eines Lebensmittellagers erschossen hatten und sich in einer Scheune versteckt hielten. Die Ostarbeiter hatten ihre Waffen von den Ehrenfelder Edelweißpiraten bekommen.

Danach hob die Gestapo die Gruppe aus. Beamte der Gestapo und Männer der SS hängten am 10. November sieben Jungen und sechs Erwachsene aus dieser Gruppe in der Hüttenstraße – in der Nähe der Eisenbahnüberführung Venloerstraße/Schönsteinstraße – auf. Das jüngste Opfer war gerade sechzehn Jahre alt. Die Hinrichtung fand ohne Gerichtsurteil statt. Aus den Luftschutzkellern in Ehrenfeld waren – wie die Ratten – zahlreiche Leute gekommen, um dem Schauspiel zuzusehen.

Am 26. November stieß die Gestapo auf eine bewaffnete Bande in Köln-Klettenberg, die von drei früheren KPD-Funktionären geführt wurde. Sie bestand aus 46 Männern, darunter auch jugendliche Edelweißpiraten. Die Mitglieder der Gruppe widersetzten sich der drohenden Verhaftung mit Waffengewalt. In dem Feuergefecht wurde der Leiter der Gestapostelle Köln, SS-Sturmbannführer Dr. Hofmann, getötet.

Im Dezember lieferte sich die Polizei mit einer Gruppe von Edelweißpiraten, die sich in den Hausruinen am Großen Griechenmarkt verschanzt hatten – das war die Gegend, aus der einige Jungen stammten, die bei mir in Langenbrand in der Kinderlandverschickung gewesen waren – ein zwölfstündiges Feuergefecht. Die Polizei konnte die Piraten erst überwältigen, als es ihr gelang, die Trümmerkeller, die den Jungen als Bastion gedient hatten, in die Luft zu sprengen.

Eine andere Gruppe, die sich am Thürmchenswall verschanzt hatte, setzte gegen die anrückenden Polizisten Handgranaten und ein Maschinengewehr ein. Sie konnte so den Belagerungsring durchbrechen und in dem unübersichtlichen Trümmergelände untertauchen.

Kölns Bevölkerung war durch die dauernden Bombenangriffe auf weniger als die Hälfte der ursprünglichen Einwohnerzahl gesunken. Bei einem einzigen Bombenangriff – der verheerenden »Peter-und-Paul-Attacke« am 29. Juni 1943, an der ungefähr eintausend Bomber beteiligt waren – wurden 230 000 Menschen obdachlos. Zehntausende Bewohner Kölns flohen in das westliche Vorland und in die Dörfer auf der rechten Rheinseite. Rund 20 000 Menschen verloren im Laufe des Bombenkriegs ihr Leben. Nur Dresden und Hamburg hatten höhere Verluste.

Insgesamt sind in Deutschland durch alliierte Luftangriffe etwa 500 000 Menschen umgekommen. In Großbritannien gab es durch unsere Bomber und V-Waffen 60 000 Tote, die Hälfte davon in London.

Köln war zum Kriegsende eine entvölkerte Wüstenei, eine Ruinenstadt, die tagsüber kein Leben zeigte. Der Generalstaatsanwalt am Oberlandesgericht Köln, der nach Eitorf an der Sieg ausgewichen war, gab dem Reichsjustizministerium am 30. Januar 1945, fünf Wochen bevor die Amerikaner in die Stadt einmarschierten, einen Bericht über die Lage. Darin hieß es, daß fast alle Verkehrswege, die im Dezember 1944 noch intakt waren, erheblich angeschlagen seien; die Vorräte an Brotgetreide reichten nur noch für wenige Wochen; Viehtransporte aus östlichen Gebieten erreichten die Stadt nicht mehr, weil sie unterwegs gekapert würden; Lebensmitteldiebstähle nähmen zu, die Diebe hätten sich in Banden organisiert; wiederholt sei es zu Schießereien gekommen; Plünderungen seien an der Tagesordnung; Jugendbanden breiteten sich seuchenartig aus; die Polizei sei kaum noch Herr der Lage.

* * *

Als sich die Amerikaner, Briten, Franzosen und Kanadier im März und im April 1945 vom Rhein aus weiter nach Osten vorkämpften, entstanden an der Rheinschiene (in Rheinberg, Wickrath, Remagen-Sinzig, Andernach-Miesenheim, Koblenz-Lützel und in Bretzenheim bei Bad Kreuznach) große Lager, in denen Zehntausende deutscher Kriegsgefangener eingepfercht wurden. In den ersten vier Monaten glichen diese Camps den sowjetischen Kriegsgefangenenlagern. Die Zustände waren ähnlich.

Es gab noch keine Baracken und nur wenig Zelte. Die meisten deutschen Soldaten mußten im Freien schlafen, in flachen Erdmulden, die sie sich gegraben hatten. Es kam bald zu seuchenartigen Erkrankungen und zu Hungersnöten. Wenn es regnete, füllten sich die Gräben und Mulden mit Wasser. Viele Gefangene ertranken oder starben an Erschöpfung.

Die schlimmsten Zustände herrschten in Sinzig und in Bretzenheim.

In Sinzig waren am Anfang rund 7000 Männer eingesperrt. Es gab pro Mann und pro Tag je einen Teelöffel Zucker, einen Teelöffel Tee, ein paar harte weiße Bohnen und gelbe Erbsen, eine Kartoffel – meistens faul – und je einen Teelöffel mit Eipulver und mit Milch. Die Männer zogen in den ersten Wochen an jedem Morgen bis zu zehn Tote aus den Schlammlöchern und aus den Latrinen. Die deutschen Bewohner Sinzigs und Remagens, die in der Nähe des Camps wohnten, nannten die Felder, auf denen die Gefangenen leben mußten, die »Todeswiesen«. Ende 1945 wurde das Lager aufgelöst.

In Bretzenheim hatte man bei Beginn, im März 1945, auch noch keine Baracken und kaum Zelte. Das Lager erstreckte sich über 135 Morgen. Erst im Laufe der Jahre entwickelte es sich zu einer Barackenstadt. Es wurde erst am 1. Januar 1949 aufgelöst. Bis dahin waren – bei späteren laufenden Entlassungen – insgesamt 50 000 Gefangene durch das Lager geschleust worden bzw. im Lager inhaftiert gewesen. In den ersten Jahren sind in Bretzenheim etwa 5000 Männer durch Hunger und durch Krankheit umgekommen.

Ich hatte im Oktober 1946 in Mainz mein Jurastudium begonnen. Ich wohnte in Gau-Algesheim. Mir und den anderen Bewohnern des Ortes blieb verborgen, daß damals in diesem Lager – nur zwanzig Kilometer von uns entfernt – noch immer deutsche Soldaten festgehalten wurden. Ich habe erst nach 1990 erfahren, daß es dieses Lager gegeben hat und daß es bis zum Jahre 1949 existierte.

* * *

In den Tagen, in denen der Staat schon aufgehört hatte zu existieren, gab es deutsche Offiziere, die Auflösungserscheinungen in der Truppe mit Disziplinar- und Strafmaßnahmen bekämpften, die man unter den heutigen Vorstellungsmöglichkeiten nicht mehr nachvollziehen kann.

Nach schweren Rückzugsgefechten auf dem Balkan hatte Anfang Mai 1945 eine Einheit der Waffen-SS Quartier in einem Dorf in Niederösterreich bezogen. Ein SS-Soldat dieser Einheit ging zu einer Bäuerin und bat um Brot, Butter und

Eier. Die Frau gab ihm das, ging danach aber zum Kompaniechef und beschwerte sich, daß der SS-Mann diese Lebensmittel »vom Hof geholt« habe. Der Kompaniechef meldete das weiter an die Division. Der Divisionskommandeur schickte einen SS-Standartenführer und zwei weitere Stabsoffiziere. In einem Standgerichtsverfahren verurteilten die SS-Offiziere den SS-Soldaten wegen Plünderns zum Tode. Die Leitung des Erschießungskommandos wurde einem zwanzigjährigen SS-Untersturmführer übertragen, der in den siebziger Jahren bei mir im Landesamt für Verfassungsschutz beschäftigt werden sollte. Die Exekution fand am 8. Mai 1945 statt.

Es gab auch Hinrichtungen von Deserteuren, die nach Kriegsende in den Gefangenenlagern von deutschen Soldaten unter dem Kommando von deutschen Offizieren und mit dem Einverständnis, zum Teil sogar mit Unterstützung der Besatzungstruppen durchgeführt wurden.

Als die britischen und kanadischen Truppen Mitte April vom Niederrhein aus nach Nordosten vorgestoßen waren, hatten sie das XXX. Deutsche Armeekorps unter dem Kommando von Generaloberst Johannes Blaskowitz – etwa 150 000 Soldaten –, von ihren Verbindungen zu den deutschen Streitkräften im Reich abgeschnitten. Blaskowitz zog sich mit seinen Einheiten in das Gebiet zwischen Maas, Wals und Amsterdam, in die sogenannte »Festung Holland«, zurück. Er verhinderte weiteres Vordringen der Kanadier durch die Drohung, die Dämme und Schleusen in dieser Region zu sprengen und so eine Überschwemmung des Landes auszulösen.

Am 28. April 1945 kam es zwischen Lieutenant-General Charles Foulkes, dem Kommandeur der 1. Kanadischen Armee, und Generaloberst Blaskowitz zu einem separaten Waffenstillstand.

Die Kanadier starteten die »Operation Faust«: kanadische Lastwagen wurden durch die deutschen Linien geschleust, um die Deutschen mit Lebensmitteln zu versorgen. Handelsschiffe brachten Fleisch und Getreide in die nahen Häfen. Alliierte Bomber warfen Nahrungsmittel über den deutschen Stellungen ab.

Nach dem 5. Mai, als Generalfeldmarschall Montgomery in Lüneburg von Generaladmiral von Friedeburg die Kapitulation der deutschen Streitkräfte in den Niederlanden, Nordwestdeutschland, Schleswig-Holstein und Dänemark entgegengenommen hatte – das war die sogenannte »Nordwestkapitulation« –, instruierte Foulkes Generaloberst Blaskowitz, daß dieser die »Verantwortung für alle deutschen Streitkräfte (einschließlich Marine, Heer und Luftwaffe) sowie für die Hilfskräfte und Zivilisten« in dem Gebiet trage, das der Kontrolle von Blaskowitz unterliege.

Tatsächlich beaufsichtigten die Deutschen fast noch zwei Wochen nach Kriegsende die Verwaltung, die Nachrichtenverbindungen und die Verkehrswege in West-Holland. Das Gebiet war zwar rechtlich ein riesiges Gefangenenlager, unterteilt in zahlreiche Camps, tatsächlich aber kontrollierte das Hauptquartier von Blaskowitz die Verhaltensweisen der deutschen Soldaten und war für die Disziplin der Truppe verantwortlich.

Am 12. Mai brachten einige Soldaten der »Niederländischen Streitkräfte für Inneres« (Nederlandse Binnenlandse Strijdkrachten, NBS) zwei deutsche Deserteure zu den Seaforth Highlanders der kanadischen Armee. Die Deserteure hatten sich in Amsterdam verborgen gehalten und sich nach Kriegsende den Holländern gestellt. Die Kanadier sperrten die beiden Deutschen – Maschinenmaat Rainer Beck (28), der am 5. September 1944 desertiert war, und Marinefunkgefreiter Bruno Dorfer (20), der seine Einheit kurz vor Kriegsende verlassen hatte – in ihre Baracke für Untersuchungsgefangene ein.

Auf Veranlassung des kanadischen Regimentskommandeurs sollten die beiden Deserteure den Deutschen überstellt werden. Der zuständige Lagerkommandant, Fregattenkapitän Alexander Stein (vorher Hafenkommandant in Amsterdam), lehnte das zunächst ab: »In einem Gefangenenlager für deutsche Soldaten ist kein Platz für Deserteure und Verräter.« Dann aber entschied er sich anders. Er übernahm die beiden Deserteure und teilte den Kanadiern mit, daß man noch am gleichen Tage ein Standgericht einberufen werde, welches über Schuld oder Unschuld der beiden zu befinden hätte.

Am 13. Mai versammelte der Fregattenkapitän die in seinem Lager inhaftierten Marinesoldaten, insgesamt 1 817 Männer, in der Halle einer leerstehenden Autofabrik. Die Männer mußten dem Kreuzverhör, das Marineoberstabsrichter Wilhelm Köhn mit Beck und Dorfer durchführte, und der anschließenden Urteilsfindung zuhören. Anklagevertretung und Verteidigung plädierten. Das ganze Verfahren dauerte fünfzehn Minuten. Nach einer kurzen Diskussion sprachen die drei Militärrichter die Angeklagten schuldig und verurteilten sie zum Tode.

Der kanadische Regimentskommandeur berichtete der 2. Kanadischen Infanteriebrigade um 10 Uhr 05 über die Absichten der Deutschen. Von der Brigade ging die Meldung um 10 Uhr 30 weiter an die 1. Kanadische Infanteriedivision: »Die deutsche Marine hat einige ihrer Deserteure festgenommen. Sie sind vor ein Standgericht gebracht und zum Tod durch Erschießen verurteilt worden. Wir haben nichts dagegen (»May they do this«). Wir haben das an das XXX. Korps weitergegeben. Der Stabschef des deutschen Korps wird entscheiden.« Um 13 Uhr 15 informierte der Stab im Hauptquartier von Blaskowitz die 1. Kanadische Infanteriedivision: »Betrifft Nachricht über die deutschen Seeleute, die erschossen werden sollen. Wir danken für die Unterrichtung. Der Chef des Stabes bestätigt das Urteil.«

Die Kanadier händigten dem deutschen Exekutionskommando acht Karabiner mit je zwei Schuß Munition aus. Ein Lastwagen brachte die Verurteilten, das Erschießungskommando und Fregattenkapitän Stein zu einem Erdwall nur wenige hundert Meter außerhalb des Camps. Captain Robert K. Swinton von den Seaforth Highlanders begleitete die Deutschen. Um 17 Uhr 40, am 13. Mai 1945, wurden Beck und Dorfer erschossen.

Im Kriegstagebuch der 1. Kanadischen Infanteriedivision hieß es, daß die holländische Widerstandsbewegung in den folgenden Tagen achtzehn weitere deutsche Deserteure, die in Amsterdam und in Rotterdam festgehalten worden waren, an die deutschen Kommandeure der Kriegsgefangenenlager übergeben hätten. Auch diese seien – mit Billigung des kanadischen »Hauptquartiers« – von deutschen Standgerichten zum Tode verurteilt und exekutiert worden.

Generaloberst Johannes Blaskowitz, geboren 1883 in Ostpreußen, war nach dem Polenfeldzug zum »Oberbefehlshaber Ost« ernannt worden. Ihm unterstanden alle Soldaten der Wehrmacht in dem von den Deutschen besetzten Teil Polens. Als er Informationen über Ausschreitungen der »Einsatzgruppen« der Sicherheitspolizei (SD in der SS) gegen die polnische Zivilbevölkerung und über Plünderungen und Mordaktionen erhielt, wandte er sich in einem Vortrag beim Oberbefehlshaber des Heeres, Generalfeldmarschall Walther von Brauchitsch, in aller Schärfe gegen diese Vorkommnisse. Er fand bei Brauchitsch kein Gehör. Daraufhin verfaßte er am 6. Februar 1940 einen schriftlichen Bericht für Hitler. Er kennzeichnete das Vorgehen der Einsatzgruppen nicht nur als verbrecherisch, sondern auch als schädlich für das Reich; die Ermordung von Polen und Juden würde zu Aufstands- und Sabotage-Aktionen in Polen führen.

Ab Februar 1940 unterließen es seine Offiziere, den SS-Führern, die das Hauptquartier des Generalobersten aufsuchten, die Hand zu geben.

In der Denkschrift für Hitler schrieb Blaskowitz u. a.: »Es ist abwegig, einige 10 000 Juden und Polen, so wie es augenblicklich geschieht, abzuschlachten; denn damit werden angesichts der Masse der Bevölkerung weder die polnische Staatsidee totgeschlagen noch die Juden beseitigt. Im Gegenteil, die Art und Weise des Abschlachtens bringt größten Schaden mit sich, kompliziert die Probleme und macht sie viel gefährlicher, als sie bei überlegtem und zielbewußtem Handeln gewesen wären.«

An anderer Stelle formulierte Blaskowitz (in der Sprache der damaligen Zeit, aber in der Sache zutreffend): »Der schlimmste Schaden jedoch, der dem deutschen Volkskörper aus den augenblicklichen Zuständen erwachsen wird, ist die maßlose Verrohung und sittliche Verkommenheit, die sich in kürzester Zeit unter wertvollem deutschen Menschenmaterial wie eine Seuche ausbreiten wird.«

Hitler tobte. Johannes Blaskowitz wurde seines Amtes enthoben und aus der Wehrmacht entlassen. Im Herbst 1940 wurde er wieder berufen und als Oberbefehlshaber der 1. Armee in Frankreich eingesetzt. Im Jahre 1944 wurde er Befehlshaber der Heeresgruppe G, 1945 der Heeresgruppe H und danach Chef des XXX. Armeekorps. Verschiedene Vorschläge, ihn zum Generalfeldmarschall zu befördern, lehnte Hitler ab.

Im Jahre 1947 wurde er im Zusammenhang mit den Prozessen gegen deutsche Generäle und das OKW von den Amerikanern angeklagt. Am 9. Februar 1948 stürzte er sich kopfüber aus dem dritten Stock der Justizstrafanstalt in Nürnberg auf den gepflasterten Gefängnishof. Er war sofort tot.

* * *

Mir waren weder die Kämpfe der Edelweißpiraten in Köln noch die Hinrichtung von dreizehn ihrer Mitglieder in der Hüttenstraße in Köln-Ehrenfeld bekannt geworden. Von den blutigen Aktionen des »Gestapo-Sonderkommandos Schneider« im Kreis Schleiden habe ich erst lange nach dem Kriegsende erfahren.

Einzelheiten, die auf Auflösungserscheinungen im Heer hinwiesen, kamen zunächst von der Ostfront. Generalfeldmarschall Ferdinand Schörner z. B., den Adolf Hitler noch am 18. Januar 1945 zum Befehlshaber der Heeresgruppe Mitte ernannt hatte, wurde berüchtigt dafür, daß er gelegentlich Truppeneinheiten, die nicht zu seiner Heeresgruppe gehörten, einfach seinen Verbänden unterstellte. Auf seinen Befehl wurden einzelne Landser, die in den Wirren der letzten Kriegswochen ihre Einheit verloren hatten, als »fahnenflüchtig« am nächsten Baum aufgeknüpft. Schörner kapitulierte mit den Resten der Heeresgruppe Mitte erst am 11. Mai 1945 in Böhmen.

Schon zur Jahreswende 1944/1945 wuchs die Sorge, daß moralische Werte, die für die Wehrmacht wichtig waren, vom Zerfall bedroht sein könnten. Ich war nicht in der Lage, diesen Eindruck mit Fakten zu belegen; die Besorgnis aber war da.

Als ich Ende Dezember 1944 in der Marinekriegsschule in Flensburg-Mürwik angekommen war, fielen mir die »Berufspflichten des Soldaten« in die Hand, die am 25. Mai 1934 vom damaligen Reichspräsidenten von Hindenburg und von Reichswehrminister von Blomberg erlassen worden waren. Sie zeichneten in acht Punkten mit einfachen und klaren Worten ein Berufsbild des Soldaten, das noch heute Gültigkeit und Wert hat.

Ich legte den Katalog an die Stelle der »Zehn Gebote für die Kriegsführung des deutschen Soldaten« in mein Soldbuch. Er wurde Aufruf, Mahnung und Verpflichtung zugleich und beeinflußte mich über das Kriegsende hinaus. Die letzten vier Positionen des Katalogs haben mich besonders motiviert:

»5. *Große Leistungen in Krieg und Frieden entstehen nur in unerschütterlicher Kampfgemeinschaft von Führer und Truppe.*

6. *Kampfgemeinschaft erfordert Kameradschaft. Sie bewährt sich besonders in Not und Gefahr.*

7. *Selbstbewußt und doch bescheiden, aufrecht und treu, gottesfürchtig und wahrhaft, verschwiegen und unbestechlich soll der Soldat dem ganzen Volk ein Vorbild männlicher Kraft sein. Nur Leistungen berechtigen zum Stolz.*

8. *Größter Lohn und höchstes Glück findet der Soldat im Bewußtsein freudig erfüllter Pflicht.*
Charakter und Leistung bestimmen seinen Wert und Weg.«

Das Ende des Reichs

Ich war noch während meines Urlaubs in Mechernich benachrichtigt worden, daß man unsere Crew von List auf Sylt zur Marinekriegsschule nach Flensburg-Mürwik verlegt hatte. Wir waren im Heinz-Krey-Lager untergebracht. Dort mußte ich mich melden, und von dort aus marschierten wir jeden Morgen zur Marineschule, um uns in Lektionen und mit Seminaren auf die Kadettenprüfung vorzubereiten.

An sich hätten wir nach der Grundausbildung auf Ausbildungsschiffe verlegt oder zu Fronteinheiten versetzt werden müssen. Darauf hatte man verzichtet – wahrscheinlich wegen der Frontlage an Land, die die Operationsmöglichkeiten der deutschen Kriegsschiffe mehr und mehr einengte. Jetzt konnten wir seemännische Kenntnisse nur aus Vorträgen lernen. Die Theorie wurde aufgelockert durch häufige sportliche Wettkämpfe – Geräteturnen und Boxen – und durch Nachtmarschübungen.

Mitte Januar 1945 begann die sowjetische Großoffensive zur Eroberung Ostpreußens und Westpreußens. Der Oberkommandierende der Kriegsmarine, Großadmiral Karl Dönitz, ordnete an, daß jeder verfügbare Schiffsraum für Transporte in der Ostsee freizugeben sei. Kriegsschiffe, die an der Eismeerfront eingesetzt waren, wurden zurückbeordert.

Die Marinekriegsschule Flensburg – Mürwik

Quelle: Archiv Institut für Marinegeschichte Hamburg

Aufgabe sowohl der Kriegsschiffe als auch der Versorgungsschiffe war es, Waffen und Munition für die deutschen Heeresverbände, die in Ostpreußen in schweren Abwehrschlachten standen, nach Hela, Gotenhafen, Danzig und Pillau zu bringen. Andere Transporte gingen nach Libau, zur Unterstützung der Kurlandarmee.

Ferdinand Schörner hatte als Oberkommandierender der Heeresgruppe Nord nach dem Rückzug der deutschen Truppen aus dem nördlichen Baltikum 26 Divisionen im Kurland zusammengezogen. Den Sowjets gelang es nicht, den Kessel aufzubrechen. Die deutschen Truppen schlugen die sowjetischen Verbände immer wieder zurück. In sechs großen Schlachten erlitten die Sowjets fürchterliche Verluste.

Schörner wurde am 18. Januar 1945 von Hitler zum Oberbefehlshaber der Heeresgruppe Mitte ernannt und aus dem Kessel ausgeflogen. Die Heeresgruppe Kurland mit insgesamt 208 000 Soldaten kapitulierte erst am 10. Mai 1945.

Auf der Rückfahrt von Libau und von den Häfen in Ostpreußen und in der Danziger Bucht nahmen die deutschen Schiffe Verwundete mit, die noch transportfähig schienen, und Hunderttausende von Flüchtlingen. Die Lazarette und Krankenanstalten in den Hafenstädten der westlichen Ostsee waren bald überfüllt. Anfang April wurde der größte Teil der Marinekriegsschule Flensburg-Mürwik ebenfalls in ein riesiges Lazarett umfunktioniert. Die meisten Unterrichtsräume und Mannschaftsunterkünfte wurden zu Krankenstuben. Einige Seminare dienten als Operationssäle. Zwölf Ärzte – vom Heer, von der Marine und von der Waffen-SS – operierten jeden Tag bis spät in die Nacht. Die meisten Kadetten waren im Sanitäts- und Pflegedienst eingesetzt.

Zu den Kriegsschiffen, die vom Nordmeer abgezogen und in die Ostsee zurückbeordert wurden, gehörten auch die Boote der 4. Zerstörerflottille. Das waren im Januar 1945 die Zerstörer »Z 31«, »Z 33«, »Z 34« und »Z 38«. Flottillenchef war Kapitän zur See Freiherr von Wangenheim. Auf »Z 38«, einem der erfolgreichsten Zerstörer der deutschen Kriegsmarine, fuhr als Seekadett mein Freund Toni (»Tim«) Blindert. Kommandant von »Z 38« war Korvettenkapitän Freiherr von Lyncker. Besatzung und Offiziere hatten ihrem Schiff den Namen »Schwarzer Panther« gegeben.

Am 25. Januar legten der »Schwarze Panther« und die anderen Schiffe der 4. Zerstörerflottille von der Pier in Tromsö ab. In Narvik nahmen sie noch einmal Proviant und Munition an Bord. Am 26. Januar, um 20 Uhr, liefen die vier Boote in Kiellinie über den breiten Westfjord wieder aus Narvik aus. Auf See nahmen sie Kurs nach Süden. In der Nacht überschritten sie den Polarkreis. Am frühen Nachmittag des 27. Januars standen die Schiffe querab von Drontheim. Seekadett Blindert hatte Geburtstag. Er wurde 19 Jahre alt. Die Heimreise war bis dahin ohne Probleme verlaufen; der Gegner schien die Absetzbewegung nicht bemerkt zu haben.

Am späten Abend des 27. Januars griffen plötzlich britische Bomber, trotz tiefer Dunkelheit und bedeckten Himmels, den nach Süden dampfenden Verband an. Die feindlichen Piloten hatten die deutschen Schiffe mit ihren Radargeräten geortet und stießen jetzt ohne Vorwarnung aus den Wolken herunter, um ihre Bomben zu werfen. Die Geschützbedienungen fanden kaum Zeit, zu ihren Abwehrwaffen zu kommen. Die Flottille hatte dennoch Glück. Alle Bomben rauschten in das Kielwasser der Zerstörer, explodierten zwar, richteten aber keinen Schaden an.

Die Bomber hatten einen kleinen britischen Kiegsschiffsverband, der in der Nähe stand, über die Marschroute der deutschen Zerstörer orientiert. Zwei leichte Kreuzer der »Fiji«-Klasse, die zu diesem Verband gehörten, versuchten, den deutschen Booten den Weg zu verlegen.

Als die Briten die ersten Salven aus ihren 15,2 cm Kanonen auf die Deutschen abgefeuert hatten, befahl der Flottillenchef: »Äußerste Kraft voraus« und »Feuer erwidern«.

Die beiden Kreuzer waren mit insgesamt vierzig Geschützen und zwölf Torpedorohren den vier deutschen Zerstörern, die zusammen nur über zwanzig Kanonen verfügten, artilleristisch weit überlegen. Es war fraglich, ob die Deutschen den Kreuzern so nahe kommen würden, daß auch die 32 Torpedorohre der Zerstörer eingesetzt werden konnten.

Trotz der pechschwarzen Nacht erkannten die Deutschen im Mündungsfeuer der eigenen Geschütze, daß ihre Schiffe durch einen Wald von Wasserfontänen fuhren, die von den heranheulenden Granaten hochgeschleudert wurden. Die Einschläge lagen dicht an dicht und sehr nahe an den Booten. Korvettenkapitän von Lyncker riß den Zerstörer »Z 38« durch rasche Ruderkommandos, die von seinem Gefechtsrudergänger nahtlos befolgt wurden, immer wieder herum, so daß sich das Schiff jedesmal weit auf die Seite legte. Der Kommandant steuerte das Boot immer dorthin, wo gerade Fontänen aufgestiegen waren. Die nächsten Granaten des Gegners lagen dann wieder hinter dem Schiff.

Mit Glück und dank der Kaltblütigkeit des Kommandanten blieb »Z 38« von Treffern verschont. Nur eine Granate streifte den Zerstörer: sie zerfetzte die am achteren Mast wehende Reichskriegsflagge.

Einer der Kreuzer wurde durch das konzentrierte Feuer der Zerstörer schwer beschädigt. Korvettenkapitän von Lyncker konnte durch sein Nachtglas zwei große Explosionen an Bord des Briten beobachten; Feuer brach aus. Das Schiff mußte abdrehen.

Der Zerstörer des Flottillenchefs, »Z 31«, wurde ebenfalls beschädigt. Er erhielt insgesamt sieben Treffer. Der vordere Munitionsaufzug flog in die Luft. Der Turm der beiden 15-cm-Geschütze explodierte.

»Z 34« wurde in Höhe der Wasserlinie getroffen.

Ob der zweite britische Kreuzer Treffer erhielt, blieb unklar. Aber auch er drehte ab.

Zerstörer Z 38 »Schwarzer Panther« Weihnachten 1944 vor Narvik

Quelle: Privat-Archiv

»Z 31« war zwar noch manövrierfähig, mußte aber aus dem Verband ausscheren und nach Bergen zur Reparatur ablaufen. Der Flottillenchef wechselte mit seinem Stab auf »Z 38«.

Die Briten gaben nicht auf. Nachdem die beiden Kreuzer der »Fiji«-Klasse abgedreht hatten, flog die Royal-Air-Force einen Angriff mit Torpedoflugzeugen gegen den deutschen Zerstörerverband. Die navigatorische Führung der Flottille lag jetzt bei »Z 38«. Während die Flak der Zerstörer aus allen Rohren schoß, versuchte Korvettenkapitän von Lyncker – und ihm folgend die noch verbliebenen zwei Schiffe des Verbandes –, den Blasenbahnen der Torpedos auszuweichen und die norwegische Küste zu erreichen. Von den zwölf Torpedos, die die britischen Flugzeuge ins Wasser brachten, explodierte die Hälfte an den Felsen des Gryte-Fjords. Kein Torpedo traf das anvisierte Ziel.

Nach einer ruhigen Fahrt bis Stavanger, die von keinem feindlichen Flugzeug gestört wurde, und von dort weiter durch das Kattegat, erreichte die Flottille die Ostküste Dänemarks.

In Aarhus schien selbst am 30. Januar 1945 noch Milch und Honig zu fließen. Offiziere, Maate und Mannschaften stürmten die Delikatessenläden und kauften Eier, Käse, Butter, Wurst und Gebäck – Dinge, die sie zum Teil während der fünfzehn Monate ihres Einsatzes im Eismeer hatten entbehren müssen.

Am 1. Februar 1945 lief die 4. Zerstörerflottille – das, was von ihr noch übrig geblieben war –, in Kiel ein. Noch in der Nacht zum 2. Februar wurden Proviant, Brennstoff und Munition übernommen. Am nächsten Tag kam eine Kompanie Marineartillerie mit Waffen und Munition an Bord von »Z 38«. Am 3. Februar setzten sich der »Schwarze Panther« und »Z 33« in Marsch nach Swinemünde, Gotenhafen und Pillau.

In Swinemünde sahen die Besatzungen der beiden Zerstörer, daß auf der Pier des Kriegshafens die Leichen von rund sechzig Marinehelferinnen lagen. Man hatte die Körper palettenartig, wie Eisenbahnschwellen, in vier Karrees aufgestapelt und mit Chlorkalk bedeckt. Das sollte den Verwesungsprozeß bremsen und verhindern, daß sich Seuchen ausbreiten konnten. Wegen der häufigen Bombenangriffe der Russen hatte man noch keine Zeit gefunden, die Leichen abzutransportieren und zu beerdigen.

Die Marinehelferinnen kamen von der »Wilhelm-Gustloff«, dem Stolz der deutschen K.d.F.-Flotte. Das Schiff hatte 25 000 Bruttoregistertonnen, konnte rund 1500 Passagiere aufnehmen und hatte 420 Besatzungsmitglieder. Bis zum Kriege war es im Rahmen des NS-Programms »Kraft durch Freude« eingesetzt gewesen, um deutschen Arbeitern Urlaubsreisen ins Nordmeer oder nach Spanien zu ermöglichen.

Am 30. Januar, um 12 Uhr 30, lief die »Wilhelm-Gustloff« aus Gotenhafen aus. Sie hatte etwa l000 Angehörige der 2. Unterseeboot-Lehrdivision an Bord und rund 5000 Flüchtlinge, die meisten davon Frauen und Kinder. Um 21 Uhr 16 trafen drei Torpedos des sowjetischen U-Boots »S-13« das Schiff. Der erste Torpedo riß das Vorschiff auf und tötete die Hälfte der Mannschaft, der zweite Torpedo traf achtern und der dritte Torpedo explodierte mittschiffs im Schwimmbad, das als Notunterkunft für 175 Marinehelferinnen (im Alter zwischen 17 und 25 Jahren) gedient hatte. Die sechzig Mädchen, deren Leichen auf der Pier in Swinemünde lagen, waren durch die Explosion in die eiskalte Ostsee geschleudert und dort – soweit sie noch lebten – nach kurzer Zeit erfroren und später an Land gespült worden.

Es dauerte nur sechsundsechzig Minuten, bis das Schiff gesunken war. Bei der Katastrophe starben 5343 Menschen, 1252 überlebten.

Neben der »Wilhelm-Gustloff« wurden noch zwei weitere große Passagierschiffe, die Flüchtlinge transportieren, von sowjetischen U-Booten versenkt. Am 10. Februar 1945 traf es die »Steuben«, am 16. April die »Goya«. Auf der »Steuben« starben 3608 Menschen, mit der »Goya« gingen 6666 Menschen unter.

Besonders tragisch war das Schicksal der Passagiere auf der »Cap Arcona« und auf der »Thielbeck«. Die »Cap Arcona« gehörte der Hamburg-Süd. Beide Schiffe hatten KZ-Häftlinge, die in Lagern im Generalgouvernement inhaftiert gewesen waren, in den Westen transportiert. Am 3. Mai lagen sie auf Reede vor Neustadt in Holstein. Die Häftlinge glaubten sicher sein zu können, daß sie jetzt nicht mehr umgebracht werden konnten; der Krieg schien vorbei. Aber ein britischer Bomberverband flog noch am gleichen Tage einen Angriff auf Neustadt und belegte vor allem die auf Reede liegenden Schiffe mit einem Bombenteppich. Die »Cap Arcona« und die »Thielbeck« sanken. Auf der »Cap Arcona« starben mehr als 5000 Menschen: KZ-Häftlinge, Besatzungsmitglieder und SS-Wachpersonal.

Mitte Februar 1945 wurden die letzten beiden Zerstörer der 4. Flottille zur Geleitzugsicherung nach Libau eingesetzt. Die Dampfer »Volta«, »Cometa« und »Bukarest« löschten dort Waffen und Munition für den Kurlandkessel. Auf der Rückreise begleiteten »Z 33« und »Z 38« die »Volta« und die »Bukarest« nach Gotenhafen.

Ende Februar verholten die beiden Zerstörer in den Königsberger Seekanal bei Pillau. Mehrere Tage lang unterstützten sie die an Land kämpfenden Truppen durch Landzielbeschuß. Dadurch konnte die Verbindung zwischen Königsberg und Pillau vorübergehend wiederhergestellt werden. Zehntausende Flüchtlinge gewannen wieder Zugang zur Ostsee.

»Z 38« brachte am 6. März 800 Flüchtlinge von Pillau nach Gotenhafen. Im Anschluß daran eskortierte es das Lazarettschiff »Pretoria« nach Kopenhagen.

Mitte März war die Front soweit nach Westen zurückgenommen worden, daß die Einsätze für Landzielbeschuß jetzt schon vor Gotenhafen und Hela stattfanden.

Ende März fuhren »Z 33« und »Z 38« Sicherung für die Panzerkreuzer »Prinz Eugen« und »Lützow«.

Am 12. April mußte der »Schwarze Panther« in Swinemünde ins Dock. Die Schrauben wurden ausgewechselt, der Schiffsboden wurde überholt. Am 25. April überstellte der Kommandant von »Z 38« die Fähnriche und die überzähligen Offiziere des Zerstörers der Infanterie.

Je weiter die Ostfront nach Westen verlegt wurde, desto härter wurden die Bombenangriffe des Gegners. Die Flüchtlingstransporte und die Kriegsschiffe der deutschen Marine, die in der Ostsee operierten, wurden sowohl von sowjetischen als auch von britischen Bomberverbänden angegriffen. Panzerkreuzer »Lützow« wurde von mehreren Bomben getroffen. Ende April/Anfang Mai gingen die Alliierten zu Tieffliegerangriffen über.

Am 5. Mai – die Deutschen hatten Flüchtlinge und Verwundete in der dänischen Hauptstadt an Land gebracht – lag der »Schwarze Panther« vor Kopenhagen auf Reede. Dort erreichte ihn der Funkspruch: »Waffenruhe im Westen«. Mit Genehmigung des britischen Hauptquartiers in Lüneburg setzten sich »Z 38«, ein weiterer Zerstörer (»Z 39«) und ein Torpedoboot am 7. Mai zu einer letzten Rettungsoperation in Richtung Danziger Bucht in Marsch. Am 8. Mai nahm der »Schwarze Panther« in Hela unter schwerstem Beschuß der sowjetischen Artillerie insgesamt 1 656 deutsche Infanteristen an Bord. Am 9. Mai brachte er die Landser sicher nach Kiel und nach Glücksburg. Auf der Reede von Glücksburg, in Sicht der Marinekriegsschule, wurde das Schiff wieder seeklar gemacht.

Am 10. Mai 1945, zwei Tage nach der bedingungslosen Kapitulation, lief der »Schwarze Panther« mit wehender Reichskriegsflagge in den von den Engländern besetzten Hafen von Kiel ein. Ein Zug britischer Bodentruppen kam an Bord. Die deutsche Flagge wurde niedergeholt, der Union Jack ging hoch.

Während der Wochen und Monate von Flucht und Vertreibung gelang es rund 500 000 Deutschen aus Ostpreußen, Westpreußen und Pommern, auf dem Landwege in den Westen zu entkommen. Auf dem Seewege konnten insgesamt 2,5 Millionen gerettet werden. Im Stab von Dönitz sprach man von der »größten Evakuierungsaktion der Seegeschichte«.

Von Gotenhafen erreichten 406 000 Menschen die deutschen Schiffe, in Pillau waren es 440 000, und von Hela aus fand fast eine halbe Million von Flüchtlingen über See den Weg in die Freiheit. Allein der Passagierdampfer »Deutschland« transportierte bei seinen Fahrten rund 70 000 Menschen in den Westen.

An der Gesamtoperation beteiligten sich rund 1000 Schiffe. Davon gingen 220 Schiffe verloren: 130 sanken nach Bombenangriffen, 73 liefen auf Minen und 17 wurden von sowjetischen U-Booten versenkt. Einschließlich der Opfer von der »Wilhelm-Gustloff«, von der »Steuben« und von der »Goya« starben rund 36 000 Menschen.

Als der Zweite Weltkrieg zu Ende war, existierten von den großen Einheiten der deutschen Kriegsmarine nur noch der Schwere Kreuzer »Prinz Eugen«, der Leichte Kreuzer »Nürnberg« und 14 Zerstörer. Die Marine, die zahlenmäßig kleinste Teilstreitkraft der Wehrmacht, hatte 250 000 Männer und Frauen verloren.

* * *

Die Flüchtlingsströme waren an der Marinekriegsschule vorbeigegangen. Als die Transporte schon auf Hochtouren liefen und die »Wilhelm-Gustloff« und die »Steuben« schon versenkt worden waren, vermittelten die Routine des Dienstplans und der sonntägliche »Landgang« in das unzerstörte Flensburg den Kadetten und Fähnrichen den Eindruck, daß es noch immer eine heile Welt geben könne.

Es gab Festakte, die den Krieg tatsächlich in den Hintergrund treten ließen. So war am 13. März, einem Dienstag, Heinrich George bei uns zu Gast. Der Kommandant der Marineschule hatte ihn eingeladen, aus Goethes Faust zu rezitieren.

Die Aula war bis auf den letzten Platz besetzt. Marineblau beherrschte die große holzgetäfelte Halle. Vorne auf dem Podium marschierte der mächtige Mime auf und ab, um uns – so hieß es – den »größten deutschen Dichter« nahe zu bringen. Seine Stimme, leicht heiser, hatte eine höhere Lage als man bei einem so korpulenten Mann vermuten konnte. Vielleicht war es aber gerade die fehlende Kongruenz zwischen Körperbau und Tonlage, die uns in ihren Bann schlug und die der Dichtung selbst eine erhöhte Aufmerksamkeit brachte – eine Aufmerksamkeit, die besonders bemerkenswert war, weil bis dahin nur wenige von uns jungen Leuten den Faust gelesen hatten.

Heinrich George kommentierte die Textstellen mit sehr kurzen Erläuterungen, die uns aber weiterhalfen. Als er zum Pakt zwischen Mephistopheles und Faust kam, blieb er stehen – offensichtlich, um dem Gesagten größeren Nachdruck zu verleihen:

»Werd ich zum Augenblicke sagen:
Verweile doch! Du bist so schön!
Dann magst du mich in Fesseln schlagen,
Dann will ich gern zugrunde gehen!
Dann mag die Totenglocke schallen,
Dann bist du deines Dienstes frei,
Die Uhr mag stehen, der Zeiger fallen,
Es sei die Zeit für mich vorbei!«

Bei den Versen, mit denen Faust auf die Frage Gretchens antwortete, »Glaubst du an Gott?«, blieb George noch einmal stehen. Er stützte seinen linken Arm auf das hölzerne Pult, in das man vorne den Reichsadler geschnitzt hatte. Mit spärlichen Gesten seiner rechten Hand begann er – verhalten zunächst – zu sprechen:

»Mißhör mich nicht, du holdes Angesicht!
Wer darf ihn nennen?
Und wer bekennen:
Ich glaub ihn?
Wer empfinden
Und sich unterwinden
Zu sagen: ich glaub ihn nicht?«

Und dann folgte die Interpretation, die als Beleg für die Existenz Gottes schließlich in das Bekenntnis sehnsüchtiger Zuneigung zu Gretchen mündete.

Bei der Zusammenfassung wurde die Sprache Georges erneut kräftiger und ausdrucksvoller. Einige der Schlußverse skandierte er:

»Und wenn du ganz in dem Gefühle selig bist,
Nenn es dann, wie du willst,
Nenns Glück! Herz! Liebe! Gott!
Ich habe keinen Namen
Dafür! Gefühl ist alles;
Name ist Schall und Rauch,
Umnebelnd Himmelsglut.«

Damit schloß der Schauspieler den Vortrag, Tosender Beifall belohnte ihn. George hatte uns nicht nur in den Faust eingeführt; Schwerpunkt der Rezitation war Goethes Pantheismus, der durch die Wortkunst aus Weimar heller leuchtete als ihm vom Inhalt her gebührte. Damit endete die Deklamation; das war der Ausblick. Und das lag durchaus im Zug der Zeit. Manche Propagandisten der »Bewegung« schmückten sich gerne mit den Deutungen des Dichters. Sollte der Vortrag Heinrich Georges es uns Jungen leichter machen, den voraussehbaren Zusammenbruch des Reiches zu fassen?

Die Weltsicht Goethes konnte für mich keine neuen Bindungen bewirken. Sie vermochte genausowenig Orientierungshilfen anzubieten wie das, was Atheismus und Nazismus uns als Religionsersatz vermitteln wollten.

Manche von uns hatten ihren Lebensplan von den Fundamenten des ererbten Glaubens her entwickelt. Durch diese Bindung konnten sie – das lehrte die Erfahrung – den Versuchungen, die von der Diktatur an sie herangetragen wurden, besser widerstehen. Denn wer ein Absolutes anerkennt, wird sich mit Ersatz niemals zufrieden geben.

In einem Seitenflügel der Marinekriegsschule gab es eine Kapelle, die den beiden christlichen Konfessionen zur Verfügung stand. Sie bot Platz für etwa fünfzig Personen. Dort fand jeden Sonntag um 9 Uhr 30 ein katholischer Gottesdienst statt. Mit drei Kameraden aus unserer Crew – zwei aus Bayern, einer aus Münster in Westfalen – beteiligte ich mich an mehreren Meßfeiern.

Ich war jedesmal erstaunt und bewegt, wenn ich – in der Enge des Raumes – die Andacht der Männer beobachtete, die alle älter waren als wir. Die meisten waren Stabsoffiziere, dann drei Admirale, die Leutnantsränge, die Fähnriche und wir vier Kadetten.

Die Admirale, die Stabsoffiziere und einige Kaleus trugen hohe Tapferkeitsauszeichnungen. Fast alle Besucher des Gottesdienstes gingen zur Kommunion. Diese Erlebnisse dokumentierten für mich den Zirkelschluß, der praktizierten Glauben mit Patriotismus verband. Die Marine, die sich gerne als »christliche Seefahrt« apostrophierte, war für mich die Plattform, auf der sich Mut und Tapferkeit mit der von Gottesfurcht geformten Hingabe an das Vaterland verbanden.

Der 13. März 1945, der Tag an dem Heinrich George uns Goethe nahegebracht hatte, blieb mir auch aus einem anderen Grunde in Erinnerung. An diesem Tag starb Rudolph Cremer, ein Klassenkamerad aus Volksschultagen. Rudolph wurde Ende 1928 geboren. Er war zwei Klassen unter mir in der Oberschule in Euskirchen und kam entsprechend später zur Heimatflak. Seine Einheit war im Herbst 1944 in Knapsack stationiert und wurde Anfang 1945 in Hangelar bei den Stellungen eingesetzt, in denen wir bis Sommer 1944 Dienst getan hatten. Er starb durch einen Bombensplitter, der sein Herz durchbohrte. Man begrub ihn am Gefechtsort in einer Zeltplane. Als seine Eltern ihn im

Herbst 1945 in einen Sarg legen ließen, um ihn auf seinen Heimatfriedhof zu überführen, war sein Körper noch nicht verwest; sein Gesicht sah so aus, als ob er soeben gestorben sei.

* * *

Von April 1945 an war der größte Teil der Marinekriegsschule zum Lazarett geworden. Noch am 10. Mai, zwei Tage nach der Kapitulation, legten Schiffe im Kriegsschulhafen von Mürwik an, die Verwundete aus dem Kurlandkessel an Land brachten. Wir waren pausenlos im Einsatz, die Verwundeten in den ehemaligen Unterkunfts- und Unterrichtsräumen unterzubringen und zu versorgen.

Der Admiralstab der Kriegsmarine hatte seit März 1945 in Plön in Holstein gearbeitet. Hitler, der sein Leben am 30. April durch Selbstmord beendete, hatte Großadmiral Dönitz zu seinem Nachfolger als Reichspräsidenten bestimmt. Am 2. Mai zog Dönitz mit seinem Stab in die Marinekriegsschule in Flensburg-Mürwik ein. Dort bildete er eine »Geschäftsführende Reichsregierung«. Im Gefolge der neuen Reichsregierung kam auch das »Wachbataillon Dönitz« nach Mürwik. Das Bataillon stand unter dem Kommando von Korvettenkapitän Peter Erich (»Ali«) Cremer, einem ehemaligen U-Boot-Kommandanten, der mit dem Ritterkreuz ausgezeichnet worden war. Es war vierhundert Mann stark und bestand überwiegend aus ehemaligen U-Boot-Fahrern. Als Quartier wurde ihm das Heinz-Krey-Lager zugewiesen. Wir mußten dort räumen und wechselten in die Marineschule.

Die Männer des Wachbataillons wurden in Feldgrau eingekleidet und mit Karabinern ausgerüstet. Ein Hauptmann der Infanterie brachte ihnen in zwei Tagen die Exerzierkommandos in Erinnerung und wies sie in die Pflichten des Wachdienstes ein. Ihre Aufgabe war, die letzte Reichsregierung zu schützen und die verschiedenen »Regierungsgebäude« auf dem Gelände der Marineschule zu bewachen.

Sitz der Reichsregierung und des Oberkommandos der Wehrmacht war das Kommandeurshaus der Marineschule, das von Kapitän zur See Wolfgang Lüth geräumt werden mußte. Den Stäben und Abteilungen der Regierung wurden Büros in der Sportschule zugewiesen. Den Befehlshaber der U-Boote quartierte man in die benachbarte Marinenachrichtenschule ein.

Wolfgang Lüth, gerade einunddreißig Jahre alt, war am 14. September 1944 zum Kommandanten der Marinekriegsschule ernannt worden. Er war der erste Kommandant, der nicht Admiralsrang hatte.

Lüth hatte von 1939 bis 1943 vier U-Boote geführt. Diese Boote hatten unter seinem Kommando zwei Schlachtschiffe torpediert und schwer beschädigt und einen Zerstörer sowie sechsundvierzig Handelsschiffe mit einer Tonnage von mehr als einer Viertelmillion Bruttoregistertonnen versenkt. Ende 1940 bekam Lüth das Ritterkreuz. Am 9. August 1943 verlieh Hitler ihm als erstem Offizier der Kriegsmarine das Eichenlaub mit Schwertern und Brillanten.

Der Kommandant hatte das Wachbataillon angewiesen, bei den Kontrollen die Parole zu verlangen und – wenn die nicht genannt wurde – nach einmaligem Anruf zu schießen. Dieser Befehl galt über den 8. Mai hinaus.

Flensburg war seit dem 5. Mai von den Briten besetzt. Am 10. Mai bezog eine »Alliierte Kontrollkommission« das Wohnschiff »Patria«, das an der Württemberg-Brücke im Schulhafen von Mürwik festgemacht hatte. Die Regierung Dönitz und das Oberkommando der Wehrmacht, die in der Marineschule untergebracht waren – eine Enklave von etwa achtzehn Quadratkilometern Umfang –, blieben unangetastet. Die Offiziere und Mannschaften, die in diesem Bereich Dienst taten, trugen weiter ihre Hoheitsabzeichen, Orden und Waffen. Dazu gehörten auch wir. Die Soldaten des »Wachbataillons Dönitz« marschierten jeden Morgen mit Gesang und geschultertem Karabiner vom Heinz-Krey-Lager zur Wachbaracke in der Nähe des Kommandeurshauses.

Am Abend des 13. Mai hatte Kapitän zur See Lüth eine Besprechung im Regierungsgebäude. Gegen 0 Uhr 30, am 14. Mai, verließ er das Gebäude, um zu seinem Quartier zu gehen. Der Himmel hatte sich bezogen. Lüth kam am Sportplatz vorbei, den eine Baumreihe begrenzte. Dort patrouillierte als Posten der Matrose Matthias Gottlob, damals achtzehn Jahre alt. Der sah einen Schatten und verlangte mit lauter Stimme die Parole. Die hieß an diesem Tage »Tannenberg«. Lüth hörte die Aufforderung nicht. Daraufhin rief Gottlob noch dreimal laut: »Halt, wer da?« Der Kommandant antwortete nicht – und Gottlob schoß. Er schoß ungezielt, den Karabiner an die Hüfte gelegt. Dann hörte er einen Fall. Er rannte in die Richtung, in der er zuletzt den Schatten gesehen hatte. Auf dem Boden, zwischen den Bäumen, lag eine Mütze, die an ihrem Schirm eine breite goldene Paspelierung trug. Gottlob hob die Mütze auf. Sie gehörte Wolfgang Lüth. Einen Meter weiter fand er den Kommandanten. Er war tot.

Der Kommandeur des Wachbataillons, Korvettenkapitän Ali Cremer, vernahm den Matrosen noch an der Unglücksstelle. Die Leiche des Kommandanten wurde in eine Halle in der Nähe des Regierungsgebäudes gebracht. Der Adjutant des Großadmirals, Korvettenkapitän Lüdde-Neurath, veranlaßte, daß Frau Lüth benachrichtigt wurde. Frau Lüth wohnte mit ihren vier Kindern – das älteste war fünf Jahre alt – auch in der Marineschule.

Für 9 Uhr 30, am 14. Mai, hatte Dönitz sowohl die Wachmannschaft als auch den Offizier vom Dienst, den Kommandeur des Wachbataillons und den Marinerichter von Mürwik zu sich in das Regierungsgebäude befohlen. Dönitz befragte Gottlob selbst. Der Richter vernahm den Offizier vom Dienst und noch einmal den Matrosen Gottlob. Die Ergebnisse der Vernehmungen wurden schriftlich festgehalten. Das ganze dauerte eine halbe Stunde.

Kpt. z. See Wolfgang Lüth

Quelle: Archiv Wissenschaftliches Institut für Schiffahrts- und Marinegeschichte, Hamburg

Als alles vorbei war, sagte Ali Cremer dem Matrosen Matthias Gottlob, daß er den ihm gegebenen Befehl (Frage nach Parole, Anruf und dann schießen) korrekt befolgt habe. Ihn treffe keine Schuld; er habe seine Pflicht getan.

Dönitz ordnete ein Staatsbegräbnis an und ließ bei der britischen Besatzungsmacht anfragen, ob das gestattet werde. Brigadier Churcher, Stadtkommandant von Flensburg, prüfte die Protokolle der kriegsgerichtlichen Untersuchung über den Tod von Kapitän zur See Lüth. Dann entsprach er dem »Ansuchen der Geschäftsführenden Reichsregierung« und genehmigte das Staatsbegräbnis.

Die Trauerfeier begann am 16. Mai um zehn Uhr vormittags. Der Sarg war in der Aula der Marineschule auf einem Katafalk aufgebahrt und mit der Reichskriegsflagge bedeckt. Das rote Tuch mit dem schwarzen Hakenkreuz auf weißem Grund wirkte wie eine große Geste, mit der Vergangenes beschworen werden sollte. Wahrscheinlich hat kaum einer der damaligen Trauergäste diesen Teil der Zeremonie in Frage gestellt. Das war die Flagge, unter der Lüth seine Boote zur Feindfahrt geführt und unter der er die Besatzungen wieder nach Hause gebracht hatte.

An den Längsseiten des Sarges standen sechs ehemalige U-Boot-Kommandanten, die mit dem Ritterkreuz ausgezeichnet waren, als Ehrenwache. Sie trugen Schärpe und gezogenen Degen. Die Fähnriche des letzten Jahrgangs der Marineschule flankierten die Aufstellung.

Der Großadmiral hielt eine kurze Ansprache, in der er betonte, daß die U-Boot-Fahrer »in Ehren« gekämpft hätten, daß ihr Tod nicht umsonst gewesen sei.

An der Rückwand der dunkelgetäfelten Halle waren die Namen der Toten aufgelistet, die die Kriegsmarine im Ersten Weltkrieg verloren hatte. Die Zahl der Marine-Gefallenen aus dem Zweiten Weltkrieg war – wie jeder wußte – so groß, daß deren Namen auf den Tafeln keinen Platz mehr finden würden. Das galt schon allein für die Gefallenen der U-Boot-Waffe. In den neunundsechzig Monaten, die der Seekrieg gedauert hatte, waren neununddreißigtausend U-Boot-Offiziere und U-Boot-Besatzungen hinausgeschickt worden; zweiunddreißigtausend davon sind nicht zurückgekehrt.

Nach der Trauerfeier trugen sechs Fähnriche den Sarg zu dem bereitgestellten LKW, der mit Tannengrün geschmückt und mit schwarzem Tuch ausgeschlagen war. Dem Trauerzug voran schritt ein Offizier mit dem Ordenskissen.

Die Beerdigung fand auf einem kleinen Friedhof am Rande Flensburgs statt. Am Grabe war ein Zug des Wachbataillons aufmarschiert, um den Ehrensalut zu schießen. Auf Weisung des Kommandeurs, Korvettenkapitän Ali Cremer, stand der Matrose Matthias Gottlob in der ersten Reihe. Als das Kommando kam, blickte er den Lauf seines Karabiners entlang in den strahlend blauen Himmel des Frühlingstages und schoß dreimal Salut.

Zwei Tage nach der Beerdigung besuchte eine Kommission von britischen Offizieren und Santitätsoffizieren den Teil der Kriegsschule, der zum Lazarett gemacht worden war. Auf Weisung der Alliierten Kontrollkommission, die auf der »Patria« residierte, sollten die Herren die Qualität von Pflege und Versorgung der Verwundeten überprüfen. Wir hatten einen Tag vorher die Krankenstuben und Operationssäle schrubben müssen und auf den Nachttischen und Fensterbänken Staub gewischt.

Einem Kameraden aus Augsburg paßte der ganze Aufwand nicht. Er meinte, wir sollten den Briten zeigen, daß die Verwaltung des Lazaretts und die Betreuung

Nach der Grundausbildung in der Marinekriegsschule in Flensburg – Mürwik

Quelle: Privat-Archiv

der Verwundeten unsere ureigene Sache wäre und daß wir keine Einmischung und Kontrolle von außen akzeptieren könnten. In einer Baracke im Südhof der Schule habe man den »ideologischen Schrott des Dritten Reichs« ausgelagert (so drückte er sich aus), d.h. mehrere hundert Exemplare von Hitlers »Mein Kampf« und Rosenbergs »Der Mythos des 20. Jahrhunderts« aufgestapelt. Wir sollten je ein Exemplar der beiden Bücher auf die Nachttische der Verwundeten legen. Das würde die Briten ärgern.

Wir akzeptierten den Vorschlag und versuchten, ihn umzusetzen. Die meisten Landser fanden unser Unternehmen aber überhaupt nicht gut. Sie fragten. »Was soll der Quatsch? Wir sind froh, daß wir endlich aus der Scheiße raus sind, und jetzt kommt ihr mit diesem Blödsinn.« Diejenigen, die sich einigermaßen bewegen konnten, warfen die Bücher auf den Boden oder in die nächste Ecke. Nur die Schwerverwundeten mußten klaglos dulden, daß man ihnen noch einmal die »weltanschaulichen Grundlagen der NSDAP« zur Verfügung stellte.

Am Ende der Veranstaltung waren wir enttäuscht. Unsere Demonstration war wirkungslos verpufft. Die Briten hatten überhaupt nicht bemerkt, welche Bücher auf den Tischen der Verwundeten lagen.

Einen Tag später, am Samstag, dem 19. Mai. fuhr morgens ein Jeep der britischen Militärpolizei im Haupthof der Marineschule vor. Vier Militärpolizisten sprangen aus dem Wagen und stürmten die Treppen zum dritten Stockwerk hoch. In einem der ehemaligen Seminarräume lag ein schwerverwundeter Unteroffizier der Panzertruppe auf dem Tisch. Eine sowjetische Granate hatte seine rechte Schulter zerschmettert. Ein Granatsplitter hatte den rechten Unterschenkel getroffen. Dort hatte sich Gangrän (Wundbrand) entwickelt, und der Unterschenkel mußte amputiert werden. Die Operation sollte von einem Arzt der Waffen-SS durchgeführt werden. Alles war vorbereitet. Der Patient war unter Narkose. Ich sollte bei der Amputation den rechten Fuß festhalten. Als der Arzt die Säge ansetzen wollte, stießen die vier Militärpolizisten die Tür auf, stürmten in den Operationsraum und nahmen den SS-Offizier fest. Proteste halfen nichts. Die Briten schleiften den Arzt die Treppen hinunter, drückten ihn in den Jeep und brausten davon. Später unterrichtete man uns, daß sich der SS-Arzt an verbrecherischen medizinischen Experimenten in einem Konzentrationslager beteiligt hätte.

Ich brauchte fünfzehn Minuten, bis ich einen Arzt gefunden hatte, der die Operation zu Ende bringen konnte. Der Unteroffizier überlebte.

Am 23. Mai wurde Großadmiral Dönitz gebeten, die Alliierte Kontrollkommission auf der »Patria« aufzusuchen. Dort teilte man ihm mit, daß er und die anderen Mitglieder der Reichsregierung sowie die Offiziere und Beamten des Oberkommandos der Wehrmacht sich von jetzt an als Gefangene zu betrachten hätten.

Als Dönitz zurückkam, wirkte sein Gesicht versteinert. Im Regierungsgebäude mußten Dönitz, sein »Leitender Minister« (Premierminister) Johann Ludwig Graf Schwerin von Krosigk (früher Reichsfinanzminister), sein »Produktionsminister« Albert Speer, dann Alfred Rosenberg und Generaloberst Alfred Jodl (zuletzt Chef des Wehrmachtsführungsstabes im OKW) sowie andere führende Männer des Reiches eine peinliche Leibesvisitation über sich ergehen lassen. Sie mußten sich auskleiden und wurden – nackt – nach Waffen und Giftampullen oder Giftkapseln untersucht.

Generaladmiral Hans-Georg von Friedeburg, letzter Oberbefehlshaber der Kriegsmarine, bat, die Toilette aufsuchen zu dürfen. Das wurde gestattet. Kaum hatte er das Bad betreten, verriegelte er die Tür. Bevor der britische Sergeant, der ihn bewachen sollte, die Tür aufbrechen konnte, hatte von Friedeburg Gift genommen. Ein britischer Offizier, den man hinzugerufen hatte, konnte nur noch den Tod des Generaladmirals feststellen.

Inzwischen hatten britische Soldaten die Waffen des Wachbataillons und der anderen Soldaten der Marinekriegsschule, die noch Waffen trugen, zusammengetragen und auf den Straßen der Schule abgelegt. Von leichten Maschinengewehren bis zu Ehrendolchen war alles vorhanden. Dann kamen britische Panzer und walzten alles nieder, was auf den Straßen lag. Man hörte das Splittern der Gewehrkolben und das Knirschen der stählernen Degen und Dolche, wenn die Panzer über sie hinwegrollten.

Generaladmiral Hans-Georg von Friedeburg, letzter Oberbefehlshaber der Kriegsmarine
Quelle:
Archiv Wissenschaftliches Institut für Schiffahrts- und Marinegeschichte, Hamburg

Danach zogen sich die Panzer zurück und umstellten in weitem Halbkreis das Kommandeurshaus und die anderen Regierungsgebäude. Wie auf Kommando trieben britische Soldaten die Offiziere und Beamten der »Geschäftsführenden Regierung« und des Oberkommandos der Wehrmacht auf der Wiese vor dem Kommandeurshaus zusammen. Das waren 300 bis 400 Männer. Wir niedrigen Dienstränge beteiligten uns nur als Zuschauer. Einige Sergeants schrien: »Hosen runter – Hände hoch.« Und dann standen sie da: Hauptleute, Obristen, Kapitäne zur See und hohe Ministerialbeamte, die Hosen zwischen den Knien – bei einigen baumelten die Hosenträger bis zu den Füßen – und die Arme über dem Kopf. Die britischen Soldaten schritten die Reihen der Gefangenen entlang, tasteten die Männer nach Waffen und Giften ab und faßten jedem zwischen die Beine.

Neben mir stand Günther Korinth. Er gehörte zu unserer Crew, war aber drei Jahre älter als wir. Von 1942 bis 1944 hatte er als Funkoffizier auf Handelsschiffen im Mittelmeer Dienst getan. Jetzt stieß er mich an und sagte: »Siehst du, Jupp: das ist pralle und praktisch erlebte Geschichte. Das Reich geht zu Ende mit einem Griff an die Eier!«

Epilog

Im Juli 1945 kam ich aus britischer Kriegsgefangenschaft nach Hause zurück. Das war vier Wochen bevor ich achtzehn Jahre alt wurde. Ich war – abgesehen von Urlauben und kurzen Unterbrechungen – drei Jahre von Mechernich fort gewesen. Jetzt mußte ich mich wieder unter die ungewohnt gewordene elterliche Gewalt und Obhut einordnen.

Am Ende der Luftwaffenhelferzeit, mit Beginn der achten Oberschulklasse, d.h. der Prima, hatte man uns einen sogenannten Reifevermerk gegeben. Das war ein Zeugnis, das später zum Hochschulstudium berechtigen sollte.

Nach dem Krieg wurde es nicht mehr anerkannt. Bevor wir zur Universität gehen durften, mußten wir an unserer alten Penne einen Sonderlehrgang absolvieren, der sechs Monate dauerte und am 29. Mai 1946 mit dem Abitur abschloß. Ich war 18 Jahre alt; einige Konabiturienten waren schon 22, 23 und 24 Jahre alt und hatten ihre Militärzeit als Offiziere beendet. Im Wintersemester 1946 begann ich, in Mainz Rechts- und Staatswissenschaften sowie Geschichte zu studieren.

Die folgenden Jahre waren beherrscht von der Sorge, nicht genug zu essen zu haben. Die Nahrungsmittellage war viel schlechter als in den letzten Kriegsmonaten. Meine Eltern und ich hatten Glück. Befreundete Bauern, Metzger und Bäcker unterstützten uns regelmäßig mit Lebensmitteln. Abgesehen davon engagierte ich mich neben meinem Studium in Schwarzmarktgeschäften. Erst nach der Währungsreform am 20. Juni 1948 traten wieder normale Verhältnisse ein.

Viele Erfahrungen, die ich während und nach dem Kriege gewonnen hatte, verdichteten sich erst später und in der Rückschau zu richtungweisenden Erkenntnissen. Diese lassen sich in zwei Kategorien zusammenfassen.

Zunächst wurde mir bewußt, daß mich vor allem die erlernte Bindung an das Glaubensgebäude der katholischen Kirche davor bewahrt hatte, die philosophischen Versatzstücke aus dem 19. Jahrhundert zu übernehmen, die uns der Nationalsozialismus als gültige Lehre der Geschichte hatte vermitteln wollen.

Das werden wahrscheinlich viele junge Leute heute nicht nachvollziehen können. Für sie bedeuten die Glaubenswahrheiten, die im christlichen Credo festgehalten sind, nur fromme Legenden. Mehr als die Hälfte der Jugendlichen und sogar einige katholische Priester zweifeln inzwischen daran, daß Jesus tatsächlich von den Toten auferstanden ist; Auferstehung und Himmelfahrt Christi sind aber die Voraussetzungen für die sich im Glauben manifestierende Hoffnung, daß auch unsere personale Existenz über den Tod hinaus fortdauern wird.

In einer säkularisierten Zeit, die von zunehmendem Relativismus geprägt ist, werden die Definitionen von Tugend und Laster der Beliebigkeit überlassen. Sexualität ist zur Banalität degeneriert, der Geschlechtsakt hat den Charakter von Fast-Food-Verzehr angenommen. In Europa und in Nordamerika haben sich die menschlichen Verhaltensweisen mehr und mehr von ihren religiösen Wurzeln gelöst. Die verständliche agnostische Überlegung, daß man die »letzten Dinge« nicht wissen *kann*, hat sich in die philosophische Bankrotterklärung aufgelöst, daß man sie nicht wissen *will*.

Während Europa und Nordamerika in eine derartige selbstzerstörerische Gleichgültigkeit zurückfallen, erlebt die islamische Welt eine unerhörte Renaissance des Glaubens. Für die Mehrheit der Europäer zum Beispiel ist das Dogma von der Jungfräulichkeit Mariens allenfalls eine frühchristliche Phantasie und das Dogma von der unbefleckten Empfängnis nur ein Rückzugsgefecht der Kirche, die mit dem Liberalismus und der technisch-industriellen Entwicklung im 19. Jahrhundert nicht fertig zu werden vermochte. Demgegenüber hat der Koran die Jungfräulichkeit der Mutter Jesu Christi – des Propheten Isa – in der 21. Sure zum verpflichtenden Glaubensinhalt erhoben. Die 19. Sure, die Allah Mohammed in Mekka offenbarte, ist ausschließlich Maria gewidmet.

Die Kirche blieb vor Aufweichungen so lange bewahrt, wie sie die missionarische Glaubensverkündung praktizierte, und in den Zeiten, in denen sie bekämpft wurde. Ihren Missionsauftrag – »Gehet hin und lehret alle Völker« – hat sie inzwischen vernachlässigt, wahrscheinlich vernachlässigen müssen. Schon der Ökonomismus hat als Bremse gewirkt. Außerdem ist die Priesterschaft, die immer weniger Nachwuchs findet, so sehr mit der Verwaltung der Amtskirche befaßt, daß sie ihre rein seelsorgerischen Aufgaben nur noch begrenzt wahrnehmen kann.

Geplagt von Zweifeln und in dem Gefühl, allein gelassen zu sein, suchen zahlreiche Mitglieder der Glaubensgemeinschaft nach anderen Orientierungen. Sie hoffen, mystische Erleuchtung in fernöstlichen Religionen, in Sekten und in esoterischen Gruppen zu finden, die ihnen die Vermittlung der »Wahrheit« versprechen. Auf der anderen Seite finden es Intellektuelle aus Politik, Publizistik und Showgeschäft inzwischen schick, wenn sie beiläufig erwähnen können, daß sie katholisch erzogen wurden oder Meßdiener waren. Das Publikum nimmt derartige exotische Details auf wie Moschus-Duft.

Die Unterdrückung und Verfolgung, die die katholische Kirche bis 1945 erfahren mußte, hatte zu demonstrativen Solidaritätsbekundungen eines Teils der Gläubigen mit Kirche und Geistlichkeit geführt. Am Ende des Krieges konnten im linksrheinischen Gebiet wegen der Zerstörung fast aller Gotteshäuser und wegen der ständigen Jabo-Angriffe kaum noch Messen gelesen werden. Andere Religionsübungen fanden ohnehin nicht mehr statt.

Die amerikanischen Truppen hatten Mechernich am 6. März 1945 besetzt. Einige Tage danach saßen Pastor Harff, drei Kapläne und der Rektor des Krankenhauses in der Pfarrei zusammen, um die Lage zu besprechen. Draußen marschierte eine Kompanie amerikanischer Soldaten die Weierstraße herunter. Ein Kaplan stand auf, trat zum Fenster und schaute dem Defilee zu. Dann meinte er: »Jetzt haben wir keine Repressionen mehr zu befürchten. Wir können die Meßfeiern in der Alten Kirche und in der Notkirche im ›Vereinshaus‹ veranstalten, ohne daß unsere Predigten von der Gestapo abgehört und mitgeschrieben werden. Es wird nicht lange dauern, dann werden unsere Kirchen von Gläubigen überfüllt sein.« Die beiden anderen Kapläne stimmten zu. Der Rektor sagte: »Gläubigkeit und Frömmigkeit werden eine überwältigende Wiedergeburt erleben.« Johannes Harff, der in der gewohnten rechten Ecke seines Sofas saß, wartete ab, bis sich die Marschtritte der Amerikaner verloren und die Aufregung der Kapläne gelegt hatten. Er teilte den Optimismus seiner Amtsbrüder nicht. Die Hände über seinem dicken Bauch gefaltet, meinte er nur: »Mirabimini« (Ihr werden euch wundern)! Dann stand er auf und verließ den Raum. Die weitere Entwicklung hat seine Skepsis bestätigt.

Der zweite Erkenntnisprozeß zielte auf die Frage, ob zwischen Patriotismus einerseits und der Verantwortung für den Holocaust andererseits tatsächlich ein unaufhebbarer Widerspruch besteht, oder ob die beiden Positionen in einer coincidentia oppositorum, in einem Zusammenfallen der Gegensätze verschmelzen können.

Darf man ein Land noch lieben, dessen maßgebende Regierungsmitglieder sich der Beteiligung an einem Völkermord schuldig gemacht haben? Kann man sich mit einer Nation identifizieren, von der zahlreiche Bürger in die damit zusammenhängenden Verbrechen verwickelt waren?

Die Antwort ergab sich aus einigen Erfahrungen während des Krieges und aus dem wachsenden Wissen, das uns nach der Kapitulation bekannt wurde. Für die meisten meiner Generation war allein schon durch die Fragestellung der unverkrampfte Zugang zur deutschen Geschichte zunächst versperrt.

Das Erschrecken und Entsetzen über die Greuel, die Deutsche den Juden angetan hatten, verhinderten, daß wir uns unbefangen mit der Aufklärung, mit der Romantik und mit den großen deutschen Dichtern befassen konnten. Sogar die klassische deutsche Musik schien befleckt durch die Tatsache, daß die Nazis die Aufführung von Kompositionen, die von Felix Mendelsohn-Bartholdy stammten, deshalb verboten, weil er Jude war. Ich glaubte, daß selbst die gloriose Zeit der sächsischen, salischen und staufischen Kaiser, die über mehr als dreihundert Jahre die Geschicke des Abendlandes bestimmt und Europas Entwicklung maßgebend beeinflußt hat, jetzt unter dem Schatten von Auschwitz liegen würde.

Die herausragende Tapferkeit und das beispiellose Heldentum vieler deutscher Soldaten schienen wertlos geworden zu sein durch die schicksalhafte Verantwortung, die jeder Deutsche am Holocaust zu tragen hat, und durch die Greueltaten, deren sich einige Einheiten der Wehrmacht während des Krieges schuldig gemacht haben.

Wahrscheinlich können auch fünfzig Jahre Demokratie die Scham um die Geschehnisse des Holocausts, die uns bedrückt, nicht verdrängen. Auf der anderen Seite hat die bewußte Bindung der Deutschen an die demokratische Ordnung sicher dazu beigetragen, daß in Europa lange Zeit der Friede in Freiheit bewahrt worden ist.

Mehr als zwei Jahrzehnte lang galten Begriffe wie Nation und Vaterland als Ausdruck reaktionärer Haltung. Jüngere Deutsche lächelten, wenn Politiker diese Worte gebrauchten. Das hat sich geändert. Inzwischen ist deutlich geworden, daß gerade diejenigen, die auch die dunklen Seiten der deutschen Geschichte als Teil ihrer eigenen Existenz akzeptieren, bereit sein werden, sich für Deutschland einzusetzen.

Es gibt keinen Antagonismus zwischen der Verantwortung für die Verbrechen, die Deutsche verübten, und der Zuwendung zum Vaterland. Die Einsicht, daß wir alle nach wie vor in der Haftung für diese Greuel stehen, ist Teil des Identifizierungsprozesses mit diesem Land. Wenn man zur Nation gehört, dann gehört man zu ihr im guten wie im bösen.

Personenregister